国家哲学社会科学成果文库

NATIONAL ACHIEVEMENTS LIBRARY
OF PHILOSOPHY AND SOCIAL SCIENCES

法教义学的一般理论

雷磊 著

法律出版社
LAW PRESS · CHINA
北京

图书在版编目（CIP）数据

法教义学的一般理论 / 雷磊著. -- 北京：法律出版社, 2025（2025.7重印）
ISBN 978-7-5197-9090-5

Ⅰ. ①法… Ⅱ. ①雷… Ⅲ. ①法学－研究－中国 Ⅳ. ①D920.0

中国国家版本馆CIP数据核字（2024）第086343号

法教义学的一般理论
FA JIAOYIXUE DE YIBAN LILUN

作　　者：雷　磊
责任编辑：杨悦芊　黄倩倩
装帧设计：李　瞻
出版发行：法律出版社
编辑统筹：学术·对外出版分社
责任校对：郭艳萍　李慧艳
责任印制：胡晓雅　宋万春
经　　销：新华书店
开　　本：710毫米×1000毫米　1/16
印　　张：28.25
字　　数：361千
版　　本：2025年4月第1版
印　　次：2025年7月第2次印刷
印　　刷：北京盛通印刷股份有限公司
书　　号：ISBN 978-7-5197-9090-5
定　　价：149.00元

销售电话：010-83938349　客服电话：010-83938350　咨询电话：010-63939796
地　　址：北京市丰台区莲花池西里7号(100073)
网　　址：www.lawpress.com.cn
投稿邮箱：info@lawpress.com.cn
举报盗版邮箱：jbwq@lawpress.com.cn
凡购买本社图书，如有印装错误，我社负责退换。电话：010-83938349

《国家哲学社会科学成果文库》出版说明

为充分发挥哲学社会科学优秀成果和优秀人才的示范引领作用，促进我国哲学社会科学繁荣发展，自2010年始设立《国家哲学社会科学成果文库》。入选成果经同行专家严格评审，反映新时代中国特色社会主义理论和实践创新，代表当前相关学科领域前沿水平。按照“统一标识、统一风格、统一版式、统一标准”的总体要求组织出版。

全国哲学社会科学工作办公室

2025年3月

献给恩师舒国滢教授以及常年对话的伙伴们！

目 录

中编　性质与意义

CONTENTS

Part II Nature and Significance

导　言
法教义学之争及其一般理论

一、法教义学的“名”与“实”

“法教义学”（Rechtsdogmatik）一词在中国法学者的著述中出现迄今不过十余年时间，[1] 但已成为当下法学界的宠儿。从领域看，无论是传统的民法、刑法领域，还是宪法、行政法领域，抑或是后起的经济法、诉讼法、网络法领域，乃至新兴的“领域法学”中，都充斥着“（法）教义学分析”“教义学阐释”“教义学研究”“教义学考察”，乃至“教义学反思”和“教义学批判”。从主题看，不仅有对作为学科研究范式之法教义学的宏观思考，有对特定问题（如民法中的特定请求权或刑法中的特定罪名）和条文的中观教义学分析，也有对于个案的微观教义学剖析。此外，目前主要在民法学界流行起来的鉴定式案例教学法和法律评注研究，在某种程度上也助推了法教义学的发展。一时间，相关研究铺天盖地，声势大涨。

事实上，法教义学研究之“实”在中国学界出现得要比其“名”更早。自从20世纪80年代中国人民大学清史研究所戴逸教授提出“法学是幼稚的”判断（“戴逸之问”）以来，“法学幼稚病”就成为中国法学者心中挥之不去的阴霾。而驱逐阴霾的途径便是走更为专业化的道路，因为只有专业化才能证

1　据CNKI（中国知网）的搜索结果，除了几篇译文外，在学术论文中最早使用“教义学”称谓的应为刑法学者陈兴良（《刑法教义学方法论》，载《法学研究》2005年第2期）。

明法学自身独立存在的价值，从而为人文社会科学贡献知识增量。尤其是 20 世纪 90 年代中期刑法学者陈兴良提出“深挖专业槽”的口号后，[1] 暂停宏观理念、价值诉求和意识形态的争论，回归现行实在法，在既有法条及其司法适用的基础上构造出更为精致化和体系化的部门法知识，就成为了部门法学研究的一种重要方式。但这条将专业化等同于“内部化”的道路马上受到了批判。大体在同一时期，苏力教授学成归国，在国内迅速刮起了一股以“法治及其本土资源”为标语的法社会学研究的风潮。这股风潮矛头所指，不仅包括了更为传统的以政治和人文话语为导向的研究，也波及了上述刚出现未久的专业化范式。在一篇发表于 2001 年的著名论文中，他将迄今为止中国的法学研究分为“政法法学”、“诠释法学”和“社会学派（社科法学）”三派，并认为在未来中国法学中占主导地位的更可能是后两派。[2] “诠释法学”（后来更多称为“法释义学”）其实就是法教义学的一种（虽然不那么准确的）别称。虽然苏力在该文中并未过于贬低法释义学的意义，而认为它与社科法学的功能是互补的，但他强调“社科法学必定会在中国占有相当重要的一席之地”。随后，有越来越多的青年学者开始从事法社会学、法经济学、法人类学，乃至法律与认知科学的研究，形成了实证研究的跨界格局和“无形学院”。[3] 而作为主要对立面的法释义学在此过程中被（或明或暗地）打上了“法条主义”、“形式主义”和“概念法学”的烙印。[4]

“法教义学”之名真正登上法学前台是在 2013～2014 年前后。标志性的事件有三个：一是《中外法学》杂志于 2013 年第一次在学界以“法教义学”

1　参见陈兴良：《刑法哲学》，中国政法大学出版社 1997 年版，第 704 页。

2　参见苏力：《也许正在发生——中国当代法学发展的一个概览》，载《比较法研究》2001 年第 3 期。

3　参见侯猛：《社科法学的跨界格局与实证前景》，载《法学》2013 年第 4 期；侯猛：《社科法学的传统与挑战》，载《法商研究》2014 年第 5 期。

4　这三个词在中国的语境中具有贬义色彩，尽管它们也可以在中性的意义上被用于指称思想史中特定的法学流派或思潮。下文使用这些词时，都是在中性的意义上使用的。

为名组织专题，邀请来自宪法学、民法学和刑法学学科的三位学者就本部门法教义学的基本问题做了阐述。[1] 二是同一年在法理学者苏力与孙笑侠之间爆发了关于“法律人思维”的争论。[2] 而通常认为社科法学与法教义学的分歧也体现在法律思维的方面（后果导向与规则导向）。[3] 三是 2014 年 5 月 31 日至 6 月 1 日，中南财经政法大学法学院组织召开“社科法学与法教义学的对话”学术研讨会。来自全国高校和科研机构的五十余位部门法学者和法理学者展开了激烈交锋。[4] 会后，《光明日报》和《法商研究》以该次会议提交的论文为基础，分别组织了“社科法学与法教义学因何而争”专题[5]和“社科法学”专题[6]。这将讨论引向深化，但也使得阵营分化趋势加强，争论的火药味越来越浓，而终究谁也不能说服谁。直到最近数年，双方不再纠缠于立场和方法层面的交锋，而更多的是埋头于产出自身研究进路的作品，整体上局面有变冷的趋势。

可见，一个很有意思的事实是：在中国，法教义学研究的自觉很大程度上是由它的批评者催生出来的。正是在不断的批评与反批评（辩护）的

1　参见张翔：《宪法教义学初阶》、许德风：《法教义学的应用》、陈兴良：《刑法教义学与刑事政策的关系：从李斯特鸿沟到罗克辛贯通——中国语境下的展开》，均载《中外法学》2013 年第 5 期。在同一年更早的时候，陈景辉从三个方面对社科法学的研究方法进行了猛烈抨击（陈景辉：《法律与社会科学研究的方法论批判》，载《政法论坛》2013 年第 1 期）。当然，陈景辉本人并不进行法教义学的研究，反而主张法教义学的不足和法理论研究的重要性。但还是有不少人将其归于法教义学拥护者的阵营，这可能跟学派划分中常见的非此即彼的二分法有关。

2　参见苏力：《法律人思维?》，载《北大法律评论》第 14 卷第 2 辑，北京大学出版社 2013 年版；孙笑侠：《法律人思维的二元论：兼与苏力商榷》，载《中外法学》2013 年第 6 期。

3　当然，正如下文所说明的，这种对立并不完全成立。

4　苏力教授并未到场，但提交了一篇论文。从论文看，他对于法教义学的态度比起之前更为激烈。他号召“社科法学必须准备在每一个街角每一座高楼同法教义学展开竞争，甚至厮杀”，甚至乐观估计“20～30 年后，即使在中国，法教义学也将从中国顶尖高校法学院的顶尖学者中逐渐转移，会主要转移到二流或三流法学院中去”。参见苏力：《回顾与前瞻》，载“法教义学与社科法学的对话”论文集，中南财经政法大学法学院，2014 年，第 38 页。但似乎现在并没有显露出这种端倪。

5　王启梁：《中国需要社科法学吗?》、雷磊：《什么是我们所认同的法教义学?》、尤陈俊：《在场的不在场：社科法学与法教义学之争的背后》，均载《光明日报》2014 年 8 月 13 日，第 16 版。

6　陈柏峰：《社科法学及其功用》、侯猛：《社科法学的传统与挑战》、李晟：《实践视角下的社科法学：以法教义学为对照》、谢海定：《法学研究进路的分化与合作——基于社科法学与法教义学的考察》，均载《法商研究》2014 年第 5 期。

过程中，法教义学（者）的自我认知才慢慢清晰起来。但是，这种背景也使得学者们没有充分的时间和精力去进行“关于法教义学”的研究，从而对作为法学研究范式之法教义学的知识论反思不足。一方面，对法教义学充斥着各种误解和“稻草人”式的批评。如果去除这些误解就会发现，其实（抛开双方的用语习惯和智识来源不论）法教义学与社科法学在很多方面并不存在对立。当然，分歧一定是有的，只是被错误勾画出来的对立掩盖了真正的分歧所在。另一方面，即便是在法教义学者内部，对于这门学科也有很多似是而非乃至错误的理解。有的学者主张自己在进行法教义学的研究，但却对它的基本立场与方法不甚了解；有的学者在以“法教义学”之名从事对某些实体法律问题的研究时，提出一些仅与该问题本身有关的观点，却被误以为属于法教义学本身，从而引发了不必要的误解和偏离要旨的批评。

二、中国法教义学研究的繁荣？

法教义学在中国学界的登台时期，学者们对于法教义学的理解还存在诸多的偏差，与社科法学之间的一些差异也被刻意放大了。当然，也有学者关注到了“社科法学的教义化武装”和“法（教义）学的社会科学化转向”这两种现象，也即两者相互合作促进的一面。[1] 但是，很多合作论的支持者对于如何合作却不甚了了。直到最近数年，才有学者提出比较明确的主张：有法

1 参见孙海波：《论法教义学作为法学的核心——以法教义学与社科法学之争为主线》，载《北大法律评论》第17卷第1辑，北京大学出版社2016年版，第201页。另可参见谢海定：《法学研究进路的分化与合作——基于社科法学与法教义学的考察》，载《法商研究》2014年第5期；孙海波：《法教义学与社科法学之争的方法论反省——以法学与司法的互动关系为重点》，载《东方法学》2015年第4期；宋旭光：《面对社科法学挑战的法教义学——西方经验与中国问题》，载《环球法律评论》2015年第6期。

教义学者倡导法教义学为“体”、社会科学为“用”的思路，[1] 也有社科法学者提出了“社科（民）法释义学”的说法。[2] 时隔九年之后，2023 年 6 月 17 日至 18 日，第二届“法教义学与社科法学的对话”学术研讨会在中国海洋大学法学院召开。之所以时隔九年之后才展开第二届会议，或许是因为，一方面，双方学者都意识到，纯粹的方法之争并无太大意义，唯有拿出好的作品才更具有说服力；另一方面，在不断碰撞和沟通过程中，双方消除了早期一些粗浅的误解，也放弃了单纯的口舌之争。当然，更重要的原因或许在于，双方也都意识到：如果法律理论家与社会理论家更密切地关注彼此学科的发展，双方都会少陷入一些对方学科已经发觉的死胡同，还能从中收获一些新知。[3] 因此，在第二届会议上，双方都释放出了足够的善意，表达了融合的愿望，找到了共同努力的方向（共同面对新科技）。尽管在个别议题（如比例原则）上仍存在较大分歧，但社科法学者对于法教义学和法学方法论有了更为系统的了解甚至娴熟的运用，将社科知识和方法融入法教义学作业之中已成为双方的基本共识。[4]

尽管争议不断，近年来在部门法学尤其是传统部门法学中迎来了法教义学研究的热潮。这里至少有三个非常重要的促成因素：一是案例研究的繁荣。近十几年来，案例研究已经成为中国法学研究常态化的新取径。尤其是 2010 年案例指导制度正式推行以来，中国学界对案例研究的热情被极大激发，逐步形成了以指导性案例为核心，以典型案例和热点案件为外围的案例研究格局。在方法上，从个案研究、类案研究到大样本案例研究（群案研究），甚至因为新科技的发展而成为可能的全样本案例分析，不一而足。案例研究的强

1 参见苏永钦：《法学为体，社科为用：大陆法系国家需要的社科法学》，载《中国法律评论》2021 年第 4 期。

2 参见张永健：《社科民法释义学》，台北，新学林出版股份有限公司 2020 年版。

3 See Kim Scheppele, *Legal Theory and Social Theory*, Annual Review of Sociology 20 (1994), p. 406.

4 例如，参见雷磊：《法教义学之内的社会科学：意义与限度》，载《法律科学（西北政法大学学报）》2023 年第 4 期。

化势必带来法教义学的趋热。因为法教义学工作的一个重要方面就是将法学方法论运用于实在法的适用过程：法教义学作为判例和学说对“法”加以具体化、为解决具体法律问题而确立的各种规则所构成的整体，需要借助法学方法论实现其与“法”之间的“重新勾连”。[1] 法律适用视角下的案例研究具有个案取向和偏重教义的特征，通过案例评析可以为部门法和非部门法研究提供教义学基础。[2]

二是鉴定式案例分析法的兴起。鉴定式案例分析法的兴起与案例研究的繁荣休戚相关，但它主要被用作一种教学法，旨在以个案为依托传授教义学方法而非具体的教义学知识。近年来，一批从德国留学归国的青年民法学者们首先大力倡导鉴定式方法，[3] 之后波及刑法学[4]、行政法学[5]、诉讼法学[6]等学科。通过课堂、暑期班、训练营和案例分析大赛等多种形式，鉴定式方法的影响力在不断扩大，也慢慢被学生们所接受。不同法律领域的具体论证有所不同，比如民法中的请求权基础思维[7]，刑法中的犯罪构成体系的三阶层学说[8]，宪法中关于违宪审查的三阶段理论[9]等。这些思维和模型其实就反映出不同部门法教义学的不同方法，但无论哪种模型的应用本身都属于教

1　参见［德］托马斯·M. J. 默勒斯：《法学方法论》（第4版），杜志浩译，北京大学出版社2022年版，第482页。

2　参见贺剑：《认真对待案例评析：一个法教义学的立场》，载《比较法研究》2015年第2期。

3　例如，夏昊晗：《鉴定式案例研习——德国法学教育皇冠上的明珠》，载《人民法治》2018年第9X期。

4　例如，陈璇：《刑法鉴定式案例分析方法导论》，载李昊主编：《燕大法学教室》第1期，台北，元照出版有限公司2021年版；陈璇：《刑法思维与案例讲习》，北京大学出版社2023年版。

5　例如，张冬阳：《鉴定式技术在行政法案例研习中的应用及其困境》，载李昊主编：《燕大法学教室》第2期，台北，元照出版有限公司2021年版。

6　例如，任重：《法教义学在民事诉讼教学中的困境与出路》，载李昊主编：《燕大法学教室》第1期，台北，元照出版有限公司2021年版；程捷：《刑事诉讼案例研习的鉴定式展开》，载李昊主编：《燕大法学教室》第2期，台北，元照出版有限公司2021年版。

7　例如，吴香香：《请求权基础思维及其对手》，载《南京大学学报（哲学·人文科学·社会科学）》2020年第2期；金晶：《请求权基础思维：案例研习的法教义学“引擎”》，载《政治与法律》2021年第3期。

8　例如，陈兴良：《刑法阶层理论：三阶层与四要件的对比性考察》，载《清华法学》2017年第5期。

9　例如，张翔、田伟：《基本权利案件的审查框架（一）：概论》，载李昊主编：《燕大法学教室》第3期，台北，元照出版有限公司2021年版。

义学活动。例如，请求权基础思维训练的基本程式是，在给定案件事实（小前提）的条件下，搜索锁定作为请求权基础的法律规范（大前提），然后运用司法三段论得出结论。[1] 这种程式的核心就是涵摄技术（归入技术），而涵摄的前提是阐明法律规范所包含之概念用语的意义，以衔接大、小前提。显然，围绕法律规范的适用所展开的意义阐释和法学建构的活动，就是法教义学活动。

三是法律评注工作的展开。法律评注近年来已成为学界尤其是民法学界的“宠儿”，相关的课题、[2] 著作（评注书）[3] 不断，同一法律领域的论文也持续发表，[4] 终集腋成裘、汇集成册，[5] 为中国的法律评注提供了范例。2015年，中国和德国的民法学者推动创立了中德民法评注会议，此后一年一度举办。[6] 有的大学法学院专门成立了法典评注研究中心，定期召开相关研讨活动。还出现了对于法律评注活动本身的比较法研究。[7] 2020年《民法典》出台后，围绕民法典展开的法典评注工作也迅速跟进，并取得了初步成效。[8] 虽然由于制度制约、知识储备、时间沉淀和素材积累等方面的原因，我们离编纂有广泛影响力的成熟法典评注书尚有距离，但这个良好的开端毕竟为后续

---

1 吴香香：《请求权基础：方法、体系与实例》，北京大学出版社2021年版，第3页。

2 例如，王利明教授主持的中国法学会2013年度重点课题“中国民事法律评注”，徐涤宇教授主持的2014年度国家社科基金重大课题“中国民法重述、民法典编纂与社会主义市场经济法律制度的完善”；等等。

3 例如，陈兴良：《刑法疏议》，中国人民公安大学出版社1997年版；朱岩：《中国物权法评注》，北京大学出版社2007年版。

4 例如，黄卉：《法律评注：法律技术抑或法律文化？》，载黄卉：《法学通说与法学方法》，中国法制出版社2015年版，第80~107页。

5 参见朱庆育主编、辛正郁副主编：《合同法评注选》，北京大学出版社2019年版。

6 《法学家》自2016年以来特辟“评注”专栏，专门刊发针对合同法/民法典合同编的文章。关于其缘起与考虑参见张双根、朱芒、朱庆育、黄卉：《对话：中国法律评注的现状与未来》，载《中国应用法学》2017年第2期。

7 参见［德］达维德·凯斯特勒-兰帕特尔、［德］尼尔斯·扬森、［德］莱因哈德·齐默尔曼主编：《中国民法典评注·评注研究——法律评注：国际视角的比较》（第1部），刘青文等译，中国民主法制出版社2023年版。

8 例如，王利明主编：《中国民法典评注》（7编12册），人民法院出版社2021年版；朱庆育主编：《中国民法典评注·条文选注》（1~4册），中国民主法制出版社2021—2023年版；徐涤宇：《〈中华人民共和国民法典〉评注（精要版）》，中国人民大学出版社2022年版。

的法教义学提供了一种样板化的载体。因为法律评注具有鲜明的实务导向，它以现行法的适用为中心，重视案例、注重体系，秉承教义学方法，对于法学教育、司法实践和立法影响甚巨，被视为“法教义学的巅峰”。[1] 所以，法律评注其实就是特定领域教义学知识的体系化展现，法律评注工作的深入展开必将推动法教义学研究实现由量到质的提升。

纵观法教义学在中国的历程，可以说是起于批判，成于论战，并因中国法律制度的完善及多种关联性研究的兴起而壮大。

三、所谓“法教义学的一般理论”

目前国内法教义学阵营学者的研究大体可以分作两个部分，一部分研究围绕某个部门法教义学本身的基本问题展开，[2] 另一部分研究则着力于跨越于各部门法之上的（一般）法教义学的基本问题[3]乃至特定主题[4]。另有研究涉及中国语境下法教义学面临的问题及其应对。[5] 在反对者阵营中，论者则主要针对法教义学作用的有限性展开批评。[6] 面对这场论争，亦有学者进行了一定的

---

1 参见贺剑：《法教义学的巅峰：德国法律评注文化及其中国前景考察》，载《中外法学》2017 年第 2 期。

2 例如，陈兴良：《刑法教义学方法论》，载《法学研究》2005 年第 2 期；许德风：《论法教义学与价值判断 以民法方法为重点》，载《中外法学》2008 年第 2 期；张翔：《宪法教义学初阶》，载《中外法学》2013 年第 5 期。

3 例如，武秀英、焦宝乾：《法教义学基本问题初探》，载《河北法学》2006 年第 10 期；白斌：《论法教义学：源流、特征及其功能》，载《环球法律评论》2010 年第 3 期；雷磊：《法教义学的基本立场》，载《中外法学》2015 年第 1 期；许德风：《法教义学的应用》，载《中外法学》2013 年第 5 期；纪海龙：《法教义学：力量与弱点》，载《交大法学》2015 年第 2 期。

4 例如，法教义学与法治的关系（如张翔：《形式法治与法教义学》，载《法学研究》2012 年第 6 期）、法教义学中的价值判断（如孙海波：《在“规范拘束”与“个案正义”之间——论法教义学视野下的价值判断》，载《法学论坛》2014 年第 1 期）、法教义学与体系化的关系（如刘敏：《论法教义学的体系化功能——以民法为中心》，载《西南政法大学学报》2014 年第 1 期）。

5 例如，王旭：《中国法教义学的挑战与应对》，载《江苏行政学院学报》2015 年第3 期。

6 例如，苏力：《中国法学研究格局的流变》，载《法商研究》2014 年第 5 期；桑本谦：《“法律人思维”是怎样形成的——一个生态竞争的视角》，载苏力主编：《法律和社会科学》第 13 卷第 1 辑，法律出版社 2014 年版；周尚君：《法教义学的话语反思与批判》，载《国家检察官学院学报》2015 年第 5 期。

学术总结，探讨双方分工与合作的可能。[1] 但无论是支持者还是反对者，有意或无意地未加正视的一个前设性问题恰恰是“什么是法教义学”。[2] 这并不是说学者没有从各个角度对法教义学作出过各种诠释，而是说这些诠释十分多样化，以至于双方在围绕这种研究进路的诸多面向展开攻防时往往并不在同一个层面上对话。

当然，共识难以达成的一个重要原因或许并不完全在于学者个人的偏好甚至误解，而可能在于这个概念本身就是复杂的。这种复杂性一方面体现在，作为历史的产物，法教义学的观念本身就是流变的，在不同的历史阶段显现出不同甚至矛盾的特征。历史的梳理有助于我们厘清法教义学观念史中的常量与变量，因为只有前者才有可能成为不同版本之法教义学的共同必要特征，而必要特征正是一个概念的基本构成要素，也是让我们能真正理解法教义学观念的核心线索。另一方面，除了历史向度外，法教义学尚有较为复杂的诠释向度。在描述性的维度上，法教义学拥有自己独特的立场、方法和科学性诉求。在规范性的维度上，法教义学虽以法律适用和司法裁判为典型场景，但同样对于立法具有意义，而且折射出特定的法治价值。此外，法教义学与法哲学、法理论、法的社会科学研究之间也具有复杂的互动关系。

以上述考量为基础，同时依循德国传统法学专著的通例，本书主要分为“上编　历史”“中编　性质与意义”“下编　关系”三部分。上编包括第一章至第三章，旨在对法教义学观念进行历史考察，除了想要还原这一概念“历时性”的复杂面貌外，更重要的意图就在于从历史结构中提炼出一些“共时性”的要素，为当下有关法教义学的讨论奠定较为可靠的基础。应当承

1　例如，谢海定：《法学研究进路的分化与合作——基于社科法学与法教义学的考察》，载《法商研究》2014 年第 5 期；孙海波：《法教义学与社科法学之争的方法论反省——以法学与司法的互动关系为重点》，载《东方法学》2015 年第 4 期；宋旭光：《面对社科法学挑战的法教义学——西方经验与中国问题》，载《环球法律评论》2015 年第6 期。

2　只有这篇文章——凌斌：《什么是法教义学：一个法哲学追问》，载《中外法学》2015 年第 1 期——看上去是个例外，但它其实同样只论及了法教义学的立场和方法。当然，笔者也不赞同文中的具体观点。

认，从发生学的角度看，教义学主要是从欧陆，尤其是德国法律传统中成长起来的，因而历史的梳理脱离不开这一传统。国内学界既有的研究成果对法教义学的源流与演变亦有涉及，但大多失之简略，缺乏更为精致的考察与阶段性的归整。[1] 本书将回顾和梳理从古希腊开始到德国当代的法教义学观念流变史，并试图从中归纳和总结出这一概念的常量与变量。考察的重点将围绕各历史阶段法学对于“（法）教义”和“教义学”的理解来进行，有时也会旁涉哲学与宗教学的阐释。中编包括第四章至第八章，阐明法教义学的立场、方法、科学性，以及法教义学对于立法和法治的意义。下编的第九章至第十一章分别论及法哲学、法理论和法的社会科学研究（法社会学、法经济学、法政策学）与法教义学的关系，最后一章即第十二章，则是对全书内容的总结和对法教义学未来发展的展望。

总之，本书旨在从“一般理论”的层面来回答“什么是法教义学”这一根本性问题。之所以称其为“一般理论”，是因为这两点限定：其一，本书只涉及作为一般形态的法教义学，而不涉及部门法教义学（更不涉及部门法的具体教义或学说）。从知识体系的角度来说，部门法教义学（尤其是具体部门法学说）无疑构成了法教义学的主体。但本书考察的是作为法学之一般形态的教义学与法教义学，而不限于某个特定部门法的教义学及其学说。这是“一般理论”之“一般”的含义。其二，本书只涉及作为学术形态的法教义学，而基本不涉及法律实务中的教义学。法教义学并非法学的专有活动，也同样为法律实践（法官、律师、公证人等的实践）所推动。它必然是学术与实践的共同交流形式。[2] 本书只处理学术传统中的理论型法教义学，而不涉及

---

1 参见白斌：《论法教义学：源流、特征及其功能》，载《环球法律评论》2010 年第 3 期；焦宝乾：《法教义学的观念及其演变》，载《法商研究》2006 年第 4 期。

2 Vgl. Matthias Jestaedt, Wissenschaftliches Recht-Rechtsdogmatik als gemeinsames Kommunikationsformat von Rechtswissenschaft und Rechtspraxis, in: Gregor Kirchhof/Stefan Magen/Karsten Schneider (Hrsg.), Was weiß Dogmatik? -Was leistet und wie steuert die Dogmatik des Öffentlichen Recht, Tübingen: Mohr Siebeck, 2012, S. 117. 类似的观点也可参见卜元石：《法教义学：建立司法、学术与法学教育良性互动的途径》，载田士永等主编：《中德私法研究》第 6 卷，北京大学出版社 2010 年版。

法律实务中应用型教义学的发展。这是“一般理论”之“理论”的含义。总的来说，本书是“关于法教义学的研究”，而非“法教义学研究”本身。在此意义上，法教义学的一般理论本身属于法理论或法哲学的畛域。

上　编　历　史

第一章

法教义学观念的源流

法教义学这一法学研究范式主要是德国法学传统的产物，尤其孕育成熟于19世纪的历史法学和概念法学时期。因为正是从这一时期起，“法学”的称呼正式由jurisprudentia（法的实践智慧）转变为Rechtswissenschaft（法律科学），开始走向理论化和科学化，成为“大学的法学”。[1] 而此后大学法学教育的主流，才开始转变为法教义学（也被称为狭义上的“法律科学”）。但事实上，法教义学的观念源远流长，其基本观念与方法论基础的形成要远早于19世纪。

第一节　发轫：从古希腊到古罗马

一、古希腊时期教义观念的缘起

德语“教义”（Dogma）一词来自古希腊文δογμα’（δόγμα）。[2] 在希腊语中，“教义”一词具有多种含义，如“固定的想法”“指示”“有拘束力的原

1　参见舒国滢：《法学是一门什么样的学问？——从古罗马时期的Jurisprudentia谈起》，载《清华法学》2013年第1期。

2　其动词为“dokein”（使……明白，说服……）。关于该词项参见Heinlich Schmidt，Philosophisches Wörterbuch，15. Aufl.，durchges.，erg. und hrsg. v. Georgi Schischkoff，Stuttgart：Kröner，1960，S. 117。

理”等。[1] 按照旧有观念，在学术史上教义的概念源于神学而波及法学。[2] 这种观点至少从莱布尼茨（Leibniz）之后就广为人知。莱布尼茨认为，法学与神学在前提之效力基础方面具有令人惊讶的相似性，因为两者都以某种公认意志的权威为基础，因而对于必须适用它们的人来说是无须证明的。而具有这种相似性的原因在于神学对于法学的影响，因为在西方的文化中，“教义首先是教会的学说”[3]。但这种将教义学溯源于神学的观点，忽视了里彻尔（Ritschl）在20世纪20年代对于“医学教义学”的研究。[4] 论者同样忽视了，莱布尼茨在考察神学教义学和法教义学之外，同样承认医学教义学，并力图在科学理论领域定位医学教义学的渊源。[5]

据当代德国学者赫尔贝格（Herberger）的考证，δογμα’其实最早出现于医学文献。[6] 第一部使用“教义”一词的医学文献究竟为何至今已无可考，有明确记载的是《希波克拉底全书》（Corpus Hippocraticum）中的两篇文章《规诫篇》（Παραγγελιαί）[7]和《法则篇》（Νομός）。《规诫篇》一文谈及了医学内部存在已久的“实践学派”与“理论学派”之争，双方争论的焦点在

---

1 Vgl. Bernd Rüthers/Christian Fischer/Axel Birk, Rechtstheorie mit Juristischer Methodenlehre, München: C. H. Beck, 2015, S. 195-196.

2 例如，参见 Ewald Johannes Thul, Untersuchungen zum Begriff der Rechtsdogmatik, Mainz: Dissertation der Rechts-und Wirtschaftswissenschaftlichen Fakultät der Universität, 1959, S. 33。图尔甚至因而将法学视作神学的分支。也有的学者认为，教义的概念首先出现于哲学之中，然后盛于神学（如参见 Bernd Rüthers/Christian Fischer/Axel Birk, Rechtstheorie mit Juristischer Methodenlehre, München: C. H. Beck, 2015, S. 196)。

3 Martin Drath, Rechtsdogmatik als Selbstzweck-oder fließende Anpassung des Rechts an die gesellschaftliche Wirklichkeit?, in: Das Rechtswesen-Lenker oder Spiegel der Gesellschaft?, mitarbeitet v. Paul Bockelmann, München: Piper, 1971, S. 190.

4 Vgl. Otto Ritschl, Dogmaticus, 1920, S. 261-264.

5 Vgl. Gottfried Wilhelm Leibniz, Opera, Geneva: De Tournes, 1768, Band 5, S. 210.

6 Vgl. Maximilian Herberger, Dogmatik: Zur Geschichte von Begriff und Methode in Medizin und Jurisprudenz, Frankfurt am Main: Vittorio Klostermann, 1981, S. 6-13.

7 “Παραγγελιαί”译作英文即为“Precepts”，在希波克拉底的时代，它泛指“道德高尚之医生”的行为与实践的准则。但最近也有学者考证认为，《规诫篇》是托名希波克拉底的伪作［See Ellio Burton Martin Jr., *The Virtuous Physician: A New Translation of a Pseudo-Hippocratic Text and Its Implications for the History of Moral Inquiry; or, The Significance of an Insignificant Text*, Journal of Interdisciplinary History of Ideas 1 (2012), p. 3］。但无论如何，“教义”起源于医学文献的论断当无误。

于对一般命题（allgemeine Sätze）的态度。“实践学派”否认医学能得出任何一般命题，认为有的只是一个个特定的病例，而“理论学派”则认为可以从最一般的原则出发演绎推导出一般命题（假定）。但随后，有一部分“实践学者”开始寻求具体病例之间的共性，而这些共性只能以涵盖多种情形的一般命题形式来表述。同时许多“理论学者”也开始意识到，他们所主张的命题因缺乏与现实的联系而无法适用于实际病例，故而有必要通过归纳来对病例的具体观察作一般化总结。这样，到公元前400年前后时，就出现了包括希波克拉底在内的走第三条道路的学者。这些学者被称为“教义学者”（Dogmatiker），他们秉持以经验科学为导向的理论构造，试图通过归纳来确认一般法则或命题。这种一般命题介于理论（假定）与实践（经验）之间，因为它们一方面以实践经验为基础，另一方面也离不开理论反思。实践提供的只是供观察的材料，必须通过总结和一般化才能获得一般原理。在经历了一系列的术语尝试之后，这种类型的一般原理或命题最终被命名为“教义”。[1] 将各个教义无矛盾地关联在一起就构成了某种学说（Lehre）。在《法则篇》中，希波克拉底借用一个比喻来对此加以说明：学习医术就好比植物的生长，而传授的教义就仿佛是它的种子，[2] 因此，医术来自可以被传授的教义。

古希腊哲学对于“教义”的探讨既继受了医学的有关观点，又有自己的创新。应当承认，当时的哲学家并没有对“教义”一词进行专门的厘定和界分，对这一概念的讨论是与对“科学/技术”以及“知识/意见”的区分关联在一起的。柏拉图（Plato）承接了医学关于教义的阐释，将教义理解为以经验为基础的“技术”（techne）的组成部分（医学被认为是经验技术的模型）。技术有其目的，而教义就取向于这种目的。为了达成这一目的，它必须同时

1　Vgl. Hippocrates, Parangeliai, in: Hippocrates Werke, hrsg. v. Johan Heiberg, Lipsiae: Teubner, 1927, S. 34.

2　Vgl. Hippocrates, Nomos, in: Hippocrates Werke, hrsg. v. Johan Heiberg, Lipsiae: Teubner, 1927, S. 8.

指涉未来的事件，肩负起对未来进行“预测”或“诊断”的功能，而这属于似真性的领域。所以教义只具有似真的性质，它是关于被观察到之规律性的似真的原理。这使得柏拉图得出了与医学教义学者不同的观点：教义并不是绝对正确的知识（科学），反而更接近意见。因为意见与观察和想法相关，与“教义”一词所包含的意义相同。[1] 但在柏拉图看来，教义还可以从另一个层面，即言说者的视角出发，被界定为一种被认为是正确的原理，它可能包含着价值判断或者规定。也就是说，教义大多表达了教义拥护者关于行动或行为方式的价值判断，同时也表达出了（在拥护者眼中）必须做之事的内容，所以具有规定性。教义是被某人信奉为真的原理（命题）。所以，教义既是被观察到的命题（perceptiones），又是规定（praeceptiones）。[2] 这就使得将这一术语转用于法学领域变得容易。在《理想国》中，柏拉图认为，法律就是民众集会所采纳的教义。[3] 法律要满足两个特征，一是基于确信的决定（教义），二是集会行为，因而法律属于教义的下位情形。换言之，被民众“认为是正确的事物”将被“决议”为法律。柏拉图学派的门徒发扬了这种观点，他们将法律视为“民众的政治教义”[4]、“城邦的教义”[5]、“明智之众人的教义”[6] 或“人群或某个有威望之人的政治教义”[7]。如此就建立起了从“（对经验资料的一般化）归纳”到“认为是正确的事物”再到“法律”的链条。这一链条后来经由古希腊雄辩家德莫斯蒂尼（Demosthenes），被古罗马法学家

1　从词源学上看，在希腊语中要想将“dogma”和“doxa”作出区分也比较困难，因为两者均从词根“dok-”演变而来。

2　Vgl. Maximilian Herberger, Dogmatik: Zur Geschichte von Begriff und Methode in Medizin und Jurisprudenz, Frankfurt am Main: Vittorio Klostermann, 1981, S. 14, 16, 19, 20, 21.

3　Plato, Staat, hrsg. v. Thomas Szlezák und übersetzt. v. Rüdiger Rufener, Berlin: De Gruyter, 2014, S. 192.

4　Erik Wolf, Griechisches Rechtsdenken, Bd. 4. 2, Frankfurt am Main: Klostermann, 1970, S. 215, Fn. 12.

5　Erik Wolf, Griechisches Rechtsdenken, Bd. 4. 1, Frankfurt am Main: Klostermann, 1968, S. 82.

6　Erik Wolf, Griechisches Rechtsdenken, Bd. 2, Frankfurt am Main: Klostermann, 1952, S. 160.

7　Wolfgang Kunkel, Herkunft und soziale Stellung der Römische Juristen, 2. Aufl., Graz u. a.: Boehlau, 1967, S. 258.

引入了《学说汇纂》(Digesta)之中。[1]

亚里士多德(Aristoteles)继受了柏拉图前一层面的观点，将教义理解为基于特定数量之同类观察的一般性命题，与事物的整体相关，[2] 并在同等意义上使用“教义”与“意见”。这又导致他将教义界定为论题学论证之可容许的前提(辩证性前提)。所以，在他看来，教义就是观察到之规律性的一般原理，它由合格的判断者所表述，因而能够以其似真性宣称被用作辩证推理的前提。为了与真命题相区别，这些前提也被称为“意见命题”(doxa-Aussagen)。如果说有关真命题的论证由分析学处理，那么涉及“意见命题”的推理就属于论题学的对象了。[3]“合乎真理”与“合乎意见”的前提与推理是两回事，前者属于科学，而后者属于技术。因为科学处理的是必然存在者和不变的事物，而技术涉及的则是偶然的事物，并建立在对观察资料进行一般化后获得的一般原理(教义)的基础上，根据论题学即辩证法规则(意见性规则)来工作。这些规则包括了三段论[推理、归纳、定义(Definieren)]和区分(Diairesis)。伊壁鸠鲁(Epikur)同样认为教义可以“回溯到对意义的观察能力”，但与亚里士多德强调教义与论题学的关联不同，他更重视以观察为基础的无矛盾之教义的体系，并通过具体的教义建构来达成与现象的一致性。[4]

二、古罗马时期的“规则法学”

在古罗马时期，教义观念开始与体系思想相结合。不过一开始，罗马法

1　Vgl. Franz Horak, Dogma und Dogmatik: Zur Genese und Entwicklung eines Begriffs in der Wissenschaftsgeschichte, Zeitschrift der Savigny-Stiftung für Rechtsgeschichte 101 (1984), S. 277.

2　See Aristoteles, Rhetorica, De rhetorica ad Alexandrum, De poetica (The works of Aristotle 11), Oxford University Press, 1966, p. 1430 a 40–1430 b 1.

3　Vgl. Aristoteles, Topik, übersetzt. und hrsg. v. Eugen Rolfes, Hamburg: Meiner, 1968, S. 31–33.

4　Vgl. Epikur, Opere, übersetz. v. Graziano Arrighetti, Torino: Einaudi, 1967, S. 79.

学并非后世所想象的那种法教义学或法律科学意义上的法学研究，[1] 罗马法学家的主要任务是进行法律解答、撰拟契据和协助诉讼等实务活动。罗马法学家所创制的“市民法”（ius civile）在早期是决疑术式的、个案取向的。[2] 只是到了公元前2世纪共和国晚期，罗马法学家受古希腊辩证法的影响，致力于从个案裁判中抽象出一般的法理，形成规则或原理，才确立了“规则（原理）法学”（Regularjurisprudenz）的传统。[3] 在这一转变过程中，西塞罗（Cicero）起到了至关重要的作用。西塞罗的《论题学》接受了亚里士多德的辩证法，并首次将“分种”（Divisio/Diairesis）与“分部”（Partitio/Merismos）作为辩证法的两种具体方法。这两种划分为法学的体系化提供了重要的技术支持，因为通过对法的材料的层级划分，列出每个属所包含的全部种或整体包含的部分，然后找出统辖每一个种或部分的规则，一个自足的法的体系就呈现出来了。[4] 例如，盖尤斯的《法学阶梯》中对债法的三层次划分就属于分种，而其关于人法、物法和诉讼法的划分则是分部方法的运用。虽然两种方法存在很大差异，但它们都旨在构造一个建立在基本的区分、定义和规则之上的市民法体系。尽管如此，西塞罗并没有用“教义”来称呼这些统辖种或部分的规则，而是使用了“规定”（praeceptum）一词，并且，他关于教义的定位一直在被观察到的命题（描述）与规定（规范）之间摇摆不定。[5]

总体而言，古罗马时期教义观念的发展呈现出两个特点。一个特点是教义和定理（Theoremen）被区分开来。这一区分是公元1世纪时由斯多葛学派

---

1 See Tessa G. Leesen, *Gaius Meets Cicero: Law and Rhetoric in the School Controversies*, Martinus Nijhoff Publishers, 2010, p. 18, 20.

2 参见舒国滢：《罗马法学成长中的方法论因素》，载《比较法研究》2013年第1期。

3 See Peter Stein, *Regulae Iuris: From Juristic Rules to Legal Maxims*, Edinburgh University Press, 1966, p. 49.

4 参见李飞：《古希腊—罗马的辩证法对罗马法的体系化生成的影响——以Divisio和Partitio为中心》，载陈金钊、谢晖主编：《法律方法》第15卷，山东人民出版社2014年版。

5 Vgl. Franz Horak, Dogma und Dogmatik: Zur Genese und Entwicklung eines Begriffs in der Wissenschaftsgeschichte, Zeitschrift der Savigny-Stiftung für Rechtsgeschichte 101 (1984), S. 278.

（stoics）学者提出的，并为古罗马犹太哲学家、神学家斐洛（Philo von Alexanderien）及哲学家塞内加（Seneca）所发扬。斐洛依传统区分了技术与科学，认为“确定和可靠的理解”属于科学并导致教义的创立，而“中等水平的经验技术”只包含似真的定理。科学与技术之间具有上位与下位的关系，前者将为后者创设确定的基础。可见，斐洛的观点颠覆了传统的见解，他没有将技术原理命名为“教义”，而是将教义放入了作为技术之基础的科学领域之中，教义由此变成了公理（Axiomen）。此外，斐洛还在谈论旧约圣经的学说内涵时于历史上第一次使用了“教义性的”（dogmatisch）这个形容词。[1] 塞内加区分了一般的规定与特殊的规定，并将一般的规定称为“教义”。特殊的规定（狭义上的规定）处理的是实践经验技术的目的合理性规定，它涉及特殊的情形（这正是它与教义的区分）。但狭义上的规定与教义之间同样有着内在的联系，即狭义上的规定依赖教义，就好像树叶依赖树枝，树枝依赖树根那样。由此就浮现出一个体系，其中特殊的规定可以回溯到数量更少、更为一般化的教义那里。如果可以向着一个方向进行回溯，那么就可以沿着相反的方向进行演绎。[2]

这一时期教义观念的另一个特点是教义与规则（regula）被关联在一起。塞内加认为，如果可以将某个命题体系中更加特殊的规定回溯到位于体系顶端的教义（法令）上去，那么教义就将被证明是正确的“规则”或“法则”。[3] 因此，特殊命题的真假是通过它能否从更加一般的真理（真命题）中推导出来证明的。教义要与狭义上的规定区分开来，它的作用在于证明下位命题的真/假或正确/错误。人们可以将满足这一任务的教义同样称为“规

1　Vgl. Maximilian Herberger, Dogmatik: Zur Geschichte von Begriff und Methode in Medizin und Jurisprudenz, Frankfurt am Main: Vittorio Klostermann, 1981, S. 61.

2　Vgl. Maximilian Herberger, Dogmatik: Zur Geschichte von Begriff und Methode in Medizin und Jurisprudenz, Frankfurt am Main: Vittorio Klostermann, 1981, S. 64-66.

3　这一回溯的过程被称为“检验”（exigere），参见 Dieter Nörr, Divisio und Partitio: Bemerkungen zur römischen Rechtsquellenlehre und zur antiken Wissenschaftschaftstheorie, Berlin: Schweitzer, 1972, S. 33, Fn. 50。

则”。由此我们也可以看到古罗马学者关于教义的双重假定：一方面，教义作为体系的最高（不证自明的）原则或公理，要像规则那样决定什么是正确的，什么是错误的；另一方面，教义具有描述性和规定性的双重意义，就像今日对于“规则”（Regel）一词的理解那样——它既指称被观察到的规律性，也指称规定某事的规范性规则。[1] 所以，古罗马时期的教义与规则、一般的规定是等义的。

这种通过神学流传开来的教义方法论给优士丁尼（Justinian）的《国法大全》（Corpus Juris Civilis）打下了烙印。这体现在：其一，《学说汇纂》D. 1. 3. 2 将所有的法律都定义为“明智之众人的教义”。由于优士丁尼将法学家称为法律的作者，所以这一定义也适用于所有被吸收进《学说汇纂》中的法学家的法律解答意见（Responsa）。另外，《新律》（Novelle）第 131 条规定，前四次世界天主教宗教会议的教义应作为法律有效。[2] 可见在当时宗教教义与法律以同样的方式具有拘束力。教义与其他命题的区别既不在于其内容，也不在于其对象领域，而在于它的“规定性”属性。宗教教义与法律教义都具有规定性，只是两者的效力基础和对象领域不同而已：前者基于宗教会议的决议被遵守，而后者基于法律被遵守。[3] 所以，在优士丁尼那里，（狭义上的）法律、法律解答意见和宗教会议决议都被视为教义。其二，教义方法论要求概念的明晰性与内在的连贯性。《学说汇纂》运用“序列法”（akolouthia/consequentia）

---

1 See Peter Stein, *Regulae Iuris: From Juristic Rules to Legal Maxims*, Edinburgh University Press, 1966, p. 71, 73. 教义概念的这种双重性一直影响到今天，突出体现在这个问题上：某个命题究竟是展示出了某个规范，因而是规定性的；抑或是说出了某个规范的存在，因而是描述性的。（Vgl. Maximilian Herberger/Dieter Simon, Wissenschaftstheorie für Juristen: Logik, Semiotik, Erfahrungswissenschaften, Frankfurt am Main: Metzner, 1980, S. 180f.）

2 Vgl. Martin Elze, Der Begiff des Dogmas in der Alten Kirche, Zeitschrift für Theologie und Kirche 61 (1964), S. 433.

3 Vgl. Maximilian Herberger, Dogmatik: Zur Geschichte von Begriff und Methode in Medizin und Jurisprudenz, Frankfurt am Main: Vittorio Klostermann, 1981, S. 137-138.

作为分类原则进行文本编纂，[1] 力图消除经典法学家之间的争议和对立，建构一个融贯的体系。[2] 编纂者还运用了归纳以及类比这些辩证法工具，从而造就了从个案解决办法过渡到规则的一般化倾向。

古希腊与古罗马时期是教义学观念的发轫时期。这一时期并没有出现“（法）教义学”的正式称呼，但其观念的基本要素已大体具备。古希腊时代的“教义”被认为是基于归纳的一般法则或命题，属于经验技术和被信奉为真的原理（意见）。而古罗马时代则进一步将教义上升为公理，强调它是同时具有描述性与规范性的一般性规则。

第二节　雏形：中世纪注释法学与人文主义法学

一、注释法学的权威教义论

中世纪的人们并不进行批判—历史性的思考，他们的思维是受权威拘束的思维。[3] 这一时期法学家的教义观念与神学家的教义观念并无二致，因为两者都来自经院哲学（Scholastik）。经院哲学思维在神学领域的任务在于：合乎理智地把握经权威确认的真理，即上帝启示的真理。天主教神学将教义定义为由上帝直接启示并由教会向所有信众宣告的真理。[4] 清教教义学则只是取消了其中教会的中介地位，而代之以上帝与人的直接对话。与神学家一样，法学家也受制于权威拘束的思维。法教义被认为是“得到学术上认可的法律原

1　关于这一方法的具体内涵，参见 Arthur Steinwenter，Akolouthia，The Journal of Juristic Papyrology 4（1950），S. 226。

2　Vgl. Wolfgang Waldstein，Konsequenz als Argument klassischer Juristen，Zeitschrift der Savigny-Stiftung für Rechtsgeschichte 92（1975），S. 64.

3　Vgl. Paul Koschaker，Europa und das römische Recht，4. Aufl.，München u. Berlin：Beck，1966，S. 48f.

4　Vgl. Franz Diekamp，Katholische Dogmatik，Bd. 1，12. u. 13. Aufl.，hrsg. von Klaudius Jüssen，Münster：Aschendorff，S. 11.

理”，法教义学“牢不可破地与被认可之权威联系在一起”。[1] 所不同者仅在于权威的来源。如果说神学家是在圣经或教父的文本那里寻找权威，那么罗马法复兴运动中的法学家则是在11世纪被重新发现的《学说汇纂》（《国法大全》中最有影响力的部分）中找到了他们的权威。《学说汇纂》的再发现对于中世纪及近现代法学的成长具有重要的意义，只有它才能够把中世纪有关法律的思维加以转型，并使法律成为一门学术性学科。[2] 法学家们在这一罗马法文献中“看到了神启般‘永恒有效的真理’、‘法律真理’或‘法律启示’”[3]。他们将罗马法视为绝对正确的法、“基于权威和传统的自然法”以及书写理性（ratio scripta），对于一般法伦理和政治伦理具有确定的权威性。所以，《国法大全》并不是作为国家制定的“法律”（Gesetz）（因为罗马法背后的古罗马国家早就陨灭了），而是作为必然正确、超时空的当下“法”（Recht）起作用的。中世纪学者对古代权威的信任使得教义方法论及与其相关的技术被保留下来。

以伊尔内留斯（Irnerius）为代表的波伦亚注释法学派（the Bolognese Glossators）的活动就在于对《国法大全》特别是《学说汇纂》的教学和文本研究。他们的主要任务是剔除在中世纪早期所流行的文献之中的相互矛盾、语义不明、重复之处，弥补文本的缺漏，以此来修复《国法大全》。为此，他们不仅运用亚里士多德的旧辩证法并将它推向了一个更高的抽象层次，也部分推进了新的经院哲学辩证法的形成。他们通常的做法是：首先提出一个与某一权威文本中的矛盾论述有关的问题，接着提出表明支持某种立场的权威观点和理由之命题，最后得出一个结论，该结论要么表明反驳方所给出的理

---

1 Vgl. Uwe Diederichsen, Auf dem Weg zur Rechtsdogmatik, in: Reinhard Zimmermann (Hrsg.), Rechtsgeschichte und Privatrechtsdogmatik, Heidelberg: C. F. Müller, 1999, S. 67, 68.

2 参见舒国滢：《〈学说汇纂〉的再发现与近代法学教育的滥觞》，载《中国法律评论》2014年第2期。

3 Joseph Esser, Vorverständnis und Methodenwahl in der Rechtsfindung, Kronberg: Scriptor Verlag, 1975, S. 90.

由不真实，要么表明所提出的命题必须根据反驳方的理由来加以限定或者予以放弃。他们除了对每一标题的法律素材作出导论并对相邻标题的一致性和差异进行说明外，还要对每个谕令和法律条文作出引导，解决从中暴露出来的矛盾，对那些能够一般化的且在法律论辩中能够加以评价的法律思想予以提示，最后要进行区分，即将上位概念拆分为下位概念。[1] 这种方法导向了对具体材料的体系化。在阿佐（Azo）看来，法学的教义就好比其他学科的原则，教义构成统一的学说（doctrina），而学说必然以教义的体系化作为目标，因为唯有如此才能充分消除罗马法中的矛盾。[2]

13 世纪以后出现的后注释法学（评注法学）发展出了一种“新法学”的方法，该派学者为了回应时代生活，尤其是各地特别法实践的需求，不再像注释法学派那样完全依赖优士丁尼文本，而是逐渐脱离文本中规定的条文的原初内容，去寻找法律文本的精神或实质，在逻辑性解释的框架内实现高度创意性工作，即“教义学推释”（dogmatic construction）。评注法学运用这种方式去处理具体难题，讨论法律实务，形成了一种更为深入的注释，并带来了重要的法教义学进展。[3] 这一时期也出现了最早有关法学之科学性的争论（第一次科学性之争）。起因是亚里士多德著作的重新发现导致了有关法学之非科学性的批评。医学家抨击法学缺乏法学方法，因而不是科学。为此，评注法学家们作出了不同的回应。巴尔多鲁（Bartolus）通过援引对于实践而言实属必要的实践智慧（prudentia），即将一般规定正确适用于特殊案件的判断力来为法学辩护。而巴尔都斯（Baldus）则主张法学继续采用“学说”方法、从原则出发的演绎以及综合法。他将法学的最高原则简单称为原因，而将被

1　参见舒国滢：《波伦亚注释法学派：方法与风格》，载《法律科学（西北政法大学学报）》2013 年第 3 期。

2　Vgl. Maximilian Herberger, Dogmatik: Zur Geschichte von Begriff und Methode in Medizin und Jurisprudenz, Frankfurt am Main: Vittorio Klostermann, 1981, S. 181-182.

3　参见舒国滢：《评注法学派的兴盛与危机：一种基于知识论和方法论的考察》，载《中外法学》2013 年第 5 期。

推导出的命题称为效果，这无疑受到了自然科学尤其是医学的影响。[1]

正是注释法学开创了“权威学说体系”的先声。这种学说体系是今日欧洲法教义学的直接先驱，并使得法学直至今天都将教义学（被认为是“内在于法的实在真理”)作为其对象。[2]

二、人文主义法学的教义性规则论

14 世纪以降的文艺复兴运动虽然是人类思想文化领域“最伟大的变革”，但没有立即在欧洲法学领域内引起同样的反响。直到 16 世纪初叶，在人文主义者的推动下法学才加入人文主义思潮之中。人文主义法学致力于对已发现的古罗马原始文献重新定位和阐释，并在批判实际法学（尤其是评注法学）的过程中形成了“新教育观”，认为法学教育的目标在于引导学生重新发现“永恒、真实存在的理念”即“法理念”，唤醒学生们与生俱来的有关法的理念及其详细的规定，引导学生由偶然、特别的事件走向理念、一般的事物，力图培养学生综合的、系统化的精神。人文主义法学家们相信，法律应当能够以和其他科学学科一样的方式，特别是通过从一般到特殊的逻辑推理的形式来加以表达。[3] 为此，要进行法学体系化构建工作，也就是“对罗马法素材的重新系统整理”[4]。

在人文主义法学派内部，对于教义学观念的发展影响较大的是德国法学家查修斯（Ulrich Zasius）和法国法学家比代（Guillaume Budé)。查修斯关于

1　Vgl. Maximilian Herberger, Dogmatik: Zur Geschichte von Begriff und Methode in Medizin und Jurisprudenz, Frankfurt am Main: Vittorio Klostermann, 1981, S. 193ff., 202ff.

2　Vgl. Franz Wieacker, Privatrechtsgeschichte der Neuzeit, 2. Aufl., Göttingen: Vandenhoeck & Ruprecht 1967, S. 3.

3　参见舒国滢:《欧洲人文主义法学的方法论与知识谱系》，载《清华法学》2014 年第 1 期。

4　Vgl. Peter Raisch, Juristische Methodenlehre: von antiken Rom bis zur Gegenwart, Heidelberg: C. F. Müller Verlag, 1995, S. 41.

教义的思考基于他对“法律”（lex）与“规则”的区分。在他看来，法律来源于事实，也受制于事实，而规则提供的是从法律中一般性地获得的学说，它不以任何事实为基础。规则以法律为基础，是有关同类法律规整的教义命题。教义学说也构成了证明的基础，从学说中可以推导出结论。进而，查修斯认为立法者和法学家的任务并不相同。立法要对大量情形进行归纳式的一般化，即从特定的人和活动出发一般化为普遍的行为要求，因而法律是通过一般化来获得的普遍规定，它适用于无限多的具体情形。查修斯还在历史上第一次提出了“教义法学”（dogmatische Rechtswissenschaft）的称呼，认为这种法学的任务在于表述出有关法律内容的命题，并用这些命题去证明主张或推导结论。[1] 这些表述法律的规则就是教义性规则（regulae dogmaticae）。规定性的法律构成了法律技艺（ars iuris），而描述性的教义性规则则构成了法律科学（scientia iuris），科学比技艺具有更高的价值，“教义性的”方法论只能用来称呼科学。但教义学法学的科学性并不意味着它要脱离实践，相反，它对于法律适用有重要意义：一方面，教义性规则服务于法的安定性，因为只要它们没有被驳倒就是有拘束力的。所以教义并不意味着“不可动摇”或“不得批判”，而是论证上的证明分配形式。另一方面，如果使用精确表述，教义性规则也能依据具体情形来确定法秩序的内容。[2]

与查修斯不同，比代认为教义包含两种类型，一种是元老院的“法令”和“公告”（法律），另一种是法学家的“法令”和“公告”（法学家关于法律的观点）。他更关注法学家关于法律之观点这一意义上的教义。他批评评注法学家们将教义过于视作不可动摇的权威性命题，并由于其背后的权威性而

---

1 霍拉克认为，查修斯的这一区分已接近现代关于法政策学（立法者的技艺）与法教义学的区分［Vgl. Franz Horak, Dogma und Dogmatik: Zur Genese und Entwicklung eines Begriffs in der Wissenschaftsgeschichte, Zeitschrift der Savigny-Stiftung für Rechtsgeschichte 101（1984）, S. 286］。

2 Vgl. Maximilian Herberger, Dogmatik: Zur Geschichte von Begriff und Methode in Medizin und Jurisprudenz, Frankfurt am Main: Vittorio Klostermann, 1981, S. 219-225.

不去进行方法论上的严格证明。事实上，法的安定性依靠的是三方面的保障：一是法律本身具有不可侵犯的权威性和教义活动受法律之拘束的要求。法律的正当性来自民众的认可，而法学家却可能运用语文学诡辞，形成新教义来反对法律，而这并没有正当性。二是法学家的教义终究要被确定和固定下来。这并不是说教义不可改变，而只是说经过一段时间之后没有争议的教义不能轻易被放弃。三是要有与实践运用相关的方法论，包括：对概念的体系性整理；通过演绎推导建立命题和原理的秩序，或者以此方式对有疑问的命题进行证明或反驳；定义、综合与分析。[1] 后两个方面促成了“理性的教义学”。因而，受法律的拘束与理性的教义学一起确保了法的安定性。

至 16 世纪后半叶，随着人文主义学者和医学家质疑法学之科学性，法学家们开始避免运用“教义”和“教义性的”这类迄今为止通行的语词，而代之以“辩证的”和“方法的”这些同义词。一方面，由于人文主义者对于古代怀疑论者哲学的偏好，“教义”和“教义性的”被贬斥为“不加批判的”，同时也因为它们在拉丁纯语主义者看来“不够纯正”而声名狼藉。另一方面，持错误学说的学者们越来越多地被贴上了“教条（教义）主义者”（dogmatici）的标签，“教派”（secta）和“异教”（haeresis）这些词也随之包含了我们今天很熟悉的消极含义。[2] 尽管如此，新的同义词背后所隐藏的内容与以前相比并无二致。

中世纪注释法学与人文主义法学奠定了法教义学观念的雏形。与同时代的经院哲学与神学一脉相承，注释法学继受了受权威拘束的教义观念并将罗马法文本作为这种权威的来源，法教义学被视为权威学说体系。在此基础上，人文主义法学认为教义是用以表述法律的规则，教义法学是法律科学的组成部分。

---

1 Vgl. Maximilian Herberger, Dogmatik: Zur Geschichte von Begriff und Methode in Medizin und Jurisprudenz, Frankfurt am Main: Vittorio Klostermann, 1981, S. 227-232.

2 Vgl. Franz Horak, Dogma und Dogmatik: Zur Genese und Entwicklung eines Begriffs in der Wissenschaftsgeschichte, Zeitschrift der Savigny-Stiftung für Rechtsgeschichte 101（1984）, S. 286.

第三节　方法论基础：理性自然法学说

一、教义—公理体系思想的开端

无论是注释法学还是人文主义法学都将其权威建立在优士丁尼文本之上，这其实相当于阻碍了对这些文本本身进行理性批判的可能。到了 17、18 世纪，随着自然科学的进展和社会关系的迅速变化，为了与古罗马文本保持一致性而进行的法律适用已无法满足实践的要求，自然科学对法学提出了知识论挑战。自然法学说成为了新的“科学的”（意味着“通过体系建构的”）法律发现理论。一方面，法学家们摒弃了古代实在法文本的权威，而在对“人类共同生活的法则”的认知中找到了新的基本真理，它们被认为是“社会的自然法则”和“伦理性公理”，代表着“永恒不变的正确要求”，[1] 可以通过“只由公理确定的理性运用来认识”。[2] 另一方面，传统的注重权威论题的教义学逐渐转向一种封闭的逻辑体系的教义学。[3] 教义学观念与公理化体系思想紧密关联成为理性自然法时代的最大特征。[4] 1739 年问世的学说史上第一本以“教义学”为题的法学著作《新裁判论与教义学》（Theodicaei Dicastice nova et dogmatica）［作者为“沃尔夫学派”的欣郁贝尔（Hinüber）］正是这

1　Vgl. Joseph Esser, Vorverständnis und Methodenwahl in der Rechtsfindung, Kronberg: Scriptor Verlag, 1975, S. 91, Anm. 51.

2　Vgl. Franz Wieacker, Privatrechtsgeschichte der Neuzeit, 2. Aufl., Göttingen: Vandenhoeck & Ruprecht 1967, S. 134-141.

3　参见舒国滢：《17、18 世纪欧洲自然法学说：方法、知识谱系与作用》，载《比较法研究》2014 年第 5 期。这并不意味着后者否认教义的权威，而是从论题式的权威变成了体系化的权威。

4　只有号称“德国启蒙运动之父”的克里斯蒂安·托马修斯（Christian Thomasius）的主张是个例外（Vgl. Reinhard Voppel, Der Einfluß des Naturrechts auf den Usus modernus: Eine Untersuchung anhand der Literatur zum geltenden Recht im 17. und 18. Jahrhundert, Köln u. a.: Carl Heymanns Verlag, 1996, S. 147）。但托马修斯的观点并不是那个时代的主流，由于篇幅关系，在此不追溯其主张。

种关联性的集中体现。[1] 虽然本书已无从可考，但我们可以通过把握整个自然法时代的基本思路来印证其倾向。

为理性自然法时代的教义—公理体系思想奠定基础的是德国哲学家阿尔斯泰德（Johann Heinrich Alsted）。阿尔斯泰德的体系学说要点包括两个部分：[2] 其一，在他看来，哲学、神学、法学和医学领域中体系构造的任务大体相当，它们都采用一种结构相同的“教学法”（Didaktik）。教学法（教义学）等同于理论，理论学科运用综合法，而实践学科运用分析法。教学式法学（教义法学）不属于实践学科，而属于理论学科。其二，体系建构包括两个步骤。第一步是发现教义。教义是构成体系的质料，必须以一定的程序来发现，这一程序包括感知、观察、经验和归纳。故而教义（如同公理一般）是归纳获得的全称命题（Allsätze），公理与教义的区别只在于前者具有更高的一般性程度而已。人们可以通过上述四步程序从文本中提炼出教义，与文本相关的领域可以被称作“教义性的”，因为它建立了“科学的教义和法令”。在具体学科中，没有合乎教义的一般化原理，就不会存在“真哲学”，也不会存在体系。在某个领域通过“论题学”程序“发现”教义之后，还必须在第二步中将它们归整为一个公理化体系。这一步骤除了要遵循形式化要求外，还要满足三个条件：一是符合无矛盾的要求，这属于体系概念不可放弃的部分；二是满足“充分性假定”，即要求从某个体系的公理中能够推导出相应领域所有的真命题；三是区分“规则”与“公理”[3]。这些想法对于整个理性自然法

1　Vgl. Maximilian Herberger, Dogmatik: Zur Geschichte von Begriff und Methode in Medizin und Jurisprudenz, Frankfurt am Main: Vittorio Klostermann, 1981, S. 336-337. 据赫尔贝格的考证，本书已经遗失，他只是在他人的著作中知道了本书的存在。

2　Vgl. Maximilian Herberger, Dogmatik: Zur Geschichte von Begriff und Methode in Medizin und Jurisprudenz, Frankfurt am Main: Vittorio Klostermann, 1981, S. 293-300.

3　这一区分来自“原则”（全称命题）的双重任务，即作为可以推导出所有技艺分支的根源，以及作为据此展开讨论的规范。与此相应，现在更为常见的做法是区分原则的两种类型：公理（法律）与规则（不是法律，而是指令）（Vgl. Ioseph M. Bocheński, Die zeitgenössischen Denkmethoden, 2. Aufl., Bern: 1959, S. 79）。

时代产生了重要影响，并孕育了理性自然法时代的集大成者“莱布尼茨—沃尔夫体系”。

二、莱布尼茨—沃尔夫体系

作为“第一个把法律看作近代科学产物的人”[1]，莱布尼茨（Gottfried Wilhelm Leibniz）发展了阿尔斯泰德的想法。他认为法学与神学在前提之效力基础方面具有令人惊讶的相似性，因为法学与神学的命题都以某种公认意志的权威为基础，因而对于必须适用它们的人来说是无须证明的。这种相似性使得莱布尼茨将神学的分类法引入了法学，即将后者分为“教学式的（实在的）”（didaktisch/positiv）、“历史的”（historisch）、“注释的”（exegetisch）和“论辩式的”（polemisch）四个部分。[2] 其中，教学式法学包含了对术语/定义以及对命题/规定的探讨，论辩式法学则被认为是基于理性及相似性对法律未决定之情形加以界定的学科分支。法教义学同时包括两者，它既是对现行法的阐述又是对法律漏洞的填补（某种意义上是对不完满之草案的补充）。[3] 法学的教义学部分需要运用一定的方法来构筑法律公理体系。这里既包括命题的公理体系，也包括作为其前提的概念的公理体系。在构筑概念体系时需要用到三类规则：确定何为根本性表述（基本概念）的规则、定义规则（Definitionsregeln）与生成规则（Formungsregeln）。[4] 基本概念是那些无须由其他同类概念复合而成的简单术语，定义规则涉及的是对某个概念的探讨

1　［美］罗杰·伯科威茨：《科学的馈赠——现代法律是如何演变为实在法的？》，田夫、徐丽丽译，法律出版社 2011 年版，第 31 页。

2　Vgl. Gottfried Wilhelm Leibniz，Sämtliche Schriften und Briefe，Reihe 6（Philosophische Schriften），Bd. 1，Berlin：Akademischer Verlag，1930，S. 293. 也可参见舒国滢：《论近代自然科学对法学的影响——以 17、18 世纪理性主义法学作为考察重点》，载《法学评论》2014 年第 5 期。

3　Vgl. Gottfried Wilhelm Leibniz，Sämtliche Schriften und Briefe，Reihe 6（Philosophische Schriften），Bd. 1，Berlin：Akademischer Verlag，1930，S. 293，307-313.

4　Vgl. Ioseph M. Bocheński，Die zeitgenössischen Denkmethoden，2. Aufl.，Bern：1959，S. 81.

或将其拆分为多个等值概念的规则，而生成规则的任务在于将体系中已有的原子式表述复合为新的分子式表述。

为此，莱布尼茨在古希腊区分技术的基础上提出了一种组合术（Kombinatorik），它又包括两种技术。一种是“合成组合术”（combinatio collectiva），也就是特征联结法，借此可以一再获得更特殊的情形。例如，契约可以分为债权的与物权的，以及要式的与不要式的。将这两种分类合在一起，就形成了四组契约，即债权的/要式的，债权的/不要式的，物权的/要式的以及物权的/不要式的。所有这四组类型都是通过合取式地联结两个特征构造出来的。从内涵上看，这种组合术在公理化的法律概念体系中所做的是将不同的简单法律概念相混合来形成概念组合；从外延上看，则是将不同概念之下的对象集合合取来构造交集。另一种是“分解组合术”（combinatio distributiva），即通过抽象化来一再获得更一般的概念，它以加减法为基础，同样可以从内涵和外延的角度来考察。莱布尼茨并不将上述两种组合术限于概念，而是将它们扩展至命题之上，并希望通过概念组合术来查明特定表述之间存在的所有定理。其背后的想法是：法学的材料是有限的，因为人们可以用组合术来获得所有可能的法律命题。[1]

莱布尼茨认为其教义学理论对于立法和法律适用均有实益。就立法而言，组合演算使得人们可以在某个通过基本概念给定的法律领域中确定所有可想象的情形（被组合之概念的外延），在此基础上“预先测算”特定的立法决定会产生哪些后果，有助于避免因缺乏预见性而导致的立法过失。就法律适用而言，它也有助于限制司法判决的裁量空间。因为如果概念或特征组合得到精确界定，就能判定某个事实或案件是否落入这些概念或特征组合之下。

1　Vgl. Eberhard Knobloch, Die mathematischen Studien von G. W. Leibniz zur Kombinatorik, Wiesbaden: Steiner, 1973, S. 83.

这样就能使得司法专断得到遏制，严格的法律拘束得以实现。[1] 由此，莱布尼茨也连接起了“理论”与“实践”，因为法教义学不仅是涉及概念和命题的理论作业，也是高度实践指向的，两者处于紧密关联之中。

理性自然法体系论的集大成者沃尔夫（Christian Wolff）及其门徒延续了莱布尼茨的观点。沃尔夫坚持一种“绝对的、理性主义建构的自然法”，力图将欧几里得的数学方法（几何学方式）转化成为一种“封闭的、公理演绎的自然法体系”，强调所有的自然法规则均应该按照“无漏洞的演绎方式”，从“较高的公理”到“最小的细节”都推导出来。[2] 在他看来，任何有效的体系都由教义组成，而教义又要依照特定的规则被归整为一个教义学体系。在教义的定义上，沃尔夫遵循了传统见解，将它界定为提起真之宣称并且为真的全称命题。而在教义学规则方面，他依据数学教学法，认为体系建构要满足三个基本要求：首先，所有的语词都能由此来说明事实，即能通过清晰和详尽的概念来澄清某事；其次，所有的命题都通过有序且彼此关联的推理来得到证明；最后，任何前提命题，不经预先确定无疑不得采纳，也不得将结果命题与这样的前提命题相联结。[3] 上述方法构成了科学理论的基础，也实现了“智识体系”（intellectus systematicus），这种体系被认为是公理化的，它以“明证原则”（principia demonstrandi）为前提。明证原则只包括“定义、确凿无疑的经验、公理以及已得到证明的命题”。[4] 沃尔夫认为通过明证方法可以达到实在法的确定性和实用性，因为一旦实在法被置于某个逻辑体系，就可

1　Vgl. Maximilian Herberger, Dogmatik: Zur Geschichte von Begriff und Methode in Medizin und Jurisprudenz, Frankfurt am Main: Vittorio Klostermann, 1981, S. 316-317.

2　正因如此，沃尔夫本人被看作概念法学或建构法学的真正之父（Peter Raisch, Juristische Methodenlehre: von antiken Rom bis zur Gegenwart, Heidelberg: C. F. Müller Verlag, 1995, S. 70）。也可参见舒国滢：《17、18 世纪欧洲自然法学说：方法、知识谱系与作用》，载《比较法研究》2014 年第 5 期。

3　Vgl. Wolfgang Röd, Geometrischer Geist und Naturrecht: Methodengeschichtliche Untersuchungen zur Staatsphilosophie im 17. und 18. Jahrhundert, München: Verlag der Bayerischen Akademia der Wissenschaft, 1970, S. 117-128.

4　Vgl. Maximilian Herberger, Dogmatik: Zur Geschichte von Begriff und Methode in Medizin und Jurisprudenz, Frankfurt am Main: Vittorio Klostermann, 1981, S. 332.

以根据每个规范在体系中的地位来对它们加以检验，也就不会再存在解释的疑问；相应地，法官也就可以根据既存法条的推导来为所要裁决的案件寻找到正确的解答。[1] 显然，沃尔夫的体系化兴趣主要集中于构造命题体系即理论的方法论方面。这种理论活动被认为有别于运用此种理论的实践活动，但显然理论在许多方面为实践提供了预先准备。例如，对法律材料理论上的体系化可以说明是否存在矛盾，以此帮助实践避免得出矛盾的判决。正因为实践以理论为前提，故而沃尔夫同样设计了一种法律适用理论。依照他的观点，法律适用是以三段论为形式的，而因为三段论的小前提总是将一个或多个定义适用于当下的案件，所以定义在法律适用中非常关键。为此要有形成和适用定义的规则：首先，定义必须是一种等值式；其次，定义要被规整为一种特定的序列；最后，定义必须是精确的，也就是说，它们必须列举出足以断定某个事实并将它与其他事实区分开来的特征。[2]

沃尔夫被认为是遵循迄今为止的传统去勾勒广泛的"教义学"方法论的最后一位哲学家。当时不仅在学术界，而且在司法界与行政实务界都有他的大量追随者。在学术界最著名的则当属其弟子克拉默（Johann Ulrich Cramer）与内特布拉德（Daniel Nettelbladt）。克拉默进一步为教义学服务于实践辩护，并区分了"教义的风格"（stylus dogmaticus）与"演讲的风格"（stylus oratorius）：前者"向学习者提供（传授者）想要传授给他们的清晰概念，并将（传授者）所主张的命题传送给他们"，致力于说服学习者去看清事情的真假；而后者致力于劝说，因而"需要运用精挑细选的语词和表述（它们同时包含着意义与欲望）"[3]。所以，教义学针对的并不是听众的感觉，而是他们

---

1 Vgl. Jan Schröder, Recht als Wissenschaft: Geschichte der juristischen Methode vom Humanismus bis zur historischen Schule（1500–1850）, 2. Aufl., München: Verlag C. H. Beck, 2012, S. 183f.

2 Vgl. Maximilian Herberger, Dogmatik: Zur Geschichte von Begriff und Methode in Medizin und Jurisprudenz, Frankfurt am Main: Vittorio Klostermann, 1981, S. 334–336.

3 Johann Ulrich Cramer, Akademische Reden über die gemeine Bürgerliche Rechtslehre, Bd. 1, Ulm: Verlagsgruppe Ebner, 1765, Vorrede, S. 2.

的批判理性。内特布拉德则区分了理论法学与实践法学，认为前者包含着指涉权利与义务但与法律活动无关的真理（如什么是买卖契约，它会导致何种权利义务），而后者包含的是与法律活动相关的真理（如买卖契约如何起草）。教义性著述是有关“法律真理的理论”，同时包含两者，因而法教义学与实践相关。[1] 海因内克（Johann Gottlieb Heinnecciu）虽然并非沃尔夫学派成员，但在方法论上却与沃尔夫学派殊途同归。他认为教义学方法就在于将具体的学说彼此联结为一个体系，而建构这一体系要遵从“公理方法”或“几何学方法”（明证方法的变种）。按照此种方法，首先应对任何概念进行界定，此时，概念的定义可能并不令人满意，那么就要提出从这些概念中直接引申出来的公理，然后不断地着手分析由此衍生的语句（命题或段落）。[2] 体系正确性的标准不仅在于方法规则所确保的“融贯性”，而且在于它与实在法（作为对教义法学起决定性的材料）的一致性。因而教义学就是对现行法之方法上正确的展示形式。此外，海因内克还第一次阐述了诠释学（Hermeneutik）与教义学的关系，主张教义学以诠释学为前提。因为教义学在建构公理化体系时需要有原始材料即文本，但文本的内容为何却需要由诠释学来确定。[3] 这些观点即使对于今日也深具启发意义。

理性自然法学说将教义性研究明确为法学的组成部分。在将“教义”理解为公理的前提下，教义性研究的目标被认为在于建构法律公理体系，或者说公理化的教义体系（概念—命题体系）。由此开始，法秩序的统一性被视为法教义学的重要目标：法律的每一领域都由高度结构化的规范和概念体系组

1 Vgl. Daniel Nettelbladt, Sammlung kleiner juristischer Abhandlungen (Nachdr. d. Ausg. Halle 1792), Hildesheim u. a.: Olms, 1997, S. 33f.

2 Vgl. Reinhard Voppel, Der Einfluß des Naturrechts auf den Usus modernus: Eine Untersuchung anhand der Literatur zum geltenden Recht im 17. und 18. Jahrhundert, Köln u. a.: Carl Heymanns Verlag, 1996, S. 159-163.

3 Vgl. Maximilian Herberger, Dogmatik: Zur Geschichte von Begriff und Methode in Medizin und Jurisprudenz, Frankfurt am Main: Vittorio Klostermann, 1981, S. 342.

成，而这一学说构成了有待研究的唯一主题。[1] 近代意义上的公理化体系正是以欧洲理性自然法学说（莱布尼茨—沃尔夫体系）为开端。相应地，19世纪以降，以高度体系化为标志的德国法教义学也是在理性自然法时代奠定了其方法论基础。

本章结语

从历史上看，教义学观念首先发轫于古希腊与古罗马，经中世纪注释法学与人文主义法学奠定雏形，并由理性自然法学说提供方法论基础。综观这一源流时期，法教义学的观念保持了大体上的一致：在基本观念上，法教义被认为是用以表述法律的一般性规则或命题，具有权威性；在方法论上，法教义学被认为是公理演绎方法（几何学）构造出的概念—命题体系。这使得法教义学区别于其他的学问：首先，法教义学是一种受权威拘束的思维，因而有别于研究型思维。研究型思维在追求认知的过程中除了受思维法则以及认知对象本身的限制外，不受其他任何条件的约束。相反，教义学思维的目标则在于依据某个权威的想法去进行思考，它只限于穷尽这种想法的意义内涵。[2] 在法律领域，法律论证既要受到制定法与先例的拘束，同时也要遵照为法教义学所加工的法律体系。[3] 这意味着，法教义和制定法规范、先例一样构成了法律论证的权威性框架。其次，法教义是一般性规则或命题，因而法教义学区别于“决疑术”（Kasuistik）。决疑术强调个别情形的重要性，属于

1 See James E. Herget, *Contemporary German Legal Philosophy*, University of Pennsylvania Press, 1996, p. 118.

2 图尔（Thul）将其作为教义学的构成性原则。Vgl. Ewald Johannes Thul, Untersuchungen zum Begriff der Rechtsdogmatik, Mainz: Dissertation der Rechts-und Wirtschaftswissens-chaftlichen Fakultät der Universität, 1959, S. 42.

3 参见［德］罗伯特·阿列克西：《程序性法律论证理论的理念》，载［德］罗伯特·阿列克西：《法理性 商谈：法哲学研究》，朱光、雷磊译，中国法制出版社2011年版，第99页。

“基于案例或个案的推理”。相反，运用法教义学则意味着将一般法律命题作为证成决定的基础，属于“基于原理或规则的推理”。[1] 最后，法教义学被认为是概念—命题的体系，因而区别于论题学（Topik）。论题学涉及的是一种以问题为取向的思考技术，这门思考技术运用的是个别思维和情境思维。[2] 相反，体系思维虽然并不否认问题的背景意义，但更强调秩序和统一性，更重视评价上的连贯性，是一种从整体出发的思维。[3] 对于法教义学观念源流的探究及其导致的这些认识，可以为对作为知识形态之法教义学的进一步研究提供基础，也有助于澄清学界当下的相关讨论中存在的误解。

1　参见舒国滢：《决疑术：方法、渊源与盛衰》，载《中国政法大学学报》2012 年第2 期。

2　Vgl. Theodor Viehweg, Topik und Jurisprudenz, 5. Aufl., München: Verlag C. H. Beck, 1974, S. 15.

3　Vgl. Claus-Wilhelm Canaris, Systemdenken und Systembegriff in der Jurisprudenz, 2. Aufl., Berlin: Duncker & Humblot, 1982, S. 12, 13.

第二章
传统法教义学的发展及其所受冲击

根据德国当代学者图尔的考证，教义学的概念是在 18 世纪达到“法学的彼岸”，并在 19 世纪开始在法学领域得到了迅速扩展的。[1] 与 20 世纪评价法学主导下的法教义学相比，19 世纪可被称为“传统法教义学”阶段。在德国学说史上，这一时期是历史法学占据统治地位的时期。因此，现代法教义学观念正是由历史法学孕育的。随着 19 世纪中后期概念法学的兴盛，传统法教义学也迎来了理论成熟，但它随后在 19 世纪末 20 世纪初就遭受了利益法学与自由法运动之“方法论变革”的冲击。

第一节 法教义学的诞生：历史法学

虽然德国学说史上第一本以“教义学”为题的法学著作——欣郁贝尔的《新裁判论与教义学》[2] ——出现在理性自然法时期，但通常认为，“法教义学”这一法学的分支学科正式诞生于历史法学时期。其背景是，随着 18 世纪末 19 世纪初法典化运动的开展，自然法逐渐转变为实在法（法典）本身。法

---

1 Vgl. Ewald Johannes Thul, Untersuchungen zum Begriff der Rechtsdogmatik, Mainz: Dissertation der Rechts-und Wirtschaftswissen-schaftlichen Fakultät der Universität, 1959, S. 33.

2 Vgl. Maximilian Herberger, Dogmatik: Zur Geschichte von Begriff und Methode in Medizin und Jurisprudenz, Frankfurt am Main: Vittorio Klostermann, 1981, S. 336-337.

典编纂实现了启蒙时代自然法的理性预设，后者因而变得多余，甚至因为法典化而成为僵死的教条，无法再自我修正，其教义学成效逐渐降低。“实在法”成为法学关注的核心，德国开始了一种所谓“历史性反省”。[1] 在这种背景下，历史法学走向了前台。正是历史法学派将“教义学”这一概念正式引入了法学（法律科学）之中，并使得这一术语日益流行。[2]

什么是法教义？一方面，历史法学明确区分了“法教义”与“法律（制定法）”。自然法学及之前的学者并未区分这两者，无论是实在法文本（如《优士丁尼法典》）还是法教义（如《学说汇纂》）都被无差别地奉为权威性命题或原理。最早提出这一区分的是黑尔费尔德（Hellfeld），他指出：“法律为某个上位者所规定，由此区别于建议、教义和约定。”[3] 法律与法教义可以从两个角度区分开来。从阐释形式看，教义学命题由“陈述式的”语词组成，而法律由“命令式的”语词组成，[4] 法教义是描述性的，而实在法是规定性的。皮特（Pütter）认为，立法者不会“广泛地以逻辑概念和普遍原理为前提，继而规定每一个命题的证明方式”。[5] 从内容看，教义学并不限于对实在法秩序的体系化重构，而是以此为基础的法律学说构造的整体。就像格吕克（Glück）主张这样来理解优士丁尼的《民法大全》：“它首先是个制定法文本；但其次它也包含着一个直到优士丁尼皇帝时期所受训练的完整的法学体系；由语词说明、定义、分类、一般法律原理、附带条件等组成。简言之，

---

1 参见舒国滢：《德国十八九世纪之交的法学历史主义转向——以哥廷根法学派为考察的重点》，载《中国政法大学学报》2015 年第 1 期。

2 Vgl. Otto Ritschl, Dogmengeschichte des Protestantismus, Bd. 1., Leipzig: Hinrichs, 1908, S. 35.

3 Johann August Hellfeld, Iurisprudentia Forensis Secundum Pandectarum Ordinem In Ususm Auditorii Proposita, Ienae: Croeker, 1771, S. 2.

4 Johann August Hellfeld, Iurisprudentia Forensis Secundum Pandectarum Ordinem In Ususm Auditorii Proposita, Ienae: Croeker, 1771, S. 46.

5 Vgl. Johann Stephan Pütter, Neuer Versuch einer juristischen Encyklopädie und Methodologie, Göttingen: Vandenhoeck, 1767, S. 69.

一种与当时的学术课程相匹配的法律学说构造的整体。”[1] 另一方面，“法教义”被认为拥有超越“法律（制定法）”的权威性。立法者无法通过为教义学立法来使得特定建构具有拘束力。因为立法者的意志仅仅在于为人类的外部自由行为提供一种准则；相反，我们的知性和确信却不受制于他的支配之下。[2] 例如，在布林兹（Brinz）看来，定义仅属于教义学的领域，而立法定义都是对“学术自由的立法干涉”。[3] 耶林（Jhering）进一步认为，立法定义对于法学家没有约束力。[4] 可见，历史法学旨在将法教义从实在法中解放出来：法教义是围绕实在法展开但有别于实在法本身的权威性命题或原理，它具有描述的性质。

什么是法教义学？首先，法教义因其一般理性而具有权威，法教义学就是受这种理性权威拘束的思维方式。这可以从“教义”与“历史”的对立中得到说明。历史法学家在这一点上深受哲学家康德（Kant）的影响。康德区分了历史认知与教义认知：“对真理之教义认知的对象是事物的一般状态，历史真理的对象是实际的东西和感官的对象。每一个事件都是历史性的；所有的命题都是教义性的。”[5] 据此，教义就是一种“一般性的理性认知”，它的“对象并非具体的事物，而是事物的一般特征与状态”[6]。两者也存在阐释形式上的区别：历史认知无法通过对理由的一般性认知推导出来，教义认知则

---

1 Christian Friedrich Glück, Ausführliche Erläuterung der Pandecten nach Hellfeld, Ein Commentar, Erster Theil, Zweyte Ausgabe, Erlangen: Palm, 1797, S. 48.

2 Vgl. Christian Friedrich Glück, Ausführliche Erläuterung der Pandecten nach Hellfeld, Ein Commentar, Erster Theil, Zweyte Ausgabe, Erlangen: Palm, 1797, S. 48.

3 Vgl. Alois Binz, Rezension von Jherings „Geist des römischen Rechts“ (2. Teil, 2. Abt.), Kritische Vierteljahresschrift, Bd. 2 (1860), S. 39.

4 Vgl. Rudolph v. Jhering, Geist des römischen Rechts auf den verschiedenen Stufen seiner Entwicklung, 2. Teil, 2. Abt., 8. Aufl., Darmstadt: Breitkopf und Härtel, 1954, S. 371.

5 Immanuel Kant, Gesammelte Schriften, Bd. 24, hrsg. von der Deutschen Akademie der Wissenschaften zu Berlin, Berlin: de Gruyter, 1966, S. 398.

6 Immanuel Kant, Gesammelte Schriften, Bd. 24, hrsg. von der Deutschen Akademie der Wissenschaften zu Berlin, Berlin: de Gruyter, 1966, S. 99.

可以通过对理由的一般性认知推导出来，等同于“理性的”认知。[1] 所以，教义学就是运用对理由的一般认知去把握事物的一般特征和状态。相应地，法教义学就是对现行实在法的一般性理性认知，它也因此具有权威拘束性。

其次，法教义学属于法律科学的独立分支，但受法史学的主导。胡果（Hugo）基于莱布尼茨的分类法，将法律科学分作三个部分：法教义学，追问的是“什么是法?”；法哲学，追问的是“法是理性的吗?”；法史学，追问的是“法是如何形成的?”。[2] 换言之，当下有效的法（现行法）属于法教义学的对象，未来的法由法哲学来把握，而过去的法则由法史学来处理。[3] 在历史法学家看来，虽然现行法的教义学构成了历史研究的起点，但法史学却是获得法教义的必不可少的手段。教义学主要就是司法实践，它只需要知道在每一情形中“什么是法”就足够了。但如果不从历史中获得证明这一问题的手段，这种实践就将十分艰辛，最终也毫无成效。因为只有系统地阐释“不同时间和地点的”事实，即考察特定时刻的共时性“横断面”，然后排成梯队，才能形成“教义史”，法教义学才能成为真正的科学。[4] 并且，法史学可以基于研究成果来反对先前的教义学。由此，法史学就取得了对教义学的支配地位。这一点与历史法学的反对者蒂堡（Thibaut）的观点恰恰相反。蒂堡同样认为应当反对无历史的教义学，认为那将是一种“冷冰冰的、孤立的教义主义”。但在他看来，是教义学为历史提供了“钥匙”，因而享有优先性：教义学位于出发点，从它出发人们尝试着向前去探寻历史。就罗马法研究而言，人们总是体系性地展示具体的优士丁尼法律制度，先提出它们的概念，

1　Vgl. Immanuel Kant, Gesammelte Schriften, Bd. 24, hrsg. von der Deutschen Akademie der Wissenschaften zu Berlin, Berlin: de Gruyter, 1966, S. 296.

2　Vgl. Gustav Hugo, Lehrbuch der juristischen Encyklopädie, 7. Aufl., Berlin: August Mylius, 1823, S. 37.

3　Vgl. Theodor Viehweg, Einige Bemerkungen zur Gustav Hugos Rechtsphilosophie, in: Paul Bockelmann u. a. (Hrsg.), Festschrift für Karl Engisch zum 70. Geburtstag, Frankfurt a. M.: Klostermann, 1969, S. 81-84.

4　Vgl. Maximilian Herberger, Dogmatik: Zur Geschichte von Begriff und Methode in Medizin und Jurisprudenz, Frankfurt am Main: Vittorio Klostermann, 1981, S. 362.

继而引述每种法律制度的历史（只要这是可能的）。[1] 可见，历史法学尽管认为法教义学不可或缺，但在法律科学的整体之中，法史学相对于法教义学具有优先性。

再次，法教义学属于实践科学。胡果称法史学（也包括法哲学）为“科学的”和“优雅的”，与此相对，将法教义学只称作一种“手艺式的法学”(handwerkmäßige Jurisprudenz)。法学的“手艺式的”部分是“实践性的”，而“优雅的”部分则是“理论性的”。从事前一种作业的是“实践性的法律手艺人”，他们有别于科学理论工作者。[2] 耶林则在其于1857年创办的《当代罗马与德意志私法教义学年刊》第1卷中，将教义学描述为“实践法学”(praktische Jurisprudenz)[3]，即处理现行实在法及从中产生之法律问题的学问。所以，这一时期对法教义学的定位已不同于理性自然法时期，而开始偏向实践性的作业。当然，这样一种定位反映出的依然是历史法学家们褒扬历史而贬低教义的姿态，因为正是历史研究才使得法学成为科学，而统一的法教义学需要借助历史科学才能建立。[4] 要说明的是，称法教义学为“实践性的”，只是因为法教义学的对象即现行法本身是“实践性的”。这种用法只涉及对象，而不涉及形式，因而历史法学并不否认教义学阐释方式的科学性（尤其是符合逻辑法则）。[5] 它不仅允许运用清晰的概念工具来呈现和归整法材料，而且要求去回答有关法律规定之意义或事实情境之判断问题。“法教义学”这

---

1 Vgl. Anton Friedrich Justus Thibaut, Über das Studium der römischen Rechtsgeschichte, Heidelbergische Jahrbücher der Literatur für Jurisprudenz und Staatswissenschaften, Bd. 1 (1808), S. 13, 16.

2 Vgl. Gustav Hugo, Beyträge zur civilistischen Bücherkenntniß der letzten vierzig Jahre, Berlin: Mylius, Bd. 1, 1828, S. 46, 53, Bd. 2, 1829, S. 254.

3 Vgl. Rudolf v. Jhring, Unsere Aufgabe (Vorwort zum Bd 1.), Jahrbücher für die Dogmatik des heutigen römischen und deutschen Privatrechts, Jena: Fischer, 1857, S. 19.

4 Vgl. Ewald Johannes Thul, Untersuchungen zum Begriff der Rechtsdogmatik, Mainz: Dissertation der Rechts-und Wirtschaftswissenschaftlichen Fakultät der Universität, 1959, S. 36.

5 对此的解释参见 Jan Schröder, Wissenschaftstheorie und Lehre der „praktischen Jurisprudenz“ auf deutschen Universitäten an der Wende zum neunzehnten Jahrhundert, Frankfurt a. M.: Klostermann, 1979, S. 155-161。

一概念表达出了上述基本的共通性和法学学科间的统一性。[1]

最后，法律体系是概念—命题体系和有机的制度体系的统一，而法教义学体系仅限于前者。历史法学并不否认法教义学具有体系化的可能，而是反对将体系思维仅仅限于教义学领域。萨维尼（Savigny）在等义上使用“哲学的”与“体系的”两个词，认为“哲学的”任务就在于对既定法律材料的体系化重构。“体系的”并不完全等同于“教义的”，因为历史知识同样可以被包括进体系之中，所以法学要结合“哲学的（体系的）”和“历史的”研究。[2] 事实上，早期的萨维尼曾赞成理性自然法时代的观念，认为体系由概念和命题构成。在概念准备工作完成后，随之进行的是法条的归整。体系只被用于对实在法律材料进行重构，而绝不能去展现“创造性”。[3] 但这种观念后来发生了重大改变。改变源于他开始将“民族的共同法律确信”（民族精神）视为初始的法律渊源，而“能够形成这样一种共同确信的形式显然并非某种逻辑演绎，而是直接的感知与直观”[4]。在此基础上，体系的形成就被要求是“直观—有机的”。[5]

为此，要区分两种体系：一种是法律制度的体系，另一种是法律概念—命题的体系（教义学体系）。法律制度的基本组成部分是法律关系，法律关系的基础既包括一般性的法律规则，也包括规则适用于具体情形后产生的特定

1　Vgl. Christian Bumke, Rechtsdogmatik: Überlegungen zur Entwicklung und zu den Formen einer Denk-und Arbeitsweise der deutschen Rechtswissenschaft, Juristen Zeitung 69 (2014), S. 642-643.

2　萨维尼出版的第一部著作《占有权》就兼具了历史性和体系性的理想，被誉为“德意志学说汇纂学中的经典教义学专题论著之典范”。而他晚年的代表作八卷本的《当代罗马法体系》也正是基于法律关系概念对具有法教义学性质的私法体系的展开（参见舒国滢：《德国1814年法典编纂论战与历史法学派的形成》，载《清华法学》2016年第1期）。

3　Vgl. Friedrich Karl v. Savigny, Juristische Methodenlehre (1802-1803): nach der Ausarbeitung des Jakob Grimm, hrsg. v. Gerhard Wesenberg, Stuttgart: Koehler, 1951, S. 15, 37-39.

4　Karl Larenz, Methodenlehre der Rechtswissenschaft, 5. Aufl., Berlin u. a.: Springer, 1983, S. 13.

5　Vgl. Wolfgang Fikenscher, Methoden des Rechts in vergleichender Darstellung, Bd. 3, Tübingen: Mohr, 1976, S. 92.

事实。[1] 基于法律关系产生的法律制度既有内在的有机性，也因不同法律制度之间的“相互作用”而构成有机的整体。与此不同，法律概念—命题体系通过对法律制度的“抽象化”而形成，这种抽象化是一种“人为的过程”，即从“对有机的法律制度的完全直观”导向“法律的抽象规定”，故而会丧失原本存在的法律制度的“有机关联”。[2] 所以，法律制度具有有机性，而概念与命题只服从逻辑规则。两者是质料与（逻辑）形式的关系，因而也可分别被称为“现实的体系”与“逻辑的体系”。位于抽象、形式层面的教义学并不能独立于法律制度的体系得到发展：“如果对法的教义性阐释会摧毁法律制度的内在一致性，将相异之事绑在一起，使得不同制度之间真正重要的关系扭曲和变样，那么这种形式上的缺陷就是致命的，因为它遮蔽了质料本身，阻碍了真正的洞见。”[3] 相应地，也只有对相关的现实体系加以说明的法教义学才能成为法律科学。[4] 为此要分三步走：第一步是认识“事物的一般特征和状态”并用教义来表述这类关系，第二步是运用教学法将教义构造成相互关联的整体（形成“体系”），第三步是将对教义的体系化阐释与因果证明法相结合（形成“科学”）。[5] 所以，作为概念—命题体系的法教义学其实是对直观—有机的法律制度进行阐述的体系。

综上所述，历史法学在学说史上首先将法教义界定为有别于实在法本身但围绕实在法展开、具有描述性质的权威性命题或原理。法教义学则被认为是对现行实在法的一般性理性认知，具有权威拘束性；它属于法律科学的独

---

1 Vgl. Friedrich Karl v. Savigny, System des heutigen Römischen Rechts, Bd. 1, Berlin: Veit, 1840, S. 10, 18, 187.

2 Vgl. Friedrich Karl v. Savigny, System des heutigen Römischen Rechts, Bd. 1, Berlin: Veit, 1840, S. 11, 44, 48.

3 Friedrich Karl v. Savigny, System des heutigen Römischen Rechts, Bd. 1, Berlin: Veit, 1840, S. 406.

4 Vgl. Maximilian Herberger, Dogmatik: Zur Geschichte von Begriff und Methode in Medizin und Jurisprudenz, Frankfurt am Main: Vittorio Klostermann, 1981, S. 396-398.

5 Vgl. Franz Wieacker, Privatrechtsgeschichte der Neuzeit, 2. Aufl., Göttingen: Vandenhoeck & Ruprecht 1967, S. 297.

立分支和实践学科，但受法史学的主导；它是关于实在法的概念—命题体系，但不能独立于有机的法律制度体系。

第二节 传统法教义学的成熟：概念法学与制定法实证主义

一、概念法学阶段

虽然历史法学派学者在主导思想上想用法史学来支配法教义学，且（罗马法支派）身体力行地通过研究罗马法史来贯彻这一想法，但他们的着眼点仍不过是用罗马法的历史知识来服务于现行法。其任务在于发现和确定德国现行法中的“罗马源头”，其精神内核首先在于构建一种新的法教义学，即形成实在法（特别是实在私法）的教义学，这种法教义学的使命在于“技术—建构式地（或概念—体系式地）处理现行法”，或者说“科学、完整地探查实在法素材，并且通过概念来逻辑地把握这些素材”，而非历史研究本身。[1]正因如此，所以当19世纪中叶之后法史学与法教义学的工作走向分离之后，历史法学也就逐渐演变为了“潘德克顿法学”。这种法学追随了萨维尼早期方法论所开创的形式主义倾向，并将理性自然法的体系构造方法转用到了共同法（罗马法）的质料上。它以“法学实证主义观”为基础，纯粹从体系、概念和定理中推导出法条及其适用，而不容许考虑任何法外要素。[2] 由此，法哲学就进入了“概念法学”时期，而法教义学也相应进入了“建构型法教义学”的阶段。

什么是法教义？概念法学同样主张法教义是围绕实在法展开的一般性权

---

1 参见舒国滢：《格奥尔格·弗里德里希·普赫塔的法学建构：理论与方法》，载《比较法研究》2016年第2期。

2 Vgl. Franz Wieacker, Privatrechtsgeschichte der Neuzeit, 2. Aufl., Göttingen: Vandenhoeck & Ruprecht 1967, S. 430-431.

威命题或原理，但同时进一步将法教义视作有效的法本身。一方面，它将法教义视为法条和概念的集合，并与现实的历史的体系无关。用“建构方法时期”的耶林的话来说：“教义学材料要被引入一种同样具有纯粹教义性的容器之中，一种法的理论体系，在其中生活及其事实关系、道德和习俗没有容身之所，因为这些权力和关系恰恰不是法律概念。”[1]

另一方面，法律与法教义在某种程度上又被混合在了一起。早在萨维尼那里就认为法具有双重因素，即政治因素与技术因素。前者体现了法与一般的民众生活的关联，而后者体现了法的特殊的科学生活。[2] 法的技术因素指向的是专业法学家，他们以专业的法律概念与原理来处理法律制度，以便满足法的“政治”任务并使之向普遍正确的方向发展。只有这样才能导致立法的科学化。这种想法发展到极端就是普赫塔（Puchta）的“科学法”（wissenschaftliches Recht）观念。普赫塔曾区分三种法源，即“直接的民族信念”、“立法”和“科学”，将它们分别对应于习惯法、制定法和科学法。其中科学法是“科学演绎的产物”，主要存在于法学家的意识之中，由法学家来表述。法学家可以根据科学“演绎”来建构法条，赋予其法效力上的权威性，从而形成“科学的法学家法”。因为法不仅仅是意志的产物，而且也是来自抽象推导之概念的产物，具有理性或逻辑—体系性。[3] 通过这种方式，德国法教义学的一个重要特征就凸显了出来：法学（科学）与法本身被混合在了一起，因为科学法既具有科学（学术）性，又具有效力上的权威性。这种“去政治的法”反映了当时盛行于法律实务界和理论界中的一种关于法律获取的理性主义观念，即“让理性取代意志”（ratio stat pro voluntate），而达成这一目标的

1 Rudolph v. Jhering, Geist des römischen Rechts auf den verschiedenen Stufen seiner Entwicklung, Bd. Ⅰ, 9. Aufl., Darmstadt: Breitkopf und Härtel, 1953, S. 57.

2 Vgl. Karl v. Savigny, Vom Beruf unserer Zeit für Gesetzesgebung und Rechtswissenschaft, Heidelberg: Mohr und Zimmer 1814, S. 12.

3 Vgl. Hans-Peter Haferkamp, Georg Friedrich Puchta und die „Begriffsjurisprudenz“, Frankfurt a. M.: Vittorio Klostermann, 2004, S. 194.

中介就是法教义学。[1]

什么是法教义学？总体而言，概念法学将法教义学视为一种建构法教义体系的方法纲要。用拉邦德（Laband）的经典表述来说："某个特定实在法教义学的科学任务在于法律适度的建构过程中，在于从个别法条回溯至一般概念以及从个别概念推导出结论的过程中。"[2] 因此，如何建构法教义的体系就成为建构型法教义学关注的中心。

首先，法教义学要被建构为一种概念—命题体系，它既是阐释性体系，又是发生学体系。建构法教义的体系或科学法的方法被称为"概念的谱系"方法。在普赫塔看来，要形成法的体系性知识，最重要的工作在于建构法条（规则）体系以及用以思考或理解法条的法概念体系。在结构上，法律体系是法条体系；而在知识论上，它又是由作为法条思考因素之关联理解的法学概念构成的"科学"体系：根据知识论上构建的法学概念体系，人们就可以推演出新的法条。[3] 概念不"仅仅是定义的框架"，而是涉及一种"概念的谱系学"，从中可以产生"有生命的实体"和"个别性"。[4] 法条间的关系同样不是纯粹逻辑性的，一个法条从另一个法条中产生，向上可以回溯至其原则，向下可以延伸至其最外部的分支，由此产生概念—法条的层级体系，最终形成"概念金字塔"。[5] 故而，"某个特定实在法之教义学的科学使命"首先就在于"将单个的法条追溯至一般的概念，另一方面，推导出从这些概念得出

1 Vgl. Matthias Jestaedt, Wissenschaft im Recht: Rechtsdogmatik im Wissenschaf-tsvergleich, Juristen Zeitung 69 (2014), S. 7.

2 Paul Laband, Das Staatsrecht des Deutschen Reichs, Bd. 1, 5. Aufl., Tübingen: Mohr, 1911, S. Ⅸ.

3 参见舒国滢：《格奥尔格·弗里德里希·普赫塔的法学建构：理论与方法》，载《比较法研究》2016年第2期。

4 Vgl. Georg Friedrich Puchta, Cursus der Institution, Bd. 1, 8. Aufl., besorgt von Paul Krüger, Leipzig: Breitkopf & Härtel, 1875, S. 101.

5 Vgl. Georg Friedrich Puchta, Cursus der Institution, Bd. 1, 8. Aufl., besorgt von Paul Krüger, Leipzig: Breitkopf & Härtel, 1875, S. 33.; Karl Larenz, Methodenlehre der Rechtswissenschaft, 5. Aufl., Berlin u. a.: Springer, 1983, S. 21. 可见，这个体系有别于萨维尼的体系之所在是，它将萨维尼曾力图分开的概念体系与制度体系又合在了一起。

的结论”。[1] 运用这种“形式—概念的、体系—构建的方法”，就可以形成一种教义学上无矛盾的实证体系，发展出“一种潘德克顿式的法教义学”。所以，与历史法学不同，概念法学不仅认为法教义学体系是一种用以辅助法学作业的阐释性体系，更是一种现实的（想一想耶林“法律身体”的表述）发生学体系。

其次，法教义学本身就是独立的法律科学，不受其他任何学科的影响。在耶林看来，法教义是对以法条形式实际存在的客观法的把握，而法教义学既可能是（无成效的）“复制”，也可能是（有成效的）“生产”。法学家从实际存在的客观法出发向法教义趋近，就意味着以法条的形式来把握客观法（复制），但法条之上还有法律概念，教义学只有将法条沉淀为法律概念才是生产性的。[2] 它要将法律材料从“法条、思想的体系”转变为“法律存在的整体”、“有生命的存在者”和“有用的精神者”。[3] 为此，他发展出了一种“自然历史的方法”，包括法学的分析、逻辑的集中和体系的建构三个逻辑操作阶段。[4] 温德沙伊德（Windscheid）同样认为，只有通过全面把握法律概念，才可能产生真正的法律体系。而判决就是将法律概念作为（数学）因数进行计算的结果，因数值越确定，计算所得出的结论则必定越可靠。[5] 法教义学有三项主要任务，即法律概念的逻辑分析，将此一分析综合而成一体系，以及运用此一分析结果于司法裁判之论证。他的三卷本代表作《潘德克顿法

---

1 Vgl. Werner Krawietz, Zur Einleitung: Juristische Konstruktion, Kritik und Krise Dogmatischer Rechtswissenschaft, in: Werner Krawietz (Hrsg.), Theorie und Technik der Begriffsjurisprudenz, Darmstadt: Wissenschaftliche Buchgesellschaft, 1976, S. 3.

2 Vgl. Rudolph v. Jhering, Geist des römischen Rechts auf den verschiedenen Stufen seiner Entwicklung, Bd. Ⅰ, 9. Aufl., Darmstadt: Breitkopf und Härtel, 1953, S. 33, 47.

3 Vgl. Rudolph v. Jhering, Unsere Aufgabe, Jahrbücher für die Dogmatik des heutigen römischen und deutschen Privatsrechts, Bd. 1, 1857, S. 10.

4 Vgl. Rudolph v. Jhering, Geist des römischen Rechts auf den verschiedenen Stufen seiner Entwicklung, Bd. Ⅱ 2, 8. Aufl., Darmstadt: Breitkopf und Härtel, 1954, S. 309-389. 也可参见吴从周：《概念法学、利益法学与价值法学：探索一部民法方法论的演变史》，中国法制出版社 2011 年版，第 87~96 页。

5 Vgl. Bernhard Windscheid, Lehrbuch des Pandektenrechts, Bd. 1, 3. Aufl., Düsseldorf: Verlagshandlung von Julius Buddeus, 1870, S. 59.

教科书》就贯彻了这种形式—概念思维，鲜明地倡导“法律体系逻辑完备”的原理，主张既定的法秩序是一个由制度和法条组成的无漏洞的封闭体系，独立于通过制度和法条来调整之生活关系的社会现实。法律概念不仅被认为具有体系的、宣传上的或语义学上的秩序性价值，而且也被认为具有直接的现实性。法教义学命题的合乎逻辑性和合乎体系性被完全等同于它的正确性，而无须考虑任何学科的知识。

最后，法教义学被认为属于理论科学。建构法教义体系或科学法属于法学家的任务，因而属于理论学科，但这并不是说它不关涉法律实践。由于概念法学将法教义学的重心放在概念建构和体系化上，所以相应意欲将法官的“法律发现”活动工作完全限于“正确涵摄的逻辑工作”。[1] 因为在无漏洞体系的前提下，所有的法律案件都可以通过逻辑运算来获得正确的裁判，它将案件涵摄于假定的判断之下，而后者被包含于一种普遍的教义学定理（也潜在地包含于法律概念）之中，涵摄程序的结果就被认为是正当的裁判。[2] 所以，重要的是建构概念—命题之体系的理论，而非机械运算的实践。

二、制定法实证主义阶段

以潘德克顿学为代表的概念体系化法学在整个 19 世纪中后期影响甚巨。但正如维亚克尔（Wieacker）的断言，“法典化……通常存在于法学创造性阶段的末尾”。[3] 当以 1900 年生效的《德国民法典》为代表的法典化时代来临之后，潘德克顿学派在德国也就完成了它的历史使命，进而被以注释法典为

1　参见舒国滢：《格奥尔格·弗里德里希·普赫塔的法学建构：理论与方法》，载《比较法研究》2016 年第 2 期。

2　Vgl. Franz Wieacker, Privatrechtsgeschichte der Neuzeit, 2. Aufl., Göttingen: Vandenhoeck & Ruprecht, 1967, S. 433-434, 436.

3　Vgl. Franz Wieacker, Privatrechtsgeschichte der Neuzeit, 2. Aufl., Göttingen: Vandenhoeck & Ruprecht, 1967, S. 46.

要务的实证法教义学所取代。[1] 随之，概念法学也逐步被制定法实证主义（Gesetzespositivismus）所替代。制定法实证主义在观念上与概念法学一脉相承，只不过将关注的对象从“概念”转移到了“制定法”之上。所以，此时的法教义学只是改变了对象或质料，但却没有改变思维与方法。

首先，制定法实证主义继续强调法教义学（法律科学）的独立科学地位。19 世纪晚期和 20 世纪初，在法史学之外，法社会学以及法人类学（雏形）慢慢发展为独立学科，给法教义学带来了一定冲击，但教义学者依然坚持自己的基本立场。例如，面对世纪之交兴起的社会科学，特茨内尔（Tezner）曾评论道，“即使对于法的社会学和哲学研究要高于法学和教义学的研究，后者无论如何也是必不可少的”[2]。贝克尔（Bekker）也指出，法学是教义的故土，它们并不是追求知识，而只是要求信仰，这种信仰本身可以在教义提出者的权威中找到足够的支持。[3]

其次，制定法实证主义依然试图从概念—命题体系中寻找法教义学的科学性。这一时期的法教义学进一步强调，法学的科学性无须再去先导性的研究（主要是历史研究）中寻找，而是要返归到教义学本身，而这又是以体系化的方式来达成的。《瑞士民法典》的起草者胡伯（Huber）认为：“体系的任务在于，依照具体法条的内容亲疏来组合它们，运用共同的观点来形成由此产生的法条群并表达出它们的共同性，将借此被发现的一般性联合在更高的一般性之下，并从中为具体情形推导出结论；如果用科学表述来表达这种关联性的话，那就是‘基于体系化构造的教义学’。”[4] 体系的观念得到进一

1 参见舒国滢：《19 世纪德国“学说汇纂”体系的形成与发展——基于欧陆近代法学知识谱系的考察》，载《中外法学》2016 年第 1 期。

2 Ewald Johannes Thul, Untersuchungen zum Begriff der Rechtsdogmatik, Mainz: Dissertation der Rechts- und Wirtschaftswissenschaftlichen Fakultät der Universität, 1959, S. 38.

3 Vgl. Ernst Immanuel Bekker, Grundbegriff des Rechts und Mißgriffe der Gesetzgebung, Berlin u. Leipzig: Rothschild, 1910, S. 234ff.

4 Eugen Huber, Recht und Rechtsverwirklichung: Probleme der Gesetzgebung und der Rechtsphilosophie, 2. Aufl., Basel: Helbing & Lichtenhahn, 1925, S. 403.

步强化，它被认为是阐释法学本质概念与基础概念之教义学的必要基础，因为只有作此理解的教义学才能成为一种科学的法律判决的基础。[1]

最后，制定法实证主义同样轻视法律实践。同时，既然法典已经取代了习惯法和科学法（法学家法）的位置，那么剩下的工作就只是将法典适用于实践了。在制定法实证主义将“概念”换成“法典（法条）”之后，无漏洞之封闭概念体系的思想也随之被转换成制定法的公理体系，法典就被认为是完美、闭合的体系，能够为一切案件情形提供答案。就像制定法实证主义的代表人物贝格鲍姆（Bergbaum）所主张的：“法律绝不需要从外在加以填补，因为它在任何时刻都是圆满的，它的内在丰富性，它的逻辑延展力，在自己的领域中任何时候都涵盖了判决的整体需要。”[2] 不得不指出的是，将这种想法推导至极端，甚至可能否认法教义学本身的必要性，因为法典已经预先规定了一切情形，法条与实际案件之间已没有距离，因而也就不再需要教义学作为连接两者的中介了。或者至多法教义学也只是将既有的东西更清晰地描述出来而已。

在德国法学史上，法教义学正是从概念法学至制定法实证主义的阶段趋于成熟的。这一阶段的主要观点包括：法教义是围绕实在法展开的一般性权威命题或原理，它本身就是有效的法（或已被制定法所吸纳）；由于重在概念分析与逻辑操作，所以法教义属于描述—分析性命题；由于体系是绝对科学和正确的，所以处于体系中的法教义具有绝对拘束力。相应地，法教义学既是构造体系的方法论，又是一种概念—命题体系，既是法学上的阐释性体系，又是现实的发生学体系。由此又可推衍出：由于体系的绝对性，所以法教义学是受权威拘束的思维；由于体系的科学性，所以法教义学属于独立的法律

---

1 Vgl. Helmut Coing, Grunzüge der Rechtsphilosophie, 5. Aufl., Berlin u. New York: de Gruyter, 1993, S. 278.

2 Karl Bergbohm, Jurisprudenz und Rechtsphilosophie, Bd. 1, Leipzig: Duncker & Humblot, 1892, S. 382.

科学，不受外部学科的影响；由于构造体系属于理论家的任务，所以法教义学属于理论科学，司法实践仅是适用体系的单纯涵摄而已。

第三节　对传统法教义学的冲击：利益法学与自由法运动

尽管法典化时代的学者一开始沉溺于法典万能的迷梦之中，但后来逐渐意识到：法典大多由抽象——一般的规则构成，它只有关照社会现实即通过具体化才能适用于个案。在这一过程中，德意志帝国最高法院扮演了至关重要的角色，它的活动迅速为实务发展出了一般性法律准则。法教义学欣然接受了这种“法官法”（Richterrecht），并开始以批判—重构的姿态为不断涌现的疑难案件提供自己的解决方案。[1] 随着实务案件的刺激，一些学者开始慢慢走出概念法学和潘德克顿体系的阴影，走向传统法教义学的对立面，这其中影响最大的无疑是利益法学与自由法运动。[2]

一、利益法学

利益法学并没有从整体上对法教义学本身提出颠覆性的挑战，它直接批评的对象是以概念构造为中心的法学方法。但鉴于概念法学代表着传统法教义学观念的高峰，因此利益法学对于概念法学的批评可以被视作对传统法教义学的挑战。

利益法学并不否认法教义（概念）是围绕实在法展开的一般性权威命题

1　Vgl. Christian Bumke, Rechtsdogmatik: Überlegungen zur Entwicklung und zu den Formen einer Denk-und Arbeitsweise der deutschen Rechtswissenschaft, Juristen Zeitung 69 (2014), S. 643.

2　事实上，魏玛时期对于传统法教义学持批判态度的除了利益法学和自由法运动之外，尚有其他学派。比较有特色的是纯粹法学，它批评的焦点在于法教义学的非科学性。凯尔森就认为，教义学超越了科学工作的界限，因为它不断将纯粹的意见掩饰为科学洞见（Vgl. Hans Kelsen, Reine Rechtslehre, 2. Aufl., Wien: Deuticke, 1960, S. Ⅳf.）。

或原理，但认为它们只是表达利益状态的描述性命题，因而没有拘束力。利益法学将概念法学的方法论特征归纳为两点：（1）建构主义，指一个完整的法律规范体系是以“概念金字塔”的形态出现的，它将特殊的法律概念回溯到少数上位概念，甚至唯一的法律概念；（2）颠倒方法，即从以建构方式获得的普遍概念中，可以相反地再推导出特殊的概念与法条。[1] 利益法学并不反对法学作业中运用概念及其形成体系，它只是反对将概念—体系的建构作为法学的中心任务。因为概念法学“对逻辑的整体崇拜，使得法学变成了法律的数学，是一种错误，也是一种对法律之本质的误认。必须去实现的并不是逻辑的要求，而是生活、交易、法感的要求，这在逻辑上可能可以演绎得出，也可能在逻辑上无法演绎得出”[2]。尤其要反对的是这样的想法：“概念是有生产力的，它们自我配对，然后生产出新的概念。”[3]

与之相反，法学应当以“目的”或“利益”为中心。“目的方法时期”的耶林指出：“目的是全部法律的创造者，没有赋予法条一个目的，也就是赋予其来源一个实践的动机，就没有法条。因此，在法律领域内寻找目的，是法学的最高任务——不管是在教义学上还是在法史学上。”[4] “应当从法律规定的目的及其正义内涵出发，来控制并续造概念”，因为“只有对法律感情具有说服力的理由，才能够让我们有原因，通过技术性法学的方式续造法律概念”[5]。黑克（Heck）进一步认为，法律规范的内容、目的满足的程度则还要

---

1 参见吴从周：《概念法学、利益法学与价值法学：探索一部民法方法论的演变史》，中国法制出版社2011年版，第45~46页。吴从周教授另将“无漏洞之教条”也视为概念法学的特征。但这其实是制定法实证主义的额外特征，也非概念法学的方法论特征，故而不论。

2 Rudolf v. Jhering, Geist des römischen Rechts auf den verschiedenen Stufen seiner Entwicklung, Bd. Ⅲ 1, 9. Aufl., Darmstadt: Breitkopf und Härtel, 1968, S. 321.

3 Rudolf v. Jhering, Geist des römischen Rechts auf den verschiedenen Stufen seiner Entwicklung, Bd. 1, 9. Aufl., Darmstadt: Breitkopf und Härtel, 1953, S. 29.

4 Rudolf v. Jhering, Der Zweck im Recht, Bd. 1, Leipzig: Breitkopf & Haertel, 3. Aufl., 1898, S. Ⅷ, Vorrede, S. 442.

5 Okko Behrends, Das „Rechtsgefühl“ in der historisch-kritischen Rechtstheorie des späten Jhring, in: Rudolf v. Jhering, Über die Entstehung des Rechtsgefühls, Napolis: Jovene, 1986, S. 81-82.

取决于背后利益的分量。“具有根本重要性的是要认识到：每个法律命令都决定了一种利益冲突，每个法律命令都以相互对立的利益为基础”。[1] 所以，利益法学并不“反对法律的概念建构，或反对法官受现行法的拘束。更不是反对科学性的概念建构。没有概念不可能思考。法学当然也要形成概念。只是所形成的不只是‘命令概念’（法律条文的概念），也包括‘利益概念’（即法律目的的概念，利益状态及其评价的概念）”[2]。法学恰恰要以规范及利益状态而非秩序概念为中心地位。[3]

进而，利益法学关于法教义学的观念与判断可以被归纳为：首先，法教义学是一种概念—命题体系，但它只具有表述性功能。黑克将利益法学的方法分为法官的案件裁判与科学的工作形成两个阶段。[4] 相应地，法官的法律适用要处理两个基本任务：规范获得与秩序整理。前者属于法官的案件裁判，是指规范的适用与补充的问题（包括法律解释、法律修正和漏洞填补），研究者借由对利益冲突的了解，寻找正确的判决，为实务做准备。这个任务所面对的是“规范化难题”。后者则属于科学的工作形成，它是为了简化与描述的目的，通过建立秩序概念与普遍概念，强调其共同特征及其广泛的综合联结而得出一个概观的体系（概念建构与体系建立）。这个任务所面对的是“表述化难题”。[5] 正是在这一点上体现出了利益法学对传统法教义学的背离：在黑克看来，规范化的难题先于表述化的难题，前者要由利益探究的方法来解决，只有后者才属于法教义学的任务。具体来说，为案件提供规范是首要的任务，于此法官必须要像立法者那样去界定生活中存在之相对立的利益，进

1　Phillip Heck, Interessenjurisprudenz, Tübingen: Mohr, 1933, S. 13.

2　Phillip Heck, Das Problem der Rechtsgewinnung, 2. Aufl., Tübingen: Mohr, 1932, S. 14.

3　Vgl. Phillip Heck, Begriffsjurisprudenz und Interessenjurisprudenz, in: Günther Ellscheid/Winfreid Haasemer (Hrsg.), Interessenjurisprudenz, Darmstadt: Wissenscha-ftliche Buchgesellschaft, 1974, S. 482.

4　Vgl. Phillip Heck, Die neue Methodenlehre Müller-Erzbachs, in: Günther Ellscheid/Winfreid Haasemer (Hrsg.), Interessenjurisprudenz, Darmstadt: Wissenschaftliche Buchgesellschaft, 1974, S. 348.

5　Phillip Heck, Begriffsbildung und Interessenjurisprudenz, in: Günther Ellscheid/Winfreid Haasemer (Hrsg.), Interessenjurisprudenz, Darmstadt: Wissenschaftliche Buchgesellschaft, 1974, S. 89.

行利益探究或者说“评价性地形成命令”。在这一过程中，法官受从制定法中所得出的价值判断，以及受法律共同体中通行的伦理与社会观念的拘束。[1] 概念建构与体系建立是利益探究完成后的秩序归整。只有在已经决定利益冲突之解决办法的前提下，才能形成法律概念，并将法律概念综合为法律体系，后者的真正目的只在于概观、整理与描述。[2] 在时间顺序上，第一任务是确定与补充规范，第二任务才是概念建构与体系整理。[3] 所以，概念法学的错误恰在于弄反了规范与概念体系之间的关系，将概念体系作为了产生规范的基础，认为通过法律体系可以从上位概念“因果地”演绎推导出下位概念，[4] 而实际上这只是研究最后阶段的任务。

其次，法教义学虽属于法律科学（“科学的工作形成”），但它不是独立的学科，因而相对不那么重要。因为概念是从规范的评价中，以抽象化、类型化及普遍化的方式得出的，但这只是单向的综合过程，不能从中反推出规范评价。而概念或概念群集合而成的外在体系（如法典的总则）则是为了概观的目的。一旦概念和体系与立法者的命令意思发生偏离，它们就不再具有约束力。因此，它们只是基于概观性以及使用便利的需要而产生的。[5] 这种观点无疑使得以概念建构和体系化为中心的法教义学的地位大大降低，而沦落为一种技术性、表述性的工作。

最后，法教义学属于理论科学，但真正重要的是法律实践。利益法学反

---

1 Vgl. Phillip Heck, Gezetzesauslegung/Interessenhurisprudenz, Archiv für die civilistische Praxis 112 (1914), S. 238.

2 Vgl. Phillip Heck, Interessenjurisprudenz, Tübingen: Mohr, 1933, S. 28.

3 在此基础上，黑克在学说史上首先提出了“内部体系”与“外部体系”的划分。但他并不将由利益关系及其决断构成的内在体系视为法教义学的内容，他关于法教义学体系的认识仍停留于概念—命题的外在体系。后来到了评价法学时，这两个体系才都被归属于法教义学的范围。

4 Vgl. Phillip Heck, Begriffsjurisprudenz und Interessenjurisprudenz, in: Günther Ellscheid/Winfreid Haasemer (Hrsg.), Interessenjurisprudenz, Darmstadt: Wissenscha-ftliche Buchgesellschaft, 1974, S. 92. 这里，黑克相当于将概念法学合在一起的两个体系再次区分开来，将规范获取放入了前者，而将概念建构和体系建立放入了后者，并认为前者优先于后者。

5 Vgl. Phillip Heck, Begriffsjurisprudenz und Interessenjurisprudenz, in: Günther Ellscheid/Winfreid Haasemer (Hrsg.), Interessenjurisprudenz, Darmstadt: Wissenscha-ftliche Buchgesellschaft, 1974, S. 171.

对这样一种认知教义（Erkenntnisdogma）：它将法官限制于一种理解性的活动。法官必须认识法律规范并将案件事实逻辑地涵摄于规范。他必须根据认知逻辑的规则来适用法律，但不应进行评价，更不能自己创造规范。并且，通过构造概念这种特殊的方法，也可对法律漏洞予以填补。这种活动的典型称谓就是“运用概念计算”以及“通过概念构造或根据体系填补漏洞”。但这种方法并不居于绝对的统治地位。因为对于某一法律关系总是存在许多种概念构造的可能，而优先考虑能得出生活上正确的结果的那种构造则是帮助我们从这多种可能中作出选择的方法。[1] 所以，以概念体系为特征的法教义学论证本身只是一种“表面证立”（Scheinbegründung），真正决定选择哪种教义学说的是对特定利益的决定。从而法学实践的重心也由此脱离了法教义学的领域。

二、自由法运动

与利益法学相比，自由法运动对传统法教义学的抨击更为彻底，因为它否认后者具有任何价值。自由法运动的主要批评对象是制定法实证主义及相应的“制定法教义学”，概言之，即制定法（法典）万能的思想。

首先，自由法运动不否认法教义是围绕制定法展开之一般性权威命题或原理，但否认它具有坚实的基础，因而法教义学也不是法律科学。制定法教义学的基础在于制定法，而制定法远非制定法实证主义者所认为的那样完美：一方面，制定法的漏洞无处不在，或者说，制定法的“漏洞并不比文字来得少”，它无法为每个可以想象得到的案件都提供答案。另一方面，制定法是偶然的、可变的，不足以成为科学研究的基础。基尔希曼（Kirschmann）在其著名演讲中对以制定法为研究对象的法学（法教义学）进行了猛烈抨击，认为这样的法学只关注偶然立法的产物，而“立法者的三个更正词就可以使所

---

1 参见［德］菲利普·黑克：《利益法学》，傅广宇译，载《比较法研究》2006 年第6 期。

有的文献成为废纸”，[1] 因而它无法成为关注客观规律的科学。这一想法在诸多追随者那里找到了共鸣。施罗斯曼（Schlossmann）就指出，“所有真正的科学都研究绝对的真理。实在法学科却只去发现一日的真理，对它来说，只有每次在特定时间地点作为立法者意志或通行习惯被发现的事物才是真理”[2]。斯泰因（Stein）也认为，“真正的科学……必须超越只具有片刻效力之物，不管它是法典、博士们的共同意见、实在的习惯还是萨维尼或范格罗（Vangerow）这样的权威，都概莫能外”[3]。既然制定法是不确定的、任意多变的，那么围绕它所形成的法教义学就缺乏坚实稳固的基础，也毫无科学性可言。

其次，法教义不具有任何拘束力，法教义与法教义学的概念—命题体系只具有包装功能，法官要运用“科学的自由发现”去解决法律问题。“科学”意味着要去调查社会事实即实际存在的行为规则，“自由”则意味着抛开制定法以及教义学概念体系的拘束，依据法外材料和个案情境来解决法律问题。这种法外材料被称为“自由法”（freies Recht）或“活法”（lebendes Recht）。制定法并不是法的全部，活法或自由法，即“在一个民族中生存着并且由每个人在各自的范围内实现着的法”[4]，才是法更为重要的组成部分。制定法原本就是源自这些“社会的法”，它只是后者通过国家制定的形式表现出来的那部分。法官不仅不受法教义的拘束，也不受制定法的价值理念和价值判断的拘束，而仅以法官自己的价值判断作为衡量的标准。他可以独立于制定法之外，不受拘束地来探讨在个案中什么才是实质正确的。[5] 为此，要将法学的关

---

1 参见［德］J. H. 冯·基尔希曼：《作为科学的法学的无价值性——在柏林法学会的演讲》，赵阳译，载《比较法研究》2004 年第 1 期。

2 Siegmund Schlossmann，Der Vertrag，Leipzig：Breitkopf & Haertel，1876，S. 109.

3 Lorenz v. Stein，Gegenwart und Zukunft der Rechtswissenschaft Deutschlands，Stuttgart：Koehler，1876，S. 81.

4 参见［德］J. H. 冯·基尔希曼：《作为科学的法学的无价值性——在柏林法学会的演讲》，赵阳译，载《比较法研究》2004 年第 1 期。

5 Vgl. Hans-Martin Pawlowski，Einführung in die juristische Methodenlehre，2. Aufl.，Heidelberg：C. F. Müller，2000，S. 90.

注点从书本迁回到生活本身；将对现实因素的发现视为法律最重要的组成部分；在解释与适用制定法时，不能拘泥于字面含义，不去处理抽象的概念，进行抽象的建构，而是要公开地讨论和权衡案件事实，以得出正义、现实、与事物本质相符的判决。[1] 因此，康特洛维茨（Kantorowicz）认为，法律适用涉及的首先是一种意志与感觉行为，而非认知行为。要拒绝传统法教义学提倡的所有“伪逻辑技术”（如类比、扩张解释、限缩解释等），因为它们只是对根据意志与感觉想要获得的结论进行了包装。[2]

再次，法教义学并非独立的学科，而要由法社会学来决定。自由法运动主张借助其他学科方法来补充法教义学在个案正确性判断上的不足，这其中最主要的就是社会学方法。埃利希（Ehrlich）曾旗帜鲜明地指出，在任何时代，“法的发展的重心既不在于立法，也不在于法学或司法判决，而在于社会本身”[3]。法条只是制定法的存在形式，而法律规范的存在之所除了制定法，还有广阔的社会生活。传统法教义学“没能充分认识到，法在现实生活中的意义远非依赖于对它的解释……同一个法条在不同的国家或不同的时代可能完全不同”[4]。法律规范的来源首先是现代的法律文件（包括司法判决），其次是对生活、商业、习惯和惯例以及所有联合体的切身观察，这些事项既可能是制定法所认可的，也可能是制定法所忽视和疏忽的，甚至是制定法所反对的。[5] 制定法只是构成了司法判决的边界，在这条边界之内，法官要运用自由法来填补制定法界限内的漏洞，必须考量时下的需要、在民众中占统治地位的观念、个案的利益状况及典型的社会学结构，将这些新的规范整合进制

---

1 See Albert S. Foulkes, *On the German Free Law School*（*Freirechtsschule*），ARSP 55（1969），p. 382–383.

2 Vgl. Hermann Kantorowicz, Der Kampf um die Rechtswissenschaft（1906），Baden-Baden：Nomos，2002，S. 12ff.

3 ［奥］欧根·埃利希：《法社会学原理》，舒国滢译，商务印书馆 2022 年版，“作者序”。

4 Eugen Ehrlich, Freie Rechtsfindung und freie Rechtswissenschaft（1903），2. Neudruckausgabe，Aalen：Scientia Verlag，1987，S. 7.

5 参见［奥］欧根·埃利希：《法社会学原理》，舒国滢译，商务印书馆 2022 年版，第 530 页。

定法所追求的目的之中。[1] 在康特洛维茨看来，法教义学是对特定法律进行个别认知的建构科学（涉及法律的客观意义），而法社会学是从整体上对法律进行体系性认识的经验科学（涉及法律的现实）。[2] 两者互为补充，没有社会学的教义学是空洞的，而没有教义学的社会学是盲目的。[3] 法教义学需要法社会学来提供待选的经验性标准。

最后，法教义学属于实践学科。埃利希区分了实用法学（praktische Jurisprudenz）与法律科学（Rechtswissenschaft）。在他看来，实用法学主要关注属于某个特定实在法的法条，它指导法官将一般的法条适用于具体的案件，是抽象化和演绎性的，这其实就是传统法教义学的任务。但在真正的科学中，归纳方法占主导地位，它力图通过事实观察和经验积累使我们深入洞察事物的本质，这其实是经验社会学的研究方法。所以他认为，真正的法律科学是社会学的一部分，法社会学就是法的科学理论。[4] 或者说，法社会学才是真正科学的代表，而法教义学只是一套技术性的适用方法。

利益法学和自由法运动对传统法教义学观念造成了不同程度的冲击：利益法学以利益探究作为取代传统法教义学概念—逻辑分析的法学基本方法，将原本作为法教义学中心任务的概念建构和体系化作业贬低为仅具有表述功能，自由法运动则更为激烈地主张抛弃整个传统法教义学及其逻辑技术。两者的方法论基础则都在于将“法的发现”与“法的证立”相区分，将法教义学归于后者，而主张法学的研究重心恰恰在于前者，从而极大地消解甚至完

---

1 Vgl. Hermann Kantorowicz, Methodenreform und Justizreform, Deutsche Richterzeitung 1911, S. 353.

2 See Hermann Kantorowicz, *Legal Science-A Summary of Its Methodology*, Columbia Law Review 28 (1928), p. 691.

3 Vgl. Hermann Kantorowicz, Rechtswissenschaft und Soziologie: Ausgwälte Schriften zur Wissenschaftslehre, Karlsruhe: Verlag C. F. Müller, 1962, S. 122.

4 参见［奥］欧根·埃利希：《法社会学原理》，舒国滢译，商务印书馆 2022 年版，第 1、8、26~27、527 页。

全否弃了法教义学的重要性。[1] 虽然对于传统法教义学都持批评或否定的态度，但两者却分享了概念法学与制定法实证主义关于法教义学的基本假定：法教义是围绕实在法展开的一般性权威命题或原理，具有描述的性质，而法教义学是以概念建构与体系化为中心任务的概念—命题体系。只不过这种命题或体系只具有表述或包装的功能，因此并不重要。不同之处在于，利益法学仍将法教义学视为科学的工作活动，而自由法运动则否认法教义学属于法律科学。此外，虽未明言，但两者都不否认法教义学亦属受权威拘束的思维方式，只是要么认为其不具备独立的权威来源，要么认为其要被完全放弃。

本章结语

现代的也是传统的法教义学观念诞生于历史法学时期。历史法学在学说史上首次将法教义学界定为关于实在法的概念—命题体系，但却让其屈从于法史学。继之而起的概念法学和制定法实证主义时期标志着法教义学的成熟，此时的法教义学既是构造体系的方法论，又是一种概念—命题体系，属于独立的法律科学，不受外部学科的影响。但随着 19、20 世纪之交德国方法大讨论时代的到来，[2] 传统法教义学观念遭受利益法学和自由法运动的左右夹击。利益法学贬低了法教义学在司法裁判中的重要性，自由法运动则更为激烈地主张抛弃整个传统法教义学及其逻辑技术。相对来说，对于后世法教义学发展影响更大的是利益法学。它不仅凸显出了法学中价值判断的重要性，而且也成为了评价导向之法教义学的起点。

---

1 关于这一二分法，参见 Hans Reichenbach, *Experience and Prediction*, The University of Chicago Press, 1938, p. 6-7; Justyna Holocher, Kontext der Erfindung und Kontext der Begründung in der Wissenschafts und Rechtsphilosophie, ARSP 96 (2010), S. 469, 472。

2 对此一背景可参见［德］莱纳·施罗德：《世纪之交的德国方法大讨论——科学理论式的精确化努力抑或对法与司法功能变迁的回应?》，雷磊译，载舒国滢主编：《法学方法论论丛》第 1 卷，中国法制出版社 2012 年版，第 43~99 页。

第三章
趋向开放包容的新法教义学

对传统法教义学的批评具有重要意义，并且是推动教义学持续、悄然地相对化的根本动力。但这种批评并不涉及教义学本质的核心，而是触及了对教义学的误用、误解，或者也可以说是教义学的短板。它说明，教义学在尝试将有着千年历史的法律思想和智慧融合在一个安排周密的思想体系中的同时，也必须常常回归基本原则，思考其产生和起源，以此来保持对于那些以历史和法律文化规定性为基础进行评价的清醒意识。[1] 促发这种清醒意识的首先是第二次世界大战之后借由纳粹审判的契机而出现的自然法复兴运动。这场运动虽然缺乏任何观念史的连续性，[2] 但为法教义学重新奠定了一般价值取向——正义。不久之后，这种价值取向就找到了实在法的载体，即 1949 年开始生效的《德国基本法》。它不仅构成整个德国实在法体系的最高层级，也被视为任何部门法教义学都必须要遵从的客观价值秩序。在这样的背景下，法教义学再次受到重视，并且其方法论也完成了向评价法学的过渡，而后者迄今为止依然是德国法学思想的主流。[3] 我们可以将迄今为止的评价法学进一步

1　参见［德］罗尔夫·施蒂尔纳：《法教义学在进一步国际化的世纪之初的重要性》，李云琦译，载李昊、明辉主编：《北航法律评论》2015 年第 1 辑，法律出版社 2016 年版，第 29 页。

2　Vgl. Ralf Dreier, Deutsche Rechtsphilosophie in der zweiten Hälfte des 20. Jahrhunderts, in: Robert Alexy (Hrsg.), Integratives Verstehen: Zur Rechtsphilosophie Ralf Dreiers, Tübingen: Mohr Siebeck, 2005, S. 156.

3　这种说法也可参见颜厥安：《法与道德》，载颜厥安：《法与实践理性》，中国政法大学出版社 2003 年版，第 44 页。

分为两个阶段，即传统评价法学阶段（20 世纪 50 年代至 70 年代）和新评价法学阶段（20 世纪 70 年代末至今）。

第一节 评价法学对法教义学的反思与重构

一、传统评价法学对法教义学观念的发展

传统评价法学对传统法教义学观念最大的转变在于将法教义学理解为一种与评价相关的活动。首先，法教义作为围绕实在法展开的一般性权威命题或原理，不再仅对现行实在法进行描述（描述性命题），而法教义学也不再仅仅是一种认知性活动，而成为了一种“评价导向的程序”。用吕特斯（Rüthers）的话来说：“（法）教义学意味着就对于现行法而言具有决定性的基本价值、理由根据和问题解决方案的解释……教义学应以理性的说服力并且援引普遍认可的基本价值（价值确信）来阐释现行法……（因为）一种价值无涉的、无世界观的教义学是不可能存在的。教义学并非单单立基于形式逻辑，它总是旨在将特定的实质性价值判断和规制目标确定下来。”[1] “法教义学不只是一个仅仅进行分类的、形式化的归类体系。所有的教义学概念和基本原理均存储于一个在法秩序中扎下根基，作为法秩序先决条件的价值秩序之中。”[2]

那么，评价的标准是什么？利益法学最大的缺陷就在于欠缺价值判断的标准，而评价法学必须弥补这一缺陷。在评价法学的奠基人韦斯特曼（Westermann）看来，作为评价导向的法教义学，其真正的评价标准在于“正义理念在各种情形中的具体化”，而这类“具体化的正义理念”其实就是《德国

---

1 ［德］伯恩哈特·吕特斯：《法官法影响下的法教义学和法政策学》，季红明译，载李昊、明辉主编：《北航法律评论》2015 年第 1 辑，法律出版社 2016 年版，第 142、158 页。

2 Bernard Rüthers, Rechtsordnung und Wertordnung: Zur Ethik und Ideologie im Recht, Konstanz: Universitätsverlag, 1986, S. 42.

基本法》，它是一种“规范化的自然法”，与时代的道德和文化基本内涵相联结。[1] 吕特斯也认为：“立法者对所有法律领域，都确定了基本价值和‘最高的基本原则’，这些基本价值和最高的基本原则，尤其是当它们确定于宪法之中时，可主张绝对的效力，亦即构成屹立不变的‘教义学支柱’，撑起了法秩序的整体结构。唯有教义学方能解释整体法秩序的该内在体系。”[2]

其次，法教义学不仅是概念—命题体系，更是价值—原则体系。德国法学方法论自20世纪60年代起，在理论、实务以及教义学的讨论上经历了一场引人注目的蓬勃发展，最突出的成就是法律原则理论的发展。[3] 对原则理论的关注不仅来自评价法学自然发展的后果，也来自基本法框架下司法实务（尤其是宪法法院裁判）的要求。尽管原则这一范畴并不是在这个时代才被发现的，但以前学者们只是偶尔地、通常在十分抽象的层面上（如公法与私法的区分，或者法的基础问题）回溯到原则。而在宪法化的法律体系里，首先是从宪法中推导出了那些将引导及影响一般法律解释和续造的基本价值和法律原则。也只有在基本法的框架下，才慢慢和深入地发展出对法律原则之调整领域及相关制度的精细构造，塑造出对它的基本理解并以之来指引相关法律条款的解释，为疑难案件的解决指明了特定的方向。[4] 此外，在普通法律中也被发掘出了单个法律领域以之为基础的法律原则和价值，它们被认为是对普通法律中个别问题进行教义学建构时所必须依赖的。所以，法教义的体系

---

1 Vgl. Harry Westermann, Wesen und Grenzen der richterlichen Streitentscheidung im Zivilrecht, Münster: Aschendorff, 1955, S. 17, 25.

2 ［德］伯恩哈特·吕特斯：《法官法影响下的法教义学和法政策学》，季红明译，载李昊、明辉主编：《北航法律评论》2015年第1辑，法律出版社2016年版，第143页。

3 Vgl. Bernd Rüthers, Anleitung zum fortgesetzten methodischen Bildung, Neue Juristische Wochenschrift 1996, S. 1250.

4 Vgl. Christian Bumke, Rechtsdogmatik: Überlegungen zur Entwicklung und zu den Formen einer Denk-und Arbeitsweise der deutschen Rechtswissenschaft, Juristen Zeitung 69 (2014), S. 644, Fn. 25. 具有里程碑意义的作品参见 Josef Esser, Grundsatz und Norm in der richterlichen Fortbildung des Privatrechts, Tübingen: Mohr, 1956 (2. Aufl., 1964; 4. Aufl., 1990); Claus-Wilhelm Canaris, Systemdenken und Systembegriff in der Jurisprudenz, Berlin: Duncker & Humblot, 1969 (2. Aufl., 1983)。

就具有了双重构造：一方面是由抽象概念组成的外部体系，另一方面则是由法律原则构成的内部体系。[1]

再次，法教义学公理体系的观念被逐步打破，开始受其他学科或思维方式的影响。评价多元这一客观事实的存在，使得传统法教义学的独断论色彩日益消除。传统法教义被赋予自然科学意义上的知识属性，被认为是绝对、客观和有拘束力的。这种教义学观念及其背后的主客体二分思想，受到了20世纪诸多哲学学派和社会学科的抨击。在评价法学内部，法律诠释学派继受了加达默尔（Gadamer）的哲学诠释学并将其运用于方法论领域。[2] 对法律文本的解释是教义形成的基础，而哲学诠释学对传统法教义学观念的冲击正在于对其认识论前提，即独断型的法律解释进行了根本性批判。它认为独断型法律解释忽视了解释法律时的探究因素，因为法律的一般性与个别案件的具体情况之间的距离本质上是不可消除的，所以将个案的法律创造力看作演绎上前定的东西，将教义学设想成在某个融贯的体系中潜在地包含一切可能的法学真理就是错的。[3] 与此同时，以菲韦格（Viehweg）为代表的论题学思维也复兴了。论题学涉及的是以问题为取向的思考技术，它展现出某种直至在细节之处与演绎—公理体系显然有别的思想结构。[4] 从某种意义上讲，它是从问题出发逆向寻求论证的前提的技术，而非像传统体系论那样从一般原则出发顺向演绎出结论的过程。当然，论题学并不反对体系本身，而是要以某种可以适用的体系或者“融贯性语境”为前提条件，寻求体系（尽管受到限

---

1 Vgl. Karl Larenz, Methodenlehre der Rechtswissenschaft, 6. Aufl., Berlin [u. a.]: Springer Verlag, 1991, S. 437, 473ff., 481ff.

2 主要代表作有：Arthur Kaufmann, Analogie und „Natur der Sache“: zugleich ein Beitrag zur Lehre vom Typus, Karlsruhe: Müller, 1965; Josef Esser, Vorverständnis und Methodenwahl in der Rechtsfindung: Rationalitätsgarantien der richterlichen Entscheidungspraxis, Frankfurt a. M.: Athenäum-Verlag, 1970; Joachim Hruschka, Das Verstehen von Rechtstexten: zur hermeneutischen Transpositivität des positiven Rechts, München: Beck, 1972。

3 参见［德］汉斯-格奥尔格·加达默尔：《真理与方法——哲学诠释学的基本特征》（下卷），洪汉鼎译，上海译文出版社1999年版，第685页。

4 Vgl. Theodor Viehweg, Topik und Jurisprudenz, 5. Aufl., München: Beck, 1974, S. 14.

制）也是问题解答的构成因素，其所反对的只是公理化的概念—命题体系。

复次，法教义学开始具有了反思与批判的功能。拉伦茨（Larenz）指出，法教义学的作用并不在束缚精神，而要在处理各种经验及文化时，提高其自由度。[1] 他将法教义学等同于“狭义上的法学”（Jurisprudenz），以便与同属于法律科学的法哲学、法理论、法社会学和法律史等相区分。法教义学一方面以实在法为工作前提，原则上仅针对当时、特定的法秩序，其论述之直接意义仅与该当法秩序有关，它必须假定现行法秩序大体看来是合理的；另一方面，它同样可以对法秩序进行批判，只是这种批判是“体系内的”：借着不断检讨其于实在法秩序中一再遭遇的法律思想及其评价准则，从现行法的主导原则（现行法秩序的基本原则）本身发现其背后的标准，来对个别规则和决定进行批判。所以，法教义学不仅关乎法的明确性和安定性，也致力于在具体的细节上以逐步进行的工作来实现“更多的正义”。[2] 这意味着，法教义的拘束力开始从绝对变得相对化。

最后，法教义学依然属于法律科学，尽管其科学性的含义发生了改变。法学的评价并非“方法论上的盲目飞行”，而是也必须要以教义学为归依，因为只有经过教义学形成的法律评价的观点的微妙差异才能监督其所期望的结果与裁判。[3] 在此意义上，拉伦茨力图一改自由法运动对于法教义学之科学性的攻击，重新确立这门学科的科学性。因为在他看来，科学就是任何可以用理性加以检验的过程，这种过程借助特定的、为其对象而发展出的思考方法，以求获得系统的知识，而法教义学正是这种意义上的科学。[4] 在这种作为科学的法教义学中，理论与实践实现了统一。

1　参见［德］卡尔·拉伦茨：《法学方法论》，陈爱娥译，商务印书馆 2003 年版，第 109 页。

2　参见［德］卡尔·拉伦茨：《法学方法论》，陈爱娥译，商务印书馆 2003 年版，第 76~77 页。

3　参见［德］伯恩·魏德士：《法理学》，丁小春、吴越译，法律出版社 2003 年版，第 146 页。

4　参见［德］卡尔·拉伦茨：《论作为科学的法学的不可或缺性——1966 年 4 月 20 日在柏林法学会的演讲》，赵阳译，载《比较法研究》2005 年第 3 期。

二、新评价法学对法教义学观念的革新

如果说传统评价法学的主基调在于确立法教义学的价值论导向，那么随即涌现出的诸多新的法理论则旨在为法教义学的评价标准提供更为具体的备选方案。从20世纪70年代末开始，德国法哲学进入了新的时代。20世纪60年代以来的多学科渗透融合的潮流，到此时已在法学领域产生较为系统的研究成果。新的法理论层出不穷，[1] 给法教义学造成了重大的冲击力，以至于科尔丁（Cording）发出了“今日之法学家还能再成为教义学者吗?”的疑问。[2] 而莱斯（Less）则更直接地发出了“更少教义学、更多经验科学”的呼吁。[3] 但事实上，法教义学并没有因为新的法理论出现而被抛弃，许多提倡新评价法学的德国学者也不是要完全更换法学方法，而是要塑造经由科学反思的更恰当的法教义学。

首先，新评价法学进一步超越传统法教义学封闭体系的观念，倡导“在敞开的体系中论证”。其代表是20世纪70年代末兴起的法律论证理论，其主旨在于为法教义学的评价活动提供控制性标准。阿列克西（Alexy）视教义学论证为法律论证的一种类型。在他看来，法教义学是三种活动的混合体：对现行有效法律的描述，对这种法律之概念—体系的研究，以及提出解决法律争议的建议。这三种活动分别对应于描述—经验的维度、逻辑—分析的维度以及规范—实践的维度。[4] 法律论证中运用的法教义学是描述、分析和评价语

1　希尔根多夫将它们归为十二种理论类型（Vgl. Eric Hilgendorf, Die Renaissance der Rechtstheorie zwischen 1965 und 1985, Würzburg: Ergon Verlag, 2005, S. 35ff）。

2　Vgl. Ulrich Meyer-Cording, Kann der Jurist heute noch Dogmatiker sein?, Tübingen: J. C. B. Mohr（Paul Siebeck）, 1973, S. 32ff.

3　Vgl. Günter Less, Weniger Dogmatik, mehr Erfahrungswissenschaft!, Juristen Zeitung 7（1952）, S. 173-174.

4　参见［德］罗伯特·阿列克西：《法律论证理论》，舒国滢译，商务印书馆2019年版，第308页。

句的整体。法教义学语句在制度化的法学框架内被提出、证立和检验。这一方面意味着它们在一定期间是不容置疑的，另一方面也意味着过去形成的结论还可以被再讨论，根据现下的经验予以检验。[1] 这种检验又可分为两种情形：狭义的体系检验指向现行法律体系内部的检验，涉及待检验的语句与其他教义学语句及有效法律规范之间的逻辑关系；广义的体系检验则是根据普遍实践观点对两者关系的检验（相当于被纳入一个更宽泛的规范—价值体系）。教义学对普遍实践论证的依赖意味着，教义学语句绝不是不可动摇的僵化教条，它们只是“假说”“试探性说法”“实用主义的解答建议”等。任何教义学语句，当它受到怀疑时，必须应用至少一个普遍实践论述来加以证立。[2] 正因如此，大可在传统法教义学的概念与体系的研究方式以外另引进其他的论述方式作为法教义学的内容。[3]

其次，新评价法学扩展了传统法教义学的作业基础，将视野从仅仅聚焦于实在法放大到关注其他学科的成果。这些其他学科的成果往往在“法政策”之名下进入司法裁判活动之中。法政策是通过由国家制定和实施的规范对社会和政治生活所进行的塑造。在当今法理学中，法的塑造和调控功能被认为是法与个别的法规范最重要的任务。[4] 有学者指出，每项法规范都是一项规范上所确立的政策，法教义学至少间接地是法律政策的产物，或者说“结晶化的法政策学”。[5] 法政策学需要以各类基础研究为归依，而其中最引人注目的是法律经济学。长久以来，法律与经济在某种程度上一直被当代德国法哲学

---

1 参见［德］罗伯特·阿列克西：《法律论证理论》，舒国滢译，商务印书馆 2019 年版，第 314 页。

2 参见［德］罗伯特·阿列克西：《法律论证理论》，舒国滢译，商务印书馆 2019 年版，第 322、324、325、326 页。

3 参见颜厥安：《法、理性、论证——Robert Alexy 的法论证理论》，载颜厥安：《法与实践理性》，中国政法大学出版社 2003 年版，第 151~152 页。

4 Vgl. Bernd Rüthers, Christian Fischer & Axel Birk, Rechtstheorie mit Juristischer Methodenlehre, 2015, S. 51-52.

5 ［德］伯恩特·吕特斯：《法官法影响下的法教义学和法政策学》，季红明译，载李昊、明辉主编：《北航法律评论》2015 年第 1 辑，法律出版社 2016 年版，第 157 页。

所忽略。[1] 但自20世纪90年代以来，情形有所变化。近20余年来私法领域最强有力的改革运动就在于学科开放和用法律的经济分析对传统法教义学作业方式进行补充。这种在经济学领域中发展出的方法促使对私法制度的功能进行研究，并从目的合理性的立场出发加以判断。[2] 关于经济分析理论在法律中的应用及其限度的一般研究也开始出现。[3] 法律的经济分析依据与盈利相关的费用分配和是否节约交易成本来评价法律规则和法律制度。与美国法经济学理论远离司法的教义学细节，至多作为一种外源型因素来对法律状态进行分析不同，德国学者并不将经济学范式发展为与法律相关的独立的经济学论据，而是将既有的经济学范式运用于法教义学。在此基础上，成本—收益考量被视为方法准则的一部分，而现代经济学被认为只是提供了一种更好或更发达的分析方法而已。[4] 因此艾登缪勒（Eidenmüller）指出，只有当经济效率通过立法评价被转化为法律政策时，它才被作为一项解释原则。[5] 有时经济学论据也在目的论解释的框架内被考虑，尤其是涉及法律规范的合目的性时。[6] 所以总体而言，经济学的后果考量在德国是作为法教义学方法论体系之下的一项方法来发挥作用的。

最后，新评价法学虽承认法教义学依然是受权威拘束的思维方式，但要求更多关注现实，从而赋予其拘束力的相对性。此间的代表是20世纪90年代初由汉堡大学教授里姆（Riem）和海德堡大学教授阿斯曼（Aßmann）首倡

---

1 See James E. Herget, *Contemporary German Legal Philosophy*, University of Pennsylvania Press, 1996, p. 28f.

2 Vgl. Hans-Bernd Schäfer u. Claus Ott, Lehrbuch der ökonomischen Analyse des Zivilrechts, 5. Aufl., Berlin u. Heidelberg: Springer, 2012.

3 Vgl. Anne van Aaken, „Rational choice" in der Rechtswissenschaft: Zum Stellenwert der ökonomischen Theorie im Recht, Baden-Baden: Nomos, 2003; Horst Eidenmüller, Effizienz als Rechtsprinzip: Möglichkeiten und Grenzen der ökonomischen Analyse des Rechts, 3 Aufl., Tübingen: Mohr Siebeck, 2005.

4 Vgl. Hans-Peter Schwintowski, Juristische Methodenlehre, Frankfurt a. M.: Verlag Recht und Wirtschaft, 2005, S. 151 f.

5 Vgl. Horst Eidenmüller, Effizienz als Rechtsprinzip: Möglichkeiten und Grenzen der ökonomischen Analyse des Rechts, Tübingen: Mohr, 1995, S. 450 ff.

6 Vgl. Ernst Kramer, Juristische Methodenlehre, 2. Aufl., Bern [u. a.]: Stämpfli, 2005, S. 236f.

的“行政法改革”运动。这一改革运动的目标并不在于克服或更换法教义学，而在于扩张系统的视角：分析和反思行政法现实，形成主导性理念和引导认知的概念，发展出一般性的法思想、式样和行为形式，以对行政活动进行合适的指引。[1] 取向于主权行为的传统公法视角通过这种与行为关联的范式得以扩展和补充。这实际上是想要克服传统法教义学过于偏重“规范”的偏见，而强调考虑法秩序的非规范性问题及其理论基础。或许迪特里希森（Diederichsen）的概括是对这种新观念最好的总结：“法教义学在某个法律领域中以概念、命题和原则来体系性地把握现行实在法。教义学命题以‘智识上的认知活动’为基础，但同样也在此意义上包括‘意志行为’，即它们将引入对‘社会冲突或经济冲突的恰当调整’。”[2]

总之，上述革新都旨在改进传统法教义学思维方式与作业方式的缺陷。[3] 它们依然是在评价法学的脉络中进行的，只是与20世纪70年代末之前的传统评价法学不同，它们发展出了对法律实践进行评价的具体的新程序和新标准。

与概念法学主导下的传统法教义学相对，评价法学（无论是传统评价法学还是新评价法学）主导下的法教义学可被称为“新法教义学”。法教义不再被理解为仅是限于对实在法进行描述—分析的一般性权威命题或原理，而被认为建立在吸纳其他学科知识和评价的基础之上。它不再被视为不可变更的教条，但也不是毫无拘束力的包装，而是具有相对拘束力的解答建议。相应地，法教义学被认为是一种评价导向的活动，教义学知识是概念—命题体系（内部体系）与价值—原则体系（外部体系）的统一。这种体系不是封闭

1　Vgl. Andreas Voßkuhle, Neue Verwaltungsrechtswissenschaft, in: Wolfgang Hoffmann-Riem/Eberhard Schmidt-Aßmann u. Andreas Voßkuhle (Hrsg.), Grundlagen des Verwaltungsrechts, Bd. 1, 2. Aufl., München: Beck, 2012, § 1 Rn. 46.

2　Uwe Diederichsen, Auf den Weg zur Rechtsdogmatik, in: Reinhard Zimmermann (Hrsg.), Rechtsgeschichte und Privatrechtdogmatik, Heidelberg: C. F. Müller, 1999, S. 66.

3　Vgl. Christian Bumke, Rechtsdogmatik: Überlegungen zur Entwicklung und zu den Formen einer Denk-und Arbeitsweise der deutschen Rechtswissenschaft, Juristen Zeitung 69 (2014), S. 644-645.

的公理体系，而通过论证向其他学科开放。法教义学思维尽管是一种权威拘束的思维，但它也具有对现行法秩序进行反思和批判的功能。总体而言，从传统评价法学到新评价法学，法教义学作为传统独断论的那种知识品格与印象日趋淡化，显现出越来越开放和包容的倾向。

第二节　历史的总结：什么是法教义学？

一、法教义的“变”与“不变”

经过漫长的观念史梳理之后，有必要对法教义学观念源流与嬗变过程中的变量和常量进行历史的总结。从前文关于“法教义”思想的历程中，可以提炼出四个方面的论题：第一，法教义是不是一种一般性的权威命题或原理？第二，这种一般性的权威命题或原理是不是围绕实在法展开的？第三，法教义属于何种性质之命题？它是一种描述—分析性命题还是（同时包括）评价性命题？换言之，它只对实在法进行客观的描述和分析，还是包含着提出者的评价判断？第四，法教义是否具有拘束力？如果有，是绝对拘束力还是相对拘束力？为了更直观地体现法教义的观念流变，我们可以学说史为序以表格归纳如下（见表1）。

表1　法教义的观念流变

发展阶段	学派	一般性权威命题或原理？	围绕实在法展开？	何种性质之命题？	是否具有/何种拘束力？
诞生	历史法学	是	是	描述性命题	是，不清楚属于何种拘束力
成熟	概念法学	是	是（且法教义本身就是法）	描述—分析性命题	是，绝对拘束力
	制定法实证主义	是	是（且制定法吸纳法教义）	描述—分析性命题	是，绝对拘束力

续表

发展阶段	学派	一般性权威命题或原理？	围绕实在法展开？	何种性质之命题？	是否具有/何种拘束力？
冲击	利益法学	是	是	描述性命题（表述性能）	否
	自由法运动	是	是	描述性命题（包装功能）	否
反思重构	评价法学	是	是（但吸纳其他学科知识）	既有描述—分析性命题，更有评价性命题	是，相对拘束力

可见，所"变"者，在于对后两个论题的回答。就法教义的命题性质而言，从历史法学到自由法运动，法教义一直被认为仅旨在对实在法进行描述和分析，因而将重心完全放在概念分析及其体系化上。但评价法学不仅将利益法学的利益探究发展为价值判断，而且将评价性命题同样视为法教义的一种，甚至是最重要的一种。就法教义的拘束力而言，各个阶段各不相同：除了利益法学和自由法运动予以否认外，其他学派都肯定了法教义的拘束力，但拘束力逐步呈现出从绝对到相对的倾向。在 19 世纪后实证主义占据主流的时代，实在法与其他领域、法教义的权威与其他权威逐渐区分开来，此时法教义的权威被认为来自实在法规范本身。[1] 在 20 世纪以后，法的权威性与法教义学的权威性进一步被区分开来，后者一般被认为是基于学者们的共识，尤其是"通说"[2]。法教义的拘束力来源逐步呈现出越来越独立的趋势。相应地，法教义也从一种"绝对的权威"演变为一种"相对的权威"。

相反，所"不变"者，在于历史上无论对于法教义的具体内涵及其定位的理解如何，没有人否认两点：一方面，法教义是一种一般性的权威命题或

1　例如，参见 Spiros Simitis，Die Bedeutung von System und Dogmatik-dargestellt an rechtsgeschäftlichen Problemen des Massenverkehrs，Archiv für die civilistische Praxis 172（1972），S. 132："法教义学的阿基米德基点在于制定法的权威。"

2　Vgl. Theodor Viehweg，Ideologie und Rechtsdogmatik，in：Werner Maihofer（Hrsg.），Ideologie und Recht，Frankfurt a. M.：Klostermann，1969，S. 71.

原理。它经由法学提炼、加工和体系化，进而对法律适用，甚至立法产生影响。利益法学与自由法运动虽然否认法教义具有拘束力，但它们抛弃的是将法教义作为法律实践之终极权威依据的想法。它们认为在法教义之上，要么存在利益判断，要么存在社会现实考量，它们才是更高的权威，而法教义只具有表述或包装功能。但在符合更高权威的前提下，它们依然可以具备非独立意义上的权威性（不能随便推翻）。所以，它们也认可法教义作为一般性权威命题或原理的定位。另一方面，法教义形成的基础在于实在法，主要是现行有效的制定法。学者们对此均无异议。因而，法教义的必要特征就可以被界定为：它是围绕实在法展开的一般性权威命题或原理。

二、法教义学的“变”与“不变”

我们也可以相应从法教义学的观念演变中提炼出五个方面的论题：第一，法教义学是否属于概念—命题体系？进而，它是否还包括内部的价值—原则体系？这种体系是封闭的公理体系还是灵活开放的柔性体系？第二，法教义学是否属于受一般权威拘束的思维方式？第三，法教义学是否属于法律科学？第四，法教义学是否属于独立学科？进而，法教义学是否可以不受其他学科的影响？第五，法教义学属于理论科学抑或实践科学？对于这些问题的回答，我们一样可以依据学说史线索用表格归纳如下（见表2）。

表2　法教义学的观念流变

发展阶段	学派	是否属于概念—命题体系？	是否属于受一般权威拘束的思维形式？	是否属于法律科学？	是否属于独立学科？	理论科学抑或实践科学？
诞生	历史法学	是[1]（阐释性体系）	是	是	是，但受法史学的主导	实践科学

续表

发展阶段	学派	是否属于概念—命题体系？	是否属于受一般权威拘束的思维形式？	是否属于法律科学？	是否属于独立学科？	理论科学抑或实践科学？
成熟	概念法学	是（既是阐释性体系又是发生学体系）	是	是	是，不受其他学科影响	理论科学（指涉实践）
	制定法实证主义	是	是	是	是，不受其他学科影响	理论科学（指涉实践）
冲击	利益法学	是（表述功能）	是	是	否，由其他范畴（利益）来决定	理论科学
	自由法运动	是（包装功能）	是	否	否，由其他学科（法社会学）来决定	实践科学（实用法学）
反思重构	评价法学	是（但同时包括价值—原则体系）	是	是	是，受法学外其他学科（基础研究）的影响	理论/实践科学

〔1〕虽然历史法学将概念—命题体系（阐释性体系）与有机的制度体系（发生学体系）都视为法律体系的组成部分，但后者并不属于“法教义学”的范畴。

可见，所“变”者，在于对于后三个论题的回答：就法教义学的学科性质而言，其他学派都承认法教义学的科学性，只有自由法运动否认。相应地，从19世纪以后，除了自由法运动的拥护者，几乎所有学者都肯认狭义上的法学等同于法教义学。但是，主张法教义学属于法律科学并不等于认为它不受其他学科的影响。就法教义学是否属于独立学科的问题上，真正认为它能够自给自足、臻于完美的只有概念法学与制定法实证主义倡导的传统法教义学，其他学派均认为法教义学要受到其他学科的主导乃至决定，至少也要受到其他学科的影响。就法教义学在“理论—实践”二元论中的定位而言，有的学派倾向于理论科学，有的学派倾向于实践科学，评价法学倡导下的新法教义学则统合了两者。

相反，所“不变”者，在于对于前两个论题的回答。它们与法教义的必要特征有着密不可分的联系，同时也构成了理解法教义学的两个视角，即作为知识的法教义学与作为方法的法教义学。一方面，既然法教义是一种围绕实在法展开的“命题”或“原理”，那法教义学就无法摆脱概念构造和体系化作业。在此意义上，法教义学是关于一国现行实在法的知识体系，这种知识体系必然呈现出概念—命题体系的面向。对此没有任何学派予以否认，所不同者只在于对这种体系之功能的认定（现实的体系还是只具有次要的功能）。同时，评价法学则将这种概念—命题的外部体系与价值—原则的内部体系结合起来，将前者奠定在后者的基础上，但同样不轻视前者的理论与实践作用。因此，作为知识的法教义学就是围绕一国现行实在法构造的概念—命题体系。

另一方面，既然法教义是一种围绕实在法展开的“一般性权威”命题或原理，那么法教义学是受一般权威拘束的思维形式。所谓“一般性”，指的是在用法教义学解决法律问题的场合，任何个别判断必然要追溯到体系中的一般法律命题即教义，并建立在其基础上。任何法律判断（个称命题）要得以证立，都必须建立在一般性前提（全称判断）的基础上。这就使得法教义学区别于“决疑术”，因为前者属于“基于原理或规则的推理”，而非“基于案例或个案的推理”。[1] 所谓“权威性”，指的是作为一般性命题的教义被认为是基于权威来源的，也就是在通常情形中不能被质疑。从法律适用的角度看，法教义学的论证就是基于权威的论证。换言之，教义学思维的目标在于依据某个权威的想法去进行思考，它只限于穷尽这种想法的意义内涵。因而，在法教义学主导下的法律论证活动，既要受到制定法与先例的拘束，同时也要遵照为法教义学所加工的法律体系。法教义和制定法规范、先例一样构成了

1　关于决疑术的思想及其学说发展，参见舒国滢：《决疑术：方法、渊源与盛衰》，载《中国政法大学学报》2012 年第 2 期。

法律论证的权威性框架。[1] 在通常情形中，这类权威性框架本身的正确性是被推定的。即便法教义并非绝对不可动摇的权威，即便存在例外情形中被推翻的可能，它也至少能对法律人施加一种“否认禁令”（Negationsverbot）：欲偏离教义学作出裁断，就对此负有说明理由的义务。若他想要受到专业上严肃的对待，则必须阐释“更好的”论据。[2] 与这种思维相对的是“研究型思维”（Forschungsdenken），它在追求认知的过程中除了受思维法则以及认知对象本身的限制外，并不受其他任何条件的约束。[3] 法学中的“基础学科”，如法哲学、法社会学、法史学等，都服膺于这种研究型思维。这也是法教义学与这些学科之间最大的不同。因此，作为方法的法教义学就是一种受一般权威拘束的思维形式。为了与知识体系意义上的法教义学相区分，我们可以将方法意义上的法教义学称为“教义法学”（dogmatische Rechtswissenschaft）。所以，法教义学的必要特征在于它是知识与方法的统一：作为知识的法教义学是围绕一国现行实在法构造的概念—命题体系，而作为方法的法教义学是一种受一般权威拘束的思维形式（教义法学）。

本章结语

不同历史时期对于法教义学的理解并不总是一致的。想要去刻画出一种高度统一的“固有的”法教义学面貌，或许是如同西西弗斯般的无望努力。但基于对学说史的考察提炼出法教义学的必要特征或者说“最大公约数”却是可能的。这种最大公约数的“公约”之处在于，不仅是拥护者阵营，反对

1　参见［德］罗伯特·阿列克西：《程序性法律论证理论的理念》，载［德］罗伯特·阿列克西：《法理性　商谈：法哲学研究》，朱光、雷磊译，中国法制出版社 2011 年版，第 99 页。

2　参见［德］伯恩特·吕特斯：《法官法影响下的法教义学和法政策学》，季红明译，载李昊、明辉主编：《北航法律评论》2015 年第 1 辑，法律出版社 2016 年版，第 155 页。

3　关于这两种思维的对比参见 Ewald Johannes Thul，Untersuchungen zum Begriff der Rechtsdogmatik，Mainz：Dissertation der Rechts-und Wirtschaftswissenschaftlichen Fakultät der Universität，1959，S. 42。

者阵营都会对此表示同意，尽管后者在价值判断上会对这种法教义学对于法学理论和实践的意义进行质疑乃至否定。因此，这种必要特征可以被认为是法教义学的定义性特征。定义性特征既不必然与特定的概念论、认识论立场相联系，也不与特定的历史背景或语境相关，这些立场、背景或语境都只是定义性特征之外的“附加值”，因而对它们的批评并不必然构成对法教义学本身的批评。所以，特定的法教义或许有国界、有穷尽，但作为知识和方法之法教义学本身却具备普遍的必要特征。对特定法教义学的讨论和批评属于具体的操作层面，而对法教义学普遍必要特征的讨论和批评则属于抽象的观念层面。任何对于法教义学本身有意义的讨论乃至批评，都必须，也只能回到这种观念上来。

中　编　性质与意义

第四章

法教义学的立场

根据托马斯·库恩（Thomas Kuhn）的界定，范式（paradigm）就是一种公认的模型或模式。范式的特点是：（1）范式在一定程度内具有公认性；（2）范式是一个由基本定律、理论、应用等构成的整体，它的存在给科学家提供了一个研究纲领；（3）范式还为科学研究提供了可模仿的成功的先例。[1] 仿照这个定义，我们可以认为，方法论范式指的是在研究方法方面的某种公认的模型或模式，它由某个或某些相互融贯的主张结构化为研究手段方面的纲领，并能为后来者提供可模仿的先例。就此而言，我们可以有理由认为，法教义学构成了当下中国法学研究的一种方法论范式。

方法论纲领大体可分为三个层面：一是任务或工作，或者说具体方法的层面。在这一层面上，前已述及，德国学者阿列克西曾做过一个相对全面的概括。在他看来，法教义学要进行三个层面的工作，即对现行有效法律的描述、对这种法律之概念—体系的研究、提出解决法律争议的建议。这三种活动分别对应于描述—经验的维度、逻辑—分析的维度以及规范—实

1　参见［美］托马斯·库恩：《科学革命的结构》，金吾伦、胡新和译，北京大学出版社 2003 年版，第 9 页以下。

践的维度。[1] 二是工作前提上的倾向，或者说方法预设的层面。任何范式都有其方法论预设，在拉伦茨看来，法教义学的预设在于“假定现行法秩序大体看来是合理的”。[2] 有论者进一步将其概括为对现行法秩序的合理性的确信、以一国现行实在法秩序为基础及界限、相对于实践理性与道德的诸基础理论的中立性。[3] 三是元方法论（meta-methodology）或者说基本立场（basic standpoint）的层面。这个层面涉及的是具体方法和方法论预设背后的理论立场，也即为何法学必须要假定现行法秩序的大体合理性，并在实在法秩序的框架内去对法律进行描述、分析并提出解决争议的办法。它实际上是一种“理论的理论”，反映的是法学者和法律人对于法律事业的态度。具体来说，它又可以被分为三个方面：一是裁判理论上的基本立场，它涉及的是法教义学如何理解司法裁判活动及其性质；二是法概念论上的基本立场，它涉及的是法教义学如何理解法律本身及其性质；三是法学理论上的基本立场，它涉及的是法教义学如何理解法学研究及其性质。所以，法教义学的基本立场既与法学方法论相关，也与法哲学相关。

1　参见［德］罗伯特·阿列克西：《法律论证理论》，舒国滢译，商务印书馆 2019 年版，第 308 页。在这一层面上，另有两种广为流传的见解：一种是温德沙伊德的观点，认为法教义学的任务包括法律概念的逻辑分析、将此一分析综合而成一体系、运用此一分析结果于司法裁判之论证（参见颜厥安：《法与实践理性》，中国政法大学出版社 2003 年版，第 151 页）；另一种见解认为法教义学的核心任务是研究各种法律规定和学术观点的解释及其体系化（参见王世洲：《刑法方法理论的若干基本问题》，载《法学研究》2005 年第 5 期；白斌：《论法教义学：源流、特征及其功能》，载《环球法律评论》2010 年第 3 期）。显然，前一种观点只涉及了阿列克西所说的层面中的后二个。而如果我们将解释的对象主要限定于法律概念，那么可以认为后一种观点只涉及了阿列克西所说的第二个层面。故而我们在此采纳最广泛的见解。

2　参见［德］卡尔·拉伦茨：《法学方法论》，陈爱娥译，商务印书馆 2003 年版，第 77 页。

3　参见白斌：《论法教义学：源流、特征及其功能》，载《环球法律评论》2010 年第3 期。

第一节　裁判理论：法教义学反对什么，主张什么？

一、法教义学不反对的裁判观点

在澄清法教义学在裁判理论上的基本立场之前，首先要明白的是法教义学与其他法学范式的共同之处是什么。之所以要提出这个问题，是因为学界存在一个对于法教义学的常见误解，而其他范式的支持者经常基于这一误解对法教义学进行抨击，从而也将这一误解视为自己与法教义学的根本区分。这一误解可以被概括为一个概念，即“法条主义”（legalism）[1]。

法条主义这一称呼之下涵盖了诸多的可能意义。[2] 法条主义的反对者也并未对这一在中文语境中含有明显贬义色彩的称呼给过精确的定义。一般而言，法教义学的核心被认为在于“强调权威的法律规范和学理上的主流观点”[3]。这说明，法教义学主要包含两层意思：一是以法律规范作为处理法律问题的核心。“教义学处理的对象可以是个别规范、规范要素、规范复合体、规范的联系以及规范和事实之间的关系。”[4] 因此，法教义学又可被界定为狭义的规范科学。[5] 二是主张建设多数法律人共同意见即“通说”（herrschende Meinung），此类通说即为教义的主要内涵。[6] 当然，这两个部分又是相互联系

1　邓正来：《中国法学向何处去（上）——建构“中国法律理想图景”时代的论纲》，载《政法论坛》2005 年第 1 期；苏力：《法条主义、民意与难办案件》，载《中外法学》2009 年第 1 期。

2　王国龙教授将“法条主义”称作“稻草人”式的指称概念，并梳理了它在西方的不同含义（参见王国龙：《捍卫法条主义》，载《法律科学（西北政法大学学报）》2011 年第 4 期）。

3　参见许德风：《论法教义学与价值判断 以民法为重点》，载《中外法学》2008 年第 2 期。

4　Ralf Dreier, Recht-Moral-Ideologie, Studien zur Rechtstheorie, Frankfurt a. M.: Suhrkamp, 1981, S. 72f.

5　参见陈妙芬：《Rechtsdogmatik：法律释义学，还是法律信条论?》，载《月旦法学杂志》第 58 期（2000 年）。当然，陈妙芬教授更倾向于用“法律信条论”这一称呼。

6　参见黄卉：《论法学通说（又名：法条主义者宣言）》，载《北大法律评论》第 12 卷第 2 辑，北京大学出版社 2011 年版，第 335 页以下。

的，因为对于现行法律规范的理解与解释构成了建设通说的主要任务与工作方式。因此，反对者高举的法条主义大旗主要是针对第一层的。假如我们不去严格区分作为内容的法律规范和作为表述形式的法律条文，“法条主义”所概括的法教义学的一个基本主张就是“从法条中来，到法条中去”。

但这是一个似是而非的主张。据其一个特定的版本，这被解读为：法条（法律规范）穷尽了法律的全部内涵，也构成了法律裁判的唯一依据。从微观的层面而言，它指的是，法律的适用是一个将事实涵摄于法条之下，即通过逻辑演绎推导出结论的过程。在这一过程中无须裁量，无须运用法条之外的知识、经验与价值判断。从宏观的层面而言，它勾勒的是这样一幅图景：法律（法条的集合）是一种自在自为的系统，是一种与人们的生活、感受、行为及价值观念无关的闭合体系。其他范式（主要是经验法社会学）对法教义学的激烈抨击之处也在于此。例如，邓正来教授就认为，“法条主义”论者所从事的基本工作乃是试图建构一个在概念系统上比较完整、逻辑自洽、传达便利和运用有效的有关各部门法的规则体系。并基于此指出了法条主义的两点缺陷：一是上述观点唯有根据那种“方法论本质主义”在把那些独立于立法机构而存在的自生自发规则切割掉或者统合进立法之中的前提下方有可能成立；而且这种对立法所做的方法论本质主义设定本身，也表明了他们相信理性能够解决法律发展中所存在的问题。但这种观点无疑太狭隘。二是法条主义的预设还极容易导致耶林所谓的那种“概念法（理）学”，而这会使法律的发展在适应新的且不断变化的社会与经济环境时遭受不适当的限制，因为他们完全忽略了法律与社会、经济、政治乃至人之想象之间的关系。[1] 进而，许多案件的判决（尤其是疑难案件）都不是教义分析的结果，起支配和指导作用的是政治性判断和政策考量。[2] 总而言之，在法教义学的批评者看

1 参见邓正来：《中国法学向何处去（上）——建构“中国法律理想图景”时代的论纲》，载《政法论坛》2005 年第 1 期。

2 参见苏力：《法条主义、民意与难办案件》，载《中外法学》2009 年第 1 期。

来，法律体系是一种活的、实践的体系，而不是书面上白纸黑字组成的文字体系，裁判者只有运用经验知识（社科知识）和各种价值判断才能恰当地解决个案。

在学说史上的确存在过批评者所刻画的这种法条主义。[1] 它来源于德国的概念法学及美国的法律形式主义（机械法学）。这两个学派都是在近代自然科学思维模式的影响下形成的，它们都力图将自然科学主要是几何学的基本思维引入法学，以希望对法学进行科学化的改造。几何学的基本主张有二：其一，知识的出发点在于某些不证自明的前提，这些前提一般被称为公理或定理；其二，知识来自从这些前提出发的合乎逻辑（演绎）的推导。就第一点而言，在概念法学看来，法学知识的出发点在于一些法学上的公理或定理，而这些公理或定理凝聚在法学的"概念"（Begriff）之中。不同的概念具有不同的层级，它们之间能相互组合并推导出下位的概念。[2] 一个理想的情形是，不同的概念结构化为一个金字塔：在金字塔的上端存在少数几个抽象程度高、作为法律体系基础的重要概念（如普赫塔的"自由"），而越往下概念数量越多、抽象程度越低。[3] 以此将法律概念体系打造为一个近似于公理体系的东西。在德国进入法典化时代（《德国民法典》的制定者们大多经受过概念法学的熏陶）之后，这种不证自明的前提就顺理成章地由"概念"转换为"法典（法条）"。法典（法条）被认为是完美、闭合的体系，能够为一切案件情形提供答案。[4] 这也就导向了第二点主张。温德沙伊德的观点就此而言很具

1　我们或可称之为"狭义上的法条主义"；当然，将"法条主义"这种称呼保留给这种特定的版本也无不可，也就是将法条主义与法教义学这两个概念区分开来；但也有学者如黄卉的做法是更新法条主义的含义，见其文章《论法学通说（又名：法条主义者宣言）》。

2　想一想耶林前期的著名论点："概念是有生产力的，它们自我配对并产生新的概念。"（Vgl. Rudolf von Jhering, Geist des römischen Rechts auf den verschiedenen Stufen seiner Entwicklung, Bd. Ⅰ, 9. Aufl. Darmstadt: Breitkopf und Härtel, 1953, S. 29.）

3　关于概念法学的代表人物普赫塔的"概念金字塔"观念，参见［德］卡尔·拉伦茨：《法学方法论》，陈爱娥译，商务印书馆2003年版，第49页。

4　Vgl. Karl Bergbohm, Jurisprudenz und Rechtsphilosophie, Bd. 1, Duncker & Humblot, 1892, S. 372f.

有代表性："判决就是将法律概念（在法典化之后即为法条）作为（数学）因数进行计算的结果；自然，因数值越确定，计算所得出的结论则必定越可靠。"[1] 正因为法律推理的前提是完美而确定的，而推理的方式即演绎又是一种必然性推理，所以推理的结论是唯一正确的。法条主义的称呼也大体产生于此时。但是情形早已发生变化。利益法学将利益衡量引入法学判断之中并将其作为核心，在此基础上发展起来的评价法学则在立法者未作衡量的"空隙"之处发展出一套评价的程序与方法。[2] 例如，拉伦茨就将法律适用的整个过程划分为法律解释、法律内的法的续造与法律外的法的续造三段，这远远超越了制定法实证主义意义上的"法条主义"。而就宏观层面而言，从利益法学的代表黑克将法律体系区分为内部体系（原则的体系）与外部体系（概念的体系），并且该区分成为通说之后，法律体系就不再被视为是封闭、静态的系统，而被视为是开放、灵活的体系了。因为原则与价值判断的密切关联性，法律体系就不再只是个语词系统，而更是一个意义的系统了。

法教义学完全赞同上述晚近的理解。在宏观的层面上，它并不认为规范体系是个闭合的系统：规范的意义既受到既有的语言使用规则的制约，也受到许多其他因素的影响（目的、发生史、历史、社会、理性等），从而多少显现出某些不确定的面向（法律解释的必要）；规范有时呈现空缺、矛盾、言不及义、言过其义等，这些都需要我们根据某些方法对规范进行发展、修正与改造（法的续造）。与此相应，在微观的层面上，在法律适用的过程中对规范以及规范背后的意义进行阐释与发展时，并不排斥对经验事实（社科知识）与价值判断的运用。

在这种意义上也可以说，法教义学并非不关注经验知识和价值判断，而

---

1 B. Windscheid, Lehrbuch des Pandektenrechts, Bd. Ⅰ, 9. Aufl., Frankfurt a. M.: Ruetten & Loening, 1906, S. 110.

2 Vgl. Hans-Martin Pawlowski, Einführung in die Juristische Methodenlehre, 2. Aufl., Heidelberg: C. F. Müller, 2000, S. 90f.

是致力于将经验知识和价值判断予以“教义化”和“类型化”，以至于当今后的司法裁判再次遇到类似问题时只需“中立地”适用教义即可。当然，教义也并非绝对的，它依然保留了被案件的特殊情形和价值判断所挑战的可能，挑战如果成功，则会造成教义的变迁。[1] 进而，如果我们主张这些知识和判断必然与社会科学发生联系，那么就可以认为，将社会科学带进法教义学的领域，无论就理论模式或社会事实样态而言都是可能的。[2] 德国法社会学者雷宾德尔（Rehbinder）就曾指出，将社会科学引入法教义学的情形主要出现在三个地方：概括性条款和不确定法律概念的具体化、发现法律漏洞时的法律创造，以及目的论解释。[3] 因此可以说，在大量的案件中，运用经验事实（社科知识）和价值判断（政治性判断与政策考量属于价值判断的一种形式）不仅可能，而且是必要的。自由法运动的先驱康特洛维茨就曾说过：“没有社会学的教义学是空洞的，而没有教义学的社会学是盲目的。”[4] 因此，法教义学并不排斥对经验事实（社科知识）与价值判断的运用。

二、裁判理论上的三组对立观点

既然在“社科知识或/与价值判断的不可避免性（以及法律体系的开放性）”这一点上，法教义学与其他法学范式（主要是经验法社会学）并无区别，那么法教义学在裁判理论上的独特主张又是什么呢？笔者认为，这可以从三组相互对立的观点中凸显出来。

1　对法教义学与价值判断之间关系的仔细梳理可参见许德风：《论法教义学与价值判断 以民法方法为重点》，载《中外法学》2008 年第 2 期。

2　刘星教授表达过大体相近的观点。他曾针对中国的法学发展指出，人文社会科学式的法学努力可以被“法条主义”内化为自己话语的出发点，从而让前者成为后者的辅助支撑（参见刘星：《怎样看待中国法学的“法条主义”》，载《现代法学》2007 年第 2 期）。

3　Vgl. Manfred Rehbinder, Rechtssoziologie, 3. Aufl., Berlin/New York: Walter de Gruyter, 1993, S. 13.

4　Hermann Kantorowicz, Rechtswissenschaft und Soziologie: Ausgwälte Schriften zur Wissenschaftslehre, hrsg. v. Thomas Würtenberger, Karlsruhe: Verlag C. F. Müller. 1962, S. 122.

1. 法教义学反对摆脱“法律约束”的要求，主张法律（规范）对于司法裁判的约束作用。经验法社会学的智识来源主要是法律现实主义。在法律现实主义者看来，法在本质上与现实相关联，是从个案到个案而被发展出来的，因而法官的任务在于通过个案权衡来作出合乎现实的判决。[1] 法律规范往往决定不了裁判结果，它起到的作用无非是事后的正当化而已，或者说给已经作出的裁判披上一层法律的外衣。法官裁判案件的过程通常是先有裁判结果，后找法律规范。真正能对案件裁判起到作用的是大量法外的因素，政治的、经济的、文化的、功利的、个人偏好、情感的等。这些因素未必会出现在判决书之中，但却是推动裁判的那只看不见的手。所以，令法律现实主义者特别感兴趣的是对事实，尤其是对司法裁判的心理学或社会学基础进行研究。它反对对法条的机械适用，强调案件的社会因素与/或法官的个人因素。这使得法律现实主义理论走向了法官免于法律约束这一逻辑结论。

对现实主义理论进行反驳的一个重要前提是区分法官的内在动机（innere Motivation）与证立（Begründung）。这种区分在法学方法论上也被称为“法的发现”（Rechtsfindung）与“法的证立”（Rechtsbegründung）之间的区分。[2] 前者是法官实际思考得出判决的过程，后者则明确体现在判决书的论证说理之中。法教义学可以承认在法官实际思考得出判决的过程中充斥着法感和各种各样的法外因素，也不否认从发生学的角度而言的确有可能是这些因素最终引发了法官的判决，但同时也主张：其一，在司法裁判中，法的发现与法的证立这两个层面可以相对分离。判决实际上是如何作出的和判决如何进行论证说理是两个完全不同的问题，这类似于科学哲学上所说的心理与逻辑的二分。直觉、偏见和价值这些因素很可能影响法官就法律问题作出判决的过程，但所有这些均属于发现的过程，它们至多只是使裁判程序开始的因素，

1　这种观点也可参见［美］本杰明·卡多佐：《司法过程的性质》，苏力译，商务印书馆2002年版，第150页以下。

2　详细论证参见焦宝乾：《法的发现与证立》，载《法学研究》2005年第5期。

但却不是最终使得裁判成立的依据。法官可以基于个人的价值作出裁判，但这样做的前提是这种价值也能够为理性的他人所接受，为此就必须进行充分的法律说理和论证。因此，司法决定的客观性置于司法证立的过程，即法官支持自己的结论时所给出的“合理化”。关键的问题在于所给出的理由对于确立结论是否合适，而不在它们是不是预感、偏见或个人价值前提的产物。[1] 对此，科赫（Koch）和吕斯曼（Rüßmann）曾一言以蔽之：“可疑的动机不会使得好的理由变坏，而高尚的动机也不会使得坏的理由变好。”[2]

其二，相比于法的发现层面，司法裁判更应关注的是法的证立层面。正如颜厥安教授所言，司法裁判的重点在于是否充分而完整地对法学判断进行证立，而不在于这个裁判事实上是通过何种过程发现的。经验也显示，往往一个法学上之判断，先有结论，再找理由，这些结论也常常是通过直觉产生。但是只要这个结论可以经由逻辑严谨的步骤加以证立，当初这个结论是如何产生的并不重要。[3] 也就是说，一个判决实际上是如何产生的并不那么重要，这是因为，一方面，发生学上的说明（因果关系）往往有多种可能，我们常常无法判定究竟是哪一个因素实际上促发了裁判；另一方面，这些因素往往与法官的真实思维活动联系在一起，而对于这种裁判的“内在层面”是无法进行有效的规范控制、检验和评价的。因此，司法裁判如想合理化，只能在“外在层面”接受评判和检讨。就此而言，如何组织论证说理、如何产生为裁判活动的参与者与受众所能接受的结论，才是司法裁判所应关注的重心。正如有学者认为的那样，理性可接受性（rational acceptability）应被视为法教义

---

1 See Martin P. Golding, *Discovery and Justification in Science and Law*, in Aleksander Peczenik, Lars Lindahl & Bert Van Roermund eds., Theory of Legal Science, Dordrecht u. a.: D. Reidel Publishing Company, 1984, p. 113.

2 Hans-Joachim Koch/Helmut Rüßmann, Juristische Begründungslehre, München: C. H. Beck'sche Verlagsbuchhandlung, 1982, S. 1.

3 参见颜厥安：《法与实践理性》，中国政法大学出版社 2003 年版，第 152 页以下。

学的规制性和构成性原则。[1] 而这一点只有在法的证立的层面上才能最大限度地实现。法官之所以在认可多元化的裁判要素的同时依然可以受到法律的约束，就是因为能够得到控制的不是法官的思维过程，而是他对判决的外在证立。这意味着，受约束的不是法官是如何想的，而是他在判决书中是如何说的。[2]

2. 法教义学反对过度夸大法律的不确定性，主张司法裁判的法律（规范）属性。反对法教义学的论者当然可以在承认法的发现与证立之二分的同时，继续主张说：即便在法的证立层面上，法官也往往需要依赖法律之外的那些社会因素来进行说理和论证，因为法律是不确定的，它本身并没有固定的含义，往往无法作为裁判的充分理由。这一点在疑难案件的裁判中体现得尤其明显，因为一大部分疑难案件都是法律规则的缺陷所引起的。[3] 疑难案件虽然数量不多，但却是裁判的核心，也是作为职业和学科的法律实践的核心。如果说在这个核心领域法律是不确定的，那么我们难以说法律能对法官的说理论证起到决定作用，从而法律约束的要求也发挥不了作用。

法教义学承认法律的不确定和法律规则的缺陷，也承认法官在此时需要从事续造活动，但同时主张这并不影响司法裁判和论证活动的法律属性。首先，为了弥补法律的不确定性和缺陷而进行的续造活动发生的场所是法律论证场域。法律论证与裁判相伴而生，它使得疑难案件的抉择有其特有的法律性质。正是裁判的结果与特殊论证场域的特殊论证方式相关联，才使得决定具有该场域特有的属性。波舍（Poscher）曾详细列举了法律论证场域四个方面的特殊性，即具有历史性和回顾性的向度（遵循先例、先前的立法行为、

---

1 See Jyrki Uusitalo, *Legal Dogmatics and the Concept of a Scientific Revolution*, in Zenon Bankowski ed., Revolutions in Law and Legal Thought, Aberdeen: Aberdeen University Press, 1991, p. 120.

2 Vgl. Shu-Perng Hwang, Vom Wesen der richterlischen Rechtsanwendung, Eine Überlegung zur Freirechtsbewegung, Rechtstheorie 37 (2006), S. 221.

3 一般而言，法律规则的缺陷可以分为四类：模糊规则、漏洞规则/空白规则、冲突规则、不良规则。参见季涛：《论疑难案件的界定标准》，载《浙江社会科学》2004 年第5 期。

成文法的历史目的或立法者的历史意图等）、强调论证的一致性、路径依赖和拥有某些特有的论证方式。[1] 这会导致如下结果：第一，即使法律不确定，法律论证场域也不会容纳全部可能的裁判，因为并非每一项政治的或道德的可能决定都能获得教义学上有效论证方式的支持。第二，即使在疑难案件中，对各种有效法律论证的抉择有时也无须由法律之外的考量或者标准来指导。因为虽然导向不同结果的论证方式在一般意义上是开放的，但对于必须作出决定的法官来说却并非如此，因为他要考虑到先前裁判的存在以及法律论证一致性的要求。第三，即使法律不确定，且法律论证场域的限制、先前的裁决或教义学都不能确定选择，裁判仍然是特殊的法律裁判，因为它是在法律论证场域内作出的裁决，由此天然地服从该场域在论证和裁判上的路径依赖效应，又天然地对该场域作出承诺。[2] 因此，法律论证场域也有的教义学结构不同于政治论证场域或经济论证场域，这使得法律论证与政治、经济、道德之间保持了一定的距离。在这一场域中，无论是简单案件还是疑难案件的裁判都是法律裁判。

其次，需要区分裁判的依据与裁判的理由。在宽泛的意义上，裁判的理由指的是法律论证活动中的一切直接或间接地用以支持裁判结论的论据。但从性质上讲，裁判的理由可以分为两类：一类是实质理由，另一类是权威理由。实质理由是一种通过内容来支持某个法律论断的理由，它的支持力完全取决于内容——可以是有关道德的、经济的、政治的。权威理由是因其他条件而非内容来支持某个法律论断的理由，这些条件中最重要的理由是“来源”。[3] 在法律论证中，法的渊源是最重要的权威理由。当我们去问一个判决

---

1 具体参见［德］拉尔夫·波舍（Ralf Poscher）：《裁判理论的普遍谬误：为法教义学辩护》，隋愿译，载《清华法学》2012 年第 4 期。

2 参见［德］拉尔夫·波舍（Ralf Poscher）：《裁判理论的普遍谬误：为法教义学辩护》，隋愿译，载《清华法学》2012 年第 4 期。

3 See Aleksander Peczenik, *On Law and Reason*, Dordrecht u. a.: Kluwer Academic Publishers, 1989, p. 313-315.

的内容为何有约束力时，通常的回答是“因为某个制定法就是这样规定的”、“因为某个先例已经确立了这种做法”或者“因为我们的习惯法要求这样做”。在这种意义上，可以说司法裁判必须是基于来源的，法律论证具有典型的权威论证的性质，而法律渊源作为权威理由也可以被称为裁判的依据。当然，这并不是说实质理由或者法外的因素不会影响裁判的证立。在疑难案件的判决书中，我们通常会发现运用大量的法外理由来进行说理和论证的情形。但是，这种说理和论证必须在法律渊源或法律制度的框架内进行。政治的、经济的、道德的因素即使可以进入司法裁判与论证之中，也必须借由法律本身的“渠道”来进行。正是在此意义上，阿列克西主张法律论证是普遍实践论证的一种“特殊情形”（special case）：一方面，它并不排斥普遍实践论证的各种形式（包括实用主义论证），甚至主张这些论证在各个层面上都与法律论证衔接在一起；但另一方面，它要求裁判结果必须在现行有效的法秩序的框架内（由制定法、先例、习惯法、教义等构成）与基础上作出。[1] 因此，法教义学与实用主义哲学并非不能兼容，但它和自身不受任何限制的实用主义哲学存在本质差别，因为它的理性思考结果必须能够再回到法条上来。而这正是法教义学的教义性。[2]

以法律漏洞为例。法律漏洞可分为部分漏洞与全部漏洞，制定法已有规定但不完全的是部分漏洞，而制定法完全未规定的是全部漏洞（也叫立法空白）。[3] 毋庸置疑，无论在哪种漏洞的情况下，法官填补漏洞时，都必须要考量时下的需要、在民众中占统治地位的观念、个案的利益状况及典型的社会学结构，将这些新的规范整合进制定法所追求的目的之中。[4] 但是，在部分漏

1 参见［德］罗伯特·阿列克西：《特殊情形命题》，载［德］罗伯特·阿列克西：《法：作为理性的制度化》，雷磊编译，中国法制出版社 2012 年版，第 78~79 页。

2 参见［德］沃尔福冈·弗里希：《法教义学对刑法发展的意义》，赵书鸿译，载《比较法研究》2012 年第 1 期。

3 参见黄茂荣：《法学方法与现代民法》（第 5 版），法律出版社 2007 年版，第 430 页。

4 Vgl. Hermann Kantorowicz, Methodenreform und Justizreform, Deutsche Richterzeitung 1911, S. 353.

洞的情形中，即使是不完全的制定法规定依然发挥着两种作用：一是具有指示性的功能，即指示法官去发现符合制定法目的的法外要素；二是制定法构成了司法裁判的界限，或者说法官活动所不得逾越的下限（Untergrenze）。[1] 这意味着，法官在进行论证时必须表明，他的判决依然处于制定法的界限之内，尽管他在填补漏洞的实际过程中运用了很大的裁量权。虽然法律适用不再被视为单纯的逻辑涵摄，制定法也可能不再是判决事实上的基础，但它却是法官进行合目的性的个案裁判活动的下限。漏洞填补意味着基于制定法合乎实际地解决具体案件。就此而言，法官所作出的符合实际的判决依然是根据制定法进行的，因此依然受到制定法的约束。而在全部漏洞的情形中，情形同样如此。当出现立法空白时，法官可能考虑用以填补空白的途径有两个：一是在制定法内去寻找填补漏洞的规范依据；二是在制定法外的其他法源中去寻找规范依据。前者最典型的情形有类推与法律原则的具体化。类推是在当下案件无可直接适用的法律规则时去找到一条规定了相似案件类型的规则，将后者的法律后果适用于当下案件。类推虽然从效果上看是扩张了规则的适用范围从而产生了一条新的规则，但其依据依然在于既有的制定法规则本身。同样，有时当案件无规则可循时，也可以考虑将某个抽象的法律原则（如“公序良俗”）予以具体化来为案件提供答案，虽然在具体化的过程中不可避免会有法外因素的介入（填充“公序良俗”的实质内容），但在法律论证中作为裁判结论之依据的依然是法律原则本身。至于寻找其他法源（先例、习惯法、教义等）中的规范依据，由于其他法源同样构成了现行法秩序的一部分，所以尽管这种活动在制定法外进行，但却依然具有“法律”的属性。[2] 由于现行法律渊源与有效的法律制度本身构成了任何裁判活动不可挣脱的“枷锁”，所以从

1　Vgl. Shu-Perng Hwang, Vom Wesen der richterlischen Rechtsanwendung, Eine Überlegung zur Freirechtsbewegung, Rechtstheorie 37 (2006), S. 228-229.

2　“法律”属性的另一个表现在于，即使在其他法源中寻找规范依据，所找到的依据也不得与制定法的明文规定及目的相悖。这是现代社会立法优位的体现。

裁判依据的角度来说，是法律“决定”司法裁判，无论是简单案件还是疑难案件。法外的因素在裁判过程中只是扮演了裁判的实质理由的角色。

3. 法教义学反对轻视规范文义的倾向，主张认真对待文本本身。现代社会于法律的一个态度在于，认为法律不仅是概念、文义和语词的体系，更是价值、目的和意义的体系。司法裁判活动并不是僵化地适用概念、文义和语词的过程，而更应是一个发掘和主张价值、目的和意义的过程。因此，法官应当在法律的“语词”之外去发现“意义”，词穷之处去证明未言明的“客观的社会目的”，因为法律本身服务于社会和社会实践。[1] 法教义学之所以有时会被人自觉或不自觉地贴上“法律形式主义”“概念法学”“法条主义”这类标签，就是因为在某些反对论者看来，法教义学过于“狭隘地”专注于法律文章本身却不顾及文章背后的目的、意义与价值，以至于常常会导致“荒谬”的结论。对于这种误解以及价值判断的重要性，前文已有论述。法学方法论中的目的解释、体系解释（融贯性解释）、目的论扩张、目的论限缩、类比推理、当然推理等诸多方法在脱离法律文章背后的目的、意义与价值的前提下也根本无法运用。

但是，法教义学确实主张“认真对待文本和语词”（taking text and words seriously）。正如美国法学家肖尔（Schauer）所言，法律主要由规则构成，而规则的主要特征（正是这一特征使得它们成为规则）在于规则“说出来”的东西非常重要。因为规则运用的关键因素在于规则的话语，即使规则的话语有时看起来是错的或者与规则背后的正当化依据（background justification）不一致，即使服从规则在某些场合会产生糟糕的结果。[2] 法律论证所要求得出的那个结论未必就是对实质理由进行通盘考量之后最佳的那个结论。例如，在

---

1 想一想庞德对于法律的定义：“法律是依照一批在司法和行政过程中使用的权威性法令来实施的高度专门形式的社会控制。”（［美］罗斯科·庞德：《通过法律的社会控制》，沈宗灵译，商务印书馆 2010 年版，第 20 页。）

2 See Frederick Schauer, *Thinking Like a Lawyer*, Harvard University Press, 2009, p. 17-18.

美国的一个著名案例 United States v. Locke 案中，[1] 土地管理局拒绝了一份土地变更申请，理由是这份申请是在 1982 年 12 月 31 日当天递交的，而相关法律规定这类申请应当在每年的“12 月 31 日之前”递交。虽然对于法院和任何普通人而言法律文本明显有误，议会真正想说的应该是“12 月 31 日当天及之前”递交，但最高法院的六位大法官认定土地管理局的做法并无问题。对于这一判决，某些持实用主义立场的学者认为它重视规则的实际用语到了极端荒谬的地步，[2] 但六位大法官认为需严格贯彻“12 月 31 日之前”这条规则的字面意思的态度本身就说明，规则之所以具有“规则性”（ruleness），很大程度上恰恰是因规则的语词而不是其目的。重视规则的语词并不意味着忽视价值、目的和意义，相反，认真对待文本和语词恰恰是追求另一类价值的体现，即法的安定性和可预测性的价值。法的安定性和可预测性对于现代法治的重要意义不言而喻，而能承载起这类价值的只能是法律文本和语词本身，因为对于社会公众而言，经颁布而成为其行为准则的仅仅是法律文本和语词本身。同时，法的安定性价值的背后亦耸立着“权力分立”的政治价值。在 United States v. Locke 案的法官看来，洛克先生的主张本身的对错并不那么重要，重要的是一个更大的问题，即最高法院能否改写有明显错误的联邦制定法。法治与人治的一个根本差别在于前者对不受控制的个人判断（哪怕是来自高度专家化的法官的）保持高度警惕。所以，虽然有时适用一个清晰但会导致（法官看来是）错误的规则好像不太公正，但要求法官去遵从一个（他认为是）错误的规则恰好是法律的要求。[3] 由于这些价值涉及的是法律（立法）的功能和权限问题，因而不同于各种实质价值（它们往往被统合在“个案正义”的名义之下），其可以被称为“形式价值”。当然，这并不是说规则

---

1 See 471 U. S. 84 (1985).

2 See Richard Posner, *Legal Formalism, Legal Realism, and the Interpretation of Statutes and the Constitution*, Case Western Reserve Law Review 37 (1986), p. 179.

3 See Frederick Schauer, *Thinking Like a Lawyer*, Harvard University Press, 2009, p. 10.

的语词和文本应当无条件地得到坚守，法教义学并不否认在某些情形下为实现个案正义可以偏离语词和文本，但此时法官必须进行“特别证立”（special justification），他必须同时证明，偏离行为不仅在个案中实现了实质正义，而且实质正义的重要性是如此之大，以至于即使偏离立法明文也在所不惜。这里需要平衡实质价值与形式价值，或者说个案的实质正确性与形式正确性。[1]所以，即使规则的语词和文本不是终止之语（the last word），它也总是初始之言（the first word）。因此，要理解法律和司法裁判，就要理解：被写下的法律文本本身就是重要的，它不仅仅是通往其背后的实质价值的透明玻璃窗。

三、法律事业的内在态度

至此，我们可以总结，在司法裁判领域，反对教义学的基本主张在于：法律规范并不比法外因素（主要是各种社会因素）更重要，甚至比法外因素更不重要。主要是这些法外因素及其反映出来的实质价值判断，引导着裁判结果的得出，充斥着司法论证的过程。相反，法教义学的基本立场则在于反对将法律规范降低为与别的因素相同的地位，主张法律规范的主体地位。它并不反对将法外因素引入教义学的论证之中，但是它主张裁判过程对这些因素的吸纳都必须以法律规范为基础，即将法律规范作为证立法律主张或裁判结论的依据、框架和基础。所以，我们可以将前述法条主义的主张改造为法教义学的如下基本主张：（1）“从规范中来”——首先以规范为解决问题的出发点；（2）“到规范中去”——最终以规范作为证立的依据。而在这两者

1　在拉德布鲁赫（Radbruch）的法哲学里，实质正确性与形式正确性分别被称为“正义”与“法的安定性”［Gustav Radbruch，Rechtsphilosophie（1932），8. Aufl.，hrsg. v. Erik Wolf und Hans-Peter Schneider，Stuttgart：Koehler，1973，S. 142］。阿列克西将两者的平衡称为二阶正确性。Vgl. Robert Alexy，Rechtssicherheit und Richtigkeit，in：Methodologie Interpretace Prǘva A Prǘvní Jistota，hrsg. v. Ales Gerloch，Jan Tryzna，Jan Wintre，Plzeň 2012，S. 378，383.

之间的空间中，可以经验事实与价值判断来填充。[1] 当然，此处尚有两点需要强调：其一，这里所说的“规范”当在广义上来理解：它不仅包括制定法规范（立法的产物），也包括判例法规范（司法的产物）和习惯法规范（传统的产物）；不仅包括法律规则，也包括法律原则。所以，法教义学所主张的以法律规范为核心并不像某些反对者所认为的限于制定法规则。其二，在裁判说理过程中，对经验知识与价值判断必须予以“转译”，也就是以法律的概念与法律场域的游戏规则来进行“编码转化”，从而使其承担起“裁判理由”的角色，参与到司法裁判和法律论证的过程中来。这是因为法教义学是按照法律自有的标准处理法律的。它的概念和规制模式彼此固定化，即使是通过交互关系、补充和替代可能性，以及一个特别的概念和规则的交流系统来实现的。这一系统使法教义学能够克服社会现实的复杂性和偶然性，并采取一种以此为目的的既稳定又灵活的方式。法教义学的任务，是“在其具体领域内操作性地以法学方法处理正义问题”。[2] [3]

---

1 当然，这些经验事实的运用与价值判断是否应该/能够被理性化，这种理性化是否属于法学的任务，对于这些问题同样有不同的观点：根据纯粹法学者凯尔森的观点，这些显然不属于法学的任务，凯尔森从根本上否认存在什么法律解释的方法，而只认为其是一种规范框架内的意志活动，而意志活动不属于法律科学的研究对象。而根据评价法学者的观点，对它们进行理性化的规训当然是必要的，也在很大程度上是可能的，法学方法论要做的就是这样的工作。当代法教义学坚持的是后一种主张。另外要指明的是，纯粹法学主张的并不是法律本身的纯粹性，而是法学研究的纯粹性：保持中立，不去触碰价值判断和经验知识。它并不反对法律实践中涉及这些因素。

2 Vgl. Niklas Luhmann, Rechtssystem und Rechtsdogmatik, Stuttgart u. a.: Kohlhammer, 1974, S. 16, 22, 50.

3 这一点实际上蕴含着法教义学的两个基本主张：第一，主张法律推理的“论证模式”（Argumentationsmodell）。与论证模式相对的是“认知模式”（Erkenntnismodell）与“决断模式”（Dezionsmodell）。认知模式认为司法裁判是对法律规范之意义进行纯粹认知的过程（以演绎为工具），决断模式认为司法裁判本质上是法官的“意志行为”。而论证模式则主张司法裁判采取一种“中间道路”，既非纯粹的演绎也非纯粹的决断，而是在法律规范的基础上和框架内所进行的理性说理和论证活动（三种模式的区分参见 Robert Alexy, Rechtssicherheit und Richtigkeit, S. 390）。第二，主张法律系统的认知开放与运作封闭。一方面，法律系统绝非与生活世界及其他社会系统相互隔绝，而是可以充分学习和吸纳经验、价值与意义；但另一方面，法律系统作为社会系统之一种，其成分和程式在一个循环流转于系统内部的过程中持续运作，获得自我复制和内在的进化（参见 Niklas Luhmann, Soziale Systeme: Grundriß einer allgemeinen Theorie, Frankfurt a. M.: Suhrkamp, 1984, S. 60ff；关于法律系统之运作封闭性，也可参见［德］尼可拉斯·鲁曼：《社会中的法》，李君韬译，台北，五南图书出版股份有限公司 2009 年版，第 64 页以下）。

综上所述，如果将法教义学在裁判理论上的基本立场简化为一句话，那就是，认真对待法律规范。以法律规范为司法裁判的依据、框架和基础寓含着一种关于法律事业的内在态度，而否认这一点的法学范式则大体持一种关于法律事业的外在态度。结合上一部分的观点，我们可以借助两位美国学者所制的一张表格来说明法教义学和其他法学范式之间的关系[1]（见表3）。

表3 法教义学和其他法学范式之间的关系

研究者采取的观点与态度	研究者使用的材料与方法	
	运用内在于传统法律实践的材料与方法来研究和决定法律问题	运用外在于传统法律实践的材料与方法来研究和决定法律问题
关于法律事业的内在态度	1	2
关于法律事业的外在态度	—	3

很显然，在表3中，1是反对论者所批评的法条主义的态度与方法。2与3都反映了法学与其他学科交融后的结果，但两者的区别在于，2指的是在法律规范的框架中，运用传统法律实践之外的其他材料与方法来解答法律实践问题，而3则意味着完全以其他研究领域为视角来审视评判法律问题。左下角空白方格的态度不可能出现，因为既然要以其他领域的姿态来研究法律问题，就不可能在材料与方法上局限于传统法律实践的范围。当代的法教义学是1与2的结合，它既要运用传统法律实践的材料与方法，也要运用其他学科的材料与方法，两者一起服务于规范性实践的目的。这意味着当代法教义学已不再限于狭义上的法条主义的资料与方法，而是包容了更为多元化的要素。但是，法教义学对于法律事业的态度一定是内在的，这是它有别于其他法学范式的根本之处。正如芬兰学者阿尔尼奥（Aarnio）所言："其他法学范式固有其自身的价值，但它们相对于法教义学而言都只是信息来源（sources of information）。法社会学确实能提供有助于理解社会的信息，但对于法教义学而言，它最多只能作为一种实

---

1 See Jack M. Balkin & Sanford Levinson, *Law and Humanities: An Uneasy Relationship*, Yale Journal of Law & the Humanities 18 (2006), p. 164.

践论证（practical arguments）的来源，即在法律推理中被用来支持结论。”[1] 或者如德国法社会学者莱塞尔（Raiser）所观察到的，法社会学自20世纪初诞生以来始终承担的是一种补充性功能。[2] 它弥补了传统法教义学或法条主义的不足与空白，但并没有，也不能推翻法律规范及其适用的基本框架。

当然，法教义学关于法律事业的内在态度不仅体现在它在裁判理论上的基本立场，同样也体现在它在法概念论和法学理论上的基本立场，甚至后两个方面是造成教义学与其他范式分歧的更深刻的根源。下文就将分别论述这两个方面。

第二节 法概念论：法教义学反对什么，主张什么？

法概念论的核心涉及的是“法律是什么”或“法律的本质（性质）是什么”这一问题。这一问题也构成了当代法律实证主义与非实证主义（自然法学）两大阵营对立的“试金石”。法教义学并不必然要在这两大阵营之间选择站队。[3] 所以，特定的法教义学学者可以持任何一种“强的”概念论立场，无论是惯习理论[4]、制度理论[5]、权威理论[6]，还是共同善理论[7]、内

---

1 Aulis Aarnio, *Essays on the Doctrinal Study of Law*, Dordrecht u. a.: Springer, 2011, p. 19.

2 参见［德］托马斯·莱塞尔：《法社会学基本问题》，王亚飞译，法律出版社2014年版，第126页。

3 将法教义学与法律实证主义（很多情况下其实是与之并不相同的“制定法实证主义”，只是某些反对者并没有意识到这种裁判理论上的方法论阵营与法概念论上的阵营间的区别）联系在一起，是反对者对法教义学的另一个误解。这或许与前文所提到的那个误解相关：在近代法教义学发展的初级阶段（概念法学）的教义学者大多是实证主义者。但法教义学并不预设任何强的法概念论立场，可以作为例证的是，当代德国著名宪法教义学者阿列克西在法概念论上就是位非实证主义者。

4 参见［英］哈特：《法律的概念》（第2版），许家馨、李冠宜译，法律出版社2011年版；［美］安德瑞·马默：《社会惯习——从语言到法律》，程朝阳译，中国政法大学出版社2013年版。

5 参见［英］尼尔·麦考密克、［奥］奥塔·魏因贝格尔：《制度法论》，周叶谦译，中国政法大学出版社2004年版。

6 参见［英］约瑟夫·拉兹：《法律的权威》，朱峰译，法律出版社2005年版。

7 参见［英］约翰·菲尼斯：《自然法与自然权利》，董娇娇、杨奕、梁晓晖译，中国政法大学出版社2005年版。

在道德论[1]、双重本质论[2]，都与法教义学相容。但是，法教义学在法概念论上确实预设了一种佩策尼克（Peczenik）所说的“弱理论”（weak theory）[3]，也就是一种“弱的”概念论立场。本书接下来就将以对比的方式来阐明这种弱的概念论立场。

一、法教义学反对的法概念论立场

总的来说，在概念论层面上，法教义学所反对的是这样两个命题，而它们正好分别构成了其他两种法学范式的核心方法论主张。一个命题是“事实还原命题”（fact reduction thesis）。这是经验法社会学的内在主张。经验法社会学或许并没有明确的所指，它只是指明了一种将法学置于大社会科学的视野之下，以社会科学知识来取代规范中心主义，或以法社会学为法学研究正朔的态度。但在方法论的层面上，它运用的多为经验—实证主义方法（社会调查、观察、数据统计、分析等定量和微观的研究）。[4]

经验法社会学研究的核心是人们的行为及其规律性。在社会学的视野中，行为是一种外在事实。因而经验法社会学所要做的，其实是将法律及其现象还原为一种外在的事实，而外在事实是可以通过经验—实证的方法来进行描

1 参见［美］富勒：《法律的道德性》，郑戈译，商务印书馆2005年版。

2 参见［德］罗伯特·阿列克西：《法概念与法效力》，王鹏翔译，台北，五南图书出版股份有限公司2013年版。

3 Alexander Peczenik, *Scientia Juris*: *Legal Doctrine as Knowledge of Law and as Source of Law*, Dordrecht u. a.: Springer, 2005, p. 80.

4 当然，在经验法社会学之外，尚有理论法社会学的研究。在我国也不乏以韦伯、卢曼、托伊布纳等社会学家的理论为基础进行的法律社会学研究。但相对来说目前影响较大的还是经验性的法律社会学研究。所以这里所说反对的“事实还原命题”只是反对将法律还原为经验事实，而并不从整体上反对“法律是一种社会事实（制度性事实）”这种法律实证主义式的强概念论主张。至于法教义学与理论法社会学的关系，是个很有意思的主题。有学者认为，两者至少具有“家族相似性”：社会科学研究作为既存现象的社会，而法教义学的核心任务在于对人际关系得以法律化的联结方式（规范）进行解释，在这种意义上是对法律这种社会现象的研究（Aulis Aarnio, *Essays on the Doctrinal Study of Law*, Dordrecht u. a.: Springer, 2011, p. 33.）。对此本书保持开放讨论的态度。

述与分析的。因此，经验法社会学对于某种纠纷的实际展开过程或是某个制度的实际运用尤其感兴趣，认为可以从中揭示出某种超越规范本身的“真实社会结构”。例如，描述一个“炕上开庭”的场景，包括对其中所涉及人物的座位安排、话语策略、神情姿态等细节，对微观的权力—政治结构或行动进行剖析。[1] 当然，经验法社会学也未必完全局限于描述和分析，有时也会提出一些“启示或建议”。但这些启示或建议往往指向法律制度的失灵或盲视，而造成这一结果的原因则是法律“不适应现实或与现实不符”。因此，要么法律需要被修改以适应现实（较为温和的反规范论主张），要么法律在社会行动或国家治理中压根起不到多大作用，至多只是用以解决问题的备选手段之一（较为激进的反规范论主张）。[2] 其背后的基础在于一种实用主义逻辑：有用即真理，能解决社会问题和纠纷就好。至于手段是什么并不重要，政策、习惯、潜规则、土办法、人情，甚至江湖黑道的招数，只要能解决问题，服务于那个最终的目标，无论是否与现行法律相悖，都可以用。法律被认为只具有一种工具性价值，随时可以被放弃，或者在好一点的情况下（其实更坏?）被各种现实的社会资源误释和误用。由于关注事实层面的考察，而事实必然具有差异性、偶然性的特点（不同时空环境下同一手段的效果不同），经验法社会学又通常倾向于“语境论”[3]，其得出的结论也往往带有“多重让步状语从句”[4] 的色彩，甚至强调要关注的是自身的描述与分析方法，而不是其结论。因而经验法社会学呈现出一种“理论的反理论”的倾向。因为任何理论都呈现出一种普遍性的倾向，经验所具有的恰恰是特殊性。因此这是经验法

1　参见强世功：《法制与治理——国家转型中的法律》，中国政法大学出版社 2003 年版，第 193 页。

2　就这个角度而言，经验法社会学并不是必然不提出规范性主张，而是说这种规范性主张是法律之外的（政治、伦理等的）规范性主张。

3　参见苏力：《语境论》，载苏力：《也许正在发生：转型中国的法学》，法律出版社 2004 年版，第 235~236 页。

4　冯威：《法律规范性命题在中国的际遇——以对苏联“维辛斯基法学”的五组观察为切入点》，载《中国：再认识》（第二届新法学 · 青年论坛论文集），2012 年 9 月，自印，第 105 页。

社会学必然的后果。

究其原因，经验法社会学认为，法律是行为（经验事实或者说外在事实）的整体而非规则的整体，是实然而非应然，法律是通过人们的现实行为（包括法官的行为）被创制出来的。对此，我们可以借用德国自由法运动先驱康特洛维茨对现实主义法学的批评来指明经验法社会学在法概念论上的两个偏见。一个是“形式主义偏见”，即认为在法条主义（法教义学）那里，法律仅由正式法（形式规则）组成。它没有认识到，法教义学同样不否认社会中存在许多“未表述出来的大前提”，但它们也必须是一般性的，即是法律规范。这点前文已有交代。另一个是“社会学偏见”，即认为制度的存在有赖于人们以特定方式行为这一事实，因而研究制度主要在于进行社会学观察。但法教义学认为，对社会现象的研究不能脱离对调整着这些现象的规范的考量。正是因为有了这些规范，不同性质的社会现象才得以区分。因此法社会学方法不能脱离规范性因素，也要考察社会行为背后的规范。[1]

从根本上说，经验法社会学对法律事业采用的是一种外在态度，缺乏对法律这种独特事物的独特属性的关注。这种独特属性，用凯尔森的话来说就是“规范”，用哈特的话来说就是“规则”。从哈特的理论来说，法律这种事物是与“（社会）规则”相关的。（社会）规则有两个面向：在外在面向上，它呈现为一种社会实践或者说人们行为的规律性，这是外在事实的层面；在内在面向上，它呈现为一种人们的批评性反思，而这种反思达到持续的社会压力的地步时，就会导致义务的产生，就此而言这属于内在的规范性态度的层面。[2] 也可以说，它在外在面向是个“是”（is），而在内在面向上是个“应当”（ought）。用凯尔森的话来说，规范的存在是事实问题，而其内容是应当的问题。法律之所以和外在事实不同，最根本之处还在于应当这个属性。

---

1 See Hermann Kantorowicz, *Some Rationalism about Realism*, Yale Law Review 43 (1934), p. 1244-1247.

2 See H. L. A. Hart, *The Concept of Law*, Clarendon Press, 1994, p. 86-87.

应当与是的分离是现代哲学的根基。所以，某事实际存在并不能推导出它应当如此。经验法社会学在概念方法论上最大的问题也在于此，它从对外在事实的描述与分析中直接推导出应该做什么，或者用事实层面的东西来证明规范层面的东西。最明显的例子就是对“实效”（efficacy）与“效力（有效性）”（validity）这两个概念的混淆。[1] 所以他们会从某种非法措施导致问题被解决这个事实出发认为这种手段是有效的，也会从法律失灵（没有实效）这一事实出发认为法律无效（如从很多人不遵守交通规则推导出交通法规无效或失效）。正因为只关注事实这个外在面向，所以经验法社会学采取了一种极端外在的研究姿态，即只作观察、描述、分析并进行规律性的总结。而这种做法，恰恰是错失重点的。这种做法，是社会学的典型做法，却不是法学的做法。

法教义学所反对的另一个命题是“价值还原命题”（value reduction thesis）。这是本书所暂称的“价值法学”的共同主张。与经验法社会学相比，这里所称的“价值法学”更不是一个严格的学术称呼，它包含了有的学者依据中国法学学说史的顺序概括出来的相继出现的两个学派，即“政法法学”和“权利本位学派”（当然，也有论者指出后者其实与前者一脉相承，应被视为前者的发展）。[2] 政法法学与权利本位论的称呼只是分别指明了以特定的政治意识形态来指导法学研究以及以某种特定的理论主张来引导法学研究的倾向，它们也不是方法论层面的称呼。在方法论层面，它们都呈现出某种预设的（广义上的）价值判断先行的定性和宏观研究，既不注重经验实证，也不注重逻辑实证的研究。

1　具体区分参见［奥］凯尔森：《法与国家的一般理论》，沈宗灵译，中国大百科全书出版社 1996 年版，第 31 页以下。

2　“政法法学”的称谓首见于苏力：《也许正在发生》，载苏力：《也许正在发生：转型中国的法学》，法律出版社 2004 年版，第 3 页以下；“权利本位学派”的称呼则首见于张文显、于宁：《当代中国法哲学研究范式的转换——从阶级斗争范式到权利本位范式》，载《中国法学》2001 年第 1 期。

与经验法社会学相反，价值法学走向了另一个极端，它将法律首先理解为一种理念（意识形态），认为法学的首要任务在于树立特定的价值标杆。只要弄清楚了这件大事，其他一切都只是操作的问题。所以他们倾向于宏大叙事和理念之争，诸如我国学界所出现的几场大争论，如“法的阶级性与社会性”“人治与法治”“权利本位与义务本位”等，都是在价值法学之内进行的争论。这样的研究在当时有其重要的意义，尤其是在价值倾向尚存在重大分歧、实在法律制度又尚不完善的年代，可以说为中国法学的发展起到了开路作用。但今天的情形早已不同。当然这只是背景变迁方面的原因，不足以构成对价值法学的充分反对。价值法学在研究姿态上存在的最大问题还是在于采取一种外在的视角，只不过这种“外在”指的是一种外在于规范的价值科学的研究，而不是事实科学的研究。与经验科学正好相反，它忽略了法律（规范）亦有实证的面向，忽略了实在法作为一定既定的存在构成了法学思考的前提及与别的思考的区别（法学是“戴着镣铐跳舞”！）。在方法论的层面上，它试图以一种价值的诉求来取代规范的研究，用“好的”来消解“应当”，或者从“好的”推导出“应当”，或者将两者完全等同起来。[1] 这种做法实际上抹杀了法律（规范）与道德（规范）之间的差异。就道德（规范）而言，并不存在规范性与评价性之间的缝隙。也就是说，就道德的角度而言，一件事在道德上是好的就足以构成去做这件事的理由（好的就是应当做的）。但是法律（规范）在某种程度上的确具有拉兹（Raz）所说的“不透明性”（opaqueness），即在法律的规范性与评价性之间存在缝隙。[2] 也就是说，就法律的角度而言，一件事在道德上是好的未必就构成在法律上去做这件事的理

---

1 例如，权利本位论的首倡者张文显教授用以证明权利与义务相比更为根本的思路，就是从许多个应当的理由推导出“权利是法律的本位”的结论。当然，张教授一般都将自己认为“应当如何”的观点在表述上写作“是如何的”。参见张文显：《二十世纪西方法哲学思潮研究》，法律出版社 2006 年版，第 427 页。

2 See Joseph Raz, *Reasoning with Rules*, in his Between Authority and Interpretation, Oxford University Press, 2009, p. 211.

由（好的未必就一定是应当去做的）。这种缝隙来源于法律的权威性或者社会实践的面向。当然，就法教义学的角度而言，这类缝隙并不是绝对不可跨越的，而是说必须要考虑跨越的难度和为此承担的论证负担（见前文“认真对待语词和文本”部分）。所以，价值法学其实混淆了一般意义上的伦理学（政治哲学是其一部分）和法学在研究对象上的不同，尽管笔者并不否认法理学其实也是伦理学（政治哲学）的一部分。

总之，事实还原论与价值还原论分别试图用“行为（经验事实）”或“价值”的范畴去阐释法律，但法律的属性恰恰与既有别于事实也有别于价值的“规范”范畴相联系。[1] 规范既与事实相关，也与价值相关，但却独立于这两者。它的存在是一种社会事实（不同于“经验事实”!），它的内容与一定的价值和理念追求相关，但它本身却是一种规范。或如德国法学家拉德布鲁赫所言，法律是一种服务于法理念的现实。[2] 经验法社会学与价值法学都没有看到这一点，它们都采取了对于法律事业的外在姿态。

二、法教义学主张的法概念论立场

其实通过上文已然明了，法教义学主张的基本立场是：法律是一种规范或者说具有规范性的事物。除此之外，它并不主张更多的东西。因此，法教义学背后之法哲学的核心议题或者说范畴即规范性（normativity）。至于在规范性之外，法律是否还拥有别的必然特征（essential feature）[3]，则与法教义学

---

1 参见凯尔森对于“法律与道德”（规范与价值）、“法律与自然”（规范与事实）之间区分的论述。Vgl. Hans Keslen, Reine Rechtslehre, Studienaudgabe der 1. Auflage 1934, hrsg. von Matthias Jestaedt, Tübingen: Mohr Siebeck Tübingen 2008, S. 15f, 25f.

2 Vgl. Gustav Radbruch, Rechtsphilosophie (1932), 8. Aufl., hrsg. von Erik Wolf und Hans-Peter Schneider, Stuttgart: Koehler, 1973, S. 119.

3 当代法概念论争议的特点之一即围绕“什么是法律的必要特征”这一问题展开争议。实证主义者认为只有事实的面向才属于法律的必要特征，而非实证主义者则认为理想的面向也是。See Robert Alexy, *On the Concept and the Nature of Law*, Ratio Juris 21 (2008), p. 292.

的基本立场无关了。法教义学的研究是以规范性这个概念为核心的。因为对于法学领域的基本概念（如权利、义务等）与基本原理（如权利与义务的关系），法教义学都是从规范性的视角去分析与处理的。那么，规范性究竟意味着什么？这涉及对“规范性”概念本身之含义的理解。我们将有关法律之规范性的研究分为三个层面，而与法教义学相关的法概念论领域的研究也大体在这三个层面上展开。[1]

第一个层面是语义的层面（语义的规范性）。我们首先可以从语言的角度去理解规范性。按照塞尔（Searl）的观点，不同类型的语句具有不同的“适应指向”。[2] 一些语句具有语句适应世界的指向，即语句应该去适应世界；而另一些语句具有世界适应语句的指向，即世界应该去适应语句。后一种语句与规范性现象关系密切。因为规范性的要义并不在于描述和反映世界，而在于向世界提出某种要求和期待。在语义层面，规范性现象最明显的标志词是“应当”，带有“应当”的语句所表达的内容是一种语义学的规范概念。因为语义学的规范指的是规范语句（如法条）的意义或内容，所以它是脱离了现实条件（时空）而仅仅存在于语义空间或逻辑空间之中的。在命题的意义上，也仅在命题的意义上，规范是一种“应当”，它既非“是”（描述语句的意义），也非“好”（评价语句的意义）。20 世纪的语言哲学、分析哲学为研究这一层面上的规范现象提供了诸多的逻辑和认识论工具。规范的结构与构成

1　以下部分很大程度上受益于马驰：《法律规范性的基础——以法律实证主义的演进为线索》，法律出版社 2013 年版，第 3~17 页。阿列克西提出了一种不同于本书这里所阐释的三个层面的另一种“三层面学说”，即语义的层面、证立的层面和动机的层面（Robert Alexy, *Normativity*, *Metaphysics and Decision*, in Stefano Bertea & George Pavlakos eds., New Essays on the Normativity of Law, Oxford u. a.: Hart Publishing, 2011, p. 220-221）。他所谓的语义层面与本书一致，而后两个层面都可以包含进实践的层面之中。但对于动机的层面究竟是否属于“规范性”本身就存在很大的争议，因为论者可以争论说服法的动机压根就与规范性无关。

2　参见［美］约翰·塞尔：《心灵、语言和社会——实在世界中的哲学》，李步楼译，上海译文出版社 2001 年版，第 98 页。

要素理论[1]、类型理论[2]等是典型的语义规范理论。[3] 语义学规范是一种不附效力概念的规范[4]，因此在语义的层面上各种规范（如道德规范、法律规范、一般命令）并无法得以充分的区分。[5] 这个层面涉及的是语言哲学上的一般研究。

第二个层面是理论的层面（理论的规范性）。在这个层面上，我们会主张规范是一种实在、一种客体，或者说一个“东西”。但是这种实在又不同于物理世界中的实在，因为一个很典型的标志是规范的存在只有时间的维度而没有空间的维度。我们无法像指着一张桌子那样指着一个占据一定空间位置的东西说，那就是规范。但是如果将存在的外延扩大，将所有具有时间维度的事物都视为存在，那么这种维度中的规范就可被称为某种意义上的存在。[6] 有论者进一步主张，规范与物理实在至少有三个区别：（1）规范是规定性的，它的存在本身主张一种对人的拘束力，而物理实在则没有；（2）规范具有内容，而内容依赖语言，但对物理实在的认识则不依赖语言；（3）规范的产生和存续与人们的主观意识（意向性）密切相关，而物理实在则不需要这种意识。[7] 正因如

1　典型如 George Henrik von Wright, *Norm and Action*, London: Routlegde & Kegan Paul Ltd., 1963, p. 70.; Joseph Raz, *Practical Reason and Norm*, Princeton University Press, 1999, p. 50。

2　例如，条件式规范与定言规范、一般规范与个别规范的区分。但是，对于规则与原则的划分是否也属于语义层面则是有争议的。因为有相当一部分学者会认为原则本身并不是语义层面的东西。

3　由于这些理论也是规范适用论的前提，所以规范理论既与法概念论相关，也与法律推理理论（司法裁判理论）相关。

4　Vgl. Jan-R. Sieckmann, Semantischer Normbegriff und Normbegündung, Archiv für Rechts-und sozialphilosophie 80 (1994), S. 228. 当然如果我们要将语义推论性也称为语义规范的一种属性即“语义效力”的话那就另当别论了，但此时对于效力的理解不同于通常意义上的理解（参见雷磊：《逻辑推断抑或意志行为？——对凯尔森晚期规范理论中一个命题的批判》，载《政大法学评论》2012 年第 130 期）。因为正文中所说的效力是法律上的效力概念，而语义效力更多的是逻辑上的效力概念。

5　当然，在凯尔森早期的规范理论里，他认为还是可以将道德规范与法律规范从语义上区分开来的，即后者包含着制裁，而前者则不包含。但一方面语义的道德规范是否一定不包含制裁值得怀疑，另一方面即使如此，包含制裁也不是语义的法律规范所独有的，例如一般命令语句的意义也可能包含制裁。

6　［英］尼尔·麦考密克、［奥］奥塔·魏因贝格尔：《制度法论》，周叶谦译，中国政法大学出版社 2004 年版，第 49 页。

7　参见马驰：《法律规范性的基础——以法律实证主义的演进为线索》，法律出版社 2013 年版，第 16~17 页。

此，我们没办法将规范还原为一种作为自然现象的外在事实，否则就会犯下摩尔（Moore）所说的“自然主义谬误”。[1] 法律规范当然与一定的经验事实相关，比如桌上的一本写满被叫作“法条”的书，但显然我们无法说经验世界中的这本书就是法律规范，因为后者只是前者所要表达的“意义”。再如，法律也与这样的事实相关，即某个被叫作“议会”的组织通过某个程序制定并颁布了某个文本，但我们显然也无法将法律规范还原为这种制定和颁布的行为。这个层面涉及的是哲学上本体论的研究：规范（法律规范）究竟是什么？

第三个层面是实践的层面（实践的规范性）。就此而言，哈特的名句“举凡法律存在之处，人的行为便丧失了任意性”[2] 是对实践规范性最好的诠释。规范性在实践的层面上提出了“法律应被遵守与适用”的要求，或者用现在流行的理由理论的术语来说，它指明法律扮演着行动理由的角色。这种要求导向了法律拘束力、法律义务等概念。当然，法律作为行为的理由并非一个特殊的动机性理由，而是一种普遍的规范性理由，后者意味着足以为某个行为提供辩护。[3] 例如，当某人开车闯红灯被交警处罚时，他以自己赶去机场送人为理由进行抗辩，这并不足以使得自己的行为正当化，充其量只是出示了一个特殊的动机性理由；而如果他举出某个法律法规来证明自己的行为属于可闯红灯的例外情形（如“送急诊病人去医院”），这就提供了一个足以正当化其行为的理由。这里就引发了一个问题，为什么法律能起到这种作用？对于这个问题的不同理解与回答导向了我们称为“说明性的效力概念”（explainatory concept of validity）与“证立性的效力概念”（justificatory concept of validity）的区分。“说明性的效力概念”指的是将“法律能扮演行动理由或

---

1 See Gorge E. Moore, *Principia Ethica*, Thomas Baldwined., Cambridge University Press, 1993, p. 62.

2 ［英］哈特：《法律的概念》（第2版），许家馨、李冠宜译，法律出版社2011年版，第6页。

3 有学者分别称为“说明性理由”与“正当化理由”，参见陈景辉：《裁判可接受性概念之反省》，载《法学研究》2009年第4期。

约束我们的行为”作为一种既定的事实，然后去说明为什么会出现这种效果，即探求规范性的来源，例如诉诸法律惯习主义、规划理论、构成性理论等。[1] 说明性的效力概念并不区分法律体系与法律规范这两个层面，而统之以“法律”的称呼，大多从整体主义的进路进行说明。相反，“证立性的效力概念”指向的是这样一种观念：因为法律符合了某些标准（也只有符合这些标准），所以它能起到扮演行动理由或约束行为的作用。按照实证主义的观点，这些标准大体指向权威性制定（或者也包括社会实效）；而按照非实证主义的观点，除了权威性制定与社会实效外，还包括内容正确性（道德正确性）。当然这只是一般意义上的所谓效力（概念）要素。在法律体系与法律规范这两个层面，这几个要素的有无及权重是不一样的。例如，一般都认为社会实效对于法律体系的效力而言是最重要的因素，而在法律规范的层面上即使是非实证主义者也认为一个规范没有实效几乎不影响其效力。在此不展开这些讨论。[2] 证立性的效力概念设定了一套筛选的标准，只有通过这套标准检测的法律体系或规范［被称为“有效的法律（规范）”］才能成为正当化行为的理由，才具有规范性。例如，对于一位非实证主义者而言，道德上极端恶的法律可能就不具有规范性，因为它是无效的，不能对行为进行约束或起到真正理由的作用。这个层面涉及的是实践哲学与行动理论的研究。

总之，法律的规范性就是法律作为一种规范这一特殊存在所具有的特殊性质和存在方式，以及这种存在所产生的或主张的对人类行动的拘束力。[3] 法教义学的概念论立场最核心之处即在于对法律的规范性是什么以及规范性如何可能的问题进行法哲学和哲学上的阐释。因为认识到法律是一种规范以及

---

1 一般意义上的研究参见［美］克里斯蒂娜·科尔斯戈德：《规范性的来源》，杨顺利译，上海译文出版社 2010 年版。

2 具体讨论可参见［德］罗伯特·阿列克西：《法概念与法效力》，王鹏翔译，台北，五南图书出版股份有限公司 2013 年版，第 131 页以下。

3 参见马驰：《法律规范性的基础——以法律实证主义的演进为线索》，法律出版社 2013 年版，第 23 页。

法律具有规范性构成了对法律事业秉持内在态度的重要前提和组成部分。

第三节 法学理论：法教义学反对什么，主张什么？

一、描述性的法学理论与规范性的法学理论

法教义学秉持一种对法律事业的内在态度，不仅体现在裁判理论和对法律性质的理解上，也体现在对法学之性质的理解上。这就涉及了法教义学背后所预设的法学理论的基本立场。按照法学研究的意旨或目的最终在于描述和理解现实，抑或引导和规范现实，我们可以将法学理论分为描述性的法学理论（descriptive legal theory）与规范性的法学理论（normative or prescriptive legal theory）。意旨或目的意味着立场，因此描述性与规范性构成了法学理论的两种对立立场。[1] 大多数学科，既可以是描述性的，也可以是规范性的。哲学的目的可以是为更好地理解世界提供方法论工具（如诠释学），也可以是为世界观念的重构提供某种标准（如规范伦理学）。同样，持有法学视角来研究法律现象的学者既可以意在陈述实情（state what is the case），提供关于既有法律实践或理解的概览；也可以意在建构理想（construct what ought be the case），提出解决法律实践问题的一般性标准或模型。无疑，法教义学主张一种规范性的法学研究立场，而它所反对的是纯粹的描述性研究立场。[2]

---

1 布莱恩·比克斯曾将法律理论的类型分为四种：描述性的、分析或概念性的、描述与规定混合的、规定性（规范性）的。但一方面，他自己也承认，分析或概念性的理论也可以被看作描述性理论的一种（自然这是站在英美实证主义的立场上来看的）。（参见 Brian Bix，*Legal Theory：Types and Purposes*，http：//ivr-enc. info/index. php? title=Legal_ Theory：_ Types_ and_ Purposes，最后访问日期：2011 年 6 月 29 日。）另一方面，所谓描述与规定混合的立场其实是以理论家个体的研究旨趣为出发点的杂糅形式，说到底对于这些人而言，描述现实最终是服务于规范现实的，因此它属于规范性理论的一种。

2 由于规范性研究必然以描述对象作为前提，所以规范性法学研究并不可能完全摒弃描述性的工作，它只是反对停留于描述性的工作。此外，有学者会区分所谓的“规范理论”与“元理论”，后者指向的是对前者所使用的基本概念的分析与界定。法教义学当然也不反对这种意义上的元理论，这甚至是必要的。

法教义学既反对停留于经验—描述层面的法学研究，也反对止步于分析—描述层面的法学研究。经验—描述式法学研究的代表是前文中提到的经验法社会学。在经验法社会学看来，法学不是一门理性的科学，而是经验科学或社会科学。它的方法是观察，它的目的是预测效果，它的模式是自然科学式的。相反，法教义学认为，一方面，法律必须依照其目的来解释，而这些目的需要就其对于社会生活的影响来探究，因此法律的理解与适用不能脱离对社会现实的社会学研究。但另一方面，法学自身并不是社会科学或经验科学，它无法被后者所取代，理性与规范性的立场必须得以坚守。经验法社会学在研究立场上的偏颇在于：其一，混淆了自然科学与规范科学。自然科学只处理由自然法则来调整的事实，就此而言，合法与非法的事实没有差别。而规范科学涉及人定规则所调整的人类行为，它必须能区分合法与非法行为，它必须能判断出后者并事前规定它们应当是如何的。其二，混淆了说明（explanation）与证立（justification）。经验科学的主要方法就是“原因→结果”式的说明，而规范科学的主要方法就是“理由→结论”式的证立。法律实践的主要问题是，一个判断能否被证立为一个合乎法律的结论，或至少与之相容。一个判断能否被推翻，也只看其是否得到了法律上的理性证立。因而相对于发生学意义上的说明，法律更需重视规范意义上的证立。其三，混淆了现实与现实的意义。将现实作为法学的研究对象，必然要求将法律还原为可观察或可触及的事实。但法律人关注的是可观察的事实的意义，而意义不是观察得到的，更不可被感官触及。[1] 这一点前文已然揭明。

分析—描述式的法学研究以英美分析法学以及纯粹法学为代表。哈特将自己的理论称作“描述社会学”（descriptive sociology）[2]，这就是一种很典型

1　这里借用了康特洛维茨对于法律现实主义的批评，只是所使用的术语有所不同，因为康氏依照新康德主义西南德意志学派的传统将法学视为“文化科学”。See Hermann Kantorowicz, *Some Rationalism about Realism*, Yale Law Review 43 (1934), p. 1248-1251.

2　参见［英］哈特：《法律的概念》（第2版），许家馨、李冠宜译，法律出版社2011年版，第2页。

的描述性立场，因为其理论意旨在于为更好地理解西方社会的法律提供概念工具（哈特将规则界定为一种社会事实）。其阵营的后辈学者们大多持有这种立场。[1] 另或有一种比较流行的误解认为，凯尔森的纯粹法学是一种典型的规范性法学理论。因为无论是凯尔森自己还是许多其他学者都曾将纯粹法学视为“规范法学”的代表。但这一所谓的“规范法学”指的是以规范这一范畴作为法理学研究的核心要素的研究进路，而非本书所意指的以理论作为规范现实之力量的一种理论姿态。前者以“规范”指称研究对象，而后者以“规范（性）”指称研究立场，不可混淆。事实上，凯尔森对于“规范”（应当）的界定已然揭示出他的理论同样是一种描述性理论。凯尔森所想要提供的，无非是用以说明何以对法律现象的认识不同于对自然现象的认识这一问题的工具而已。他从康德的先验理论那里找到了这个工具，那就是规范。他的整个思路是：首先，对法律的认识是既定的事实；其次，只有预设了规范，才可能有这种事实；最后，规范的范畴必须被预设。[2] 这是一种倒推式的、说明式的论证思路；或者说，规范的作用在于解释既定的事实而不在于改变事实。正如他认为，法律科学的对象是规范性的，而法律科学本身则是描述性的。[3] 所以，凯尔森的理论依然属于本书所说的描述性法学理论。

分析—描述的法学理论虽然承认法律的规范性，但仅仅将规范性作为认识法律现象的一种视角，认为脱离了规范性的视角就无法理解法律与法律现象（当然我们也会说“法律是具有规范性的事物”，但这只是一种貌似本体论上的论述，脱离了认识的主体，法律本身是无所谓规范不规范的）。但在

---

1 一个晚近的概述参见 Reidar Edvinsson, *The Quest for the Description of Law*, Dordrecht u. a.: Springer, 2009。

2 参见［美］斯坦利·鲍尔森：《英译者导言：论凯尔森在法学中之地位》，载［奥］凯尔森：《纯粹法理论》，张书友译，中国法制出版社 2008 年版，第 23~24 页。

3 凯尔森在晚年明确作了说明：“假如伦理学与法学被称作‘规范’科学的话，那么这不是说它们创设了规范（或者规定人们的行为），而是说它们的对象是规范（它们描述规范）。”（See Hans Kelsen, *Norms and Statements about Norms*, in his General Theory of Norms, trans. by Michael Hartney, Clarendon Press, 1991, p. 152-153.）

"法学研究如何对待法律与规范性"这一问题上，这一进路的研究者持的却是一种描述性的立场，也就是说他们认为法学理论的任务只在于（更好地）描述清楚法律这件事（将它与别的事区分开来），而不在于别的什么。相反，规范性的法学研究立场则不仅从规范性的视角来认识法律现象，同时也认为法学理论更重要的任务是在于为法律实践提供规范性的标准，建构出抽象或具体的理论模型、方法、程序或实质性的准则。

二、法教义学研究的双重规范性立场

法教义学持的是一种"对于规范的规范性立场"（此种规范性大体等同于规定性或评价性），它与对于规范的描述性立场相比，存在以下两个方面的不同。

其一，法学者的自我认知：观察者的立场抑或参与者的立场。观察者的立场不问某一法律体系中的正确决定是什么，而更关心在此一特定法律体系中决定如何实际地作出。相反，持参与者立场的人则在某一法律体系中参与到有关此一体系的命令、禁止、允许以及此一体系所欲达致的目的争议之中。[1] 对于规范的描述性立场所持的是一种观察者视角，就这一点而言，它与经验法社会学反而是一致的。差别只在于，经验法社会学采取的是一种外在观点（external point of view）基础上的观察，而对于规范的描述性立场采取的是一种内在观点（internal point of view）基础上的观察。[2] 前者指的是站在某个法律体系之外对这个体系进行纯叙事性观察（如观察到"红灯亮行人即止

1　参见［德］罗伯特·阿列克西：《法概念与法效力》，王鹏翔译，台北，五南图书出版股份有限公司2013年版，第42~43页。笔者在引用时改变了一些表述。

2　许多学者包括阿列克西在内，都将内在观点/外在观点的区分与参与者的视角/观察者的视角的区分画等号。但这是对哈特理论的误解，内在观点并不等同于参与者的视角，它依然是服务于描述性理论的。具体区分参见陈景辉：《什么是"内在观点"?》，载《法制与社会发展》2007年第5期。

步”这种规律性现象)，后者则指的是站在某个法律体系之内（观察者既可以是受法律体系约束的人，也可以是不受法律体系约束的人，只要他了解这个法律体系即可）对于体系的理解性观察（如从“红灯亮行人止步，绿灯亮行人行路”中推出存在交通规则)。[1] 而法教义学持一种参与者的立场，它要求身处某个法律体系之中的人对“此情此景中法律应该要求如何行动”“正确的法律标准是什么”这类实践问题提出自己的主张。在一个法律体系之中，处于参与者立场中心位置的是法官。法官行为的特征在于，他并不能像写生画家那样对身处其中的法律体系进行写意式的素描，而得像雕塑家那样小心翼翼地按照规范性价值观念塑造好法律的每一个细节，因为他的决定将直接关系当事人的权利和义务，也可能影响整个法律理念和体系的转变。在裁判过程中始终有一种“正确性宣称”（claim to correctness）在引导着法官，它告诉法官法律裁判有合理与不合理、有效与无效、正确与不正确、公正与不公正的区分，并迫使法官承载着一种使命感去努力作出合理、有效、正确、公正的判决。因而法教义学主张：法学家应将自己想象为负有法律上义务来对法律问题作出合理回答的法官，或为法官解决法律问题提供一套理性化的标准。

其二，法学的学科定位：理论科学抑或实践科学。根据经典的理论与实践的二分法，理论涉及认知，而实践涉及行动。理论科学强调的是对法律与法律现象作纯粹的客观描述。将法学视为一门理论科学的观点兴起于自然科学占据支配地位的19世纪和20世纪初。在“科学意识形态”的强势之下，法学理论也被迫以自然科学的范式来调整自己的研究立场，由此诞生了所谓

---

1 参见波斯特码对哈特观点的理解：“（法学的）任务在于说明法律实践及其与其他重要社会实践之间的关系，而只有充分考虑到参与者自身理解的前提下才能做出合适的说明。”（See Gerad J. Postema, *Jurisprudence as Practical Philosophy*, Legal Theory 4 (1998), p. 329.）就此而言，不难理解为什么哈特将自己的理论称为“描述社会学”，尽管它与经验社会学的路数有着很大差别。因为它与经验社会学一样都采纳描述的立场。

“法律科学”（legal science）。法律科学的代表人物就是凯尔森，他旗帜鲜明地主张法律科学就是要排除一切价值考量的描述性学科，只不过对法律现象的认识与描述不同于对一般自然现象的认识与描述，因为它必须要借助“规范”这一工具来进行（就此而言不同于经验社会学）。但无论如何，法学的任务不在于评价，而在于说明和描述。其所谓的纯粹法学，即指排除事实考量与价值考量后对规范性现象的描述。在他看来，尽管法律不是纯粹的（法律是意志的产物），但法学却是可能做到纯粹的。纯粹法学甚至不承认实践理性这样的概念，认为凡涉及“如何做”的问题都没有正确的答案，都是“不科学的”，因此要放逐于法学领域之外，甚至放逐于任何能够称得上是学问（科学）的领域之外。[1] 相反，法教义学认为，法学不仅要描述其对象，更要为法律的实践提供如何做的正确性标准（评价标准）。法学要告诉人们（尽管是间接的），在特定的情形中，在法律上应当、禁止、允许或能够去做什么。一方面，这些问题是实践问题，因为它们关涉行动。并且这种行动是公共领域的行动而非私人领域的行动。两者的区别在于私人领域的行动更多反映个人偏好（如口味），而公共领域的行动则必须具备理性（公共理由）才能为之。在这个意义上，法律是实践理性（理由），而法学是实践学科。另一方面，这些问题又是特殊的实践问题，因为它们要回答的不是在一般意义上人们应该如何行动，而是在法律框架之下人们应该如何行动（因此是具有法律意义的行动），或者说法律的存在是如何改变人们行动的理由结构的。这样一些特殊的实践问题，尽管以法律存在的事实为前提，但仅依靠对事实的描述是无法作出回答的。当然，对法律实践的描述本身是可能的，但是它无法应对社会对于实践科学本身的要求，即为特定实践问题的解决提供专业、理性和有说服力的理论标准。法教义学与对规范的描述性立场不同之处在于，

1 当然，从逻辑上讲，对规范的描述性立场并不一定要像纯粹法学那样决然反对“法律框架内的实践是可以被理性化的”这一主张本身，它所反对的只是将这种理性化拉入法学之中。它认为这属于政治学、伦理学或其他学科的研究对象。就这一点而言，纯粹法学只是对规范的描述性立场的特定版本。

它认为，不仅对于行为的框架即法律的研究属于法学的范围，而且对于这一框架内之实践的理性化同样属于法学的范围。

所以，无论是经验—描述式的法学研究（经验法社会学）还是分析—描述的法学研究持的都是一种描述性研究立场。只不过前者完全依照自然科学的观察方式，研究的是与法律相关之行为的规律性（regularities），可以被认为是持一种"外在的观察者视角"；而后者则认为规范（规则）是理解法律现象必不可少的基础，只有理解规则才能明白行为人行为的意义，但是其旨趣依然在于"更恰当地"描述法律这种社会现象，可以被认为是持一种"内在的观察者视角"。相反，法教义学的姿态根本上是以法律规范为中心的，并且它在法学理论上抱持的是"参与者的视角"之下规范性的研究立场，它认为法学本质上是以建构性活动为中心的实践科学。[1] 法教义学的目标在于在层次不同的抽象层面上将法律构造为一种因相互支持关系联结在一起的规范的融贯性网络。法教义学不仅要将法律体系呈现为内部融贯的集合，而且也应当使它与背后的正当化脉络（道德和政治哲学）相协调，[2] 以此达到法律作为实践理性和法学作为实践科学之效果。因此可以说，法教义学所秉持的基本立场是一种"双重规范性"（double normativity）：它既主张法律的规范性，也主张法学的规范性。

本章结语

至此，我们可以对法教义学的基本立场作一个总结：在元方法论上，法

1　阿尔尼奥将法教义学和本书所说的两种描述性立场的差别分别概括为"认识论上的内在观点"和"认识论上的外在观点"，参见 Aulis Aarnio, *Essays on the Doctrinal Study of Law*, Dordrecht u. a.: Springer, 2011, p. 23。

2　See Alexander Peczenik, *A Theory of Legal Doctrine*, Ratio Juris 14 (2001), p. 75, 79.

教义学坚持对于法律事业的内在态度，是一种典型的“法学内的法学”[1]。这种内在态度的集中体现就是对“规范”与“规范性”的强调。它体现在三个方面：其一，在裁判理论上，主张“认真对待法律规范”，即以法律规范为司法裁判的依据、框架和基础，但并不反对甚至必然接纳经验知识和价值判断；其二，在法概念论上，法教义学主张“法律是一种规范”，作为具有规范性的事物，法律既不同于行为（经验事实）也不同于价值；其三，在法学理论上，法教义学主张“法学应持规范性研究的立场”，因为它本质上是以建构性活动为中心的实践科学。正因如此，我们也可以认为法教义学在元方法论的层面是一种“规范法学”。[2]

1　“法学内的法学”与“法学外的法学”的对称参见舒国滢：《从方法论看抽象法学理论的发展》，载舒国滢：《法哲学：立场与方法》，北京大学出版社 2010 年版，第 42 页。

2　当然，一定要注意本书对这个称呼的使用不同于凯尔森意义上的术语，因为后者只主张法律的规范性，但并不主张法学的规范性。

第五章
法教义学的方法

任何一门学科都会号称拥有自己独特的方法。因为通常来说，是研究方法而非研究对象，确保了此学科与彼学科的分际。尽管今天跨学科研究已是大势所趋，但“跨学科”毕竟不等于“他学科”或“无学科”，跨学科研究的前提是每个学科都保有自己的相对独立性，而这恰恰不是因为研究对象的独特性（跨学科研究本身就说明了不同学科可以聚焦于同一个研究对象），而是因为各个学科都有自己独特的研究方法，这些独特方法又各自可以对同一个对象的研究作出独特的贡献。

所以，经济学以成本—收益分析（无论是采帕累托最优模式还是卡尔多—希克斯模式）为己任，人类学执着于田野调查，（经验）法社会学采取统计、调查、实验乃至当前流行的大数据—全样本分析等实证方法，等等。将这些方法运用于同一个对象，例如法律或司法实践，就会产生法经济学、法人类学、法社会学等学科。那么，法学又有何种自身的方法？毋庸置疑，法经济学、法人类学、法社会学等都属于今日广义之法学的分支学科（法学的基础研究部分）。但法学要想真正成为独立的学科，必然无法寄身于上述分支学科，因为它们只是经济学方法、人类学方法或社会学方法的“演武场”。故而恐怕只有将目光投向狭义法学，也即法教义学，才有呼应方法独特性的可能。但困难之处在于，就“法教义学的方法”这一论题而言，恰恰存在奥古斯丁（Augustine）面对时间所说的状况——“如果你不问我，我感觉自己还知道。你一旦问我，我就茫然无知了”。在法典化和法律的教义化程度越来越高的今天，法律人（无论是学术法律人还是实践法律人）对于法教义学已处于一种“日学而不察、日用而不觉”的状态。真要让他们清楚地讲出个道道来，他们反而觉得无从说起了。或许正如拉德布鲁赫所言：“就如纠缠于自我观察的人大多是有病的人，明确意识到其自身方法的学科也通常是有病的学科；健康的人和健康的学科通常不怎么了解自己。”[1] 这不是说法教义学没有自己的方法，而只是说日常情况下这套方法没有被总结和提炼出来。追问这套方法的场合，也大多是法教义学被质疑的场合。

这样的场合，例如有 20 世纪德国关于法教义学的三波讨论以及最近 10 年发生的第四波讨论，[2] 还有中国近年来出现的法教义学与社科法学之间的争论。本章就旨在对法教义学的作业方式进行自我观察和省视。当然，首先要指出的是，这种观察和省视属于法理论甚或法哲学层面，因为对某个学科方法的反思往往会超出这个学科本身的范畴。

第一节　两个前提性问题

在阐明法教义学方法之前，首先要来处理两个前提性问题：一是法教义学与法学方法论的关系；二是法教义学的立场与方法的关系。

一、法教义学与法学方法论

不可否认，法教义学与法学方法论之间具有密切的联系。“法学方法论”

1　［德］拉德布鲁赫：《法学导论》，米健译，商务印书馆 2013 年版，第 232 页。引用时引文有调整。

2　参见雷磊：《法教义学：关于十组问题的思考》，载《社会科学研究》2021 年第2 期。

中的“法学（法律科学）”指的是狭义上的法学，也就是法教义学。[1] 所以，法学方法论就是法教义学的方法论，法教义学工作的一个重要方面就是将法学方法论运用于实在法的适用过程。因为法教义学作为判例和学说对“法”加以具体化、为解决具体法律问题而确立的各种规则所构成的整体，需要借助法学方法论实现其与“法”之间的“重新勾连”。[2] 唯有如此，才能称之为“法”教义学。或许诚如迪特里希森所言，就法教义学之合乎目的理性的运作而言，起关键作用的是一种与该法教义学状况相适应的法学方法论，以及受到这一教义学拘束之方法论训练的法律人阶层。[3] 所以一直以来，德国就将法学方法与法教义学方法相等同，对法学研究与法律适用方法也不做区分。中国学者在进行相关讨论时，也常常对两者不予区分或将它们放在一起来处理。[4]

尽管如此，法教义学与法学方法论依然可以从三个角度被区分开来。首先，法教义学具有双重含义：一是“作为知识的法教义学”；二是“作为方法的法教义学”。前者是学者们围绕一国现行实在法构造的“概念—命题”体系，或者说学说的体系；后者则指的是一种独特的思维方式和作业方式。[5] “法学方法论”中所谓的法学，指的就是前一重含义也即作为知识的法教义学。换言之，它指的是产生实在法知识（学说体系）的方法论。默勒斯（Möllers）就认为，法学方法论以跨越法律部门的方式描述生成与论证法教义

1 参见［德］卡尔·拉伦茨：《法学方法论》（全本·第6版），黄家镇译，商务印书馆2020年版，第251~253页。

2 参见［德］托马斯·M. J. 默勒斯：《法学方法论》（第4版），杜志浩译，北京大学出版社2022年版，第482页。

3 参见［德］乌韦·迪特里希森：《法教义学的道路》，雷磊译，载舒国滢主编：《法理》2018年卷·总第4卷，商务印书馆2018年版，第168页。

4 例如，许德风：《法教义学的应用》，载《中外法学》2013年第5期；卜元石：《法教义学与法学方法论话题在德国21世纪的兴起与最新研究动向》，载卜元石：《德国法学与当代中国》，北京大学出版社2021年版，第58~100页。

5 参见雷磊：《法教义学与法治：法教义学的治理意义》，载《法学研究》2018年第5期；雷磊：《什么是法教义学？——基于19世纪以后德国学说史的简要考察》，载《法制与社会发展》2018年第4期。

学概念的方法。[1] 如此一来，知识（概念）必然不等同于产生知识（概念）的方法，而作为知识的法教义学也必然不等同于法学方法论。如果说方法论要提出的是形式—程序模型，那么（作为知识的）法教义学要回答的则是某个法秩序的内容问题。因此，与方法论命题不同，教义学命题并非可以被毫无疑义地移植到其他国家的制定法和法秩序之中。[2] 当然，更关键的是作为方法的法教义学与法学方法论如何区分。

其次，作为方法的法教义学包括两个部分：一个是一般性的部分，是关于法律解释、概念建构和体系化的最一般化的理论，它超越地域和领域；另一个则是特殊性的部分，带有地域和领域的印记，如刑法中的犯罪构成体系的三阶层说、民法中的请求权基础思维、宪法中关于违宪的三阶段审查理论等。[3] 所谓地域印记，是指这些思维和理论有其“发源地”或者说产生的独特制度背景和文化背景。并非说它们不可能跨越地域的限制被其他国家的法教义学活动所继受或借鉴，而是说一定要小心检验其制度或文化的关联性。[4] 所谓领域印记，指的是这些思维和理论有其各自适用的部门法场域，通常无法扩张至别的部门法场域。因为它们往往预设了本部门法的价值理念和操作模型，所以它们具有极强的“场域依赖性”。相反，法学方法论作为法理论的组成部分，具有超越地域和领域的普遍性，不会因为起源于中国还是德国、属于民法还是刑法领域而有区别，[5] 因为它们本身是帮助裁判进行释法说理的理性论据或论证型式。中国近十几年来在引入德日等国的法学方法论过程中，

1　参见［德］托马斯·M. J. 默勒斯：《法学方法论》（第 4 版），杜志浩译，北京大学出版社 2022 年版，第 486 页。

2　Vgl. Philipp Sahm, Elemente der Dogmatik, Weilerswist: Velbrück Wissenschaft, 2019, S. 40.

3　参见雷磊：《法教义学：关于十组问题的思考》，载《社会科学研究》2021 年第2 期。

4　目前中国学界争议比较大的是应否继受德日刑法学中的三阶层方法。对此的质疑，参见黎宏：《我国犯罪构成体系不必重构》，载《法学研究》2006 年第 1 期；杨兴培：《“三阶层”犯罪结构模式的中国语境批判》，载《东方法学》2021 年第 2 期。

5　当然，这不是说民法方法论和刑法方法论（或许还有其他部门法方法论）没有任何差别。例如刑法方法论就会聚焦于法律解释问题，而民法方法论除了解释，也十分关注法的续造领域。但是，作为法学方法论，无论是民法方法论还是刑法方法论都有共同的部分，在具体解释方法上也无根本差别。

几乎没有遇到过像引入外国教义学知识和特殊的教义学方法（思维）时遭遇的那种抵抗，就是一个例证。所以，就法教义学方法的特殊性部分而言，作为方法的法教义学也不同于法学方法论。

最后，也最为关键的是，法教义学方法的一般性部分与法学方法论是否有区别。应当承认，要区分这两者十分困难。法教义学要对现行法进行解释，而法律解释理论本就是法学方法论的重要部分。法教义学关心概念建构和体系化，而法律概念理论与体系理论现在也越来越多地被纳入法学方法论之中。已被译成中文的作品中，拉伦茨的《法学方法论》和普珀（Puppe）的《法学思维小学堂》都是代表。但两者依然在两个面向上有所区别：一方面，就像德国学者布克（Bumke）指出的，法学方法论主要关注的是制定法的解释和适用以及法的续造问题，充其量只会在其论述的边缘提一下法教义学的概念性和体系化作业。[1] 换言之，法学方法论关注的重心是法律解释和法的续造方法，而法教义学虽然也以解释等活动为出发点，但它更核心的工作在于概念和体系。而概念和体系反过来又会对解释活动起到制约作用，这一点容后再论。另一方面，也更为重要的是，作为方法的法教义学体现的是法律人与实在法打交道时的作业方式（Arbeitsweise）。至于展开这种作业方式时要借助哪些具体的方法（Methode），比如围绕实在法进行解释时采用的方法有哪些，则不属于法教义学，而恰好属于法学方法论的任务了。所以，（作为方法的）法教义学关注的是“方式”，而法学方法论关注的是实现方式的“方法”。虽然两者在表述上同用“方法”，但所指不一。因此，下文将在作业方式的意义上来谈论法教义学的方法。

1　参见［德］克里斯蒂安·布克：《法教义学：关于德国法学的发展及其思维与操作方式的思考》，吕玉赞译，载陈金钊、谢晖主编：《法律方法》第24卷，中国法制出版社2018年版，第5页。

二、法教义学的立场与方法

立场虽然未必完全决定方法，但却构成方法之预设前提。法教义学的立场，一言以蔽之，就是坚持法与法学的规范性。具体而言体现在三个方面：其一，在裁判理论上，主张“认真对待法律规范”，即以法律规范为司法裁判的依据、框架和基础；其二，在法概念论上，法教义学主张“法律是一种规范”，作为具有规范性的事物，法律既不同于行为（经验事实）也不同于价值；其三，在法学理论上，法教义学主张“法学应持规范性研究的立场”，因为它本质上是以建构性活动为中心的实践科学。[1] 换言之：（1）法教义学的作业基础是法律规范（从规范中来，到规范中去）；（2）教义学作业要受到法律规范的拘束（法的规范性）；（3）教义学作业本身也要提供规范性的知识（法学的规范性）。法律规范、法（律规范）的规范性和法教义学的规范性很多时候是交杂在一起的，尤其是考虑到这一智识背景：在德国，法不仅被认为是由立法者制定的权威，而且也同时由法教义学来塑造。[2]

从上述立场出发可知，法教义学活动一定是围绕法律规范展开的规范性活动。正因如此，有论者将法教义学的研究方法定位为“规范分析方法”，“它要型构一套以法律规范为逻辑前提，并把诸社会事实全盘结构在法律规范体系，即以法律来解释、结构和调整社会事实的知识体系”。[3] 这种定位本身无误，但却失之偏颇：一方面，它只考虑到了“围绕法律规范展开”，却没有顾及教义学本身也是“规范性活动”，也可能创设规范性的概念和原则；另一

1　参见雷磊：《法教义学的基本立场》，载《中外法学》2015 年第 1 期。

2　德国学者萨姆就认为，教义学就像是学习语言时的语法，它帮助人们学习法律（Philipp Sahm, Elemente der Dogmatik, Weilerswist: Velbrück Wissenschaft, 2019, S. 19）。

3　参见谢晖：《论法学研究的两种视角——兼评“法教义学和社科法学”逻辑之非》，载《法学评论》2022 年第 1 期。

方面，它将教义学方法落脚于规范与事实（法律解释）的层面，没有立体化地展现出法教义学的所有作业方式。与此相比，德国学者阿列克西的思虑更加周全。他提出法教义学要进行三个层面的工作，即对现行有效法律的描述、对这种法律之概念—体系的研究、提出解决法律争议的建议。这三种活动分别对应于描述—经验的维度、逻辑—分析的维度以及规范—实践的维度。[1] 但是，这个被学界广泛知晓的三分法其实涉及的是法教义学活动的三个面向，或者说三种性质的“作业”（Arbeit）或“任务”（Aufgabe），而非“作业方式”，尽管两者之间存在紧密关联。例如，我们很难将“提出解决法律争议的建议”称为“方法”或“作业方式”。

在笔者的视野里，对法教义学活动最全面的概括来自德国青年一代学者弗洛尔（Flohr）。他将这种活动归纳为五个方面（五种“教义学思维形式”）：（1）法律部门的划分，即把法律规范划归为不同的部门法，如银行法、医事法、体育法、劳动法；（2）法律原则的提炼，即从多个法律规范中提炼出共同的原则；（3）基本概念的形成，即形成独立于法律规范的基本概念；（4）体系化，即通过概念的体系化与原则的体系化，形成前后一致的理念大厦；（5）建构，即将单个事实或法律现象回溯到一个或多个已有基本概念，进而置入概念体系之中。[2] 这一论述极具启发性，但作者并没有清晰说明：这五个方面是前后相续的五个步骤，还是相对独立的五种作业方式？它们之间是何关系？例如，法律原则的提炼与体系化是何关系？基本概念的形成与建构又是什么关系？此外，它还忽视了法教义学作业最基础的工作，即法律解释。抛开这些问题不论，是否这五个方面都属于“法教义学”的方法也值得商榷——这

---

1 参见［德］罗伯特·阿列克西：《法律论证理论：作为法律证立理论的理性论辩理论》，舒国滢译，商务印书馆2019年版，第308页。

2 Vgl. Martin Flohr, Rechtsdogmatik in England, Tübingen: Mohr Siebeck, 2017, S. 40ff. 对此的简要概括也可参见卜元石：《法教义学的显性化与作为方法的法教义学》，载卜元石：《德国法学与当代中国》，北京大学出版社2021年版，第66页。

里主要指的是“法律部门的划分”。法教义学从个案中的规范出发，由具体而一般，由个别而体系，最终实现与一般法学说（法理论）的衔接。[1] 而法律部门的形成自然发生于这一体系化的过程中：选出某些可界分的事实片段，并将对其进行法律判断时必须顾及的全部规范汇聚为规范集合（Normenkomplex）。这种过程应当位于教义学作业的末端，而非起始。并且，法律部门的划分还需基于对法律关系之调整对象的方法的理解，对整个法律体系有整体规划，它既需要教义学“自下而上”的思维方式，也需要立足于整体的“鸟瞰”视角和法理论“自上而下”的思维方式，并不单单是属于法教义学的事。

在笔者看来，要对法教义学的方法进行准确刻画，就必须要将（作为方法的）法教义学呈现为一种以法律规范为出发点，各环节相对独立但又前后相连的规范性作业过程。在这一过程中，教义学知识的一般性和体系性色彩不断增强。就此而言，依然要回到拉德布鲁赫的那个经典界定：法教义学的作业要在三个层面上展开，即解释、建构、体系论（化）。[2] 下文就将依次对这三种方法的内涵及内在关联展开论述。只是要作一点修正：除非作极广义的理解，[3] 否则在今日之方法论中，“解释”通常被视为法律适用活动之一种而非全部。虽然不可否认解释构成了围绕裁判大前提展开的主要活动，但除去法律解释外，法官还要面对法律漏洞、规范矛盾等多种情形。但无论如何，法官都要，法教义学也要帮他阐明法律规范的（直接或间接的、主观或客观的、近程或远程的、扩张或限缩的）意义。使用“（法律规范的）意义阐释”来称呼这种活动，要比“解释”具有更大的容纳度。所以，本章将法教义学

1　对这一过程的具体描述，参见雷磊：《法理论：历史形成、学科属性及其中国化》，载《法学研究》2020 年第 2 期。

2　参见［德］拉德布鲁赫：《法哲学导引》，雷磊译，商务印书馆 2021 年版，第 8 页。

3　拉德布鲁赫没有明确他所说的“解释”是否要从宽泛意义上来理解。但他认为法律解释要取向于实在法的客观意义，而他所说的“客观意义”又似乎涵盖了漏洞和矛盾的情形（参见［德］拉德布鲁赫：《法哲学导引》，雷磊译，商务印书馆 2021 年版，第 8~9 页）。

的作业方式重新表述为意义阐释、法学建构和体系化。

第二节 法教义学的作业方式

一、意 义 阐 释

法教义学是对特定实在法之意义的科学阐释。这种阐释既包括狭义法律解释，也包括法的续造，因为后者同样是对实在法之未言明的意义（法律漏洞情形）或恰当意义（法律修正情形）的阐明或赓续。当然，无论如何，解释依然属于围绕法律规范展开的最主要的意义阐释活动。

包含解释在内的意义阐释活动不仅包括对法律规范或其所包含之语词的含义确认（Feststellung），也包括对它们的意义确证（Festsetzung）。前者指的是运用既有的（无论是普通的还是专业的）语言使用规则对制定法语词含义的揭明，是“对已被认知者的再次认知”；后者指的是通过运用发生学的、历史的、体系的、客观目的论的等论据，对关于制定法语词之意义的特定命题进行证立，是“对未被认知者的新认知”。确证通常发生于通过语言使用规则的确认无法确定语词意义的场合，也即落入了特定语词的中立域或模糊地带的情形。[1] 但是，即便语言使用规则可以明确语词的含义（划定肯定域与否定域），其依然可能并非语词的恰当意义。因为可能存在规定过宽（过度包含）或规定过窄（潜在包含）的问题，前者是指规则本身包含或囊括了它背后的正当化依据所没有涵盖的情形，后者则是指规则没有涵盖它背后的正当

1 某个词的肯定域和否定域都可以由语言使用规则来划界，但后者对于它的中立域则无能为力。关于这三个域的划分，参见 Hans-Joachim Koch/Helmut Rüßmann, Juristische Begründungslehre, München: C. H. Beck'sche Verlagsbuchhandlung, 1982, S. 195。

化依据所能直接适用的情形。[1] 它们其实是规则的语义与规则背后的正当化依据的所指范围发生了背离。教义学上的意义阐释不仅要求从语言上去澄清制定法语词的含义，同时也要求厘定规则背后的正当化依据，并据此或者弄清制定法文本的意义，或者对制定法语词的含义进行扩张（漏洞填补）或限缩（法律修正）。法学方法论所提供的各种方法/论据（除文义解释外）其实都是为了确定规则背后的这种正当化依据。这也是教义学上意义阐释活动的主要关切点。

正因为解释围绕制定法语词及其所表述之概念的意义来展开，所以教义学对法律规范的意义阐释（解释）从一开始就与概念相关。但要注意的是，解释活动面对的概念是法律概念（制定法概念），也即制定法本身所规定的概念，而非法学概念（教义学概念），也即法学上建构出来的抽象概念。[2] 因为解释的任务主要不在于创造新概念，而在于澄清已出现于法条中的概念，也即将某种特定的意义内涵（用某个概念来表述它）附加于某个法律规范。解释的特殊之处在于，它具有直接的法源关联性（Rechtsquellenbezug）。它通常要使得法源（法律规范）中已存在之语词（概念）更加完善。相反，法学建构要提出的法律概念并不直接锚定在某个法源之中，而要被运用于法源，通常是为了使得它们有序化（如“主观公权利”），或者使得其运用结构化（如“保护领域”“侵害”等）。[3] 法律评注是典型的教义学载体，我们可以通过法律评注活动来展示意义阐释（解释）与法学建构（概念构造）之间的区分。例如，《德国刑法典》第 303 条表述为“非法损坏或损毁他人财物者，处……”评论者要将法条解构为不同的构成要件要素。这里包括：第一，Wer（“……

1　参见［美］弗里德里克·肖尔：《像法律人那样思考：法律推理新论》，雷磊译，中国法制出版社 2016 年版，第 29 页。

2　旺克也将前者称为“法条概念”，将后者称为“法律内容概念”（Rolf Wank，Die Juristische Begriffsbildung，München：C. H. Beck'sche Verlagsbuchhandlung，1985，S. 5）。当然，这并不否认法学概念可因立法过程而被转化为法律概念，见下文。

3　Vgl. Jannis Lennartz，Dogmatik als Methode，Tübingen：Mohr Siebeck，2017，S. 176.

者”或“……的人”)，即指任何人；第二，Sache（物)，这里应当指有体物；第三，fremd（他人的)，即并非属于行为人的财产；第四，beschädigt（损坏)，指可用性的缩减；第五，zerstört（损毁)，即可用性的完全丧失；第六，oder（或)，在德国的法条中通常表示可选择性，即并不需要将物同时损坏和损毁，满足其中一个条件即可。[1] 紧密围绕该法第 303 条规定的这六项语词所展开的活动就属于解释。但如果对这些要素进行进一步的抽象，那么第一项指潜在的行为人或主体，第二、三两项指犯罪客体，第四、五两项，即损坏、损毁指行为和结果。“行为主体”“犯罪客体”“行为”“行为结果”这些概念就是法学建构的产物，而不再仅是解释的产物。但也应该看到，解释与建构之间的区分并不总是那么清晰。通常情况下，无论是解释还是建构都应当具有法源关联性，只不过前者的关联是直接的，而后者的关联是间接的。缺乏法源关联性的建构在规范上具有瑕疵，合理的建构同样应是“附属于法律规范的”（rechtsnormakzessorisch)。[2] 因为这样的概念构造就是不断地去除制定法语词的个别特征，越来越一般化和抽象化的产物。所以很多时候，与其说解释与建构之间具有“质”的区别，不如说两者是一种先后相续的、具有程度性差异的活动。

但是，也有许多教义学概念是以疏离于文本的方式被构造出来的［通常是通过自上而下的方式，从某个先验的抽象概念（如“国家”)中推导出来的］。还有一些概念虽然出现于制定法之中，但却最好理解为是被建构出来的，因为这些概念的内涵几乎不是通过解释获得的，而在很大程度上包含着“科学创新”。[3] 比如《德国基本法》第 1 条第 1 款中的“人的尊严”。学者们

---

1 参见［德］埃里克·希尔根多夫：《法律评注的概念和方法》，刘畅译，载舒国滢主编：《法理》2021 年第 1 辑·总第 9 辑，商务印书馆 2021 年版，第 42~43 页。

2 Vgl. Christian Waldhoff, Kritik und Lob der Dogmatik: Rechtsdogmatik im Spannungfeld von Gesetzesbindung und Funktionsorientierung, in: Gregor Kirchhof/Stefan Magen/Karsten Schneider (Hrsg.), Was weiß Dogmatik?, Tübingen: Mohr Siebeck, 2012, S. 27.

3 Vgl. Jannis Lennartz, Dogmatik als Methode, Tübingen: Mohr Siebeck, 2017, S. 177.

在提出教义学范式时通常也不会顾及具体案件（不参与任何个案），而个案关联性却尤其为解释活动所强调。这类概念构造与解释有着较为明确的区别。

不仅如此，它们很多时候也会反过来对（今后的）解释活动发挥影响。以“主观公权利”的概念为例。这个概念现在虽然已被《德国基本法》第 19 条第 4 款和《德国行政诉讼法》第 42 条第 2 款所规定，但其含义却不是从这些规范中发展出来的，而自有其发展史。[1] 例如，耶利内克曾对这一概念内涵的发展具有举足轻重的影响，但他并不是通过指涉具体规范来提出他的主观公权利概念的。相反，其出发点是国家的概念及国家的自我拘束说，并且是在与意志论和利益论进行商榷后的产物。[2] 但它反过来引导着立法和法律解释本身。例如在建筑规划法中的第三人保护问题上就是如此：某人在未经规划的内部区域上建房，邻居起诉其没有取得建筑许可。法官找到了《德国建筑法典》第 34 条第 1 款第 1 句，关键在于对“添加”这个概念的理解。它是建筑法上顾及（邻居）之要求的文本联结点，在此需要进一步的中介性概念来作为“添加”这一构成要件的组成要素。显然，对“邻居”或“添加”这些概念的解释要在一种教义学框架内进行。解释在此不只要对常态领域的模糊性作出反应，而且是从一开始就要知晓教义学知识。因为要做的不是去检验某个具体的人是不是邻居，而是要通过教义学概念，即主观公权利来矫正规范。故而这里发生的并不只是解释了某个规范（邻居指的是谁?），进而对其进行涵摄（X 属于这一规范意义上的邻居吗?），而且也有这一规范本身涵摄于特定法学概念之下的过程。从这一意义上说，通过法学建构得出的教义学概念很多时候构成了意义阐释活动的“解释图式”（Deutungsschema）或“语法结构”（Grammatik Strukturen）。总之，（作为知识的）法教义学既构成了解

1　对此参见赵宏：《行政法学的主观法体系》，中国法制出版社 2021 年版，第 165~206 页。

2　参见［德］格奥格·耶利内克：《主观公法权利体系》，曾韬、赵天书译，中国政法大学出版社 2012 年版，第 14、39 页。

释得以发生的框架，其本身又要（哪怕只是有限地）回溯到解释上去。[1]

二、法学建构

“法学建构”这一概念在不同的意义上被使用，但大体可以分为两类：一方面，可以指将法律规范回溯到更为抽象的概念与制度上去的活动；另一方面，也可以指将特定事实归入既有的法学范畴之下的活动。本章将前者称为“概念构造”，将后者称为“事实归入”，它们是一种作业的两个方面。

（一）概念构造

建构首先是一种概念构造（Bigriffsbildung）的技术。概念是法律命题的最小单元，法律人通过其教义学作业运用、建构、解释法律概念。[2] 可以说，教义学概念就是储存论证步骤的公式。[3] 前文已述及，教义学建构所意图构造的概念不是法律规范中已有的概念（尽管与此关联），而是法学概念，这些概念是通过教义学活动所塑造之法律制度的载体。应事先讲明的是，概念构造非概念法学所独有，尽管的确是概念法学在学说史上对概念构造意义上的法学建构进行了最为完整和深入的阐述。例如，即便是作为其最猛烈的批评者之一的利益法学，也并不反对法律的概念建构，更不反对科学性的概念建构。因为没有概念不可能思考。只是其认为，所形成的不只是“命令概念”（法律条文的概念），也包括“利益概念”（法律目的的概念、利益状态及其评价的概念）。[4] 这两类概念是对同一法律及其内容的双重观察：命令概念探询命

---

1 Vgl. Jannis Lennartz, Dogmatik als Methode, Tübingen: Mohr Siebeck, 2017, S. 136, 138-139, 145.

2 Vgl. Jannis Lennartz, Dogmatik als Methode, Tübingen: Mohr Siebeck, 2017, S. 129.

3 Vgl. Philipp Sahm, Elemente der Dogmatik, Weilerswist: Velbrück Wissenschaft, 2019, S. 113.

4 Vgl. Phillip Heck, Das Problem der Rechtsgewinnung, 2. Aufl., Tübingen: J. C. B. Siececk, 1932, S. 14.

令的内容、内容的关联以及内容的成分，也即探究“结构问题”，相当于人类学中的解剖学；而利益概念探询命令的生活意义，采取的是功能的观察方式，相当于人类学中的生理学。[1] 因此，我们不应反对教义学上的概念构造本身，而只需时刻保持对“法学的概念天国”（“概念是有生产力的，它们自我配对，然后生产出新的概念”[2]）的迷信的警惕，以防将概念构造等同于全部法学活动即可。生活现实、交易需求、利益状态和价值观念，这些原本就应该成为构造概念时的考量因素。

法教义学围绕对核心概念的正确理解所进行的努力，要远超出为了正确法律适用之目的而给出的纯粹定义性建议。为了构造这类概念，教义学要以模型化的方式去把握法律关联结构，并在一般性的层面上去追求关于法律状态的思想清晰性。就与法源关联性的远近而言，可以区分出两类教义学概念，一类是基础概念（Elementarbegriff），另一类是基本概念（Grundbegriff）。[3] 基础概念相比于基本概念而言抽象性程度较低，但它同样要超出规范集合的抽象性程度之外。例如，“处分”（Verfügung）这个概念就涉及所有既有权利的通过私人自治方式的改变，无论具体涉及的是债权、物权、无形财产权还是股份。“（民事）法律行为”（Rechtsgeschäft）除了包括契约这类双向事实构成外，也包括单向的意思通知、解除通知或遗嘱等。这类意思表示因“意思瑕疵”，如“无行为能力”或“表示错误”而有欠缺，如造成“无效”或“可撤销”的结果。法教义学发明的这类术语可以被用于任何想象得到的尤其是新的法律领域，只要它们在这些领域中可以与关键性的、更为特殊的概念相关联。[4] 基本概念则是在基础概念的基础上继续抽象化的产物，它们往往会

1　Vgl. Philipp Heck, Begriffsbildung und Interessenjurisprudenz, Tübingen: J. C. B. Mohr, 1932, S. 54–55.

2　Rudolph v. Jhering, Geist des römischen Rechts auf den verschiedenen Stufen seiner Entwicklung, Bd. I, 9. Aufl., Darmstadt: Breitkopf und Härtel, 1953, S. 57.

3　它们对应于伦纳茨所说的“样式”（Figur）和“结构化概念”（struktuierender Begriff），参见 Jannis Lennartz, Dogmatik als Methode, Tübingen: Mohr Siebeck, 2017, S. 134。

4　Vgl. Martin Flohr, Rechtsdogmatik in England, Tübingen: Mohr Siebeck, 2017, S. 52.

超出特定的部门法领域之外。例如，“法律关系”（Rechtsverhältnis）的概念最初是从古罗马私法中“债”（obligatio）的概念发展起来的，到19世纪成为私法的核心概念。但在今天，它已经超越了民法的范畴，成为两个或多个主体之间的法律联系（无论这种联系是私法性质的还是公法性质的，抑或社会法性质的）的统称。又如，“主观权利”（subjektives Recht）的概念，同样囊括了私法意义上的主观权利和公法意义上的主观权利（后者被称为“主观公权利”）。

围绕概念构造展开的法学建构如何进行？简单地说，就是通过指涉其他概念来创造某个新的法学概念。拉邦德曾认为，法律制度的建构就是“将具体法律条文回溯到更一般性的概念上去，另一方面又从这些概念中推导出由此产生的结论”[1]。这类作业的核心在于，在尊重法源的前提下对概念归纳式获取，以及将它们在教义学结构中进行归类。就此而言，法学建构与其他类型的建构（如数学建构、语法建构等）原则上并无二致：从其先前思维上孤立的部分中重构出整个法律制度，先分析后综合。在这一过程中，它对特定法律制度之法条的无矛盾性与充分性进行了检验。[2] 据此，当代学者耶施泰特（Jestaedt）将教义学概念的构造分为三种操作模式，即抽象性的去语境化、体系性的连贯化以及演绎—适用性的具体化。[3]

当然，在处理法学建构技术方面最著名的还是耶林。按照耶林的观点，法学建构分为三个基本操作，即法律分析、逻辑集中和法学建构。其一，法律分析的任务在于分解素材，也即将实在法的素材还原成为最简单的基本成分，一直到无法再细分的个别成分产生，然而将综合的事物回溯到其基本要素。这样的分析就如同我们把单词拆解成字母，再重新组合而得出新的单词

---

1 Paul Laband, Staatsrecht des Deutschen Reiches, Bd. 1, 3. Aufl., Freiburg: Mohr, 1895, S. X.

2 参见［德］拉德布鲁赫：《法哲学导引》，雷磊译，商务印书馆2021年版，第9页。

3 Vgl. Matthias Jestaedt, Wissenschaftsliches Recht, in: Gregor Kirchhof/Stefan Magen/ Karsten Schneider (Hrsg.), Was weiß Dogmatik?, Tübingen: Mohr Siebeck, 2012, S. 125.

一样。法律的任务也是要这样去拼出法律字母。简言之，法律分析的方法就是将抽象而普遍的事物与法条中的具体事物加以分离。其二，逻辑集中是从个别性出发通过原则的抽象作用进行的联结与堆积，这是一个普遍的逻辑操作。于此，耶林特别强调，法学素材通过法学进行集中的可能性前提在于，立法者已经给予并运用了一个原则，这个原则本身不必已经被认识或者表达出来，但立法者已经无意识地在其中运用了该原则的个别法条。而在被发现与认知的原则中已经包含了新的法条的来源。所以，逻辑集中的方法就是将多数的法律规定还原成基本原则。其三，法学建构。耶林在此又区分了较低层次的法学与较高层次的法学。较低层次的法学在他看来就是解释，解释的任务在于：相互分解素材，排除其表面上的矛盾，消弭模糊不清之处，凸显立法者整体上的意思内容，即从现存的个别规定中推导出作为这些规定基础的规则，以及相反地从现存的原则推导出结论。但这只能是法学建构的一个先前阶段，接着的较高层次的法学不再停留于法律条文和原则的层面，而是要跃升到法律制度和法律概念（也即前面所说的基本概念）。法条是一堆素材、思想，只是一种单纯的实体性存在，但法律制度是存在，而不是单纯关联于同一关系的个别法条的凝聚物。法学建构方法的运用就是将法律素材提升到一个较高的凝聚状态。[1]

最后要指明的是，从历史的角度看，一开始作为法教义学固有创新活动的概念构造，今天已被立法者所攫取并成为了法律解释的对象。[2] 尽管直到20世纪对新的基本范畴的发现依然存在（如“形成权”理论的形成），但从整体上看，基础/基本法律概念的创新活动在今天已变得十分罕见，因为现在

1　Vgl. Rudolf von Jhering, Geist des römischen Rechts auf den verschiedenen Stufen seiner Entwicklung, Bd. Ⅱ 2, 4Aufl., Darmstadt: Breitkopf und Härtel, 1883, S. 335, 252, 353ff, 258f, 360-361. 也可参见吴从周：《概念法学、利益法学与价值法学：探索一部民法方法论的演变史》，中国法制出版社 2011 年版，第87~93 页。

2　Vgl. Jan Schröder, Rechts als Wissenschaft, 2. Aufl., München: Verlag C. H. Beck, 2012, S. 402.

的制定法条款已不像过去那么粗糙和杂乱无章。自19世纪初以来，立法越来越采纳一种抽象的思维形式，并越来越掌握教义学术语，立法的科学性得到了加强。现在的教义学者们不再那么强调进行自主的概念构造，而更多是去寻求制定法所运用之概念可被法教义学所涵摄的定义；教义学问题（概念构造问题）变成了解释问题。[1] 由此可看出法学建构与解释（意义阐释）之间的难以分割性。

（二）事实归入

概念构造的目的不在于自身，而在于更好地对事实进行归类处理。因为法教义学的概念和命题即便再抽象，也是有适用导向的。事实归入意义上的法学建构，指的是“通过体系之概念要素的分析和综合，将个别现象在体系中进行归类”[2]。换言之，通过建构，具体的事实现象或法律现象被回溯到某个或多个已知的基本概念上去，从而在概念体系中被归类。应当指出，就像有的学者支持的那样，法教义学试图使事实匹配于法学范畴的做法，就好比是“伴随着痛苦呻吟的剧烈挤压”。[3] 或许这会导致“瓦解并破坏生活的整体性”，但它却是对生活事实进行法律评价的必经前提，或者也可以说是生活事实规范化的必由之路。

法律概念之所以被构造，法律体系之所以被编排，其目的在于让它们与外部世界发生关联，并由此赋予某个纯粹的事实以法律意义。如果说法律是一种诠释世界的图式，那么世界上所发生之事都必须被置于“法律处境”（Rechtslagen）之中。由此产生的平行的世界并不完全是表征性的，它的诠释

---

1 Vgl. Martin Flohr, Rechtsdogmatik in England, Tübingen: Mohr Siebeck, 2017, S. 53.

2 Max Rümelin, Zur Lehre von der juristischen Konstruktion, in: Günther Ellscheid/ Winfried Hassemer (Hrsg.), Darmstadt: Wissenchaftliche Buchgesellschaft, 1974, S. 76.

3 Vgl. Konrad Zweigert, Rechtsvergleichung, System und Dogmatik, in: Karl August Bettermann/ Albrecht Zeuner (Hrsg.), Festschrift für Edurd Bötticher zum 70. Geburtstag am 29. 1969, Berlin: Duncker & Humblot, 1969, S. 445.

会对事实的世界产生反作用，对后者进行塑造。因为对某个对象进行法律上的归类将导致特定法律规则可适用于它，并确定它（在法律世界中）的位置。当然，事实的世界可能处于永恒的变迁之中，所以对它的法律诠释也必须要跟进。但无论如何，法教义学者都认为必须通过教义学的概念配置来对每一种新的生活表述进行合乎计划的把握：并不是要为生活世界中的每一个新现象都发明一个自己的术语，而是要用相对于生活之多样性来说数量少得多的法学基础概念来应对它们。许多法学建构都首先服务于面对已改变的事实情境去维系传统的体系，并满足其理解。因为法学建构固有的任务恰在于确定对新现象具有决定性的法律条文。将某个法律概念归类为某个已知的属（Gattung）下面的新的种（Art），使得有可能将适用于该属的规范集合也适用于该种。[1] 这也说明，将事实处境涵摄于某个法律规范所包含的相对具体的概念之下，尽管也是一种有意义的法律诠释，但却与整个法律体系没有直接关联，因而不是教义学的思维形式。

事实归入的法学建构大体可以通过两种方式来进行。一种是先选择某个制定法概念，并试图以此来对事实进行定义，即将它作为种概念归属于某个属概念之下，从而将它添入体系。由此，概念体系在内容上得到了丰富，精致化程度也由此得到增强。这里又可分为两种情形：一是简单建构，也即只将有待分析的现象归属于一个上位概念；二是复杂建构，也即使得具体现象与多个上位概念同时发生联系。例如，遗嘱同时可被归属于“意思表示”和“死因处分”。基于体系中的这种双重定位，制定法联结于这两个概念中的每一个的法律后果都对被建构出来的概念具有决定性。[2] 复杂建构的基础在于，同一个事实现象可以成为不同法律规范的调整现象（它处于调整的交叉点上），因为教义学对它的法律意义提供了复数的诠释图式，配备了不完全相同

1　Vgl. Martin Flohr, Rechtsdogmatik in England, Tübingen: Mohr Siebeck, 2017, S. 64, 65.

2　这个例子参见 Jan Schröder, Rechts als Wissenschaft, 2. Aufl., München: Verlag C. H. Beck, 2012, S. 273。

的法律后果。所以体系化取向的法学建构必须要尽可能完整地进行这种复杂建构或复数归属，以穷尽其法律意义和相关后果。[1]

另一种方式是从社会现象出发，然后对此进行法学上的分析。但这往往不能只是提供任意一种的个案解决办法，也就是援引一个相关的条款，并检验一下参与者在法律上的行为可能性。教义学作业要求对有待遵守的不同具体规整进行彼此协调，或对合乎属概念的现象添入法律概念体系的不同可能方式进行权衡。例如，只有当病人同意治疗措施时，医生才能采取医疗干预行为。因为只有这样医生才不会承担侵权责任，否则他就侵害了病人身体的完整性。这种同意在法律上可以被视为对损害赔偿之诉的预先放弃（也即契约），也可以被视为对侵权行为的同意（单方法律行为），或至少可以被视为准法律行为。与这种同意相应的是同意的能力以及根据法律是否容许代理其意思表示（《德国民法典》第104、164条），同时同意的内容也不得逾越公序良俗的界限（《德国民法典》第138条第1款）。但如果人们将这种同意视为一种纯粹的事实行为（如对嗣后之法律保护的单纯放弃），那么这些法律条款都将不能适用。[2]

这也说明，涉及同一事实的不同教义学建构有时会发生冲突。例如，我在乘火车前，将行李交给一位工作人员，让他搬到车厢去，这是寄托、委托，还是租赁、劳务、承揽呢？又如，通过邮局订阅报纸，邮局是以报社代理人的身份负责报纸的订购工作，还是以独立身份签订合同呢？在后一种情况下，该合同应当如何界定，是劳务合同、承揽合同，还是买卖合同呢？[3] 对此，通常只能选择一种建构方式。当发生建构冲突时，支持抑或反对某种建构可能性的决定作出的主要依据是，它在多大程度上有助于实现法教义学的目标，

---

1 除非不同的教义学建构会发生冲突，这时只能择一适用。对此参见紧接着的下文。

2 Vgl. Martin Flohr, Rechtsdogmatik in England, Tübingen: Mohr Siebeck, 2017, S. 62-64.

3 参见［德］鲁道夫·冯·耶林：《生活中的法学：法律问题与法律思维》，于庆生、柯伟才译，中国法制出版社2019年版，第7、77页。

即效率与正义（尤其是平等对待）。[1] 例如，某种归类可能被谴责为不合目的，因为它迫使引入了额外的区分，或者由此已被认可的区分又被混淆了，甚至妨碍了类似的法律问题被类似处理。[2] 此外，还要看一种建构能否被轻易地涵摄于要被归属的上位概念之下，或者何种制定法漏洞借助教义学定位和由此发生的演绎可能性能够被填补。此外，在不同建构可能性之间的选择也取决于法政策学的考量。如果某种建构方式确保了被认为正确的利益均衡，或如人们所愿地决定了一组重要案件，那么它就会胜出。

所以无论如何，教义学不仅是对现行法的体系化描述，也要针对法律问题建构解决方案，并提出新的教义学样式（dogmatische Figuren）。[3] 在此意义上，它也在进行法的续造，因为它扩展了法条的适用范围或就新的法条提出了建议。例如，所有权取得情形中的抽象物权合同就是一个著名的例子，人们往往称之为"教义学上的发现"（dogmatische Entdeckung）。[4] 这类教义学建构就属于创造性的引导，[5] 因为它通过教义学的外衣主动构造出了法律问题的解决办法。因此，教义学命题包含着这种形式——"针对个案之一般表述形式的裁判建议"[6] ——的命题，例如它也要发现法律漏洞并对其进行填补。有为数不少的学者都支持将法学建构作为一种法律发现的工具，认为它发挥

1　Vgl. Max Rümelin, Zur Lehre von der juristischen Konstruktion, in: Günther Ellscheid/ Winfried Hassemer (Hrsg.), Darmstadt: Wissenchaftliche Buchgesellschaft, 1974, S. 84.

2　Vgl. Hans-Martin Pawlowski, Methodenlehre für Juristen, 3. Aufl., Heidelberg: Müller, 1999, S. 336.

3　参见［德］弗朗茨·维亚克尔：《法教义学的实践功效》，王洪亮译，载田士永、王洪亮、张双根主编：《中德私法研究》2010年·总第6卷，北京大学出版社2010年版，第56页。

4　Vgl. Jan Schröder, das Verhältnis von Rechtsdogmatik und Gesetzesgebung in der neu-zeitlichen Rechtsgeschichte, in: Okko Behrends/ Wolfram Henckel (Hrsg.), Gesetzesgebung und Dogmatik, Göttingen: Vandenhock u. Ruprecht, 1989, S. 59.

5　Vgl. Adalbert Podlech, Rechtstheoretische Bindungen einer Methodenlehre juristischer Dogmatik, in: Hans Albert u. a. (Hrsg.), Rechtstheorie als Grundlagenwissenschaft der Rechtswissenschaft, Düsseldorf: Bertelsmann Universitätsverlag, 1972, S. 500.

6　Vgl. Klaus Adomeit, Zivilrechtstheorie und Zivilrechtsdogmatik-mit einem Beitrag zur Theorie des subjektiven Rechte, in: Hans Albert/Niklas Luhmann/Werner Meihofer/Ota Weinberger (Hrsg.), Rechtstheorie als Grundlagenwissenschaft der Rechtswissenschaft, Düsseldorf: Bertelsmann Universitätsverlag, 1972, S. 503, 505.

着一种中介性的角色：概念体系中的归类让我们有可能比较相近的体系构成要件，借此，为获得法律承认而斗争的诸参与者利益之间的共性和差异都将被揭明。[1] 这种比较其实就是一种类比，所以建构提供了一种“类比假设”（Analogiehypothese）[2]，它必须根据各个有待裁判之案件的具体利益处境以及立法者针对新现象已经做出的评价来检验。

总之，法学建构具有两面性，它不仅要进行对现行实在法的体系性描述和重构，也包含着使得新的法律推论成为可能的“革新性要素”。[3] 法学建构的功能也是双重的：一方面，它通过法学概念的区分提升对法律文本的分析能力；另一方面，它也将非法律的论据转化成法律论据。因为单纯的意义阐释（解释）本身并不能产生新概念，建构是创设新的法律概念以及新的法学知识的唯一方法。但它并不意味着教义学的自我支配和不受控制，而恰恰要对新法律概念（新法学知识）的引入进行限制，并确保导向于既有的被立法者所给定的概念。因此，被正确理解的建构可以成为合乎渊源之法律论证的守护者。[4]

三、体　系　化

教义学的过程必然不限于单个教义学概念，[5] 法学建构本身就内含着体系化的倾向，因为它是将法律关系还原为法律概念的工作，它所处理的问题是

1　Vgl. Max Rümelin, Zur Lehre von der juristischen Konstruktion, in: Günther Ellscheid/ Winfried Hassemer (Hrsg.), Darmstadt: Wissenchaftliche Buchgesellschaft, 1974, S. 85.

2　Vgl. Heinrich Stoll, Begriff und Konstruktion in der Lehre der Interessenjurisprudenz, in: Günther Ellscheid/ Winfried Hassemer (Hrsg.), Darmstadt: Wissenchaftliche Buchgesellschaft, 1974, S. 207.

3　Vgl. Josef Esser, Möglichkeiten und Grenzen des dogmatischen Denkens im modernen Zivilrecht, Archiv für die civilistische Praxis 152 (1972), S. 97.

4　Vgl. Jannis Lennartz, Dogmatik als Methode, Tübingen: Mohr Siebeck, 2017, S. 177,178.

5　See Nils Jansen, *The Making of Legal Authority: Non-legislative Codification in Historical and Comparative Perspective*, Oxford University Press, 2010, p. 42ff.

将某个法律图式归于法律体系之中，使之与体系的一般概念形成联系。[1] 因此，建立思想的大厦（在其中已获取的知识能够拥有其精确的位置）是法教义学的核心任务，法教义学就是以概念、原理和原则来体系化把握某一法律领域的各个实在的现行法。[2] 用萨维尼的话来说，“体系涉及所有法律制度和法规则连接成一个大统一体的内在关联”[3]。相应地，体系化意味着将概念和原则的发现或创新与概念和制定法规范一起归纳为一个整体，并正确复现它们之间的内在关联。这种内在关联既体现为从一般性概念合乎逻辑地推导出特殊概念，也体现为通过原则来证立规则。因为法教义学既可以从规范着手，也可以从规范所表述的概念着手，所以从这两类要素出发都可能构造出体系，但它们是彼此关联的。所以，教义学的体系化作业就可以分为两个相关的层面，一个是概念—规则体系的构造，另一个是价值—原则体系的构造。前者塑造了法的外在体系，后者塑造了法的内在体系。

（一）概念—规则体系

概念分类就好比是为法律人制作的精神地图，为的是他们能够获得关于法律现象世界的导引。教义学将基础概念分为属概念、种概念、亚种概念等，要求尽可能去把握全部形式。这无疑来自古希腊的知识论。这里举两个例子：一个例子涉及法律关系。古罗马“法学阶梯体例”将法律关系的要素分为“人”（personae）、“物”（res）和“诉”（actiones），这个分类直至18世纪末仍属平常。今日则采取了更为抽象的术语来进行分类，那就是“法律主体”、“法律客体”和“法律事实”。法律主体被分为自然人与法人，法人又

1　Vgl. Jan Schröder, Recht als Wissenschaft: Geschichte der juristischen Methode vom Humanismus bis zur historischen Schule (1500–1850), 2. Aufl., München: Verlag C. H. Beck, 2012, S. 267–268.

2　参见［德］乌韦·迪特里希森：《法教义学的道路》，雷磊译，载舒国滢主编：《法理》2018年卷·总第4卷，商务印书馆2018年版，第168页。

3　［德］弗里德里希·卡尔·冯·萨维尼：《当代罗马法体系Ⅰ》，朱虎译，中国法制出版社2010年版，第167页。

被分为公法人和私法人，私法人根据成立的基础又可进一步分为社团法人和财团法人，或根据法人的目的分为营利法人和非营利法人。[1] 法律客体可能是有形的（物），也可能是无形的（精神产品）。物又可以根据与法律相关的不同标准来进行分类，如动产和不动产、主物与从物、融通物与不融通物、代替物与不代替物、特定物与种类物、消费物与不消费物、可分物与不可分物、单一物/结合物/集合物、原物与孳息等。[2] 法律事实可以分为自然事实和人的行为，人的行为又可分为合法行为与违法行为，合法行为又可再区分为法律行为、准法律行为和事实行为，法律行为自身则又可分为单向的和双向的、有对价的和无对价的、因果的和抽象的以及处分行为与负担行为等。另一个例子涉及“主观权利”的概念。这个概念在19世纪的个人主义私法思维中处于私法体系的顶端。今日之主观权利首先可被分为绝对权与相对权，前者可分为支配权、人格权、亲属权和继承权。支配权可分为物权和知识产权，物权又区分为所有权和限定物权，后者再次分为取得权、使用权和担保权。所有这些范畴又可以不断进行再分类，如担保权可分为动产担保权和不动产担保权，抵押、土地债务、定期土地债务又是不动产抵押权的主要亚类。即便像抵押（Hypothek）这样的概念还可以根据不同标准进行分类，比如根据循环周期分为发行抵押债券的抵押和登记抵押，根据债权人不同分为自主抵押和他主抵押，等等。

普赫塔为概念—规则体系教义学建构提供过一种典型的方法，即“概念的谱系”（Genealogie der Begriffe）方法。普赫塔非常强调体系思考，他认为，要形成法的体系性知识，最为重要的工作在于建构法条体系以及作为法条（规则）“思考”因素之关联理解的法概念体系。在结构上，所谓法的体系是法条体系；从知识论上看，它又是由作为法条思考因素之关联理解的法学概

---

1 参见梁慧星：《民法总论》（第6版），法律出版社2021年版，第125~129页。
2 参见梁慧星：《民法总论》（第6版），法律出版社2021年版，第160~164页。

念构成的“科学”体系。在法条体系和法概念体系的建构上要采取一种独特的“概念的谱系”方法，这种方法实际上是通过形式逻辑的方式对理解必要的抽象法条（规则）采取一种概念层系的建构思考。借此，法学的任务是在体系的关联上去认识彼此互为条件又相互衍生的法条，以便能够追溯单个法条的“谱系”，向上回溯至其原则，并且同样地从原则向下延伸至其最外部的分支。这就要求法的体系性知识抓住法条的整体关联和它们相互之间的亲缘关系，以便“能够通过在其形成中起作用的所有中间环节，向上和向下追溯每一个概念的来源”。普赫塔通过一个道路役权（Wegservitut）的例子来说明了这一点：当观察需要通过某块土地的具体权利时，法学家必须一方面意识到该权利在法律关系体系中的地位，另一方面又必须把该权利的来源向上追溯至权利的概念，并从权利的概念向下追溯，才能得到此项权利，该权利的性质才会被完满地确定。按照普赫塔的分析，“道路役权”首先是一项主观权利，其次是一项“对某个物”的权利（物权），最后是一项“对某一他物”的权利，即物的部分附属性质的权利；而物的附属之特殊性质是物之使用，故此，“道路役权”属于“物之使用权的谱系”，这个谱系还可以不断地向下追溯。[1] 如果将这样一种谱系成文化，其就将成为一部结构严谨、逻辑严密的法典。在此意义上，法教义学知识的体系化可被视作一种“非立法的法典化”，也即不为立法者的权威所涵盖的、合乎法典化表述的规范文本。[2]

当然，这种体系化的概念构造方法从20世纪初开始受到了猛烈抨击。利益法学派的代表黑克嘲讽其为“颠倒方法”（Inversionsmethode），也即首先从法材料出发以建构方式获得普遍概念，再从中推导出特殊的概念与法条。[3] 这

---

1 参见舒国滢：《格奥尔格·弗里德里希·普赫塔的法学建构：理论与方法》，载《比较法研究》2016年第2期。

2 Vgl. Nils Jansen, Dogmatisierungsprozesse in Recht und Religion, in: Nils Jansen/ Peter Oestmann (Hrsg.), Gewohnheit-Gebot-Gesetz, Tübingen: Mohr Siebeck, 2011, S. 140.

3 Vgl. Phillip Heck, Das Problem der Rechtsgewinnung, 2. Aufl., Tübingen: J. C. B. Siececk, 1932, S. 13.

一过程尤其带有这样的嫌疑，那就是在先前对属概念进行界定时已然有意考虑到特定的演绎可能性了。[1] 到了评价法学时期，学者们意识到概念完全不适于实现法律体系的内在关联性，因为他们认为法秩序的统一性并不是概念逻辑式的，而是“合乎评价”式的，而评价“无疑位于形式逻辑的领域之外”。[2] 作为替代方案的是原则体系，它不能被理解为一种演绎体系，而要被理解为一种目的论秩序。[3] 但是，原则体系的构造与概念体系的构造并不矛盾。构造基础概念对于获取法律原则来说也很重要，因为法律原则只有通过其概念的抽象化才能拥有其广泛的适用领域。具体而言，这些原则的获取是一个归纳式创造的过程，它通过去除具体法律规范中概念的具体特征来达到一个更高的抽象化水准。

（二）价值—原则体系

法教义学并不是价值中立的概念工作。它遵循价值论路径，塑造着整个法律体系和个别法律领域所依据的价值、法律原则和推导关系。通常认为，法律原则是通过“整体类比”的方法获得的：它们可以归纳的方式从多个规范（规则）中获得，而从许多原则出发又可以上升为更加抽象的原则。[4] 许多学者认为原则在内容上表述出了具体规整的道德理由或政策目标，或者表达出了某个更大之规整集合的主导性思想。[5] 所以具体条款背后的证成理由经

1 Vgl. Helmut Coing, Einleitung zum Bürgerlichen Gesetzbuch, in: J. von Staudingers Kommentar zum Bürgerlichen Gesetzbuch mit Einführungsgesetzen und Nebengesetzen., 13. Aufl., Berlin: Duncker & Humblot, 1995, Rn. 181.

2 Vgl. Claus-Wilhelm Canaris, Systemdenken und Systembegriff in der Jurisprudenz etwickelt am Beispiel des deutshen Privatsrechts, 2. Aufl., Berlin: Duncker & Humblot, 1983, S. 21f.

3 Vgl. Claus-Wilhelm Canaris, Systemdenken und Systembegriff in der Jurisprudenz etwickelt am Beispiel des deutshen Privatsrechts, 2. Aufl., Berlin: Duncker & Humblot, 1983, S. 41ff.

4 Vgl. Claus-Wilhelm Canaris, Die Feststellung von Lücken im Gesetz, 2. Aufl., Berlin: Duncker & Humblot, 1983, S. 97ff.

5 例如，Josef Esser, Grundsatz und Norm in der richterlichen Fortbildung des Privatsrechts, Tübingen: J. C. B. Mohr, 1956, S. 51f。

常被称为“评价”、“具体评价”或“规整思想”，而涉及整体法秩序时则被称为“基础性评价”和“一般性原则”。虽然耶林的法学建构方法已然涉及了基本原则，但在耶林看来，原则不只是“逻辑集中”，即通过对既定之细节的抽象来对法律材料的总额加以压缩的产物，原则发展自法律交往的需求：它在历史上一开始出现时只是个例外，只是在法律革新的进一步发展过程中才被强化为常态。[1] 当法律体系初创时，它往往表现为一个松散的规范架构。乍一看为解决个案逐一搜寻出的法律规定，彼此间也不存在多大关联。法教义学的核心任务便是为单个法律规定建构关联体系，从上位更大的原则以及核心价值中衍生出属于特定领域的和以成文法、法官法为导向的且将愈加细化的具体法律原则，从而让人们得以整体把握这一法律体系。[2]

根据今日之法学的自我理解，许多法律领域已经各有历史悠久的某个甚至一批支配性原则。它们不再必须被特地证明，尤其不再需要从各个分散的法律规则中进行归纳。例如，个人领域中的自决原则（意思自治原则）与自我拘束原则、信赖原则/诚实信用原则，共同体领域的参与原则、平等对待与比例原则、社会平衡原则等。[3] 有时，制定法已经直接规定了某个原则，学界则努力去确定这个原则的“射程”，并在它的诸多适用情境之间建立起关联。例如，作为父母抚养权的确定依据，儿童利益原则（我国民法典称之为“有利于未成年子女的原则”）已被《德国民法典》第 1627 条所明确规定，所以相关的学说阐述只要列举出这一原则的具体表现就足矣：对儿童不断增长的自主行动之需求的尊重（第 1626 条第 2 款）、对侮辱性教育措施的禁止（第 1631 条第 2 款）、对儿童进行教育时要因材施教（第 1631a 条）等。在许多

1　Vgl. Rudolf von Jhering, Geist des römischen Rechts auf den verschiedenen Stufen seiner Entwicklung, Bd. Ⅱ 2, 4Aufl., Darmstadt: Breitkopf und Härtel, 1883, S. 353, 354.

2　参见［德］托马斯·维腾贝格尔：《德国视角下的基础研究与教义学》，查云飞、张小丹译，载李昊、明辉主编：《北航法律评论》2015 年第 1 辑，法律出版社 2016 年版，第 6 页。

3　Vgl. Karl Larenz, Richtiges Recht: Grundzüge einer rechtsethik, München: C. H. Beck, 1979, S. 57ff, 114ff.

更新的法律领域，这类指导性原则则是由决疑式的司法慢慢发展起来的，其间学者们不辞劳苦的精耕细作也发挥着不小的作用。例如，劳动关系中的员工解雇保障权（Kündigungsschutzrecht）就是被数十年来一个又一个的具体司法裁判从一般性条款中发掘出来的。而学界围绕这些判决归纳提炼出了一些中等抽象层次的原则，如预期原则、最后手段原则、对雇员的续约利益与雇主的解约利益进行利益权衡的原则，显著提高了对这种权利之理解的清晰程度。[1]

建立原则体系主要是要去发现某个法律体系的原则与规则之间的关联，并进一步确定这些原则彼此如何相互补充与限制。因为原则是通过规则来具体化的，而在每一个具体化的阶段都会加入新的评价性观点，而原则也会由此获得越来越清晰的轮廓。[2] 规则体系（外部体系）与原则体系（内部体系）之间的勾连方式大体上包括五种：[3] （1）不同的规则作为同一个原则的各种具体化。如果找到了某个原则（在其他语境它已众所周知）的新“放射物”，那么就可以用同一个原则来证立来自不同法律领域的多个具体规范，从而提升法律整体上的融贯性。例如，教义学上将《德国民法典》第 812 条第 1 款第 1 句规定的“其他方式”之不当得利理解为法的继续作用思想（Rechtsfortwirkungsgedanken）的体现。要考察的是，这些其他条款是不是第 812 条第 1 款第 1 句规定的侵害他人权益之不当得利（Eingriffskondiktion）的下位情形，后者又在多大程度上与第 823 条规定的对绝对权的侵权保护相近。对这种近缘关系的确认将使得我们有可能根据侵权法规定来确定不当得利所保护的法益。（2）多个原则通过某个规则或规则集合联结起来。例如，为了证立意思瑕疵情形下的撤销权，通常会将私人自治和交易保护原则合在一起援引。如

1 Vgl. Martin Flohr, Rechtsdogmatik in England, Tübingen: Mohr Siebeck, 2017, S. 46-47.

2 Vgl. Claus-Wilhelm Canaris, Systemdenken und Systembegriff in der Jurisprudenz etwickelt am Beispiel des deutshen Privatsrechts, 2. Aufl., Berlin: Duncker & Humblot, 1983, S. 57.

3 Vgl. Martin Flohr, Rechtsdogmatik in England, Tübingen: Mohr Siebeck, 2017, S. 59-61.

果说在合同对方进行恶意欺诈或胁迫的情形中确保撤销权是出于自决原则，那么第三人欺诈情形中就也要考虑对合同对方的信赖保护。（3）某个规则作为多个原则相互碰撞的结果。据此，多个彼此矛盾的原则相互限制。例如，关于特留份请求权的条款可以被理解为罗马上的遗嘱自由原则与日耳曼法上的亲属继承权原则的平衡。（4）某种支柱性思想被提升为原则，同时与这一原则不符的零星规则被当作例外。众所周知，债法适用（民事）法律行为的形式自由原则；但也有例外，比如不动产买卖合同和担保合同就要遵守形式要求。（5）某个规则作为不同抽象层级之原则合力的结果。例如，法治国原则可以用于证立大量的原则，而这些原则进而又可以被引证为支持其他原则的理由。如信赖保护原则通过法的安定性原则被证立，而后一原则则通过法治国原则被证立。[1] 因此，我国《民法典》第 311 条关于善意取得不动产或动产的规定，就可以说同时是（从具体到抽象依次是）信赖保护原则、法的安定性原则和法治国原则的体现。这是原则间的“串连”现象。

原则间的“串连”现象也同时说明：如果不断对诸多原则进行“合并”，依次获得之原则的抽象化层级就将不断跃升，最终可以达致超越各个法律领域的、对于整个法律体系具有基础意义的根本原则。拉伦茨称这类根本原则为“法理念”（Rechtsidee）。在他看来，法理念是原则统一的基点，是一切法的基本原则，（各个法律领域）的法律原则是对法理念的具体化，而法律规则又是对法律原则的具体化。而他认为德国法律体系的法理念就是法律和平（法的安定性）与正义。[2] 一言以蔽之，教义学体系化作业的最高理想就在于，根据某个单一的理念（或数量极少的理念）来阐释整个法秩序的所有具体法条或者它的一部分。[3]

---

1 参见［德］罗伯特·阿列克西：《法律证立、体系与融贯性》，载［德］罗伯特·阿列克西：《法：作为理性的制度化》，雷磊编译，中国法制出版社 2012 年版，第 117 页。

2 Vgl. Karl Larenz, Richtiges Recht: Grundzüge einer rechtsethik, München: C. H. Beck, 1979, S. 33.

3 参见［德］拉德布鲁赫：《法哲学导引》，雷磊译，商务印书馆 2021 年版，第 9 页。

总之，法教义学要进行双重体系化作业，其中概念—规则的体系化的目标是实现上下有序（效力等级明确）、逻辑连贯（无矛盾）的整体，而价值—原则的体系化则是为了尽可能地追求价值融贯、理念统一的秩序。因此，作为法教义学的制度化运作的体系建构允许聚集、检验与进一步发展多代际洞见，它同时服务于稳定性与进步。一方面，在这样一个体系中，学者要提出某个新命题，所受到的审查密度要比在各个新发生的证立中大得多。另一方面，这种体系建构还会导向新的洞见。[1] 体系，既是教义学的稳定机制，也是教义学的创新力量。

本章结语

法教义学的方法是指法律人与实在法打交道时的作业方式，而非进行这种作业时所要运用的具体方法。就此而言，法教义学的方法既不完全等同于法学方法论，也不等同于我们在谈论法经济学、法人类学、法社会学之方法时的那种意义上的“方法”。法教义学的规范性立场决定了，作为方法的法教义学是一种以法律规范为出发点，通过意义阐释、法学建构和体系化这三个相对独立但又前后相连的环节展开规范性作业的过程。从前文的论述可以看出，法教义学的这三个环节或三种方法之间存在紧密的内在关联：一方面，围绕法律规范展开的意义阐释（以解释活动为主）是进行概念构造和事实归入的前提，法学建构的不断抽象化又必然导致体系化；另一方面，体系性建构本身又构成了新的意义阐释（解释）活动的预设框架，并在此意义上影响着后者。因此，这三种方法本身处于“诠释学循环”（hermeneutischer Zirkel）之中，紧密结合构成了教义学作业的整体。它们是学理上人为的和相对的划

1 参见［德］罗伯特·阿列克西：《法律证立、体系与融贯性》，载［德］罗伯特·阿列克西：《法：作为理性的制度化》，雷磊编译，中国法制出版社 2012 年版，第 127 页。

分，实践中并不可能被一清二楚地分开来。但它们从自我观察和自我反省的视角，分步骤展示出了法教义学的思维操作方式，清晰地呈现了作为方法之法教义学的“密码”。如果要画一座教义学金字塔，那么意义阐释的结论就位于金字塔的底层，而从底层往上攀登，法学建构出的概念和原则越来越抽象，最终位于金字塔顶部的是作为体系化成果的基本概念和基本原则（甚至是法理念）。最后要指出的是，不同类型之法教义学所处的层级和倚重的方法并不相同：如果说实用教义学位于金字塔的底层和中下层，主要进行的是实在法的意义阐释和更具体的建构活动的话，那么科学教义学则位于金字塔的中上层和顶层，更多进行的是更抽象之概念构造和原则塑造活动，从整体上为教义的体系化负责。[1]

1　关于“实用教义学”与“科学教义学”的区分，参见［德］罗尔夫施蒂尔纳：《现代民法与法教义学的意义》，陈大创译，载李昊、明辉主编：《北航法律评论》2015 年第 1 辑，法律出版社 2016 年版，第 109~110 页。维腾贝格尔在相似的意义上区分了“法律实践教义学”与“法律科学教义学”。参见［德］托马斯·维腾贝格尔：《德国视角下的基础研究与教义学》，查云飞、张小丹译，载李昊、明辉主编：《北航法律评论》2015 年第 1 辑，法律出版社 2016 年版，第 7 页。

第六章
法教义学的科学性

法理学者颜厥安曾提出一个颇耐人寻味的问题：法学作为一种科学竟然还有法释义学（法教义学）在其中，不是非常奇怪吗？[1] 这一问题的潜在背景是：众所周知，法教义学思维在历史上深受神学思想的影响，[2] 两者都不以认识绝对的真理为目标，而是想建构一种依据（神启、传统或法律命令而来之）权威要求服从的理论建筑。[3] 而至少从近代以来，科学显然将神学作为最大敌人，因为科学想要扮演的，就是将人类从神学的禁锢和束缚中解放出来的“普罗米修斯”的角色。而法教义学与神学所分享的“教义性”，或者说“受权威拘束”的特质，与科学追求客观真理的目标看上去有很大不同。但另一方面，法教义学却又被大多数学者视为“狭义上的法律科学”或“实践性的法律科学”，有时甚至被直接称为“教义性的法律科学”（dogmatische Rechtswissenschaft）。[4] 除了个别例外，几乎所有的法学流派都不否认它的科学

---

1 参见颜厥安：《法与实践理性》，中国政法大学出版社 2003 年版，第 149 页。

2 具体可参见白斌：《论法教义学：源流、特征及其功能》，载《环球法律评论》2010 年第 3 期。

3 参见［德］弗朗茨·维亚克尔：《近代私法史——以德意志的发展为观察重点》，陈爱娥、黄建辉译，上海三联书店 2006 年版，第35 页。

4 例如，Werner Krawitz，Rechtssystem und Rationalität in der Jutistischen Dogmatik，in：Aulis Aarnio/Ilkka Niiniluoto/Jyrki Uusitalo（Hrsg.），Methodologie und Erkenntnistheorie der juristischen Argumentation，Berlin：Duncker & Humblot，1981，S. 299。

性。[1] 本章的主旨就在于试图回答这个似乎是悖论式的问题：法教义学可以是一门科学吗（“教义性”与“科学”能够兼容吗）？如果可以，那么在何种意义上是一门科学（“教义性”与“科学”如何兼容）？而在回答这个问题之前，有必要先来澄清“科学”这一术语的含义及功能。

第一节 法学的科学化及其功能

在历史上，尤其是在作为现代法学之源头的古罗马法学之中，并不存在现代人所谓的“科学”观念。罗马人并没有使用现代人经常使用的“法律科学”（juris scientia）一词，而是以 jurisprudentia 来指代他们所从事的“法学”活动。其中，拉丁词根 prudentia 来自希腊文 φρόνησις（Phronēsis），汉语译作“实践智慧”或“明智”。亚里士多德最早区分了理论思考（理论知识）与实践思考（实践知识）。前者涉及必然的事物或对必然事物之知识的应用，包括科学（Epistémé）与技术（Technē），后者针对行为选择或欲望。实践知识是针对具体情况的，因此它必须把握“情况”的无限多的变化。而要把握“情况”的无限多的变化，就需要具备“明智”（Phronēsis）的能力。实践知识包括了宗教知识、伦理知识、政治知识、法律知识等。[2] 所以，在古罗马，所谓的“法学”就是指“法的领域的实践智慧”，即追求正义之事、避免不正义之事的技艺。[3] 罗马法学家首先是法律实务家，是具有法律实践知识的人。他们的学术工作不是理论性的，而具有强烈的实践兴趣导向。他们最初似乎只

---

1 这里的个别例外指的是自由法运动。除此之外，包括对法教义学持批评态度的利益法学在内的其他流派，都不否认法教义学作为法律科学之地位（对此的梳理和总结参见雷磊：《什么是法教义学？——基于19世纪以后德国学说史的简要考察》，载《法制与社会发展》2018年第4期）。

2 Vgl. Ottmar Ballweg, Phronetik, Semiotik und Rhetorik, in: Ottmar Ballweg u. a. (Hrsg.), Rhetorische Rechtstheorie, Freiburg/München: Verlag Karl Alber, 1982, S. 38.

3 参见舒国滢：《法学是一门什么样的学问？——从古罗马时期的 Jurisprudentia 谈起》，载《清华法学》2013年第1期。

是在具体案件中给出建议，或者通过对法律争议的裁决提出意见，或者是通过对庄严的法律行为的完成提供指导。[1] 可见，当时的“法学”与追求理论知识的科学并无关系，而属于与之相对的实践知识领域：如果说科学的鉴别标准是真和假的话，那么作为实践知识之法学的鉴别标准就是善和恶（正义和不正义）。正如塞尔苏斯（Celsus）所说的，法乃善良与公平之技艺。虽然乌尔比安（Ulpianus）也曾将“法学”界定为“有关正义和不正义的科学”，但他是在一般的、不精确的意义上使用“科学”一词的，相当于现在所说的“知识”，旨在避免在定义中重复被定义词 prudentia 本身。[2]

但这种定位在中世纪发生了改变。11 世纪罗马法的复兴运动造就了注释法学，也铸就了中世纪及近代法学的基本样态，即“大学的法学”：大学提高了学者在塑造法律中的作用，使法学教师成为“真正的规则”的解说者。不仅如此，大学还确立了一种全新的法学知识生产与传播的机制，其总体风格就是“理论化的法学”，使之越来越趋向“科学化”。而 17 世纪以降受到自然科学方法尤其是几何学证明方法影响的“公理方法派”的兴盛，则使得法学真正由法的实践学问转向了科学。[3] 笛卡尔（Descartes）成为了近代科学的始祖，而莱布尼茨则成为第一个把法律看作近代科学产物的人。[4] 及至 19 世纪的历史法学时期，“法学”的称呼正式变为 Rechtswissenschaft（法律科学）。由此，法学在整体上就发生了科学主义的转向，由“法的实践智慧”一跃成为“法的科学体系”。

可以认为，这种转向与 17 世纪以来整个社会中科学主义思潮的泛滥，以

---

1 参见［德］弗里德里希·卡尔·冯·萨维尼：《当代罗马法体系Ⅰ》，朱虎译，中国法制出版社 2010 年版，第 41 页。

2 See Juan Muñoz, El Conocimiento Jurídico, Madrid: Madrid Universitdad. Complutense. Servicio de Publicaciones. Facultad de Derecho, 2005, p. 298ff.

3 参见舒国滢：《法学是一门什么样的学问？——从古罗马时期的 Jurisprudentia 谈起》，载《清华法学》2013 年第 1 期。

4 参见［美］罗杰·伯科威茨：《科学的馈赠——现代法律是如何演变为实在法的？》，田夫、徐丽丽译，法律出版社 2011 年版，第 31 页。

及自然学科的强势支配是分不开的。自然科学从来就不仅是改造人类社会、取得技术进步的手段，同样也是一种宽泛意义上的信仰体系或意识形态。科学主义接近于这样一种无神论宗教的世界观：它虽然否认神的存在且不信仰神，但却是这样一种信仰，即自然是具有内在美与神迹的存在。[1] 如果我们用“真”（Wahrhaftheit）来称呼自然存在的属性，那么科学的目标就在于求真，或者说把握自然的内在规律。自然的真或内在规律构成了一个彻底独立的价值世界，这个世界和我们的心理感知力没有关系，因而具有客观性。利用客观规律去改造世界的活动最著名的表现就是工业革命。工业革命的奇迹成功推动了生产力的极大进步，同时也使得与之相应的思维、方法和模式都被奉为鉴定其他学问是否合格的标准，不断向其他学问领域进行输出和复制。这一信念——正如沃格林（Voegelin）所说的——来源于两项基本的假设：第一，自然科学的辉煌进展以及其他一些因素使人们以为，有关外部世界的那些数学化的科学中所运用的方法具有某种内在的优点，其他一切科学若能加以仿效，接受这些方法作为它们的典范，就能取得不相上下的成功。第二，自然科学的方法通常是判断理论之相关性的标准。这两个假设的结合导致一系列众所周知的断言，就是对现实的研究，只有在运用自然科学的方法时才有资格被称为科学。[2] 换言之，自此以后，是否符合自然科学的标准，就成为了鉴别特定领域之学问能否成为“知识”的依据，即便这些学问历史悠久。

这一点我们在德语中可以看得尤其清楚：德语中“科学”一词 Wissenschaft 的词根 Wissen 原本就有“知识”的意思。成为科学，也就意味着具备了知识的资格和属性，或者说拥有了“（成为）知识的可辩护性”。如果与古希腊和古罗马的对于知识的理解进行对比的话，就可以发现近代以后知

1　参见［美］罗纳德·M. 德沃金：《没有上帝的宗教》，於兴中译，中国民主法制出版社 2015 年版，第 20 页。除了“自然的内在之美”，德沃金认为宗教世界观还包括“生活的内在意义”。但后一点与本书无关，故不赘述。

2　参见［美］埃里克·沃格林：《新政治科学》，段保良译，商务印书馆 2018 年版，第 10~11 页。

识的外延显然发生了窄化：所谓的“实践知识”消失无踪了，只剩下了“理论知识”（科学知识）。原本属于实践知识的伦理学、政治学、法学，都不得不依照新的科学标准去改造自己，成为“伦理科学”“政治科学”“法律科学”（它们都被放入了大的“社会科学”或“精神科学”之中），才能在知识谱系中占据一席之地，而不被新的时代所抛弃。“科学”被视为“知识”的同义语。“真科学”与“伪科学”这一二分法的背后，其实体现的就是“真正的知识”与“表象的（虚假的）知识”之间的分野。诚如科学哲学家苏珊·哈克（Susan Haack）所言，“科学的”已经变成了一个在认识论上表达赞颂的通用术语，它意味着“强有力的、值得信赖的、好的”。[1] 一言以蔽之，科学的功能就在于证明某种学问具有知识的属性，而具有知识的属性也就意味着形成和辩护这种学问之学科本身拥有正当性。所以，讨论作为法学之组成部分的法教义学是不是科学，其实就是在拷问法教义学能否具备知识的属性，能否拥有作为一门现代学科之正当性。我们可称之为“科学性辩护”问题。兹事体大，不可不察。

第二节　科学性辩护的进路与标准

一、法教义学之科学性辩护的进路

在逻辑上，欲为法教义学的科学性进行辩护，有两种进路：一种是外部进路，即通过与法教义学相关的其他学科来为法教义学进行“科学性输入”；另一种是内部进路，即立足于法教义学本身的性质与构造去证明其在某种意义上具有科学性。

---

1 参见［美］苏珊·哈克：《理性地捍卫科学——在科学主义与犬儒主义之间》，曾国屏、袁航等译，中国人民大学出版社 2008 年版，第 3 页。

外部进路的基本前提在于肯认法教义学在科学性方面具有先天不足，所以需要通过别的学科对其进行弥补。自19世纪以来，德国学者就将广义上的法学（法律科学）分为法教义学与基础研究两个部分。法教义学围绕实在法的理解和适用来展开，属于狭义上的法学，反映了法律人的日常作业；而基础研究则是从其他学科的视角对法和法律现象进行的研究，传统上包括法哲学（哲学视角的研究）和法史学（史学视角的研究）两部分。随着后来社会学的诞生、兴盛及其对法律研究的影响，当代一般也将法社会学（社会学视角的研究）视为基础研究的一个分支。当然，进入20世纪之后，有更多的学科独立出来并影响了法学，因而基础研究所囊括的范围越来越广，增加了法律心理学、法律经济学、法律人类学等。外部进路的学者其实就是试图通过这些基础研究分支中的一个或多个，来补足法教义学的科学性。典型者如德国法学家耶林，就认为“科学完完全全必须……在教义学的领域中，找寻并寻得此一要素，但相较于法学的另外两个领域——法哲学与法律史而言，在这里却更难宣称找到了科学性要素”。因此，法学就是在法律事物中的科学意识，而这种意识需要法哲学、法史学和法教义学三个面向的结合。[1] 再如波兰心理学法学的代表人物彼特拉茨基（Petrażycki），则尝试用心理学（法律心理学）来证明法学的科学性。在他看来，科学理论必须是充分的，而一种充分的法律理论必然是关于法律情绪的心理学理论。由于法教义学处理的是实在法律规范（间接处理这些规范背后的情绪），所以不可能是充分的。[2] 但这种做法具有明显的不足，因为这些学者关注的是广义上之法学的科学性，而不关注或不那么关注作为法学之组成部分的法教义学的科学性。事实上，他们正是通过法学的其他组成部分之科学性来证明法学的科学性的。因此在他

1　参见［德］鲁道夫·冯·耶林著，［德］奥科·贝伦茨编注：《法学是一门科学吗?》，李君韬译，法律出版社2010年版，第51、86页。

2　See Aleksander Peczenik, *Scientia Juris: Legal Doctrine as Knowledge of Law and as a Source of Law*, Dordrecht u. a.: Springer, 2005, p. 74.

们的心目中，其他分支学科的重要性在这一问题上要远重要于法教义学。与其说这些分支学科“弥补”了法教义学的科学性，还不如说是它们“替代”了法教义学的科学性角色，因为弥补和替代原本就在一线之间。这一点在彼特拉茨基那里体现得尤为清晰：在他看来，由于法教义学不是一种充分的理论，所以它不是科学。[1] 所以，外部进路容易滑向法教义学自身并无科学性可言，或至少在科学性上严重不足的结论。

这就导向了为法教义学之科学性辩护的内部进路。无疑，法教义学并不是一门自足的学科，无法也不应与其他学科相隔绝。法学的科学性也不仅等同于法教义学的科学性，而同样需要由其他分支学科来供给。科学性并不意味着自洽性和排他性，法教义学并不拒绝从其他学科中获取有益的科学成分。或许只有当法教义学和其他分支学科互补和融贯时，法学的科学性才能获得完整和充分的展现。但是，我们必须证明法教义学在性质和结构上有科学化的可能。这种可能既使得法教义学拥有成为科学的学科基础，又使得其能容纳其他学科知识（及其科学性要素）。同时，这种可能是法教义学本身所具备的，无法被其他学科所取代。

如何证明这种科学化的可能?“科学”本身是一个异常复杂的概念，与其说是个内涵清晰的单义概念，不如说是包含类似又不完全相同之成员的范畴或类型概念。在这一范畴或类型之中的诸多成员之间具有“家族相似性”(Familienähnlichkeiten)。[2] 这意味着我们不能，也没有必要通过下定义的方式对概念的使用范围划出明显的界限。它缺乏唯一而单义的可适用于全体成员的标准。这样一来，判断某个学科或学问是否属于科学就并非如同黑白判断那么清楚。但是，在诸多的成员中应当有一个“典范”成员以作为参照和比较的标准。虽然范畴没有固定的明确的边界，是随着社会的发展和人类认知

1 See Aleksander Peczenik, *Scientia Juris: Legal Doctrine as Knowledge of Law and as a Source of Law*, Dordrecht u. a.: Springer, 2005, p. 74.

2 参见［奥］维特根斯坦:《哲学研究》，李步楼译，商务印书馆1996年版，第48页。

能力的提高而不断形成和变化发展的，但毕竟要有大体的范围，否则就将丧失概念的指涉力和区分力。科赫和吕斯曼曾将一个概念所指涉的对象领域划分为肯定域、否定域和中立域。[1] 肯定域是确凿无疑的属于某个概念之外延的领域（核心领域）；否定域是确凿无疑的不属于某个概念之外延的领域；而中立域则既可能属于，也可能不属于某个概念之外延，因为其既有符合肯定域标准的特征，亦有不同于肯定域对象的特征（模糊领域）。显然，"典范"成员就位于相关范畴概念的肯定域，而有待判断的对象则往往位于它的中立域。

就"科学"而言，自然科学显然属于它的肯定域，而迷信活动显然属于它的否定域，法学（法教义学）则位于有待进一步判断的中立域。只是问题在于，"自然科学"的观念与模式同样不是唯一的，它至少包括传统科学观与后现代科学观两类。上一部分所叙述的近代自然科学所代表的就是传统科学观，它讲求不受政治观念或个人价值观影响的实验主义方法，采纳体系式的解决方法，包括这样几个假定：（1）从中立的角度出发进行客观的观察；（2）对假说的测试；（3）从普遍的一般原则出发进行一贯的适用。[2] 与之不同，后现代科学观认为科学不仅是自然的建构，同时也是社会的构想，也像社会科学一样经由语言的作用，受文化的制约，法律与科学因此都有社会建构的一面。[3] 可见，后现代科学观试图说明，传统科学观所秉持的观念是站不住脚的，事实上自然科学具有与社会科学同样的相对性、不确定性、混沌复杂性等。[4] 这其实是要一改传统科学观迫使社会科学向自然科学"看齐"的做法，试图将自然科学"降格"，与社会科学"拉平"。如果说传统科学观是

1　Vgl. Hans-Joachim Koch/Helmut Rüßmann, Juristische Begründungslehre, München: Beck, 1982, S. 195.

2　See John Veilleux, *The Scientific Model in Law*, Georgia Law Journal 75 (1987), p. 468.

3　See David Caudill, *Law and Science: An Essay on Links and Socio-Natural Hybrids*, Syracuse Law Review 51 (2001), p. 853.

4　后现代科学观对法学思想的具体影响，参见黄维幸：《现代法学方法新论》，台北，三民书局股份有限公司2014年版，第44~54页。

想让社会科学向自然科学靠拢，那么后现代科学观就是想让自然科学向社会科学靠拢。

那么，传统科学观与后现代科学观，哪个才应作为我们的典范？这决定了法教义学之科学性问题的参照系为何，也会令在内部进路中为法教义学辩护的思路有所不同。基于两点理由，将后现代科学观作为典范并不可取。

其一，尽管受到了后现代思潮的冲击，但就整体上看传统科学观仍然居于主流地位。传统科学观构成了现代生活的“基本图景”，现代性和现代主义依然是各国孜孜以求的范式（如法制现代化）。基于“惯性原理”（principle of inertia），如无充足理由，科学的范式就不会发生整体性革命。[1] 当然，要明确的是，传统科学观作为一种范式与具体的科学研究活动是不同的。范式只是提供了理想化的标准，构成了某种活动的“理想型”。[2] 这并不表示实际上所有的科学研究活动都会自动满足这些标准，如或许不少科学家可能并没有摆脱主观偏好和臆想的影响，又或许某个科学领域的活动无法百分之百地符合那些标准。但这并不表示“理想型”本身没有意义。作为典范，它是要求科学研究活动尽最大可能向其接近的“调整性理念”（regulative idea）。

其二，如果以后现代科学观作为典范，则将有使“科学”成为纯修辞之虞。如前文所述，后现代科学观揭示的那些传统科学观所误识或否定了的特征，绝大多数都是人们认为人文社会学科所具有的特征。假如如此，那么是否将自然学科与人文社会学科称为科学都无关宏旨了。我们可以说，既然物理学、化学等学科与人文社会学科在本质上没有差别，那么它们也就不

1　对于惯性原理最著名的表述来自佩雷尔曼：“惯性使我们有可能依赖常态、关系、现实和当下，并赋予它们价值，不论涉及的是现状、已被接受的观点还是持续的和受规制的发展状态。相反，变化必须有正当理由，一旦做出决定，除非有充足的理由，否则不能改变。”（Chaim Perelman/Lucie Olbrechts-Tyteca, Die neue Rhetorik：Eine Abhandlung über das Argumentation, übersetzt v. Freyr R. Varwig u. Josef Kopperschmidt, Stuttgart：Friedrich Frommann Verlag, 2004, S. 147-148.）

2　库恩提供了关于“范式”的标准界定（两个基本特征），具体参见［美］托马斯·库恩：《科学革命的结构》，金吾伦、胡新和译，北京大学出版社2003年版，第9页。

是——传统自然科学观之理想型意义上的——科学。我们也可以依循近代以来的语言习惯，仍旧将它们与人文社会学科都称为“科学”，只是此时的科学称谓基本只是个习惯用语和修辞的问题了。因为此时的“科学”一词已与前面说的“科学性辩护”或学科正当性证明的功能脱节了。

所以，应当将传统科学观树立为典范。接下来我们就将从内部进路出发，以自然科学的典范观念为标准，将法教义学与之比照。

二、自然科学知识的两条基本标准

在传统科学观中，自然科学方法用以鉴定“知识”的基本标准有两条。第一条标准是，科学知识必须具备客观性，而这种客观性来源于知识的价值无涉性。这一观念的基础是休谟（Hume）的经验主义知识论。休谟认为，人类理性的对象可分为两种，即观念的关系（逻辑）与实际的事情（事实）。第一类对象只需要依赖直觉的确定就可获得，而第二类对象的获得完全是跟经验连在一起的。理性的作用在于发现真伪，真伪判断的关键在于与观念的关系是否符合或者与实际存在的事情是否符合。凡不具有这种符合或不符合关系的东西，没有真伪，也不能成为我们理性的对象。由于情感、意志等都无法用真伪进行评价，它们就丧失了成为理性研究对象的资格。理性所及的对象涉及的是事实命题，而理性不及的对象涉及的是道德命题。前者通常采用的是“是”或“不是”的联系词，而后者通常采用的是“应当”或“不应当”的联系词。因此，既然这个应当或不应当表示的是新的关系或肯定，就无法运用于以“是”或“不是”连接的领域。[1] 因为“是”（事实描述）与“应当”（价值判断）是不能相互推导的。这就是所谓的“休谟定律”。

由休谟定律可知，正是由于知识只能建立在可以为感官所把握的经验之

1 参见［英］休谟：《人性论》（下），关文运译，商务印书馆1980年版，第498~510页。

上，因此任何非描述性（价值判断）的陈述都将被从知识和科学的领域中清除出去。评价性陈述至多只是充斥着意志或情感的意见。由此，知识/价值无涉/客观性与意见/价值判断/主观性就被构造为一组二元对立的概念，楚河汉界，泾渭分明。任何无法免于价值判断或者说评价的学问，都难免被打上“主观性”的烙印，堕入非科学甚或反科学的深渊。归纳而言，自然科学方法的客观性理想包含两个特点：其一，对问题的认识不能夹杂价值判断；其二，要依据认识与对象的符合与否来判断认识正确与否（是否构成知识）。鉴于此，客观性被等同于价值无涉性。

自然科学方法用以鉴定“知识”的第二条标准是，科学知识构成了一个公理体系。从近代以来，在自然科学进步的推动下，人类的自然观发生了很大的转变：如果说中世纪旧的自然观强调自然的质的方面（亚里士多德自然哲学），主要是关心分类，那么，近代新的自然观则强调事物量的方面，提供“具有数理特征的解释”。[1] “自然”不再仅仅是以人类的感官经验作为判准而被陈述的对象，不再是纯粹通过豁然贯通的“洞察”或“抽象化”而被理解的东西，可以说它是可以通过数学或几何方式加以观察、描述、衡量和可计算的世界。[2] 遵循“几何学模式”或“几何学精神”在当时成为所有哲学家的一个理想。[3] 典型者如笛卡尔，他提出了对近代哲学影响深远的四项“简明清晰的”方法准则：第一，凡没有明确地认识到的东西，绝不把它当成真理接受；第二，把所审查的每一个难题按照可能和必要的程度分成若干部分，以便一一妥善解决；第三，思想应有条理，从最简单、最容易认识的对象开始，一点一点逐步上升，直到认识最复杂的对象；第四，在任何情况之下，

---

1 参见［英］G. H. R. 帕金森主编：《文艺复兴和17世纪理性主义》，田平等译，中国人民大学出版社2009年版，第7页。

2 参见关永忠：《知识论——近世思潮》，台北，五南图书出版股份有限公司2000年版，“引言”第i、vii页。

3 Vgl. Peter Raisch, Juristische Methodenlehre: vom antiken Rom bis zur Gegenwart, Heidelberg: C. F. Müller Verlag, 1995, S. 65.

都要尽量全面地考察，尽量普遍地复查，做到确信毫无遗漏。[1] 基于这种想法，笛卡尔在后来所写的著作中把几何学的推理方法和演绎法应用于哲学上，用一系列的定义、公设、公理、定理和问题，从第一原理出发去证明源于这些原理的结论。[2] 此后，笛卡尔建立在数学运用基础上的思想训练方法完全取代了亚里士多德主义，构成了新时代科学的思想和方法基础。

所以，近代思想与知识的本质是数学的。[3] 因为数学在近代的学科中被认为是最理性的，它适合一个“去神化的自然”和“祛魅了的理性世界”。而数学式论证最典型的代表是几何学模式。这一模式的基本要点有二：其一，知识的出发点在于不证自明的前提（公理或定理）；其二，获得知识的基本方法在于逻辑推演或运算。故而，从不证自明的前提出发经由逻辑推演所得到的结论一定是真的，也即科学知识。在这一推演的过程中，无须也不可能有价值判断的余地，因而它所获得的结论自然是客观的（在此呼应了第一条标准）。这种客观的、绝对为真的体系就是一种公理体系。

因此，“（价值无涉意义上的）客观性”与“公理体系”就成为自然科学知识的两条基本标准。在 19 世纪，之所以只有自然科学才被认为是真正意义上的科学，就是因为它一方面纯粹建立在经验特别是在科学实验中对自然的控制和观察的基础上，另一方面建立在对这种结果以数学和逻辑方式所表述的逻辑严密的衡量的基础上。[4] 前者具备描述意义上的客观性，而后者则使自然科学知识成为一个公理体系。那么，法教义学是否满足这两条基本标准呢？这就涉及了对于作为知识的法教义学与作为方法的法教义学的理解问题。[5]

1　参见［法］笛卡尔：《谈谈方法》，王太庆译，商务印书馆 2000 年版，第 16 页。

2　参见［英］G. H. R. 帕金森主编：《文艺复兴和 17 世纪理性主义》，田平等译，中国人民大学出版社 2009 年版，第 323～324 页。

3　See Martin Heidegger, *Basic Writings*, ed. by David Farrell Krell, New York: Harper & Row, 1977, p. 254.

4　参见［德］N. 霍恩：《法律科学与法哲学导论》，罗莉译，法律出版社 2005 年版，第 41 页。

5　关于这两个法教义学层面的区分，参见雷磊：《法教义学与法治：法教义学的治理意义》，载《法学研究》2018 年第 5 期。

第三节 法教义学具备客观性吗?

一、法教义学与价值判断

作为方法的法教义学是指将“法教义学”视为一种独特的思维形式和作业方式。作为思维形式，法教义学要求将任何个别法律判断都建立在一般性权威命题的基础之上。这些“一般性权威命题”指的就是一个又一个的法律学说或教义，尤其是得到法律共同体认可的“通说”。这些命题在通常情形中不受质疑，因为教义学思维的目标就在于依据某个权威的想法去进行思考，[1] 从而既发挥稳定化和否定禁止的功能，[2] 也可省却后来者的论证负担。作为作业方式，法教义学是围绕实在法所展开的解释、建构和体系论加工。[3] 法教义学的工作基础是实在法规范，实在法规范构成了法教义学作业的起点和第一个权威支点。但上述“一般性权威命题”指的并不（或不仅）是作为权威起点的实在法规范，作为一般性权威命题的学说和教义是教义学活动尤其是法律解释和法学建构的产物。法教义学的权威拘束思维主要指的是受建立在实在法规范基础上的学说和教义尤其是通说的拘束。

这里的问题主要有两个。其一，法教义学的思维形式本身是否就蕴含着客观性（权威=客观）？答案无疑是否定的。权威只是一种功能性或效果性概念，它意味着个人（在认识或行动上）要放弃自己的判断去服从权威者的判断，但并没有就权威本身的性质作出任何界定。权威可以是客观的，比如说

---

1 Vgl. Ewald Johannes Thul, Untersuchungen zum Begriff der Rechtsdogmatik, Mainz: Dissertation der Rechts-und Wirtschaftswissenschaftlichen Fakultät der Universität, 1959, S. 42.

2 Vgl. Bernd Rüthers, Christian Fischer, Axel Birk, Rechtshtheorie, 8. Aufl., München: C. H. Beck Verlag, 2015, S. 200-201.

3 参见［德］拉德布鲁赫:《法哲学导引》，雷磊译，商务印书馆2021年版，第8页。

自然规律，人们只能认识和运用自然规律，但却不能违背自然规律。当人们的认知与自然规律发生冲突时，就要放弃自己的认知，否则就会犯错。但权威也可以是主观的，典型如宗教教义，它是上帝或“口衔天宪”的先知们的意志的体现，虽具有主观性但对于教徒而言同样构成权威。事实上，在古希腊，与 dogma（教义）同根的词 doxa 原本就有意见的意思。柏拉图就认为，教义并不是绝对正确的知识（科学），反而更接近意见。同时，教义还可以被界定为一种被认为是正确的原理，它可能包含着价值判断或者规定。所以，教义是被某人信奉为真的原理（命题）。亚里士多德也在同等意义上使用“教义”与“意见”，他进而区分了真命题与意见命题、合乎真理与合乎意见，认为前者属于科学，后者属于技术。[1] 所以，如果从观念源头来看，教义反而接近于主观意义上包含价值判断的意见。法教义同样如此。比如法学通说，就是针对现行法律框架中某一具体法律适用问题，被学术界和司法界人士经过一段时间的法律商讨而逐渐形成的，由多数法律人所持有的关于法规范解释和适用的法律意见。它可能起源于一份普通的判决或某个学者的解说，经由权威人士、权威文献以及权威司法机构的意见“加持”从而权威性不断增加，在学界和司法界的良性互动系统（检验系统）中逐步被共同认可。[2] 可见，作为法学家的“共同意见”（communis opinio），法教义尽管是一种权威，但却未必具备（自然科学意义上之）知识的客观性。

其二，法教义学的作业方式是不是价值无涉的？答案显然也是否定的。这里涉及了自然科学与文化科学之间的区别。按照李凯尔特（Rickert）的观点，“自然是那些从自身中成长起来的、‘诞生出来的’和任其自生自长的东西的总和。与自然相对立，文化或者是人们按照预计目的直接生产出来的，或者是虽然已经是现成的，但至少是由于它所固有的价值而为人们特意地保

1　参见雷磊：《法教义学观念的源流》，载《法学评论》2019 年第 2 期。

2　参见黄卉：《论法学通说（又名：法条主义者宣言）》，载《北大法律评论》第 12 卷第 2 辑，北京大学出版社 2011 年版，第 334、348~349 页。

存着的”[1]。文化现象只能根据它们固有的目的而不是从原因出发来加以确定，它包括了宗教、法学、史学、哲学、政治经济学等科学的一切对象。自然科学提供普遍的自然法则，而法律科学研究的法律规范则是文化法则。自然科学是“说明的”科学，文化科学则是“理解的”科学或诠释科学。[2] 与此相应，依照赖特（Wright）的观点，科学的解释可以分为两大传统：伽利略传统与亚里士多德传统。与前者相应的是因果论解释（说明），与后者相应的是目的论解释（理解），后者以一种说明所不具有的方式与意向性（intentionality）相关联。[3] 法学（法教义学）作为“理解的”科学或目的论解释学，“以处理规范性角度下的法规范为主要任务”。质言之，它主要想探讨规范的“意义”问题。它关切的是实在法的规范效力、规范的意义内容，以及法院判决中包含的裁判准则。[4] 在这里，法教义学的目标与其说是认识和揭示客观真理，不如说是通过解释和论证合理地解决人们在法律认识上的意见分歧和观点冲突，形成共同的意见，直至建构一套系统化的法律知识体系，并由此而形成法律人的“知识共同体”。这种认识和传授知识的活动，当然不同于自然科学和以自然科学理论旨趣建构的社会科学。[5] 所以，正如施蒂希·约根森（Joergensen）指出的，法学（法教义学）的特色正在于：它们“几乎完全是在处理评价的事”[6]。

可见，法教义学尽管围绕实在法展开，但绝非单纯的描述性理论。[7] 法教

---

1 ［德］H. 李凯尔特：《文化科学和自然科学》，涂纪亮译，商务印书馆 1986 年版，第 20 页。

2 参见阿图尔·考夫曼：《古斯塔夫·拉德布鲁赫传——法律思想家、哲学家和社会民主主义者》，舒国滢译，法律出版社 2004 年版，第 125 页。

3 参见［芬］冯·赖特：《解释与理解》，张留华译，浙江大学出版社 2016 年版，第 2、5 页。

4 参见［德］卡尔·拉伦茨：《法学方法论》，陈爱娥译，商务印书馆 2003 年版，第 77 页。

5 参见舒国滢：《寻访法学的问题立场——兼谈“论题学法学”的思考方式》，载《法学研究》2005 年第 3 期。

6 ［德］卡尔·拉伦茨：《法学方法论》，陈爱娥译，商务印书馆 2003 年版，第 94 页。

7 有论者将教义理论等同于实在法理论，并区分了实在法理论与规范法理论，认为前者试图说明实在法体系是什么（事实问题），而后者试图告诉我们实在法体系应当是什么样子的（价值问题）（参见陈景辉：《法理论为什么是重要的——法学的知识框架及法理学在其中的位置》，载《法学》2014 年第 3 期）。这无疑失之偏颇，因为它仅仅将教义理论等同为描述性理论，而没有看到后者同样包含规范理论的要素（价值问题）。

义学要进行三个层面的工作，即对现行有效法律的描述、对这种法律之概念—体系的研究、提出解决法律争议的建议。这三种活动分别对应于描述—经验的维度、逻辑—分析的维度以及规范—实践的维度。[1] 因而，法教义学必然包含价值判断，它旨在形成法学家的“共同意见”而非真理。既然如此，它还可能具有客观性吗？假如可能，那么法教义学中的价值判断如何被客观化？对这种客观性（化）又该如何理解？

二、法教义学中价值判断的客观化

必须承认，包含价值判断的活动是无法实现像自然科学那般精确化、数学化的客观性的，但这并不意味着我们就应当放弃对于客观性的追求。这体现在两个方面。一方面，在法教义形成之后，法律适用活动就在很大程度上显现出客观性色彩。法教义学本身就承担着使价值判断“教义化”和“类型化”的角色。法教义产生于当抽象法律规范适用于具体案件时，填补规范与事实之间落差的需要。在通过解释等活动填补这种落差的过程中避免不了进行价值判断。但一旦法教义已经形成，通常情况下就无须再次重启价值判断的过程。这是因为，现行实在法以及基于其上的法教义（通说）本身就是目前为止人们在价值判断问题上所能达成的最低共识，在面临一个案件时，裁判者应当首先遵守法律所确定的规则以及体现在其中的价值判断，从法教义学的角度（依循既有的法教义）进行裁断。[2] 换言之，此时法教义已将价值判断“凝聚”和“固化”在了其形成过程之中。此后，当裁判者将相关的抽象法律规范适用于具体的个案时，只需像适用法律规范那样径行适用法教义（教义规则）来填补两者的落差即可。这种适用本身是以“价值中立”的方

1　参见［德］罗伯特·阿列克西：《法律论证理论：作为法律证立理论的理性论辩理论》，舒国滢译，商务印书馆 2019 年版，第 308 页。

2　参见许德风：《论法教义学与价值判断：以民法方法为重点》，载《中外法学》2008 年第 2 期。

式来进行的，仅涉及对既有法教义的描述和合乎逻辑的适用，因而呈现出很大的客观性。[1]

当然，另一方面，更重要的是在法教义形成或变更过程中的价值判断能否客观化的问题。某个法教义最初形成时，无疑存在价值判断的问题。同时，作为智识权威或理论权威的法教义也并非绝对不可变更，而只是意味着欲偏离或推翻既有教义者需承担更重的说理或论证的负担而已。当既有法律规范或相关规范被修订、疑难案件涌现或社会环境发生改变时，都可能需要根据新的价值观念重新进行评价，并以此为基础来形成新的法教义。那么，法教义形成或变更过程中的价值判断能否客观化呢？毕竟，“法教义学者也是他那个时代的孩子，就像他也同时属于特定的阶层或社会群体那样”，因而其判断“通常以被烙下时间和社会维度的前理解为出发点”。[2] 换言之，这是否意味着“当法律人开始评价之日，就是理性控制的可能性消失之时，也就是科学弃他而去之时”[3]？

首先要指明的是，形成新的法教义并不意味着与之相关的价值判断就一定是新的，或者可以由判断者（提出教义者）不受任何拘束地作出。有的时候，不同法律规范及其教义可能共享同一个基本价值。例如，合同法上的双方当事人通过合意订立合同的规定，与继承法上立遗嘱人可以通过遗嘱将合

---

1 需要注意的是，法教义形成之后的这种客观适用或者说服从权威的姿态仅限于司法裁判（因为法教义学原本就是有适用导向的），而非针对法学界。即便在法教义甚至通说形成之后，学者仍然可以对此提出挑战，提出新的价值判断和不同的教义，此乃研究自由使然。从这个方面说，有论者提出的法教义学研究的两个特征，即“文本最大化”和“理论最小化”（王凌皞：《存在（理智上可辩护的）法律教义学么？——论法条主义、通说与法学的智识责任》，载《法制与社会发展》2018 年第 6 期），至少就后一个特征而言并不能成立，因为在（新）教义形成的过程中是避免不了理论建构和反思的，而理论反思的重点就在于价值论的部分（这一点也为该论者所赞同，同上引）。只有当法教义形成后，对于司法裁判而言，才有理论最小化的问题。

2 Vgl. Robert Weimar, Überlegungen zur wissenschaftstheoretischen Basis der Rechtsdogmatik und praktischen Vernunft, in: Hans Joachim Koch/Ulfrid Neumann (hrsg.), Praktische Vernunft und Rechtsanwendung, Stuttgart: Steiner, 1994, S. 249.

3 ［德］卡尔·拉伦茨：《论作为科学的法学的不可或缺性——1966 年 4 月 20 日在柏林法学会的演讲》，赵阳译，载《比较法研究》2005 年第 3 期。

法的个人财产留给任何人的规定，体现的都是“意思自治”或者说“自由”的基本价值。此时，虽然可能要围绕某个新颁布的法律规范（如上述继承法的规定）来形成新教义，但其价值判断的内核却早已在既有的法教义学体系中奠定。因为既有的法教义学体系都是“结晶化了的”最低价值共识，新教义形成并加入既有的法教义学体系中去的过程，也就是它所包含的价值判断再一次与这种最低价值共识“印证”或“融合”的过程。其他时候，有可能新教义形成时的价值判断会与既有的法教义学体系发生冲突。假如支持这种价值判断的理由非常强大，且获得了广泛认可，那么就涉及对既有的（至少部分）教义学规则的修正或否弃。由于法教义学体系是一个不断自我调整和更新的开放性体系，它可以通过容纳新的教义及其背后的价值判断来实现“自创生”，但这有时也意味着新旧教义（诸规范性命题间）及其背后的不同价值判断（诸价值性命题间）的冲突。为了确保法的安定性和司法裁判的稳定性，即便新教义及其价值判断相对于旧教义及其价值判断胜出，它对法教义学体系的损害也应当被控制在一种最小的幅度之内。有论者将以上两种情形或要求归纳为“融贯性原则”与“最小损害原则”。[1] 这两个原则已对法教义形成或变更过程中的价值判断构成了一定的限制。抛开这一点不论，当代法教义学者还对教义学活动中之价值判断的客观化或理性化[2]做了三方面的方法论努力。

一是运用法学方法。这里指的是狭义上的“方法”，也即对实在法进行解释和建构时所运用的论据。法律人所运用的法学方法大体可被分为语言学论据、发生学论据、体系论据和普遍实践论据（主要包括目的论论据）四大类，

1　参见孙海波：《在“规范拘束”与“个案正义”之间——论法教义学视野下的价值判断》，载《法学论坛》2014 年第 1 期。笔者的理解与该文略有不同。

2　客观化与理性化本身并不完全等同，一个人的价值判断可以同时是理性的和主观的。但经由同一套方法、规则的规训，尤其是通过理性商谈程序和对话来达成共识，价值判断的理性化已经近似于主体间性意义上的客观性了。

它们各有各的理性论证形式。[1] 法学方法并非总能推导出绝对确定的、可以精确验证和预测的结果。它们能做的，首先是帮助法官更清晰地看到案件中所隐含的法律问题，认清法律的评价并且将这种评价与案件联系起来。法教义学并非仅仅为法官提供做出客观公正评价所需的经验性资料，它还提供法律所包含的、或多或少得到明确宣示的评价尺度。法律解释的根本任务就在于，将这些评价尺度从包含它们的那些规范中剥离出来，阐明它们的范围、它们的相互关联或者彼此间的界限，从而以理性的方法为个案中需要寻求的价值判断做出准备，使这种价值判断高清晰度地（即使不是精确无误地）显现出来。尽管这一过程无法达到自然科学意义上的客观确定性，但是这并不能构成轻视法教义学所发展出的理性方法的理由。即使对于最终决定而言还有回旋余地，通过这些方法至少可以清楚地列出各种可能的解决方案，剔除不适宜的方案，从而使最后做出的价值判断变得清晰。[2] 当然，作为论证形式，法学方法仅仅向我们指明了如何使特定的材料或观点与法律规则发生被承认的规范性关联（理由关系），而没有对这些材料或观点进行实质性检验，因而并不对隐含于这些材料或观点中的评价作实质性处理。但无论如何，它至少要求“一切政治的、经济的、技术的或来自其他领域的观念或确信都必须在法的论证世界中被转化”[3]。从这个意义上说，方法论一直是“科学作业之规则的科学”。[4]

二是遵循论证规则。这里指的是狭义上的“规则”，也即实体性论证规则，从而有别于上面说过的方法规则和下面将要论述的程序规则。笼统地说，

1 具体可参见［德］罗伯特·阿列克西：《法律解释》，载［德］罗伯特·阿列克西：《法 理性 商谈：法哲学研究》，朱光、雷磊译，中国法制出版社 2011 年版，第 77~82 页。

2 参见［德］卡尔·拉伦茨：《论作为科学的法学的不可或缺性——1966 年 4 月 20 日在柏林法学会的演讲》，赵阳译，载《比较法研究》2005 年第 3 期。

3 Christian Bumke, Rechtsdogmatik, Tübingen: Mohr Siebeck, 2017, S. 115.

4 Vgl. Eike von Savigny, Methodologie der Dogmatik: Wissenschaftstheoretische Fragen, in: Ulfrid Neumann/Joachim Rahlf/Eike von Savigny (Hrsg.), Juristische Dogmatik und Wissenschaftstheorie, München: C. H. Beck'sche Verlagsbuchhandlung, 1976, S. 11.

价值判断涉及何谓正义的问题，而正义问题首先是一个（法）哲学问题。因为价值判断或正义的问题最终只能从哲学上，或者说通过哲学上的原理来回答。但重要的是要看到，我们无法一劳永逸地找到什么是正义的答案，而只有透彻地了解正义问题的结构，才能为正义问题找到一种与实践相关的答案。因此，法教义学所要寻求的并非关于“正义是什么”的一般原理，而是在具体情形中正义问题的论证规则。例如，关于宪法上的平等原则，德国学者曾提出这样一种论证规则：公法上的国家权力应当对属于特定阶级的所有人都平等对待，除非有足够的理由作区分对待。[1] 再如，在民法领域，我国学者也曾提出两项有关价值判断问题的实体性论证规则：在没有足够充分且正当理由的情况下，应当坚持强式意义上的平等对待；在没有足够充分且正当理由的情况下，不得主张限制民事主体的自由。[2] 可见，这样的论证规则具有两个特点：其一，论证规则的表述会因法律领域的不同而有所不同。这是因为不同法律领域价值判断的起点可能不尽相同。[3] 如公法（宪法）领域比较着重于平等，而私法（民法）领域则同样珍视自由。其二，论证规则会包含可容纳个案特殊性考量的变量公式。在上述例子中，“足够的理由作区分对待”和“足够充分且正当理由的情况”就属于变量公式，它构成了论证规则的“除外”或“但书”条款。也就是说，它们并不妨碍当个案中出现要求差异对待（或限制自由）的足够正当的情形时，主张者可以不遵守这些论证规则。当然，“足够”或“足够正当”本身就意味着论证负担的倾斜：主张平等对待

1　Vgl. Adalbert Podlech, Rechtstheoretische Bedingungen einer Methodenlehre jutistischer Dogmatik, in: Hans Albert/Niklas Luhmann/Werner Meihofer/Ota Weinberger (Hrsg.), Rechtstheorie als Grundlagenwissenschaft der Rechtswissenschaft, Düsseldorf: Bertelsmann Universitätsverlag, 1972, S. 496.

2　参见王轶：《民法价值判断问题的实体性论证规则——以中国民法学的学术实践为背景》，载《中国社会科学》2004 年第 6 期。

3　或许还应该加上另一个限定：价值判断的起点会因为听众（如不同国家或民族）的不同而不尽相同。用佩雷尔曼的话来说，作为论证起点的“价值”是一种基于偏好或涉及特殊群体的共识，而非涉及普泛听众的共识（Vgl. Chaim Perelman/Lucie Olbrechts-Tyteca, Die neue Rhetorik: Eine Abhandlung über das Argumentation, übersetzt v. Freyr R. Varwig u. Josef Kopperschmidt, Stuttgart: Friedrich Frommann Verlag, 2004, S. 102）。所以在有的学者看来，价值判断自始至终都被限定在特定“生活形式”（Lebensform）的范围内。

或保障自由者无须承担额外的论证负担，而主张差异对待或限制自由者则需要承担更重的论证负担。相较于一般原理，这类论证规则或许是有缺陷的，那就是它的开放性。但从另一个方面看这也是它的优点，因为它能够指明某个规定存在的所有疑问，并从方法论上对尚有待完成的工作进行引导。

三是符合理性程序。法教义学中价值判断的作出也应当是理性商谈的结果。商谈的目的是希望通过论证参与者之间的理性论辩，就价值判断达成共识。这里的“共识”指的不是事实上的赞同，而是一种规范性标准或者说康德意义上的“调整性理念”，也即论证参与者如果依据理性行事就会赞成。[1]也就是说，共识并不要求每个特定的个体都对商谈的结果表示赞同，而只是要求这种结果是经由理性程序而获得的。所以，程序就成为了商谈最重要的构成性要素，正是程序为价值判断提供了鉴别标准。简言之，当一个规范（价值判断）可能是理性商谈程序的结果时，它就是正确的。[2] 理性的程序规则包括商谈参与规则与商谈结果的决定规则两大类。商谈参与规则涉及社会成员（及其代表）参与相关商谈程序的保障、责任与效果等。这类规则最重要的目标在于确保社会成员（及其代表）有效地参与商谈。[3] 例如，阿列克西就曾提出过五组商谈参与规则（他称之为“普遍实践论辩规则”），即基本规则、理性规则、论证负担规则、证立规则与过渡规则。[4] 商谈结果的决定规则涉及当商谈程序无法达成共识时，该如何决定商谈结果的问题。合乎理性程序的商谈实施之后，会产生三种可能，即某个价值判断是商谈上必然的、

1　See Cf. Immanuel Kant, *Political Writings*, Cambridge University Press, 1991, p. 78-80.

2　参见［德］罗伯特·阿列克西：《法　理性　商谈：法哲学研究》，朱光、雷磊译，中国法制出版社2011年版，第88页。必须注意的是，程序本身没法“创造”价值判断，它只是通过理性方式将各个参与者提出的价值主张中的一个“确立”为客观的或正确的。

3　这里涉及索罗姆提出的“参与正当性命题”：必须授予那些受程序约束者参与权，以便使这些程序被视作权威的正当性来源［See Lawrence Solum, *Procedural Justice*, Southern California Law Review 78（2004），p. 191］。

4　参见［德］罗伯特·阿列克西：《法律论证理论：作为法律证立理论的理性论辩理论》，舒国滢译，商务印书馆2019年版，第361~364页。

商谈上不可能的或商谈上可能的（既非必然也非不可能）。[1] 商谈上必然的与商谈上不可能的都意味着参与者达成了共识（积极共识或消极共识）。而商谈上可能的则意味着共识未达成，此时就需要辅之以决断规则（如多数决）。但无论如何，此时的决断已建立在理性论证的基础之上，同样可以被视为是理性的。所以，在法教义学中，“学界通说”真正重要的意义在于通过学术界的充分讨论和理性论辩，产生出真正具有理智说服力的学说，并通过理性说服而获得权威。[2]

综上所述，由于价值判断不可避免，（作为方法的）法教义学并不具备自然科学意义上的那种价值无涉的客观性。但经由运用法学方法、遵循论证规则并符合理性商谈程序，法教义学中的价值判断可以最大限度地满足形式理性化、（部分）实质理性化和程序理性化的要求。正如埃塞尔（Esser）所言：“如果把法教义学理解为概念性的方法，其本身是不具有创造性的，但其有助于将那些从基本价值发展出来的法律规则稳定化。”[3] 阿尔尼奥则进一步指出，作为“意义科学”，法教义学运用主体间可信赖的概念工具，服务于人类自我评价、控制和对社会行动之规制的目的。[4] 经商谈获得的法教义体现了法教义学者的共识（“具有理智说服力的共同意见”），这类共识如果经过长时间的积淀被稳固化而不易推翻，也就接近于知识了。它们可以被认为具有主

1　参见［德］罗伯特·阿列克西：《商谈理论问题》，载［德］罗伯特·阿列克西：《法　理性　商谈：法哲学研究》，朱光、雷磊译，中国法制出版社 2011 年版，第 117 页。

2　参见王凌皞：《存在（理智上可辩护的）法律教义学么？——论法条主义、通说与法学的智识责任》，载《法制与社会发展》2018 年第 6 期。但笔者不赞成该作者以此为据来反对通说的形成有时是不理智或偶然的观点。在例外情形中，不理智或偶然的确会形成通说，但通说被一再运用就相当于对最初作出的价值判断的“确权”。这依然显现出了通说的共识色彩，只是此时共识并非瞬时形成的，而是经过一定时间的跨度，具有积累和叠加的效果。所以，“偶然”或“不理智”是一种发生学上的说明，而“（理性）共识”则是一种规范性的标准。

3　Josef Esser，Mglichkeiten und Grenzen dogmatischen Denkens im Zivilsrecht，Archiv für die civilistische Praxis 172（1972），S. 103.

4　See Aulis Aarnio，*Paradigms in Legal Dogmatics Toward a Theory of Change and Progress in Legal Science*，in Aleksander Peczenik，Lars Lindahl & Bert Van Roermund eds.，Theory of Legal Science，Dordrecht u. a.：D. Reidel Publishing Company，1984，S. 31.

体间性意义上的客观性。

由此，我们也可以发现法教义学与神学（宗教教义学）的不同之处："法律解释不像神学解释那样超越经验和神秘，后者仅仅通过内省和沉思就可以在圣经文本中发现无限的意义。教义法学是一种确定法律条款之规范性意义的智力活动。为此，为了找出法律的客观意义，就有必要通过正式的程序来理解法律规范的意义。"[1] 具体而言：其一，神学具有独断性，而法教义学具有共识性。与神学不一样，法教义命题并非来源于至高无上的上帝或先知，而是法律人或法教义学者的共识。如果说神学教义是"自上而下"的诫命，具有天然的原教旨主义倾向和强制色彩的话，那么法教义就是"我们彼此"的合意，的确可以随着时代和环境的变化而发生变迁。其二，神学或法教义学虽然都具有"受权威拘束"的思维，但神学信奉的是绝对权威，而法教义学的权威是相对权威。如果"信奉"意味着绝对不可怀疑，那么法教义学者对法教义的态度并非"信奉"，而是"尊重"。这里也反映出两种权威的不同性质：神学权威同时是理论权威和实践权威，而法教义学权威仅仅是理论权威。后者的权威来自对"具有理智说服力的共同意见"的尊重，但绝非不可被变更。因为共识虽具有很强的规范吸引力，但并非金科玉律，形成新的共识的可能性也始终存在。

第四节　法教义学构成何种意义上的体系？

作为知识的法教义学是指将法教义学作为原理和命题的整体。这些原理和命题的整体是对实在法进行体系性加工的产物，是具有内在结构的体系。因为法教义学的核心任务就在于对法律材料进行分类整理，以便从概念上对

1　Teruo Minemura, *Dogmatic Legal Science and Sociology of Law*, Archiv für Rechts-und Sozialphilosophie 56（1970）, p. 358.

它们进行透析，并最终使它们成为体系。[1] 而体系化恰恰被认为是科学性的标志之一。至少从18世纪开始，“体系的”在哲学意义上就被等同于“科学的”。这一发轫于康德的观点认为，教义学者的工作应分作三步：第一步是认识“事物的一般特征和状态”并用教义来表述这类关系，第二步是运用教学法（教义学）将教义构成相互关联的整体（形成“体系”），第三步是将对教义的体系化阐释与因果证明法相结合（如此就将形成“科学”）。[2] 无疑，科学体系的典范是自然科学（数学）所追求的公理体系。那么，法教义学体系是否等同于公理体系？如果不是，它又构成何种意义上的体系呢？

一、法教义学体系的基点

公理体系的第一个要求是，构成体系之出发点的是那类不证自明的前提，也即公理或定理。既然法教义学是围绕实在法形成的知识体系，那么实在法（实在法律材料）就构成了法教义学的研究对象，而实在法显然不是不证自明的公理或定理，因为它不具备公理或定理的必然性和不可变性。基尔希曼对于法教义学之科学性的批评或者说否定正是以此为着力点的。在那段最著名的一段话中，他指出：“（法教义学活动）所关注的仅仅是实在法中那些谬误的、过时的或随意性的东西，是立法者的无知、粗俗和狂热。……实在法把法学家们变成了蛀虫，其赖以生存的不是健康的树木，而是病枯的朽木。既然法学只关注偶然，它自己也就变成了一种‘偶然’，立法者的三个更正词就可以使所有的文献成为废纸。”[3] 言下之意是，既然实在法充斥着“谬误的、过时的或随意性的东西”，是“病枯的朽木”，自然不能成为公理或定理，基

1　Vgl. Christian Bumke, Rechtsdogmatik, Tübingen: Mohr Siebeck, 2017, S. 45.

2　Vgl. Immanuel Kant, Gesammelte Schriften, Bd. 24, Berlinu. a.: de Gruyter, 1966, S. 297.

3　［德］J. H. 冯·基尔希曼：《作为科学的法学的无价值性——在柏林法学会的演讲》，赵阳译，载《比较法研究》2004年第1期。

于实在法的教义学体系当然也不可能是公理体系，因而法教义学不是科学。

对此，首先要指明的是，实在法体系与法教义学体系并不完全是一回事。借用阿尔尼奥的话来说，今日之法律体系或部分法律体系通常是由国家制定或认可之法律规则组成的“规则体系”（Regelsystem）或“基础体系”（Grundsystem），而法教义学的体系化功能或通过它建立的知识体系则是（从“支配性法秩序”或有待体系化之法律领域的法律条款出发）对“相关生活领域之境况”的体系化展示。[1] 所以，法教义学体系虽然以现行法律体系为教义学作业的出发点，但却是对法律体系更复杂和精致化的加工，也包含比法律体系更多的东西。教义学者实际上不能对任意法律体系进行“任意的体系化”，因为每种体系化都必须“以充分的方式”反映现行立法。[2] 因为法教义学的任务就在于，在更高的抽象化层次上将各个部分法律体系统一为全面的国家法律体系，以便更好地获得对不断增长之法律材料的概观，并确保整个法律发展的过程拥有更大的透明度。[3] 因此，法教义学体系化的基点包括但不限于实在法规范。具体有二。

其一，法教义学不仅仅关注实在法。法教义学的研究对象首先无疑是实在法，包括宪法、制定法、法规、习惯法、法官法（判例法）等。[4] 但是法教义学体系至少还包括两个基点：一是实在法所调整的生活关系本身。它包括典型的交易行为、经济和社会的现状以及各种各样的制度，也即胡伯称为

---

1 Vgl. Aulis Aarnio, Denkweisen der Rechtswissenschaft, Wien u. New York: Springer Verlag, 1979, S. 54f, 66ff. 当然，这不否认法教义学体系对法律体系的影响，因为任何法律体系本身都是法学建构的产物。

2 Vgl. Aulis Aarnio, Denkweisen der Rechtswissenschaft, Wien u. New York: Springer Verlag, 1979, S. 66f.

3 Vgl. Konrad Zweigert, Rechtsvergleichung, System und Dogmatik, in: Karl August Bettermann/Albrecht Zeuner (Hrsg.), Festschrift für Eduard Bötticher zum 70. Geburtstag, Berlin: Duncker & Humblot, 1969, S. 443.

4 甚至有论者认为，（实在法）规范本身并非法教义学真正的研究对象，它们只是解释活动的低级阶段的对象，而在体系化的更高阶段，科学活动的对象应当是法律制度和概念（See Enrique Zuleta Puceiro, *Legal Dogmatics as a Scientific Paradigm*, in Aleksander Peczenik, Lars Lindahl & Bert Van Roermund eds., Theory of Legal Science, Dordrecht u. a.: D. Reidel Publishing Company, 1984, p. 22.）。但它似乎混淆了研究对象（实在法）与手段（概念）。

“立法所涉之实体”的东西。法教义学的任务之一，就是使法律规范与其所规定的生活关系发生联系，从而使法律规范可以正当地运用于生活关系，而生活关系对于法的规定而言也可以被理解和规范。无论其具体形态如何，生活关系总是体现了特定的客观关联，而使这种关联变得清晰，是法学必须关心的事。法所要处理的各种现实问题，尤其是现代社会的生活方式使我们面临的那些问题，在所有的地方都或多或少地存在；尽管不同的法律制度会以不同手段、不同途径解决这些问题，然而其最终结果却往往殊途同归。[1] 因此，只要立法所要面对的生活关系及其问题具有共通性和客观性，法教义学体系就会具备相对坚实的基础。二是实在法背后的一般法律原则。法教义学体系不仅是规则、概念和条款的体系，也是“一般法律原则的价值论或目的论秩序”。[2] 这些一般法律原则经过长期的发展，在特定法律社群中拥有较为稳固的价值基础和文化认同，也构成特定法的结构中的基石性部分。例如，面对欧盟立法给欧洲各国传统法教义学带来的危机，有学者就指出构造一种欧洲法教义学的基石在于欧洲各国共同认可的那些一般法律原则，包括欧洲人权原则、欧洲私法原则、共同的不成文的一般法律原则（如诚实信用原则、法治原则、禁止滥用权利原则、法律安全原则，等等）。[3] 虽然特定国家的部分实在法规则会发生改变，但只要这些一般法律原则及其代表的基本价值不变（甚至可以说，部分一般法律原则具有超越特定法域的普遍性，只要这些不同法域的国家都实行法治），法教义学体系就会拥有较为稳固的基础。因为法教义学的使命之一，就是要澄清作为整个法秩序之基础的基本价值。[4]

1　参见［德］卡尔·拉伦茨：《论作为科学的法学的不可或缺性——1966年4月20日在柏林法学会的演讲》，赵阳译，载《比较法研究》2005年第3期。

2　Vgl. Claus-Wilhelm Canaris, Systemdenken und Systembegriff in der Jurisprudenz, 2. Aufl., 1982, S. 46 ff, 155, 156.

3　See Mark Van Hoecke and François Ost, *Lgeal Doctrine in Crisis*: *Toward a European Legal Science*, Legal Studies 27 (2010), p. 211-213.

4　Vgl. Uwe Schneider, Zur Verantwortung der Rechtswissenschaft, Juristen Zeitung 1987, S. 696-705.

所以，并非与实在法有关的一切都由“实在”，也即偶然的状况甚或立法者的专断所决定。实在法所规范的生活关系及其问题，以及作为特定法律体系价值基石的一般法律原则，对于立法者、法官乃至教义学者而言，在很大程度上是预设的，而不能被抛诸脑后。虽然它们也可能随着历史而演变，但是相对于个别法律、条例以及法院判决，它们是相对稳定、有其自身分量的。[1]

其二，即便是实在法也并非完全任意制定。法教义学以实在法为基础，并不意味着立法可以完全无视既有的法教义学说，也不意味着立法者可以高居于法教义学之上而不受任何拘束。在历史的逻辑原点上，除了第一次立法活动外，后续立法（当代立法活动都属于它）都并非从零开始，立法者只能在继续有效之旧法的框架内创设新法。立法者肩负着维系整个法秩序逻辑—体系正确性的责任，即新法不得与继续有效之旧法以及从中推导出和可推导出之教义规则相矛盾，除非现行法被修正或这些教义被放弃。[2] 可以说，如果要追求立法的理性化和科学化，立法活动就必须在一种“教义之网”中展开。或者，实在法与法教义学的关系也可以被描绘为这样一幅图景：特定国家可能会随着法学研究的发展慢慢积累起一些相对牢固的基本学说或原理，[3] 这些学说或原理因其理智上的说服力（理性活动）而被普遍接受，而如果想要增强实在法的安定性，达致法律体系的无矛盾性、融贯性和平等对待，国家机关的立法活动（意志活动）就只能通过对特定学说或原理进行认可，或者在不同的学说或原理中加以选择来形成实在法。如果我们将整个法教义学体系

---

1 参见［德］卡尔·拉伦茨：《论作为科学的法学的不可或缺性——1966 年 4 月 20 日在柏林法学会的演讲》，赵阳译，载《比较法研究》2005 年第 3 期。

2 Vgl. Wolfram Henckel, Rechtsdogmatik und Gesetzgebung in der Gegenwart-Zivilrecht, in: Okko Behrends/Wolfram Henckel (Hrsg.), Gesetzgebung und Dogmatik, Göttingen: Vandenhock & Ruprecht, 1989, S. 94.

3 法教义学的高度发达甚至可能在国家大规模立法之前就已实现，例如在德国于 1871 年统一并颁布各个主要法典之前，德国的民法教义学就已达到了很高的成就。

想象成一个瓶子，那么实在法就好比装入瓶中的石子，而其余的空间则被沙子所填满，这就是未被实在法化的教义学部分。法教义学说是整个体系中“软的部分”，而实在法则是整个体系中“硬的部分”，重要的是，大部分硬的部分是由软的部分转变而来的（石子由沙子结晶而来）。这具体表现在[1]：一方面，法教义学可能从内容上影响实在法，它们可以直接转化为立法条款，也可以为修法提供基础。没有法教义学的帮助，许多法律创新根本不可能实现。例如，“缔约过失”制度的确立、对形成权和期待权的采纳、将危险责任发展为独立的责任原则等，都采取的是学说现行、立法确认的方式。另一方面，法教义学也可能影响制定法的体例结构。例如，德国法学家胡果和海泽（Heize）提出了五编制的现代“学说汇纂体系”，即总则和人法、物权法、债法、亲属法和继承法。1896 年的《德国民法典》就是据此创作而成的，其编制、结构、概念、语言，完全是学说汇纂学的结晶。[2] 19 世纪中后叶开始的法典化进一步强化了对立法活动的拘束。因为法典化恰恰要求，法律对所有在其生活范围、法律领域内发生的问题均应加以规制，对相关领域所有实际发生的问题，实务则被要求必须根据法律寻获答案；借由教义学，实务被改写成制度与原则，此二者可赋予法律体系性的、规范性的架构，在此架构下可以对所有案件作出决定。[3] 这种整全性的要求加剧了立法活动对于法教义学的体系化功能的依赖，也使得对法典个别条款的变更必须要更多地考虑关联性的影响，从而提高建构理性化的程度。

所以，随着当代立法科学化和理性化程度的增加，立法的偶然性和任意性现象变得越来越罕见。当然，由于价值判断和裁量权的存在，法的政治因

---

1 具体参见雷磊：《法教义学能为立法贡献什么?》，载《现代法学》2018 年第 2 期。

2 Vgl. Andreas Bertalan Schwarz, Zur Entstehung des modernen Pandektensystems, Zeitschrift für Savigny-Stiftung für Rechtsgeschichte (Romanistische Abteilung) 42 (1921), S. 581f.

3 参见陈爱娥：《法体系的意义与功能——借镜德国法学理论而为说明》，载《法治研究》2019 年第 5 期。

素或立法的形成空间并不可能被取消。强调实在法规范制定的非任意性，只是意味着要对立法者的专断进行限制。可见，实在法与法教义学是相互交织在一起的：一方面，实在法构成了法教义学的观念世界；另一方面，法教义学又以决定性的方式帮助我们知悉，对于它的研究对象（实在法）可以获得何种印象和洞见。[1]

二、法教义学体系的特质

公理体系的第二个要求是，形成体系的基本方法在于逻辑推演。不言而喻的是，法教义学说命题的体系划分不是先定的，只有通过科学活动才能形成。[2] 所以，法教义学体系的构造方式取决于法学所采纳的观念和方法本身。在法学的观念史上，的确曾有一段时间是按照高度逻辑化的方式来构造法学知识体系的。它起源于深受自然科学方法影响的理性自然法学说时期。例如，斯宾诺莎（Spinoza）就曾以“欧几里得的几何学方式”来书写其伦理学著作，一开始就给出一组公理以及各种公式，从中产生命题、证明、推论以及解释，以此作为“确立真理的手段”。[3] 莱布尼茨则将几何学原理以及组合算数运用于法学之中，因为在他看来，法学就是“一门由简单术语构成的形成复杂情形的组合技艺”。[4] 沃尔夫延续了这一传统，力图将几何学方法转化成为一种“封闭的、公理演绎的自然法体系”，强调所有的自然法规则均应该按照“无漏洞的演绎方式”，从“较高的公理”到“最小的细节”都推导出来，

1 Vgl. Christian Bumke, Rechtsdogmatik, Tübingen: Mohr Siebeck, 2017, S. 57.

2 Vgl. Roberto J. Vernengo, Systematisierung und Rationalisierung in Rechtsdogmatik und richterlicher Entscheidungsfindung, in: Eugenio Bulygin/Ernesto Carzón Valdés (Hrsg.), Argentinische Rechtstheorie und Rechtsphilosophie Heute, Berlin: Duncker & Humblot, 1987, S. 136.

3 参见［英］G. H. R. 帕金森主编：《文艺复兴和17世纪理性主义》，田平等译，中国人民大学出版社2009年版，第323~325页。

4 参见［美］罗杰·伯科威茨：《科学的馈赠——现代法律是如何演变为实在法的?》，田夫、徐丽丽译，法律出版社2011年版，第42~43、62页。

从而形成了“莱布尼茨—沃尔夫体系”。[1] 此后，概念法学将这种体系论方法发展为“概念的系谱方法”，贯彻于法教义学体系的建构之中，最终形成近似于公理体系的概念—命题体系。[2] 但时至今日，法律人早已从这种“法律公理体系之梦”[3] 中觉醒，经由自由法运动和利益法学的冲击，在当下占主流地位的评价法学那里，关于法教义学体系的图景已完全不同于概念法学。质言之，今日之法教义学体系具有如下两个特质。

其一，体系的融贯化。融贯性成为法教义学体系的建构目标是与法律体系之内部体系和外部体系的划分分不开的。在“科学法”的观念支配下，概念法学将法律体系（法教义学体系）[4] 想象为单一的概念—法条体系。例如，在普赫塔看来，在结构上，法律体系就是法条体系；在知识论上，它又是由作为法条思考因素之关联理解的法学概念所构成的“科学”体系：根据知识论上构建的法学概念体系，人们就可以推演出新的法条。一个法条从另一个法条中产生，向上可以回溯至其原则，向下可以延伸至其最外部的分支，由此产生“概念—法条”的层级体系，最终形成“概念金字塔”。[5] 但是评价法学的学者则认为这种依据形式逻辑的规则建构的抽象、一般概念式的体系仅仅是“外部的”体系，它具有意义空洞化的趋势；除此之外尚有由法律原则（法伦理学的原则/实质的法律思想）组成的“内部的”体系，后者或者明白规定于宪法或其他价值中，或者可由法定规整、其意义脉络，借“整体类推”或回归法律理由的方式来获得。[6]

1　具体参见雷磊：《法教义学观念的源流》，载《法学评论》2019 年第 2 期。

2　具体参见雷磊：《什么是法教义学？——基于 19 世纪以后德国学说史的简要考察》，载《法制与社会发展》2018 年第 4 期。

3　参见舒国滢：《寻访法学的问题立场——兼谈“论题学法学”的思考方式》，载《法学研究》2005 年第 3 期。

4　在概念法学那里，这两个体系没有严格区别。

5　Vgl. Georg Friedrich Puchta, Cursus der Institution (Bd. 1), 8. Aufl., besorgt von Paul Krüger, Darmstadt: Breitkopf & Härtel, 1875, S. 101.

6　参见［德］卡尔·拉伦茨：《法学方法论》，陈爱娥译，商务印书馆 2003 年版，第 316、330、348 页。

在这样的体系构造模式中，逻辑推演或运算的作用是有限的。一方面，即便在法律体系的外部体系中，不同层级之规则或法条之间也绝非简单的逻辑推演关系。虽然当代依然有法律逻辑者主张，法律科学的努力在于将实在法体系予以公理化，或至少是准公理化，但也正如该论者所补充指明的，这只有在将法律体系理解为法律语言系统时才能成立。[1] 很显然，从语言的层面上来观察法律体系只能限于外部体系，因为只有外部体系中的概念、规则才与语义相关。但即便就外部体系而言，逻辑推演关系也并不能穷尽其全貌。在法律体系的层级构造中，上位规则与下位规则之间在理想情况下固然存在语义蕴含关系，也就是说下位规则应当是上位规则的具体化和个别化。但由于上位规则的一般性给下位规则的创设者留下了足够大的裁量空间，他可以在对上位规则众多的具体化和个别化可能中选择一个作为下位规则。换言之，下位规则的产生不仅要合乎逻辑（思维法则），也是规则制定者现实地行使意志行为的结果。法律体系并非静态体系，而是一种动态体系。动态体系不是纯粹根据语义包含或逻辑推演关系，而是根据授权或效力的关系来链接不同层级的规则的。每一个下位规则的产生既是对上位规则的适用，也是被创造的过程。在此过程中，法律适用并非纯粹三段论式的机械操作，上位规范并不决定，至少不能完全决定下位规范的具体内容，而必须要通过适用者的意志行为来加以创造。[2] 相应地，法教义学也无法单纯通过逻辑的方式来理解不同层级的法律规则，它必须承认每个规则的意志因素的存在。反映在方法论上，就是除了运用语义论据之外，还要运用发生学论据（主观目的论据）、历史论据等手段。由此形成的与不同层级之法律规则相应的法教义学命题体系，就绝非可以完全用形式逻辑来说明的体系。

---

1 参见［德］乌尔里希·克卢格：《法律逻辑》，雷磊译，法律出版社 2016 年版，第 260～261 页。当然，这里还需要一个前提：法律语言能够成为精确语言，或至少是精确语言的预备阶段。

2 Vgl. Hans Kelsen, Reine Rechtslehre（Studienausgabe der 2. Auflage 1960）, hrsg. v. Matthias Jestaedt, Tübingen: Mohr Siebeck, 2017, S. 418ff.

另一方面，在内部体系中，不同法律原则之间更非形式—逻辑关系。法律不仅是概念、文义和语词的体系，也是价值、目的和意义的体系。如果说外部的规则体系构成了法律体系的刚性部分（外衣），那么内部的原则体系就构成了法律体系的柔性部分（内核）。原则体系承担着法律体系之价值的统一性功能。统一性意味着在一个法律体系的内部存在少数的基本价值或者说一般法律原则（一般法律思想），其他原则都可以回溯到这些一般原则，它们构成了法律体系的基础。要注意的是，其他原则与一般原则之间并不存在像规则那般的效力链条，它们之间的关系不如说是内容—价值上的证立关系。也就是说，其他原则可以被视为对一般原则在特定领域中的展现。例如，契约自由原则、婚姻自由原则、政府最小干预原则等，都可以被看作对作为一般原则之自由原则在契约、婚姻、市场等领域的个别展现。[1] 因此，法律体系同样具有强烈的价值论或目的论色彩。更准确地说，从内在层面上看，法律体系可以被定义为一般法律原则的价值论或目的论秩序。[2] 很多时候，这类原则本身就是教义学工作的结果，它们的具体内涵也必须由教义学来确定，随着教义学而发展。在此意义上，有学者甚至认为，原则不外乎是处于高度抽象层面的教义学概念。[3] 除此之外，法教义学一方面要将这些原则和价值编织成一张相互支持、具有证立关系的"价值之网"，另一方面要将它们贯彻于整个法律体系的各个领域，以便将实在法体系解释为具有价值统一性的整体（往往需要消除外在体系的不同部分在概念和语词上的矛盾之处）。从而，可以为司法裁判尤其是司法裁判中的价值判断提供合理化的依据。反映在方法论上，就是要运用体系论据、普遍实践论据（客观目的论论据），尤其是合宪性解释。

1　参见雷磊：《适于法治的法律体系模式》，载《法学研究》2015 年第 5 期。表述略有不同。

2　Vgl. Claus-Wilhelm Canaris, Systemdenken und Systembegriff in der Jurisprudenz, 2. Aufl., Berlin: Duncker & Humblot, 1982, S. 47.

3　Vgl Matthias Goldmann, Dogmatik als rationale Rekonstruktion, Der Staat 53 (2014), S. 378-379.

与法律体系的这种双重构造相应的，是法教义学的双重建构与体系化：范畴式的与目的论式的。范畴式的处理将法视为法概念与法概念所包含之法范畴的实现，目的论式的处理则将法描述为实现法理念的尝试。[1] 这种双重处理体系化任务并非仅以逻辑化，而是以融贯化为自身的追求。这种融贯化致力于三个方面：(1) 体系的完整性与连贯性。完整性意味着法教义学体系应为相关案件领域中的每一个案件都提供解决办法，连贯性意味着法教义学体系不应为同一类案件提供两个或两个以上不兼容的解决办法。(2) 体系内部的价值融贯化，也即使得整个法教义学体系具有评价上的一致性与内部的统一性。这主要依靠上述一般法律原则及其关系的建构。(3) 体系在整体理念上的融贯化。除了内部价值的统一性外，法教义学体系在价值上还要尽可能与其背后的政治—道德理念保持一致。任何融贯的法律体系的背后都有一套成熟的政治理论与道德信念体系作为自己的支撑，而这种政治—道德理念往往以一种“高级法”的姿态扮演着法律体系“背景墙”的角色。[2] 它最集中的体现就是一个国家的核心价值观。法教义学要尽可能将特定国家的核心价值观与这个国家的法律体系的一般法律原则、法律规则融为一体。总之，法教义学的体系化意味着教义学的各部分之间有严谨的逻辑关联，意味着不同规则有一致的价值选择，意味着制度整体的透明性，从而有助于贯彻作为体系基础的基本价值。[3]

其二，体系的动态化。融贯化是一个持续不断的过程，而非静止的状态。这也就意味着，法教义学的体系是一种动态、开放的体系。法教义学一方面必须建构法的制度（例如私法自治、权力分立、无罪推定）与法秩序的体系学，遵从体系思考；另一方面也总是致力于寻求正当的问题解答，取向于典

---

1 参见陈爱娥：《法体系的意义与功能——借镜德国法学理论而为说明》，载《法治研究》2019 年第 5 期。

2 参见雷磊：《法教义学与法治：法教义学的治理意义》，载《法学研究》2018 年第5 期。

3 参见许德风：《论法教义学与价值判断：以民法方法为重点》，载《中外法学》2008 年第 2 期。

型个案的解答。质言之，要在体系性思考与问题取向思考之间寻求平衡。[1] 体系性思考是现代科学的基础，法学基本上也源自法素材的体系化。如前文所述，这里的体系性思考不限于形式逻辑体系，也包括价值目的体系。但体系化并非一次性完结的作业，体系化本身也不是法教义学的最终目的。法教义学是一门实践适用导向的学问，它最终服务于减轻法官工作负担，要承担起个案裁判之说理依据（裁判理由）的角色。体系构筑得再完美，如果无法或无法恰当地解决个案，法教义学就会蜕变为与实践相疏离的“玻璃球游戏”。[2] 当然，体系的意义在于为个案提供超越个案的裁判标准。因为法教义学不拘泥于具体案件的特殊情况，而更为关注案件的典型性；它概括不断重复出现的特征，建构上位的概念，揭示它们之间的关联。[3] 由此，法教义学承担着这样的任务：从正面讲，是对既有的裁判进行体系化和一般化，这是对本质上相同者相同对待的原则所要求的；[4] 从反面讲，则是限制可适用于个案之裁判标准，因而消除某些可能的解决办法。[5] 因此，法教义学在承担其体系化任务时总是伴有隐含的实践目的：确保体系上前后一贯的个案解答。

但是，既有的学说体系总有面对无法提供个案答案或提供的个案答案不恰当问题的时候。这或者是因为新的社会情境和社会关系的出现造成了教义学体系衍生出“嗣后的漏洞”，或者是因为既有的教义命题未对现实中出现的新问题或特殊情形予以特殊考量，因而构造上的区分度和精致度不够，等等。此时，就必须进行个案论证，转而诉诸问题取向的思考，或者说论题学立场。

1　参见陈爱娥：《法体系的意义与功能——借镜德国法学理论而为说明》，载《法治研究》2019 年第 5 期。

2　Vgl. Manfred Maiwald，Dogmatik und Gesetzgebung im Strafrecht der Gegenwart，in：Okko Behrends/Wolfram Henckel，Gesetzgebung und Dogmatik，Göttingen：Vandenhock & Ruprecht，1989，S. 132.

3　参见［德］卡尔·拉伦茨：《论作为科学的法学的不可或缺性》，赵阳译，载《比较法研究》2005 年第 3 期。

4　Vgl. Hans-Martin Pawlowski，Zur Aufgabe der Rechtsdogmatik im Staat der Glaubensfreiheit，Rechtstheorie 19（1988），S. 426.

5　See Roberto Vernengo，*Systematization in Legal Dogmatics and Judicial Decisions*，in：Torstein Eckhoff（Hrsg.），Vernunft und Erfahrung im Rechtsdenken der Gegenwart，Berlin：Duncker & Humblot，1986，S. 235.

这种思考立场更注重的是论证过程中的独立观点，重要的是衡量个案中各个因素的轻重与最后判断的说服力。然而，个案论证仍然必须符合不相矛盾的要求，并显现为可容许的涵摄，因此，个案论证仍然必须受制于体系性思考划定的界限。[1] 所以，与其说特殊个案的出现破解了既有的法教义学体系或造成了去体系化的后果，不如说它为修正既有的体系或者说体系的更新提供了契机。个案决定成为了更新后的体系的一部分（当然，它也可以带来修正体系的其他部分的后果），新体系也就取代了旧体系。如此，法教义学就以一种从“旧体系”经由“个案”到“新体系”所构成的辩证式三步骤而持续演进。或许正如施罗德（Schröder）所言：“体系化的工作是一种持续性的工作，因此必须意识到：体系无法以演绎的方式支配诸多问题，其始终必须维持开放状态，始终仅能是暂时性的综整而已。”[2] 虽然在法教义学思考中通过体系化引进完美的合理性，以达成完满统一之法律体系的理想从根本上说是无法实现的，但体系性思考的基本要求，即使得法律决定与法秩序维持一致性的关系，绝不能放弃。[3] 因此，通过开放部分要素来建构动态之教义学体系的努力，始终值得肯定。

综上所述，（作为知识的）法教义学并非公理体系，因为构成体系出发点的并非不证自明的公理或定理，形成体系的方法也远非逻辑推演可以穷尽。但是，一方面，法教义学体系的基点并非偶然和任意的实证材料。它不仅包括实在法，也包括实在法所规范的生活关系以及作为其价值基石的一般法律原则。而作为追求立法科学化和理性化的产物的实在法本身，在内容上和结构上同样也深嵌在既有的法教义学说之中。所以，法教义学体系并非建立在

1　Vgl. Philippe Mastronardi, Juristisches Denken, 2. Aufl., Tübingen: Verlag Paul Haupt, 2003, Rn. 854-855.

2　Jan Schröder, Recht als Wissneschaft-Geschichte der juristischen Methodenlehre in der Neuzeit (1500-1933), 2. Aufl., München: Verlag C. H. Beck 2012, S. 294-295.

3　Vgl. Philippe Mastronardi, Juristisches Denken, 2. Aufl., Tübingen: Verlag Paul Haupt, 2003, Rn. 898.

流沙之上。另一方面，法教义学体系不仅是形式—逻辑的体系，更是目的和价值的体系，它具有融贯化和动态化的特质。但无论如何，这种兼具一定的稳定性和开放包容性的体系依然是一种体系，体系化的努力对于教义学而言依然是不可放弃的要求。

法教义学之开放包容的特质也使得它区别于神学的教义学体系：神学以统一的文本（如圣经）为出发点，以统一的宗教哲学为基础，试图对世界作一体化解释（这也是其独断性的体现）。因此，宗教教义学体系是超越国界的。而法教义学体系不以任何特定版本的强哲学为前提，而是可以预设多样化的哲学立场。例如，某个国家的法教义学体系既可以立足于自由主义，也可以立足于平等主义，既可以预设个人主义，也可以预设集体主义的立场。因而，持有不同哲学观或意识形态的国家就可能拥有内容不同的法教义学知识体系。[1]

本章结语

假如我们将“科学”视为一种范畴或类型概念，“是任何可以用理性加以检验的过程，这种过程借助于特定的、为其对象而发展出的思考方法，以求获得系统的知识”[2] 的话，那么就可以说，法教义学也是一门科学。正如现代私法教义学的奠基人萨维尼所认为的，科学是一项聚合性的活动，其中“异常”要通过集中的过程被周期性地克服，而集中的过程是从统一的视角出发来进行的，其意图不在于拒绝抑或接受教义，而在于在使得科学进步（操作性共识）成为可能的“更高单元”（学科矩阵）中来处理它们。这种共识

1　唯一与法教义学不能相容的，是反理性主义的后现代哲学。

2　［德］卡尔·拉伦茨：《论作为科学的法学的不可或缺性——1966 年 4 月 20 日在柏林法学会的演讲》，赵阳译，载《比较法研究》2005 年第 3 期。

转而会成为科学共同体之确信的基础。[1] 法教义学就旨在形成相对稳定的具有理智说服力的共同意见，并在不断应对实践问题的过程中进行自我调整以求得理性进展。当然，由于这种知识（共识）无法满足“价值无涉性”和“公理体系”这两个标准，因而与作为典范科学或“强意义之科学”的自然科学相比，法教义学在“科学”的光谱带上位于“概念晕”而非“概念核”的位置。或者说，它只是一种“弱意义上的科学”。

“弱意义”意味着：（1）法教义学所持的科学性立场位于严格的科学主义与反科学的犬儒主义之间。严格科学主义过分夸大了对科学的遵从，把科学提出的任何东西奉为权威，摒弃任何对科学或科学实践者的批评。犬儒主义则过分夸大了对科学的怀疑，先入为主地认为科学不仅没有特殊的认识论权威，而且也没有独特的合理性方法，实际上仅仅是政治性的。与这两者不同，法教义学的科学性观念一方面承认有较好和较差论据的客观标准，也有较好和较差地实施研究活动的客观标准，另一方面又对这些标准提出了更有弹性和更少形式化的理解。[2] （2）法教义学的科学性是不自足和不充分的，它无法为整个法学的科学性负责。正如一位批评者所说的，（作为知识的）法教义学的优点在于提供一套界面友好的概念和学说体系来帮助法律实践者快速、便捷地理解实在法并解决法律实践中的问题，它有着实用意义上不可替代的重要价值，但不能取代（更确切的说法：穷尽）对法律义理的理智追求。[3] 法律科学既需要法教义学，也需要法哲学（哲学）、法史学（史学）和法社会学（社会学）等诸多学科的合力，才能不断增强其科学性。法律学说

---

1 See Enrique Zuleta Puceiro, *Legal Dogmatics as a Scientific Paradigm*, in Aleksander Peczenik, Lars Lindahl & Bert Van Roermund eds., Theory of Legal Science, Dordrecht u. a.: D. Reidel Publishing Company, 1984, S. 15.

2 这里参考了［美］苏珊·哈克：《理性地捍卫科学——在科学主义与犬儒主义之间》，曾国屏、袁航等译，中国人民大学出版社 2008 年版，第 2、5、7~8 页。哈克将这种位于科学主义与犬儒主义之间的立场称为“批判常识主义”，但这一表述在本书的语境中会造成困惑，故而不引用。

3 参见王凌皞：《存在（理智上可辩护的）法律教义学么？——论法条主义、通说与法学的智识责任》，载《法制与社会发展》2018 年第 6 期。

与法理必然应当是交融贯通的。

法教义学的这种弱意义上的科学性与教义性并不矛盾。法教义学与神学的确分享了“教义性”或者说“受权威拘束”的特质。但是如前所述，一则，神学具有独断性，信奉绝对权威，而法教义学具有共识性，尊重相对权威；二则，神学基于统一的文本和统一的宗教哲学，试图对世界作一体化解释，而法教义学体系具有开放包容性和多样性，不预设任何特定版本的强哲学。所以，法教义学的“教义性”与神学的“教义性”具体内涵并不相同，前者并不会消解法教义学的科学性。无论如何，通过对价值判断的客观化努力和对体系化目标的持续追寻，法教义学能够成为一种不断趋向于理性化的事业，依然可以被视为科学。

第七章
法教义学与立法

当下学界关于法教义学的讨论主要围绕法的适用环节而展开。无论是支持者抑或反对者，关注的焦点均在于司法裁判过程中法教义学能否容纳价值判断与经验知识，而鲜有对于法教义学与立法间关系的阐述。[1] 这或许与对“法教义学”的偏狭理解有关。尽管并没有对法教义学的概念取得共识，但学者们对于法教义学的定位与任务拥有相对一致的见解。在定位上，法教义学一般被认为“以现行实在法秩序为坚定信奉而不加怀疑的前提”[2]，“以阐述现行法以及现行法背后的道理”来就法律实践进行沟通[3]，“以法律文本为依据，依照法律规范的内在逻辑和体系要求解释、应用及发展法律”[4]。在任务上，法教义学被认为致力于对现行有效法律的描述、对这种法律之概念—体系的研究、提出解决法律争议的建议。[5] 从表面看，从这种将法教义学视为“现行实在法科学”的观点[6]很容易推导出的结论是，现行实在法是法教义学

---

1 唯一的例外似乎是许德风：《法教义学的应用》，载《中外法学》2013 年第 5 期。但由于该文一方面论题较为宽泛（不仅涉及立法，而且涉及司法与法学研究），另一方面依然着眼于从法的适用角度对于现行（民事）立法提出批评和建议，这一研究尚未对法教义学与立法的关系进行更为深入和系统的阐释。

2 白斌：《论法教义学：源流、特征及其功能》，载《环球法律评论》2010 年第 3 期。

3 参见纪海龙：《法教义学：力量与弱点》，载《交大法学》2015 年第 2 期。

4 许德风：《法教义学的应用》，载《中外法学》2013 年第 5 期。

5 参见［德］罗伯特·阿列克西：《法律论证理论：作为法律证立理论的理性论辩理论》，舒国滢译，商务印书馆 2019 年版，第 309 页。

6 一本立法学的专著恰恰持此论点：Vladimír Kubeš，Theorie der Gesetzgebung，Wien und New York：Manzsche Verlags-und Universitätsbuchhandlung，1987，S. 204。

的工作前提，没有实在法就没有法教义学。进而，由于在现代国家中实在法主要是立法的产物，所以没有立法就没有法教义学。反过来说，因为立法并不描述或加固现行法，而是欲创设未来法，所以法教义学似乎就对它缺乏意义。这种推论很容易输出这样的印象：立法者高居法教义学之上，他为法教义学给定材料，本身却不受法教义学的拘束。

本章的主旨在于破除这种错误的推论与印象。但在此之前，需要交代本章的基本假定与主题限定。要在法教义学与立法之间建立起关联性，首先必须赞同“立法者无法创设出整个法秩序，而只能调整部分领域”这一基本假定。在历史的逻辑原点上，或许只有第一次立法行为之后才有法教义（学）产生的可能。但在后续立法（当代立法活动都属于它）过程中，立法并非从零开始，立法者只能在继续有效之旧法的框架内创设新法。立法者肩负着维系整个法秩序逻辑—体系正确性的要求，即新法不得与继续有效之旧法以及从中推导出和可推导出之教义规则相矛盾，除非现行法被修正或这些教义被放弃。[1] 在此假定之下，要对当前的研究作一点主题方面的限定，包括两点：(1) 本章只研究法教义学对立法的影响，不研究立法对法教义学的影响。正如前文所述，立法及其产物——制定法（实在法的主要形式）对于法教义学的影响显而易见，无须赘述。[2] 而法教义学对于立法的影响却有待剖析。(2) 本章只研究法教义学对立法的积极影响（贡献），不研究法教义学对立法的消极影响（局限）。法教义学对于立法的影响并不总是积极的，与时代脱节或者僵化了的旧教义有可能会束缚法的发展。这样的教义学会蜕变成一种

1　Vgl. Wolfram Henckel, Rechtsdogmatik und Gesetzgebung in der Gegenwart-Zivilrecht, in: Okko Behrends/Wolfram Henckel (Hrsg.), Gesetzgebung und Dogmatik, Göttingen: Vandenhock & Ruprecht, 1989, S. 94.

2　当然，由于英美法系国家传统上以判例法为主，而基于判例法亦可能发展出较为成熟的教义学［如兰代尔（Landell）的追求］，所以法教义学未必要以立法为必要条件。本书只考察以制定法为主的国家中法教义学与立法的关系。

“玻璃球游戏”（Glasperlenspiel），即使玩得再好，也与实践相疏离。[1] 立法不当受这样的教义学的拘束。笔者承认这一点，只是由于关注点和篇幅所限，本章并不就这一方面具体展开。因而不可根据本章标题，将笔者的主张理解为法教义学对立法只有贡献而没有局限。

本章主题可以区分出两种视角的研究和两个层面的问题。“法教义学能为立法贡献什么?”既可以理解为“法教义学实际为立法作出了什么贡献”，也可以理解为“法教义学应当为立法作出什么贡献”。[2] 前者属于经验性研究，而后者属于规范性研究。本章将以规范性研究为主，但同样兼具经验性研究，后者主要指对这种贡献的例证。同时，“法教义学能为立法贡献什么?”除了要回答“法教义学能为立法作出什么贡献”（影响途径）外，尚需确证“法教义学为什么能为立法作出贡献”这一前提问题（理论基础），这两个层面的问题合在一起构成了逻辑整体。但在此之前，我们要先来处理对于“法教义学能为立法作出贡献”这一主张的反对意见，它们的错误根源在于对法教义学本身的错误理解。

---

1 Vgl. Manfred Maiwald, Dogmatik und Gesetzgebung im Strafrecht der Gegenwart, in: Okko Behrends/Wolfram Henckel (Hrsg.), Gesetzgebung und Dogmatik, Göttingen: Vandenhock & Ruprecht, 1989, S. 132–133.

2 或有论点认为，法教义学无须对立法发生影响。这里的原因在于，一个国家的立法可以是任意的（杂乱无序的），但如有一个成熟的法律人共同体能提供强有力的教义学来对这种立法进行加工和整合，依然能产生一个完善的法律体系。但这里有三个原因促使法教义学要在立法阶段产生影响，而非留待立法后阶段：其一，法教义学的争议总是存在的，而立法（特定法教义的“结晶化”）能在一定时期内在很大程度上定分止争，保证法律适用更大的统一性。其二，法教义学者并非魔术师，可以将任何糟糕的立法变成完美的作品。通过法教义学在立法阶段塑造出相对完善的制定法，可以减轻后续的教义学工作负担。其三，前述观点的一个反向预设在于，如果法教义学在立法阶段就发挥影响，那么制定法就将完全吸纳法教义。也就是说，制定法完成后将没有法教义学的用武之地，而这将在很大程度上取消法教义学本身的重要性。但这种观点是错的。即使特定法教义被吸纳进制定法，也可能出现新的法教义的挑战，从而造成修法的可能。这种反向预设其实代表的是后文要讲的“固守僵化命题”。法教义学永远是动态的，虽然它要对立法发生影响，但并不仅限于此。

第一节　前提辩诘：反对意见及对其反驳

对于“法教义学能为立法作出贡献”这一主张，存在诸多可能的反对意见。这些反对意见都源于对相关概念的理解错误。相对而言，“立法”的内涵相对清晰，即有权立法的国家机关依照法定权限和程序制定法律的活动（制度性的法律制定行为）。[1] 相反，“法教义学”的面目则不那么清晰，而正是一些错误的教义学观念导致了对上述主张的质疑。因此，我们首先需要来清除这些错误观念，它们可以被归纳为四种命题。

一是完全拘束命题。完全拘束命题认为法教义学仅仅是对现行法秩序的说明，即对一段已被叙述过之历史的复述，尽管可能用的是独有的语言。在此意义上，作为对法秩序之嗣后的体系化，法教义学完全受到现行法秩序的拘束而缺乏任何独立意义，因为它的材料完全也最终是由现行法来给定的。教义学不具有“生产性”，因而对新法的制定也没有任何意义。

完全拘束命题显然是错误的。在有的国家，制定法条款的规定本身就排除了这种理解。例如，著名的《瑞士民法典》第 1 条规定：本法有规定的法律问题，适用本法，无规定者，以习惯法裁判，无习惯法，依法官提出的规则，同时遵循既定学说和传统。《瑞士民法典》的立法者将部分调整领域留给“学说”，就意味着他赋予了教义学一定的形成余地，这种余地禁止此后将教义学完全视为受拘束的活动。除去实在法上的这种偶然现象不论，即便从理论角度而论，法教义学也必然拥有独立的活动余地，这至少体现在三个方面：其一，法教义学在消除制定法的矛盾时享有形成余地。制定法可能存在矛盾之处，而此时案件裁判又要求必须作出一个决定，法教义学者于此就负有一般性的“澄清义务”或“判断义务”。因为在今天许多国家的法学中，禁止

1　参见舒国滢主编：《法理学导论》（第 2 版），北京大学出版社 2012 年版，第179 页。

法律“不清”（non liquet）被视为理所当然的前提条件。其二，法教义学在填补漏洞时享有形成余地。与制定法矛盾的情形一样，当制定法存在漏洞时，法教义学者同样需要提供某些没有被制定法事先规定的新东西，如果他想要消除漏洞、作出某个决定的话。其三，法教义学在对制定法条款进行语义补充时享有形成余地。法教义学是否内在地包含适用的维度，即与个案相关，是一个有争议的问题。[1] 如果承认这一点，那么为了在思维上将抽象——一般的法律规范与具体—个别的案件事实连接起来，法教义学就必须接纳（和证立）额外的语义假定。[2] 这类语义补充活动的一个例子就是对法律规范中的相关概念进行“定义”，法教义学的主要任务之一正在于提出逻辑严谨的法律定义。即使将适用的维度排除于法教义学之外，将其定义为非个案导向的理论，语义补充的必要性也不会就此丧失。在规范冲突的情形中，为了消除矛盾，同样必须运用语义补充的技术。“概念拆分”（或曰“分种法”，divisio）就是法学史（罗马法）上发展出来的这些技术中的一种。[3]

二是无拘束命题。与完全拘束命题正好相反，无拘束命题主张法教义学并不受任何外在的拘束。如卢曼（Luhmann）认为，教义学的功能不在于禁锢思想，相反在于提升与经验和文本打交道时的自由。即使在社会期待存在一种拘束的地方，教义学概念也与之保持了自己的距离。这是因为教义学思维与解释只受到在概念上受其支配之“材料”的拘束。但即使是这种“拘束”本身也受制于教义学的解释，故而教义学可以从其拘束性中推导出自

---

1 支持的观点参见 Christian Starck, Empirie in der Rechtsdogmatik, Juristische Zeitung 1972, S. 609；反对的观点参见 Alexander Peczenik, *Empirical Foundations of Legal Dogmatics*, Études de logique juridique 3 (1969), p. 32。

2 具体参见 Hans-Joachim Koch/Helmut Rüßmann, Juristische Begründungslehre, München：C. H. Beck'sche Buchhandlung, 1982, S. 22-26。

3 参见李飞：《古希腊—罗马的辩证法对罗马法的体系化生成的影响——以 Divisio 和 Partitio 为中心》，载陈金钊、谢晖主编：《法律方法》第 15 卷，山东人民出版社 2014 年版，第 121 页以下。

由。[1] 显而易见，当法教义学拥有自身来确定自身之拘束条件的权能时，它就相当于不受任何拘束。

打眼看上去，无拘束命题并不会对我们的主张造成损害。但细究之下，这一立场的问题与完全拘束命题的问题是相似的。一方面，它将外部视角等同于自我阐述。即使我们像卢曼那样对既存之“教义学自由”进行现实分析，操作时也会将这种自由限制于一种隐蔽的内在空间，而在表面（外部）仍会顾及社会期待对教义学会进行拘束的态度。这样一来，法教义学对于立法会发生影响的假定就会被排除，因为它会被认为违背了社会的期待，有时（可以这样来推展卢曼的分析）甚至会消除掉“内部自由”的条件。另一方面，从心理学的角度看，教义学者如果深信自己虽然要顾及表面上的拘束力，但实际上却可以掌控自身的拘束力的话，那么就会轻易失去影响立法的动力。他会成为不参与立法的观察者，因为立法作品在他那里就是可以任意揉搓的塑胶材料而已。他没有必要再去影响立法。其结果是“法教义学能为立法作贡献”的主张就丧失了经验基础。脱离经验基础的规范性立场虽然不影响其在规范性思维中的正确性，但却会丧失被实现的机会。总之，无拘束命题下的法教义学对新法的制定同样没有任何意义。

三是纯粹意见命题。纯粹意见命题将法教义等同于（与特定领域相关之）“意见”（Meinungsdenken）。[2] 巴尔韦格（Ballweg）就认为，“被教义化的意见具有的是理解功能。一切通过给予意见真值来赋予其认知功能的努力，只会减损法学的可探讨性及其理性”[3]。这种观念可追溯至古希腊时代关于“知

1　Vgl. Nikolas Luhmann, Rechtssystem und Rechtsdogmatik, Stuttgart: Verlag W. Kohlhammer, 1974, S. 16.

2　这种理解在教义学的概念史上源远流长，因为“dogma”（教义）在语言上就与“doxa”（希腊语“意见”）接近。参见 Maximilian Herberger, Dogmatik. Zur Geschichte von Begriff und Methode in Medizien und Jurisprudenz, Frankfurt a. M.: Vittorio Klostermann, 1981, S. 9 u. passim。

3　Ottmar Ballweg, Rechtsphilosophie als Grundlagenforschung der Rechtswissenschaft und der Jurisprudenz, in: Hans Albert/Niklas Luhmann/Werner Maihofer/Ota Weinberger (Hrsg.), Rechtstheorie als Grundlagenwissenschaft der Rechtswissenschaft, Bertelsmann Üniversitätsverlag, 1972, S. 46.

识”与“意见”的两分，前者能把握事物的本质因而是绝对正确的，而后者只能产生见解（“信念”“猜测或想象”）因而只具有似真性。[1] 知识是理性的，而（教义性）意见是任意的。因此，一种任意的东西不能也不应当对立法产生影响。

为了反驳这一命题，我们需要一种语用学的观察视角。在这种视角下，我们可以将“意见”（与“命题”相对）理解为言说者关于他所表述的某个语句的立场，所以并不必然推导出“意见”就是任意的这一结论。只要可以对相关讨论给出判断的标准，（意见所涉及之）语句的真假就仍然是可以讨论的。而由于每个“思考者”都只会想要“思考”真的东西，所以意见的正确性就间接地依赖于语句的真。从而意见并不会停留于任意性的领域，除非人们放弃追求真。所以，“意见”不应当被归为必然是任意性的范畴。即使我们承认教义学思维包含意见的要素，也不排除法教义学对立法发挥积极影响的可能。

四是固守僵化命题。有一种观点批评法教义学固守于僵化状态（教条），免受批评，因而教义学思维缺乏科学性。这种观点认为应该剥夺这种思维（作为非科学的思维）对于立法的影响，使其让位于别的（科学的）学科。例如阿尔伯特（Albert）就将“教义化”与“免疫性”之间挂起钩来，进而论证道：“由于我们信念体系中的任何要素对批评都具有免疫性，但却总是可以通过合适的策略被确立，所以很容易就可以看出，它在认知论上是没有价值的，即使它迎合了主观确定性的需要。”[2] 而在认知论上没有价值的法教义学（作为“信念”）对于立法也不具有意义。

对此我们可以反驳：其一，“免疫”并不意味着“没有认知价值”。正如

---

1 参见［古希腊］柏拉图：《国家篇》，载《柏拉图全集》（第 2 卷），王晓朝译，人民出版社 2003 年版，第 467~469、536 页。

2 Hans Albert, Erkenntnis und Recht. Die Jurisprudenz im Lichte des Kritizismus, Jahrbuch für Rechtsphilosophie und Rechtstheorie 2 (1972), S. 81.

艾克·萨维尼（Eike v. Savigny）所指出的，“我们信念体系中的任何要素对批评都具有免疫性，这在认知论中可能完全是无害的”[1]。进一步讲，阿尔伯特的所谓“在认知论上没有价值”等同于“缺乏认知价值”。但从特定语句免于批评这一点我们不能推出这些语句就没有认知价值。否则会导致荒谬的结果，即具有认知价值的语句一旦“免疫”就会丧失其认知价值。其二，建立在彻底自我批评基础上的科学性是不存在的。阿尔伯特从“免疫”到“没有认知价值”的推导虽不能成立，但它的前提，即一种科学理论的所有语句必须在任何时候都可以被批判，还是有意义的。如果我们去追寻如此导向的“反教义的”批评的历史，就会发现它主要来自一种自然科学式的理解，它将“自然科学立场”视为一种能持续对自身所有内容进行自我批评的态度。但这种观点既与自然科学的研究实践不符，也与今天占主流地位的观点不合：科学研究容许对自身内容部分免于批评。因为任何学科，包括自然科学，都存在一些作为学科基础的基本假定。其三，法教义学的内容并非完全不可被批评。教义语句虽然具备相当的稳固性，但当然也不是不可变更的，这要么是因为立法发生了改变，要么是因为社会客观因素的变化。过错责任原则的衰落与复兴、合同相对性原理的变化都说明了这一点。因此，法教义学同样可以因应情势的变化进行自我批评与更迭，适应社会发展规律，从而具备科学性。所以，法教义学并不是固守僵化的，也不会因此对立法丧失意义。

综上所述，无论是完全拘束命题、无拘束命题还是纯粹意见命题和固守僵化命题都不能成立，因为它们所代表的法教义学观念都是错误的。尽管本章无法在反驳它们的基础上提出一个相对精确的法教义学的概念，但可以肯定，法教义学是一种以更宽泛的基础来证立现行法的智识努力工具，它既服务于建立或确保一部制定法的内部无矛盾性（形式规整），又旨在保障整体法

---

1 Eike v. Savigny, Die Jurisprudenz im Schatten des Empirismus, Jahrbuch für Rechtsphilosophie und Rechtstheorie 2（1972）, S. 99.

秩序的融贯，或者说一部制定法的外部无矛盾（实质规整）。它至少具有两方面的功能：一方面，它具有稳定化和整合功能，因为它通过理性上可实施的命题保障实在法的实现。如果新制定法能获得教义学上的认同，所有法律适用者对它的接受程度也将得到提升。另一方面，法教义学也具有革新功能。对某一领域的法典化从不可能完全实现，立法者无法预见到所有未来可能发生的冲突，法教义学构成了填补漏洞和法律续造的必要前提。这种革新功能又是以认知功能为基础的，因为法教义学可以寻获新的洞见，就像“法学上的新发现”，如缔约过失责任（culpa in contrahendo）和积极债权侵害（positive Forderungsverleztung）所证明的那样。[1] 在上述理解的基础上，我们现在来回答“法教义学为什么能为立法作出贡献”的问题。

第二节　理论基础：法的双重因素与立法的科学化

法教义学能为立法作出贡献的理由（理论基础）在于承认法的双重因素和追求立法的科学化。应当首先承认，法的双重因素与立法的科学化是对法与立法规范层面的要求，而非对经验事实的描述。换言之，不排除现实中有将制定法仅作为权力工具来使用或者立法完全不顾及科学性的情形存在，在这些情形中法教义学就没有对立法发挥任何影响。所以，法教义学要为立法作出贡献的前提就在于承认上述规范性要求。这里的逻辑在于，如果要追求和实现这些规范性要求，就要发挥法教义学的作用。因此，法教义学对于立法的贡献是从理想角度而言的。

1　Vgl. Diskussion, in: Okko Behrends/Wolfram Henckel (Hrsg.), Gesetzgebung und Dogmatik, Göttingen: Vandenhock & Ruprecht, 1989, S. 138.

一、法的双重因素

法的双重因素的思想渊源可以追溯到法国法学家孟德斯鸠（Montesqieu）。在孟德斯鸠那里，法（loi）既是一种意志的产物即国家的制定法，也是一种自在之物即民族精神。也就是说，法具有人为性和自发性两个特质。[1] 德国历史法学者萨维尼对此进行了进一步的阐发并作了最为经典的阐释。在萨维尼看来，法既包含政治因素（politisches Element），也包含技术因素（technisches Element）。前者体现了法与一般的民众生活的关联，而后者体现了法的特殊的科学生活。[2] 法的政治因素指向的是民众，他们体验到了其权利如自由、财产权和亲权的现实社会内涵，即便他们对于专业精致的法律知识并不熟悉；这种法的政治因素同时也是“民族精神”的意识内容，后者指的并不是浪漫主义—民族主义的集体情感，而是最终根植于文化人类学的确信，即国家中被组织起来的人关于存在这样一种政治上可信赖之现实法秩序的确信。法的技术因素指向的是专业法学家，他们处理对于现实法律关系具有实效的法律制度与原则，以便满足法的“政治”任务并使之向普遍正确的方向发展。

因此，法“首先是通过习俗和民众信仰，然后通过法律科学被形成，也即到处是假手内在的、静默作用的力量，而非借助立法者的意志”[3]。换言之，法不能是外部专横意志的产物，必须是对民族精神的科学化和专业化表述。一种单纯出于政治需要或者说单纯贯彻国家权力意志的制定法只能阻碍

1　Vgl. Hermann Kantorowicz, Volksgeist und historische Rechtsschule, in: ders., Rechtshistorische Schriften, Karsruhe: Verlag C. F. Müller, 1970, S. 436.

2　Vgl. Karl v. Savigny, Vom Beruf unserer Zeit für Gesetzesgebung und Rechtswissenschaft, Heidelberg: Mohr und Zimmer, 1814, S. 12. 亦可参见［德］弗里德里希·卡尔·冯·萨维尼：《历史法学派的基本思想（1814-1840 年）》，郑永流译，法律出版社 2009 年版，第8 页。

3　［德］弗里德里希·卡尔·冯·萨维尼：《历史法学派的基本思想（1814—1840 年）》，郑永流译，法律出版社 2009 年版，第 8 页。

文明的发展，使法脱离民族精神，因而毫无价值和生命力。承担起发现民族精神并加以科学整理工作的特殊群体是法学家。这种“法学家克里斯玛”（Charisma des Juristen）对应于与古典时代相对立的现代性。古典时代的罗马法学家并没有一种抽象的历史使命意识去实现“法”的要求，法、民族精神、语言和习惯等是浑然一体未作区分的。相反，现代最大的特点在于它是一个自我意识觉醒，科学、伦理、宗教分化的时代。当法的“政治性”与“技术性”这种双重因素在当代逐渐分离时，当代人就必须在两个存在张力的伦理领域——作为绝对意志代表的国家和作为民族精神代表的“法”中进行选择。萨维尼认为在当代，这一选择的使命已经落在了法律人的肩头，他们必须将历史的无意识转化为一种能动的自觉。借助这种“法学家克里斯玛”，他重塑了法律科学中的政治因素和技术因素的格局，颠覆了国家法的统治地位，将法律科学从国家意志中拯救了出来。[1] 进而，如果承认法的基本品质在于排除个人恣意并达到一种相对客观的公正与平等的话，那么是法律科学而非立法才能满足这一任务。萨维尼指出了实在法产生的两种方式：一种是立法者专断意志的产物。在这种情况下，立法并非来自法的内部发展的必然要求，而是受到政治目的这种偶然、专断的外部因素的左右。试图通过制定完美的法典来一劳永逸地限制司法适用中个人因素的做法实际上是用“立法专横”来限制“司法专横”，这种以专横对专横的举措必然无法收到预期效果，而只能导致一种封闭的恶性循环。另一种是理想的制定法。这种实在法来自一个国家和民族的特质，是其历史发展过程中内部必然要求的反映，是习惯和法律科学的产物。[2] 因为法律科学的实质就在于，它不是停留于僵硬的法条上，而是一种法学方法的运用，借由这种方法来应对现实生活中层出不穷的个别情形。它使得每一个判决结论都粘连着一系列前后相连的法概念和原理，它们

1　参见余履雪：《德国历史法学派：方法与传统》，清华大学出版社 2011 年版，第 95～96 页。

2　Vgl. Karl v. Savigny, Vorlesung über juristische Methodologie 1802－1842, 9. Aufl., hrsg. v. Aldo Mazzacane, Frankfurt am Main: Vittorio Klostermann, 1993, S. 198.

之间泾渭分明，同时又相互联系呼应，从而构成一个整体。[1]

历史法学派将法史学与法教义学都视为法律科学的组成部分[2]，并将历史与教义的方法贯穿于法学研究的始终。其中，历史相对于教义学居于主导地位，前者是后者的预备阶段。因为萨维尼的最终目的是要将法作为一种体现民族精神的历史现象来看待，而教义学只是这种精神和现象的科学表征而已。其实，我们大可以将政治因素与技术因素区分来看。或许依托于上述政治因素的法本体论预设过强，因为立法者未必需要完全在“内在的、静默作用的力量”面前亦步亦趋，俯首帖耳，因应时代新需要的政策回应与制度革新同样是不可避免的。从而未必所有的法都取自民族精神，也有可能来自外部力量。但是，即使我们将“法”视为政治意志的表述，依托于技术因素的法方法论也是不可抛弃的。概念法学者的“科学法”（wissenschaftliches Recht）观念正是向着这一方向继续迈进的体现。普赫塔主张有三种法源，即“直接的民族信念”、“立法”和“科学”，它们分别对应于习惯法、制定法和科学法。科学法是“科学演绎的产物”，主要存在于法学家的意识之中，由法学家来表述。法学家可以根据科学“演绎”来建构法条，赋予其法效力上的权威性。故而法就不仅是意志的产物，而且也是来自抽象推导之概念的产物，具有了理性或逻辑—体系性。[3] 通过这种方式，法学（科学）与法本身被混合在了一起，因为科学法既具有科学（学术）性，又具有效力上的权威性。它反映了一种关于法律获取的理性主义观念——“让理性取代意志”（ratio stat pro voluntate），而达成这一目标的中介就是法教义学。[4]

---

1 参见余履雪：《德国历史法学派：方法与传统》，清华大学出版社 2011 年版，第 99~102 页。

2 Vgl. Gustav Hugo, Lehrbuch der juristischen Encyklopädie, 7. Aufl., Berlin: August Mylius, 1823, S. 37. 只是在其看来，法律科学除了法史学和法教义学，尚包括法哲学。

3 Vgl. Hans-Peter Haferkamp, Georg Friedrich Puchta und die „Begriffsjurisprudenz“, Frankfurt a. M.: Vittorio Klostermann, 2004, S. 194.

4 Vgl. Matthias Jestaedt, Wissenschaft im Recht: Rechtsdogmatik im Wissenscha-ftsvergleich, Juristen Zeitung 69 (2014), S. 7.

总之，制定法依其本质依赖于抽象的规则和命令，它必然具有命令的属性。但正因为如此，它恰恰需要一种恰当的教义学实践作为支撑。如果我们有一种“制定法上层建筑”的话，那么就也需要一种“教义学下层建筑”(dogmatische Unterbau)。[1] 因为法学家的任务恰好在于通过科学加工使得制定法对于生活关系的支配变得容易和确定。[2]

二、立法的科学化

法是法律科学的产物，也就相应要求立法的科学化。科学化的核心在于理性化。联系上一部分关于法教义学的理解，可知它至少从以下三个方面促进了立法的理性化。

首先，增强制定法效力上的安定性。从法教义学具有的稳定化和整合功能可知：假如立法得到稳固的教义学支持并且以合适的形式将教义在制定法中反映出来，那么立法就将大大增强其效力强度。通过教义学，法律适用过程中必要的沟通与商谈将获得一种可靠的媒介。此外，对于立法者而言，运用教义学不仅对于现存法（de lege lata）有价值，而且对于未来法（de lege ferenda）同样有价值。前一种情形是一种直接意义上的价值，即立法者将经法律科学训练之法律人所熟知的教义学形式运用于制定法条款并作为可被认知的前提。后一种情形则是一种间接意义上的价值，即教义学可以帮助对要调整的领域进行教义上精确而透彻的分析，由此使得立法者可以从得到的教义上清晰塑造且将其可预测的结果尽可能直观地展示出来的不同选择中选取一个，将其规定进制定法，并意识到其他选择的可能且将它们从专业法律人

1　Vgl. Okko Behrends, Das Bündnis zwischen Gesetz und Dogmatik, in: Okko Behrends/Wolfram Henckel (Hrsg.), Gesetzgebung und Dogmatik, Göttingen: Vandenhock & Ruprecht, 1989, S. 18.

2　Vgl. Karl v. Savigny, System des heutigen Römischen Rechts, Band Ⅰ, Berlin: Veit, 1840, S. 48.

的认知中排除出去。[1] 由此，就可以尽可能排除立法者的个人恣意与专断，确保制定法效力的客观基础和安定性，促进其理性。

其次，达致法律体系的无矛盾与融贯性。体系学是法教义学的一种逻辑工具，它能保障制定法内部、制定法与法秩序的基本价值决定以及塑造它们且可从它们中推导出之法教义之间的无矛盾性或融贯性。立法者创制的制定法，其内部和相互之间越是逻辑上相互一致、价值上相互支持，立法的理性化程度就越高。一方面，一个逻辑上无法自洽的体系无法满足形式正义的要求。因为它会使得这个体系中的行动者无所适从，陷入“做某事且不做某事”“禁止做某事且允许做某事”的永误境地。另一方面，同一体系中的规范如果（经教义学解释）在价值上相互抵牾，也有可能导致行动的分歧与对抗。因此，体系的融贯性一来要求法律部门（如民法）与具体制度（如缔约过失）内部的各个制定法条款与教义学规范之间建立起评价上的积极关联，二来也要求普通法与宪法之间建立起评价上的积极关联。这不仅意味着普通法规范不能与宪法规范相冲突，也意味着前者在实质评价上与后者保持一致。“宪法的第三人效力”就是这种体系融贯性的表现。[2] 在这两方面，作为教义学方法的体系解释起到了关键性的作用。体系解释有两种形式。一种是，假如对某法律规范采取某种解释会导致与另一法律规范相矛盾的结果，那么就不应该采取这种解释。另一种是，假如对某法律规范有两种可能的解释，其中一种解释将比另一种解释更能够和另一法律规范产生相互支持的效果，那么就应该采取前一种解释。显然，这两种形式分别对应于无矛盾和融贯的要求。[3] 法教义学能够揭示出旧法中相矛盾和不融贯的部分，促使新的立法予以改进，

1　Vgl. Okko Behrends, Das Bündnis zwischen Gesetz und Dogmatik, in: Okko Behrends/Wolfram Henckel (Hrsg.), Gesetzgebung und Dogmatik, Göttingen: Vandenhock & Ruprecht, 1989, S. 9.

2　参见雷磊:《融贯性与法律体系的建构——兼论当代中国法律体系的融贯化》，载《法学家》2012年第2期。

3　体系解释的这两种形式也对应于法律之“内部体系”与“外部体系”的要求。Ernst A. Kramer, Juristische Methodenlehre, 4. Aufl., München: C. F. Müller, 2013, S. 93.

以增进整个体系的融贯，实现理性化。

最后，促进法律上的平等规定。法教义学与“同样情况同样对待”的要求联系在一起，因而可以成为实现形式正义原则的手段。很多时候人们在事前无法确知，制定法所有意欲的适用情形是否能满足“同样情况同样对待”的要求。要么因为时间的压力，要么因为立法在主题上受到某些限制，单独一次立法并不能保证满足平等原则。因而需要有一种外在于立法的机制凭借方法论来追问这一问题：立法者在多大程度上满足了平等原则。历史经验说明，这一任务在方法上要交由更有准备的法律人群体，他们将“法教义学”作为对立法进行统一性审查的手段。[1] 这样一种审查反过来会促进立法者在新法中进行更符合事实的区分对待或者一致对待，以符合平等原则，从而促进理性化。

立法的科学化并不意味着要取消法的政治因素或立法的形成空间，而只是意味着要对立法者的权力进行限制。法教义学本身并不能作出某种“基本价值决定”，而只能以此方式来约束立法者：一旦他对某个特定的价值立场作出了决定，他就必须将之坚持到底，他不能任意地违反它。[2] 因为法教义学正是帮助并督促他维系一贯立场的途径。所以，立法的科学化要求的是以法学家的智识伦理去对接政治家的责任伦理。

---

1 Vgl. Maximilian Herberger, Rangstufen der Rechtsdogmatik im Hinblick auf deren Bedeutung für die Gesetzgebung, in: Okko Behrends/Wolfram Henckel (Hrsg.), Gesetzgebung und Dogmatik, Göttingen: Vandenhock & Ruprecht, 1989, S. 75-76.

2 Vgl. Manfred Maiwald, Dogmatik und Gesetzgebung im Strafrecht der Gegenwart, in: Okko Behrends/Wolfram Henckel (Hrsg.), Gesetzgebung und Dogmatik, Göttingen: Vandenhock & Ruprecht, 1989, S. 134. 因此，法教义学所提供的“科学化”只是一种“内部科学化”。内部科学化只是立法科学化的条件之一，而非全部。除此之外，立法作为政治意志的形成过程还要追求“外部科学化”，如理性的政策选择和数据分析。法律科学（法教义学）的科学化只是内部科学化，其他学科（如政治学）能为立法提供的则是外部科学化。立法的科学化是两者的合一，因此法教义学是科学立法的必要而不充分条件。

第三节　法教义学对立法的影响途径Ⅰ：内容

法的技术因素和立法的科学化要求法教义学对立法发挥积极影响。“立法”作为制定法律的活动，既包括对法律的创制和补充，也包括对法律的修改和废止。据其方式，我们可以区分出三种影响途径，即语言、内容与体系。其中法教义学对立法语言的影响主要表现为先在教义学上形成的概念、术语后被吸纳进立法文本之中。与此相比，法教义学对于立法的内容与体系的影响更为深层，因为教义学的认知功能主要展现于后两种途径中。我们可以将法教义学对立法内容的影响途径分为三种，即直接为立法提供支持、间接为立法提供支持，以及对立法进行批判。

一、法教义学直接为立法提供支持

（一）法教义转化为立法条款

法教义学直接为立法提供支持表现为法教义以某种方式进入制定法之中。第一种情形是将代表一国学界和/或司法实务界之通说的法教义转化为立法条款。作为教义学传统最为悠久的民法教义学，典例不胜枚举。以下仅以行政法和刑法为例来说明。

德国的行政法总论教义学是在19世纪初缺乏相关立法的前提下被发展、巩固和完善的。早期代表者弗里德里希·弗朗茨·迈耶（Friedrich Franz Mayer）在巴登符腾堡邦国行政法的基础上，提炼出行政法的基本原则作为德意志共同法（德国共同国家法）的基石。这些基本原则是对行政法总论部分的第一次教义学塑造。“总论”不仅意味着与单个德意志邦国的特殊行政法相对，也意味着是德意志共同的法。弗里德里希·弗朗茨·迈耶将这种行政法总论的内容描述为法律原则和制度的体系，它们是将最初民法关于个人在法律上最重要的特征（人格权）的规定转用到了主观公法关系上，进而提炼出与民法共通的一般法律概念，继而以独有的、与公共行政之本质相符的形式因应公共需要的变化持续发展。[1] 可见，以往的立法在此只起到了边缘性的作用，它们至多是作为法教义学上归纳工作的基础存在的。当时的另一位行政法名家奥拓·迈耶（Otto Mayer）则借用了当时已日趋成熟的法国行政法，并通过撰写《德国行政法教科书》推动了相关法教义学的发展。此后，法学者与经受学术训练的法官之间就行政法一般原则的法学加工（其目的在于改善特殊行政法的可实施性并使之理性化）进行了持续不断的对话。在第二次世界大战之后，德国行政法总论的内容要么被上升为基本法上的基本原则（相对于立法具有优先性），要么为具体行政立法所吸纳，余下的则至少在联邦和各州作为习惯法而继续存在。这些历时弥久的行政法总论教义学对于法秩序的意义在于，它给联邦和各州的立法者只留下了有限的选择：要么让它继续保持习惯法上的效力，要么使这些材料完全或部分地法典化。[2] 例如在 1976 年，这些行政法总论的一部分就被吸纳进了联邦和各州的行政程序法典中。毫无疑问，近乎一个世纪关于行政法总论的教义学工作为行政法领域的立法提供了非常根本性的体系化基础，也在有争议的问题中为其准备了解决方案的选择。这些法教义基础持续影响着具体行政材料的立法，直至行政程序法典为止。但即使是在大规模法典化之前，联邦和各州在特定领域的行政立法已深受行政法总论的影响，即阻止具体行政法领域朝相反方向发展，赋予行政法大厦以稳固性与封闭性，以及平衡特殊行政法的短暂性与持久性。[3] 当

---

1 Vgl. Friedrich Franz Mayer, Grundsätze des verwaltungs-Rechts, Tübingen: Laupp, 1862, S. 8.

2 Vgl. Christian Starck, Rechtsdogmatik und Gesetzgebung im Verwaltungsrecht, in: Okko Behrends/Wolfram Henckel (Hrsg.), Gesetzgebung und Dogmatik, Göttingen: Vandenhock & Ruprecht, 1989, S. 107-108.

3 Vgl. Klaus Stern, Das allgemeine Verwaltungsrehct in der neueren Bundesges-etzgebung, Juristiche Zeitung, 1962, S. 265ff.

然，这并不排斥提炼出行政法教义学在精神史和社会上的限制条件，并从时代条件变迁中推出必然结果并有意地去赓续法教义学。有学者在研究了当代十六部联邦制定法之后发现，“特殊行政法的立法者在获得和使用行政法总论的惯常原则和制度方面拥有令人愉快的一致性”，因为通过学术与司法发展起来的概念与形式相比于立法者所独创的构造元素显然拥有更大的惯性。[1]

德国刑法教义学同样提供了不少例证，在此撷取三例。第一例是犯罪构成的三阶层学说。今天，鲜有刑法学者仍能意识到，将犯罪概念分解为构成要件该当性、违法性和有责性是将基础性教义学上的一个预先判断法典化的结果。立法者理所当然地以这一三分法为出发点，而它也已被接纳为现代教义学发展的一个重要部分。例如《德国刑法典》第 11 条第 1 款第 5 项将“违法行为”定义为实现了一部刑法典之构成要件的行为，继而刑法典在许多地方都回溯到这一概念之上。进而，刑法典还理所当然地以违法性和有责任的区分为出发点，以至于构成要件该当性—违法性—有责性被认为是基础性的系统范畴。但是应当看到，违法性与有责性的区分只是刑法教义学在 19 世纪末提出来接替占据一个世纪之统治地位的“归责”概念的，[2] 并且这一三分法在法国和意大利等与德国同处大陆法系传统的国家中并没有被普遍接受。[3] 这说明，立法者所采纳的许多似乎不证自明的概念并非理所当然的，而往往受到时代与国别的限制，而这正是教义学之特征的体现。

第二例是未遂的概念。针对未遂的可罚性，立法者选择了这样的表述：谁要是根据其关于某犯罪行为的想象直接着手准备去实现这个行为的构成要件，他就是企图去实施这一犯罪行为（未遂）（《德国刑法典》第 22 条）。当

---

1 Vgl. Klaus Stern, Das allgemeine Verwaltungsrehct in der neueren Bundesges-etzgebung, Juristiche Zeitung, 1962, S. 302.

2 Vgl. Hans-Heinrich Jescheck, Lehrbuch des Strafrechts, Allgemeiner Teil, 3. Aufl., Berlin: Duncker & Humblot, 1978, S. 160f.

3 Vgl. Hans-Heinrich Jescheck, Neue Strafrechtsdogmatik und Kriminalpolitik in rechtsvergleichender Sicht, Zeitschrift für gesamte Strafrechtswissenschaft 98 (1986), S. 5ff.

时的刑法改革特别委员会的报告指出，这其实相当于明确提示承认了主观未遂论，从而就拒绝了费尔巴哈（Feuerbach）提出，而今天仍然为奥地利和意大利等国刑法典所采纳的危险性理论。同时被拒绝的还有构成要件匮乏论，它数十年来在德国学界拥有大量的拥趸。这说明，某种特定的学术观念也可能为立法者所信服和贯彻。[1]

第三例是禁止的错误（违法性认识错误）。这一主题涉及诸多相互交叉的具体问题。在引入新的《德国刑法典》第 17 条之前，在帝国法院的传统司法见解与学界的通说之间存在着激烈的交锋。帝国法院主张“不知刑法不得免于刑罚”，并将“禁止错误”（只要它涉及刑法规范）视为刑法上不相关的。而学界一开始的主流立场是，禁止错误能排除故意，所以是完全相关的。随后威尔策尔（Welzel）在其目的论行为学说中对罪责和故意的概念进行了分析，学界也越来越相信，不法意识并非（从目的上来加以理解的）故意的必要要素，而缺乏不法意识能影响罪责的成立。但旋即许多学者指出，这一结果并非来自行为之前法律（目的性的）结构，而是来自刑法的不法学说和罪责学说。此外，司法实践中也运用了一种并不包含不法意识的“自然”故意的概念，尽管它只是与因酒醉而故意犯下旧《德国刑法典》第 330 条规定之罪行相关，或者与精神疾病状态下的犯罪行为相关。最终，司法实践也发生了转向，将不法意识理解为与故意相分离的独立的罪责要素。这一教义学发展的结果直接体现在了今天《德国刑法典》第 17 条之中。这一规定的出发点是，当犯罪嫌疑人行为时缺乏不法的观念时，就排除其罪责；如果行为人能避免错误，至少能减轻刑罚。[2]

---

1 Vgl. Manfred Maiwald, Dogmatik und Gesetzgebung im Strafrecht der Gegenwart, in：Okko Behrends/Wolfram Henckel（Hrsg.），Gesetzgebung und Dogmatik，Göttingen：Vandenhock & Ruprecht，1989，S. 126.

2 Vgl. Manfred Maiwald, Dogmatik und Gesetzgebung im Strafrecht der Gegenwart, in：Okko Behrends/Wolfram Henckel（Hrsg.），Gesetzgebung und Dogmatik，Göttingen：Vandenhock & Ruprecht，1989，S. 126-127.

（二）法教义为修法提供基础

第二种情形是通过法教义的澄清为法律后续的修改与完善提供可能。当某个法律领域基于法教义学上的预备工作而得到制定法的调整后，法教义学并不会因此变得多余。因为它此后更多以内在于法律的方式展开工作，它平衡着立法过程中产生的价值矛盾，致力于合宪性解释，为立法时未能预见到的新问题提出解决方案，以这些方式为立法的完善或者说为后续新的立法活动提供基础。例如，行政法学通过对一般条款的解释和教义学上的细致构造为特殊行政法的完善奠定必要的基础，就像特殊治安管理法所体现的那样。[1]

一个更清晰的例子是民法上“买卖不破租赁”原则对于强制拍卖或破产情形的适用。《德国民法典》第566条第1款规定，出租的住房在交给承租人之后，被出租人让与第三人的，取得人即代替出租人，加入在出租人的所有权存续期间由使用租赁关系产生的权利义务关系。立法者于此面临的一个问题是：出租的住房是以强制拍卖的方式或通过破产管理来实现让与时，应否接受这一规定。一方面，可以肯定的是，完全偏离该法第566条及以下条款的做法是违反体系的，其后果可以预见。假如作出这样一个规定，即所有租赁关系都应因强制拍卖而被废除，那么肯定会引发有人通过拍卖住房来驱赶长期租房之承租人的结果。因而，通过宣布《德国民法典》第566条第1款原则上同样适用于强制拍卖和通过破产管理的让与，立法者确保了与民法典租赁合同权之间的体系性关联。另一方面，立法者也必须顾及强制拍卖与破产程序的目的。对立法的这种目的论确定同样属于教义学的任务。因为制定法的目的是从其内容中推导出来的，其目标在于作出一种可以用某个教义（抽象原则）来表述的规整。强制拍卖和破产程序的教义原则在于“满足债权人的要求”，或更好地表述为“践行债权人权利的法治国程序”。因此，通

---

1 Vgl. Volkmar Götz, Allgemeines Polizei-und Ordnungsrecht, 15. Aufl., München: Beck, 2013, S. 28ff.

过这一教义学提出的问题是，从强制拍卖和破产管理中推导出的目的是否能对《德国民法典》第 566 条第 1 款施加限制。

但这只是问题的一个层面。在另一个层面上，可能还需要考虑上位法规范和原则的要求。在这一情形中，值得考虑的比如一方面有宪法对于财产的保护，它同样也包含对于债权人权利的保护；另一方面有对财产的社会拘束，这有利于承租人（当然有疑问的是，承租人的占有权是否能等同于《德国基本法》第 14 条意义上的“财产”）。最后，还必须考虑到社会国原则和对承租人之“人的尊严”的保护。就此而言，教义学上必然的推论与法政策学上的形成自由之间的界限就不那么清晰了。在对财产的社会拘束方面，为立法者留有一定的判断余地：债权人的法律地位能否以与对出租人之财产一样的方式被限缩，无法从《德国基本法》第 14 条中推知。因为对债权人权利的社会拘束（为第 14 条所保护）首先是取向于债务人值得保护的利益的。同样，从社会国原则和对“人的尊严”的保护出发也推导不出教义学上必然的解决办法。立法者最终在后来的《德国强制拍卖法》第 57 条 a 款和《德国破产法》第 21 条第 4 款中，赋予了住房的拍卖取得人或从破产程序取得住房的人一种法定期限内的特别解除权。这一方面是为了避免长期出租住房导致住房价值贬损，因而不利于债权人；另一方面也在对住房财产的社会拘束上区分出租人和债权人作了不同的处理。所以，通过《德国民法典》第 566 条第 1 款保障的对承租人的保护由于债权人的利益受到了限制。[1] 当然，“法定期限”的规定也说明对于债权人的保护也是受限的，承租人的利益和其他宪法原则同样要在一定程度上被顾及。

以上例子说明，教义学考量尽管并不能在此意义上来决定制定法内容，即不留给立法者任何判断余地，但它澄清了有冲突的利益状态及其在法律上

---

1 Vgl. Wolfram Henckel, Rechtsdogmatik und Gesetzgebung in der Gegenwart-Zivilrecht, in: Okko Behrends/Wolfram Henckel (Hrsg.), Gesetzgebung und Dogmatik, Göttingen: Vandenhock & Ruprecht, 1989, S. 95-97.

的关联性，也标识出了立法者能够运用其形成权的界限。

二、法教义学间接为立法提供支持

法教义学间接为立法提供支持指的是，法教义并不以任何形式直接被吸纳进制定法之中，而是作为“法外材料”与相关制定法术语和条款配合使用，两者一起构成“法”的整体，从而实现制定法文本本身的“去教义化”与法教义学作为制定法“下层建筑”的统合。这里主要涉及法教义争议较大或者不断变迁的情形。

《德国刑法典》1962 年草案在“导论”部分包含着这样一个指示性准则：制定法必须避免介入有学术争议的问题，而必须向学术与司法的发展保持开放。例如，刑法改革特别委员会在对防卫过当进行规定时就有意选用了这样的表述：对出于混淆、担忧或恐惧的行为人“不得处以刑罚”，由此对防卫过当的法律性质保持了开放。另一个对法教义学分类保持开放但同时又对实际问题作出决定的著名例子是当时的《德国刑法典》第 113 条第 4 款，它涉及反抗执法官时所存在之“错误”的规定。如果犯罪嫌疑人对他误以为违法的执法行为进行反抗，那么他的故意和错误对于构成犯罪而言都不是必不可少的。犯罪嫌疑人可以根据其错误可避免的程度被减轻处罚，或免于刑罚；当错误不可避免，同时也无法期待获得法律救济时，行为就是免受惩罚的。[1] 这里同样没有对“错误”的性质或类型作出规定。事情的另一方面是，如果这些规定要对于个案产生具有实践意义的结论，我们就必须期待它们作出一个决定。显然，这个决定除了借助于当时对于“防卫过当”和“错误”的主流理解（结合个案）是无法作出的。至少我们也必须将决定限于数个教义学选

1　Vgl. Manfred Maiwald, Dogmatik und Gesetzgebung im Strafrecht der Gegenwart, in: Okko Behrends/Wolfram Henckel (Hrsg.), Gesetzgebung und Dogmatik, Göttingen: Vandenhock & Ruprecht, 1989, S. 130.

择之内。

德国民事立法的发展则更为典型，它经历了一个不断“去学说化”的发展过程。学术化私法典的早期代表是1756年巴伐利亚的《马克西米利安民法典》(Codex Maximiliane-us Bavaricus Civilis)。这部法典将所有属于法律学说的材料都包含在内，可以说是一个普遍私法的扼要、清晰、有序和完整的体系，被戏谑为“具有制定法效力的教科书”[1]。这是因为当时“法”与“警察”(行政)的两分深入人心，州的支配权被认为只限于行政，法则基于传统(包括共同私法)，立法者至多只能在某些点上进行创造。1794年的《普鲁士一般邦法》(Allgemeines Landrecht für die Preuβischen Staaten)则代表了立法与法教义学之关系的较新发展。立法者在这部法典中自认有权力和能力去塑造整个民法，但同样走上了学说化的路子。这里除了有集权主义的根源外，还有这样一种考量：要让公民知晓法律，避免公民只有咨询法学者才能熟悉法的内容。为此，这部包罗万象的法典意欲承担法学教科书的角色。从19世纪中期之后，立法的观念发生了改变，重新界分立法与法教义学，让立法对诸多法教义保持中立变得必要。[2] 其典型代表当属1896年的《德国民法典》。

正如拉邦德(Laband)所言，一旦制定法不再以学说化为任务，那么就只剩下立法命令或者说国家意志行为了。[3] 而非意志之物，或者说一切具有教义学上认知可能的事物都位于教义学的领域。真正的“法”正是这意志之物和认知之物的协力。就此而言，19世纪之后的民法教义学在三个方面配合着立法：[4] 其一，阐述私法的元理论命题，如关于法学、正义、法的分类等概念

---

1 Friedrich Ebel, Über Legaldefinitionen, Berlin: Duncker & Humblot, 1974, S. 126.

2 Vgl. Jan Schröder, Das Verhältnis von Rechtsdogmatik und Gesetzgebung, in: Okko Behrends/Wolfram Henckel (Hrsg.), Gesetzgebung und Dogmatik, Göttingen: Vandenhock & Ruprecht, 1989, S. 42-78.

3 Vgl. Paul Laband, Das Staatsrecht des deutschen Reiches, 2. Bd., 5. Aufl., Tübingen: Mohr, 1911, S. 4, 61.

4 Vgl. Jan Schröder, Das Verhältnis von Rechtsdogmatik und Gesetzgebung, in: Okko Behrends/Wolfram Henckel (Hrsg.), Gesetzgebung und Dogmatik, Göttingen: Vandenhock & Ruprecht, 1989, S. 48-51. 表述略有差别。

的命题。《马克西米利安民法典》尚包含着这类命题，但《普鲁士一般邦法》和《德国民法典》已不再这么做。很显然，此后这类命题只能反映理论认知而非立法的意志决定，必须要由教义学来供给。其二，推导来自制定法的逻辑结论。这里指的是能从制定法规则中通过完全归纳（变得更一般化）或涵摄（变得更特殊化）推导出来的推理结论。《普鲁士一般邦法》曾不惮于规定一般法律原则（尽管从其具体规定中也可归纳出来），如遗嘱自由原则，也不断通过具体适用情形来澄清一般概念。后者的一个极端例子是关于“附属物”的一章，该章运用了67个条款，一边规定了（本身足够充分的）一般性定义，另一边又列举了大量具体情形，如庄园的附属物包括“母鸡、鹅、鸭、鸽子和吐绶鸡”，图书馆的附属物包括“蓄水池和柜子”。而《德国民法典》既极少规定像遗嘱自由这样的一般原则，也只用了两个一般性条款去处理附属物的问题。因此，当代民法教义学一方面通过对具体制定法条款的归纳提炼出一般原则以适用于更宽泛的情形，另一方面则通过结合个案进行涵摄来细化一般性条款的内涵。其三，进行民法上的概念构造。这是法教义学最重要、也是最艰巨的任务。19世纪早期，定义被认为属于认知行为而非意志行为。[1] 因此，如果某个概念可通过法外学科或法哲学（自然法）来认识（如“合同”），立法者就不得下定义。因为按照当时的观念，立法产生的实证概念是“任意的”，因而是不可认知的。尽管如此，因为许多法概念并不包含在自然法之中，而大量自然法领域也处于立法者的支配之下，所以法教义学的定义权在当时并不是太广。到了19世纪晚期，每个法概念都被认为是理性整体的一部分，因而都是科学上可认知的，可认知的非实证法概念与不可认知的实证法概念之间的区分消失了。教义学发展出了一种“法学技术”，即一系列法律操作的方法和步骤，其中尤其是“概念建构”具有特别重要的实践意

1 Vgl. Fridolin Eisele, Unverbindlicher Gesetzesinhalt, Archiv für die civilistische Praxis 69 (1886), S. 303.

义。同时，立法本身也放弃了教义化，并将这些操作和步骤留给教义学。由此教义学命题的领域大大扩张，它们不再进入制定法，而是留在法外对后者加以补充，成为后者的“下层建筑”。

三、法教义学对立法进行批判

法教义学除了可以为立法提供支持以外，也可以对现行立法进行批判。对此首先要指明的是：其一，不同于运用其他科学知识和标准对于立法的批判，法教义学的批判是“体系内的批判”。换言之，法教义学批判的标准并非来自既存的、独立于现行法秩序之外的伦理法典，而是由法教义学本身借着不断检讨其于实在法秩序中一再遭遇的法律思想及其评价标准而发展出来的。[1] 其二，“批判”与前述“支持”功能（为修法提供基础）之间具有功能性关联，揭示出立法的不足构成了后续（广义上的）修法的前提。但批判旨在揭示现行法的不足，而支持意图为现行法的完善提供教义上选择的可能，两者毕竟不同，所以本章分别阐述。法教义学对立法的批判方式可以分为三种，即揭示出立法的漏洞、揭示出立法的矛盾以及揭示出立法的价值缺陷。它们要么能引发对现行法的补充或（狭义上的）修改，要么能促使立法者废止现行法的相关条款。

（一）揭示出立法的漏洞

法教义学往往可以揭示出现行法存在的立法不周情形。“动产交付前因买受人的过失导致标的物毁损应当如何救济”的问题就是一例。设想这样一个案例：甲到商人乙处购买 DVD 一台。双方就价款协商一致后，乙将 DVD 拿

1 Vgl. Karl Larenz, Methodenlehre der Rechtswissenschaft, 6. Aufl., Berlin: Springer Verlag, 1991, S. 193-194.

出放在柜台上。甲付钱时，因钱包落在地上，低头捡钱包时将 DVD 撞落并导致毁损。此时乙该如何寻求救济？[1] 当然，我们可以撇开甲、乙之间的合同关系，仅根据《民法典》物权编第 224、240 条和侵权责任编第 1165 条第 1 款、总则编第 179 条的规定，认定甲过失损坏他人之物，构成侵权（侵犯所有权），因此应承担侵权损害赔偿责任。但要考虑，案例情形中甲乙之间毕竟存在合同关系（合同已经成立），标的物的毁损发生于合同履行期间，相比于一般侵权（如路人甲跑过乙的柜台时将柜台上的 DVD 撞落在地，导致毁损）终究不同，因此要考虑《民法典》合同编的规定。

但依据《民法典》合同编来处理，就会产生一系列的问题：首先，乙是否可以解除合同，从而免除履行义务？合同的解除条件规定于《民法典》合同编第 563 条。审视第 563 条，本案唯一有可能符合的是第一种情形，即“因不可抗力致使不能实现合同目的”。那么，什么是“不可抗力”？根据《民法典》总则编第 180 条的规定，“不可抗力”是指不能预见、不能避免且不能克服的客观情况。通说认为，不可抗力主要包括以下几种情形：（1）自然灾害，如台风、洪水、冰雹；（2）政府行为，如征收、征用；（3）社会异常事件，如罢工、骚乱。当然，这三种情形只是被列举的典型情形，并非穷尽性的。关键在于，在本案中，这里所说的“不能预见、不能避免并不能克服”是针对甲乙双方当事人而言的，还是仅针对一方当事人（如乙）而言的？不同的理解，会导致是否将本案情形归入“不可抗力”的不同。但无论采取哪种教义，都会导致后续的问题。如果持肯定见解，那么乙固然可以解除合同，但后续的问题在于：此时甲能否同样基于“因不可抗力而导致合同目的不能实现”这一原因也主张解除合同，从而免除交付价款的义务？这无疑有违法感。如果像通常所认为的那样持否定见解，那么合同关系依然存在，

1　此例及分析参见许德风：《法教义学的应用》，载《中外法学》2013 年第 5 期。引用时案情略有缩减，对相关分析则进行了补充与延伸。

乙就应当继续履行交付义务。但此时由于标的物毁损，发生了《民法典》合同编第 580 条所说的“事实上不能履行”的情形。然而该条只规定了这种情形下甲不得要求乙继续履行交付义务，而依据第 577 条的规定，违约责任形式除了继续履行外，尚有采取补救措施和赔偿损失等。根据反向推理，似乎并不排斥让乙承担其他违约责任的可能。然而在本案情形中，让乙因为甲的原因造成的履行不能去承担违约责任无论如何都是荒谬的。比较而言，《德国民法典》第 275 条第 2 款就对此问题作出了规定：若债权人（买受人）对履行不能的发生有全部或主要责任，则债务人（出卖人）的对待履行请求权并不消灭。换言之，出卖人可以直接要求买受人支付剩余价款。而在我国民法上，这个看似简单的案件却很难有效处理。因此，立法者有必要通过修法对此类情形予以单独补充规定。

（二）揭示出立法的矛盾

法教义学也可以揭示出不同制定法之间存在的矛盾之处，尤其是当它们来自不同的立法者或者不同时间的立法时。“人保和物保并存时的相互追偿权问题”就是一例。当年为适应经济发展的要求，我国于 1995 年制定了《担保法》（已废止），此后因所涉的法律技术甚为复杂，最高人民法院又颁布了相关的司法解释。但由于对一些具体制度的认识和理解仍有差错，因此司法解释本身的一些条文也存在问题。此后再颁布的《物权法》（已废止），对《担保法》中 2/3 的条文做了修改，不过囿于立法仓促及规划不足，《物权法》除规定“《担保法》与本法的规定不一致的，适用本法”外，并未对法律冲突问题作出全面处理。比如在《民法典》制定之前，散见于《担保法》《关于适用〈中华人民共和国担保法〉若干问题的解释》《物权法》等法律中的担保制度，已成为中国私法制度中最复杂难解的部分之一，立法冲突就是其中存在的严重问题。[1] 例如，当时的《担保法》第 28 条并未就提供物的担保的担保人与保证人之间的相互追偿问题作出规定。当时的《物权法》第 176 条也只是规定了提供物的担保的担保人对于债务人的追偿权，同样未明确规定担保人之间的相互追偿权。根据反向推理（字面理解），似乎未规定就应认为担保人之间并无追偿权。但此前的《关于适用〈中华人民共和国担保法〉若干问题的解释》第 38 条却规定，当事人对保证担保的范围或者物的担保的范围没有约定或者约定不明的，承担了担保责任的担保人，既可以向债务人追偿，也可以要求其他担保人清偿其应当分担的份额。这相当于在特定情形下肯定了担保人就特定份额的相互追偿权。究竟应从字面意义上去适用当时的《物权法》（无追偿权），还是认为当时的《物权法》未对此问题做出具体规定因而应适用特别的相关规定（有追偿权）？此即法教义学揭示立法矛盾的一处体现。

（三）揭示出立法的价值缺陷

法教义学还可以揭示出立法具有价值缺陷，即没有满足法秩序的基本价值诉求。而一国法秩序的基本价值诉求凝结于该国的宪法之中，因为宪法构成了一种“客观的价值秩序”，是根本性价值判断的实在法基础与客观标准。以刑事立法为例，刑事政策的价值判断就必须首先立基于宪法层面，通过宪法教义学可以对基于刑事政策的刑事立法进行价值上的批判。《刑法修正案（九）》新增的“扰乱国家机关工作秩序罪”就是一例。[2]

“扰乱国家机关工作秩序罪”难以经受宪法框架下法益概念的检验。法益保护说认为，刑法只能保护具体的法益，而不允许保护政治或者道德信仰，

---

1 参见许德风：《法教义学的应用》，载《中外法学》2013 年第 5 期。

2 此例取自张翔：《刑法体系的合宪性调控——以“李斯特鸿沟”为视角》，载《法学研究》2016 年第 4 期。

宗教教义和信条，世界观的意识形态或者纯粹的感情。[1] 在斩断了刑法与宗教、伦理、意识形态、政治的纠缠之后，刑法所保护的法益无法留待刑事立法者的决断，而必须建立起与宪法这种最高法的关联。也就是要从宪法的层面上对法益内容加以控制，将法益尤其是与基本权利挂起钩来，以此促进刑事政策与刑法体系的贯通。从宪法的角度看，国家机关的存在本身并不是目的，人民作为国家主权者的权力行使和作为基本权利主体的权利保障才是目的。我国《宪法》第2条第1款确立了国家一切权力属于人民的原则，第2款规定了人民行使权力的机关即人大，第3款则赋予人民通过各种途径和形式管理国家各项事务的权利。与此密切相关的《宪法》第35条规定的公民的言论、出版、集会、结社、游行、示威等自由和第41条规定的批评、建议、申诉、控告、检举等权利，都是人民参与国家事务的途径和形式。此外，《宪法》第3条第3款规定其他国家机关都要受人大的监督，第27条第2款规定了人民对于国家机关的批评、建议和监督权。"扰乱国家机关工作秩序罪"所制裁的行为，在宪法教义学上可能构成对这些基本权利的行使。如果"扰乱国家机关工作秩序罪"在具体情形中的认定效果导致完全剥夺了这些基本权利或者否定了它们的"本质性内容"，那么就有违宪的嫌疑。关键问题在于，要从宪法教义学上界分人民参与国家事务的权利、批评、建议和监督权与真正"扰乱"国家机关工作秩序的行为，以避免根据"扰乱国家机关工作秩序罪"来施加刑罚而造成对基本权利的不当限制与侵害。当两者的界线不易认定时，应当从宽保护基本权利。因而这一罪名可能存在对基本权利保护不足的价值缺陷。[2] 同时，这个例子说明，在刑事政策、宪法与刑法教义学之间并

1　参见［德］克劳斯·罗克信：《刑法的任务不是法益保护吗?》，樊文译，载陈兴良主编：《刑事法评论》第19卷，北京大学出版社2003年版，第147页。

2　正如张翔教授指出的，在这一条款已经明列于刑法而未被修改或取消的前提下，法院不能拒绝适用，只可以对其进行合乎宪法的限缩解释（张翔：《刑法体系的合宪性调控——以"李斯特鸿沟"为视角》，载《法学研究》第4期）。但这并不否认法教义学本身因具有揭示价值缺陷功能而对立法的意义。

不存在固定的界限。因为刑法教义学的工作方式就在于检验宪法和刑事政策上的基本判断，并通过研究其结果来一再获得关于这些基本判断本身的命题，尽管它本身自然还要受宪法的拘束。[1]

第四节 法教义学对立法的影响途径Ⅱ：体系

法教义学对于立法体系的影响在某种意义上甚至要强过其内容。因为立法在内容的意义上可以选择去教义化（就像《德国民法典》所做的那样），但在体系的意义上却无法做到这一点。立法者无法像排斥个别的教义学命题那样来排斥法教义学的体系建议：他可以放弃元理论和概念构造，但却不得放弃立法作品的（任意）一种顺序。他必须对特定教义学体系采取某种姿态，要么采纳它，要么拒绝它，要么改造它。立法可以拒绝某一种特定的教义学体系，但却无法拒绝所有的教义学体系或者“体系化”本身。而法教义学之间的冲突也可能反映在体系构造的领域中。所以，立法体系必然与某种法教义学体系相关。

德国私法体系学的历史表明，法教义学对于制定法体系构造的影响从18世纪中叶之后就呈现出相当稳定的面貌。我们可以区分出三个发展阶段：首先，是古老的“法学阶梯体系”占支配地位的阶段。这一体系源于盖尤斯的著作《法学阶梯》，它为公元前530年的《法学阶梯》法典所仿效。此法典本是优士丁尼命特利蒂尼安为学生编纂的教科书，后来赋予其法律效力。[2] 它将全部的私法划分为“人”、“物”和“诉讼”三部分。当时亲属法被归入

---

1 Vgl. Manfred Maiwald, Dogmatik und Gesetzgebung im Strafrecht der Gegenwart, in: Okko Behrends/Wolfram Henckel (Hrsg.), Gesetzgebung und Dogmatik, Göttingen: Vandenhock & Ruprecht, 1989, S. 136.

2 参见［日］穗积陈重：《法典论》，李求轶译，商务印书馆2014年版，第64页。

“人法”，债法被归入“诉讼”，继承法则是在“物”和“诉讼”之间分配的。[1] 1756年巴伐利亚的《马克西米利安民法典》就采纳了这一体系，只是将继承法单独设为一编而已。此外，在这一时期教义学也影响了法典各部分内在的顺序。直到1700年前后，哲学和法学中对于论文具体材料的顺序都存在确定的安排，也就是要围绕某个主题依次探讨语词、属、种差（如此就形成了“定义”）、四因、属性、效果、分类、相近和相反的概念。这一顺序以自由的形式被《马克西米利安民法典》所采用。这一做法直到18世纪才因被认为经院主义色彩过浓、妨碍了不同对象的自由本质而被抛弃。[2]

随之，在17世纪晚期和18世纪出现了一种自然法的体系，它将适用于个人的法提升为适用于或大或小的共同体的法。[3] 它主要改变了亲属法的地位。因为亲属法是调整小型团体内部关系（父母/子女、丈夫/妻子）的法，所以它从整个体系的开头被挪到了结尾。这种自然法体系为《普鲁士一般邦法》奠定了基础。该法典共有8367条，其内容几乎涵盖了一切法律（私法、公法、商法与刑法）领域。它不仅要规范市民间的私权关系，而且还要在自然法权利义务的基础上，解决国家和市民间的权利义务关系。[4] 所以这部法典也被视为自然法法典的代表之一和“普鲁士的自然法”。[5]

最后，在1800年前后，德国法学家胡果和海泽提出了五编制的现代“学说汇纂体系”，即总则和人法、物权法、债法、亲属法和继承法。[6] 这一体系

---

1 Vgl. Lars Björne, Deutsche Rechtsysteme im 18. und 19. Jahrhundert, Ebelbach: Gremer, 1984, S. 132.

2 Vgl. Jan Schröder, Die ptivatrechtliche Methodenlehre des Usus modernus, in: Dieter Simon (Hrsg.), Akten des 26. Deutschen Rechtshistorikertages, Frankfurt a. M.: Klostermann, 1987, S. 273-275.

3 Vgl. Andreas Bertalan Schwarz, Zur Entstehung des modernen Pandektensystems, Zeitschrift für Savigny-Stiftung für Rechtsgeschichte (Romanistische Abteilung) 42 (1921), S. 578ff.

4 参见［德］格尔德·克莱因海尔、［德］扬·施罗德主编：《九百年来德意志及欧洲法学家》，许兰译，法律出版社2005年版，第422页。

5 参见舒国滢：《17、18世纪欧洲自然法学说：方法、知识谱系与作用》，载《比较法研究》2014年第5期。

6 Vgl. Andreas Bertalan Schwarz, Zur Entstehung des modernen Pandektensystems, Zeitschrift für Savigny-Stiftung für Rechtsgeschichte (Romanistische Abteilung) 42 (1921), S. 581f.

被1863年的《萨克森王国民法典》采纳，这是该体系第一次直接应用于民法典的编纂过程之中。该法典以当时的民法教义学为基础，按照“五编制图式”编纂而成（特别是第一次将“总则”纳入法典之中），基本上是学说汇纂和教科书条文化的产物。1896年的《德国民法典》更是根据学说汇纂体系之“学术的晚期成熟”创作而成，其编制、结构、概念、语言，完全是学说汇纂学的结晶。在结构上，它基本照搬了学说汇纂体系的五编制体例：第1编“总则”（第1条至第240条）、第2编“债务关系法”（第241条至第853条）、第3编“物权法”（第854条至第1296条）、第4编“亲属法”（第1297条至第1921条）、第5编“继承法”（第1922条至第2385条）。[1]《德国民法典》的体例在顺序上一改“法学阶梯体例”将“人法”置于首位的做法，也与《萨克森王国民法典》将“物权法”作为分则第一部分不同，它将“债权法”置于首位。这是法典编纂史中的一大变革。因为古代法律中，人们的权利义务一般都依附于身份，财产法、契约法、继承法皆为亲属法的副则。罗马时代家族制度依然盛行，将“人法”置于法典首位是很自然的。但随着社会渐渐发达，家族制度衰落，社会单位已由家族变为个人，身份法的范围逐渐变窄。个人的权利义务不再由身份决定，而大多由契约决定。这正是梅因（Meine）所谓的“从身份到契约”的进化。[2] 因此，将“债权法”置于法典首位是近代社会结构和法律思想变化之后，引起民法教义学（学说汇纂学）体系结构的调整，进而引发立法调整的产物。因此可以说，是学说汇纂学为当时德国民法典的制定直接或间接地提供了科学基础和智力条件，[3] 而这其中它对立法体系结构方面的影响是最大也是最稳定的。这种体系一直存续至今而未发生改变。可见，法教义学对于立法的影响在体系构造方面要比内容方

1 参见《德国民法典》（第2版），陈卫佐译，法律出版社2006年版，“目录”部分。

2 参见［日］穗积陈重：《法典论》，李求轶译，商务印书馆2014年版，第65~66页。

3 参见舒国滢：《19世纪德国“学说汇纂”体系的形成与发展——基于欧陆近代法学知识谱系的考察》，载《中外法学》2016年第1期。

面更加持久。甚至有学者认为，就法教义学对于制定法体系的影响而言，立法领域与法教义学之间的界分已经没有任何意义。[1]

本章结语

尽管立法者拥有作出决定的权威，但同样重要的是，他要作出好的和正确的决定，也即与既有观点和合乎事实结构之解决办法的目标相一致的决定。就此而言，法教义学构成了立法的必要基础。[2] 可以说，在规范性的意义上，离开法教义学的立法是不可能的。就此而言，法教义学（法律科学）的任务在于三个方面：对既有法材料进行体系化加工，为改善法律提供必要的建议，以及澄清作为整个法秩序之基础（体现于宪法中）的基本价值（所有实在法规范都必须与之相符）。[3] 具体而言，首先，法教义学向立法者指明，他的立法规划应当如何融入现行法秩序，继续有效的制定法留给他的形成余地有多大，他的立法规划给其他制定法带来了什么样的结果改变，他的形成自由在多大程度上受到上位法（尤其是宪法）的限制。它通常会为立法提供可供选择的解决办法，但并不确定一个教义学上唯一合理的解决方案，而是为立法者留下了宪法所确保的判断余地。其次，法教义学提供了无矛盾地构造新制定法的工具。它能确保新法不会将对于解决特定社会冲突而言所应遵循的原则适用于其并不适用的利益情境，也即进行教义学上的错误推导。再次，它向立法者揭示出，为何以及何时一个原本正确或通常情况下能合理解决冲突的规定变得有瑕疵，因而需要进行立法修正。最后，它使得立法者免受短视

---

1 Vgl. Jan Schröder, Das Verhältnis von Rechtsdogmatik und Gesetzgebung, in: Okko Behrends/Wolfram Henckel (Hrsg.), Gesetzgebung und Dogmatik, Göttingen: Vandenhock & Ruprecht, 1989, S. 66.

2 Vgl. Jan Harenburg, Die Rechtsdogmatik zwischen Wissenschaft und Praxis, Stuttgart: Franz Steiner Verlag, 1986, S. 365.

3 Vgl. Uwe H. Schneider, Zur Verantwortung der Rechtswissenschaft, Juristische Zeitung, 1987, S. 696-705.

的决疑术（Kasuistik）的诱惑，后者通常是为了应对或真实或假想的一时之需而被选用的方法。[1]

总之，缺乏法教义学上的预备工作和体系化，立法在法律文化上就会处于较低的层次，也不合乎清晰易懂性和可靠性这些法治的要求。当然，另外，这并不意味着法教义学就构成了“好的”立法的全部。政治意志形成过程中民意的集中与反映、立法程序的恰当设计、立法的基础信息的汇集与科学统计、政策的理性选择等都是“好的”立法的组成部分。但无论如何可以肯定的是，在非制度化的意义上，法教义学本身构成了立法的一部分。[2]

---

1 Vgl. Wolfram Henckel, Rechtsdogmatik und Gesetzgebung in der Gegenwart-Zivilrecht, in: Okko Behrends/Wolfram Henckel (Hrsg.), Gesetzgebung und Dogmatik, Göttingen: Vandenhock & Ruprecht, 1989, S. 104–105.

2 这里尤其指的是，法教义学审查既有立法的缺陷并成为未来立法的批判性指示这一情形。Vgl. Günther Winkler, Gesetzesgebung und Verwaltungsrecht, in: Günther Winkler/Bernd Schilcher (Hrsg.), Gesetzgebung: kritische Überlegungen zur Gesetzgebungslehre und zur Gesetzgebungstechnik, Wien [u. a.]: Springer, 1981, S. 100.

第八章
法教义学与法治

虽然从发生学的角度看，法教义学主要是从欧陆尤其是德国法律文化传统中成长起来的，[1] 但其影响力却远远超出了德国而波及了许多其他国家，包括中国。令人感兴趣的是：为什么这种看似发源于独特文化背景的法学研究方式会产生那么大的影响力？这里的原因不会或至少不会完全来自历史的偶然性，一定有其理论逻辑上的必然。遗憾的是，目前国内学界的研究极少关注法教义学的内在机理及其对于国家治理的意义。[2] 在本章看来，这种必然和意义需要在法教义学与法治之间的联系中去寻得。如果说法治代表着人类普遍的政治理想与值得追求的国家治理模式，那么诞生于18、19世纪之交的法教义学一定暗合了这种理想与模式的内在主张，因而它才能够为法律人所接纳，并在各国法治建设的进程中占有自己的独特位置。

因此，本章的核心问题就在于：法教义学与法治之间的联系如何可能？或者说，法教义学在何种意义上有助于法治？为此，我们就需要先去回答两个前提性的问题：什么是法教义学？什么是法治？学者们曾从各自的角度出发对法教义学和法治作出过十分多样化和个性化的诠释，因为这两个概念本身就是复杂的。对于"法教义学"，本书已在第一章至第三章中进行过较为详

1　参见［德］乌尔弗里德·诺伊曼：《法律教义学在德国法文化中的意义》，郑永流译，载郑永流主编：《法哲学与法社会学论丛（五）》，中国政法大学出版社2002年版，第15页及以下。

2　除了个别例外，参见张翔：《形式法治与法教义学》，载《法学研究》2012年第6期。

尽的观念史梳理，因此在此只是复述其结论，以为本章主题的论述基础；对于“法治”，我们满足于发掘其最低限度的含义——如果能证明法教义学常量与最低限度的法治概念之间存在必然联系，那么法教义学与任意类型法治观念之间的联系都将得到证成。在此基础上，本章将接着从价值目标与制度目标两个方面说明法教义学对于法治包括中国法治的意义，最后勾勒出中国法教义学体系形成的轮廓。

第一节　“法教义学”与“法治”

一、作为知识与作为方法的法教义学

通过前文的观念史梳理可以发现，尽管不同时期和不同学派对法教义学的理解不尽相同，对它的评价褒贬不一，但没有人否认：法教义就是由法学发展出的一般性权威命题或原理。在法教义学正式诞生之后，法教义学的对象被明确为现行实在法，因而法教义就成为围绕现行实在法展开的一般性权威法学命题或原理。它们经由法学者提炼、加工和体系化，进而对于法律适用（甚至立法）具有拘束力。所不同者，只是各个时期对这些命题或原理之权威的来源的理解：在理性自然法学及之前的时代，法教义的权威被认为来源于超实证的法秩序。[1] 而在19世纪后的实证主义占据主流的时代，法与其他领域、法教义的权威与其他权威逐渐区分开来，此时法教义的权威一般被认为来自实在法规范本身。[2] 到了评价法学阶段，法的权威性与法教义学的权

1　Vgl. Ulrich Meyer-Cording, Die Rechtsnormen, Tübingen: Mohr, 1971, S. 24ff.

2　Vgl. Spiros Simitis, Die Bedeutung von System und Dogmatik-dargestellt an rechtsgeschäftlichen Problemen des Massenverkehrs, Archiv für civilistische Praxis 172 (1972), S. 132.

威性进一步被区分开来，后者一般被认为是基于学者们的共识（尤其是“通说”）。[1]

与此相应，法教义学可以从两个角度来理解，即作为知识的法教义学与作为方法的法教义学。既然法教义是围绕现行实在法展开的“一般性权威命题或原理”，那么法教义学就可以被理解为基于现行实在法的“一般性权威命题或原理的整体”。因此，在实体意义上，法教义学是关于一国现行实在法的知识体系。同时，既然法教义作为一般性法学命题或原理具有“权威性”，那么法教义学就同样可以从方法论的角度来理解。就此而言，它既是一种独特的思维形式，也是一种独特的作业方式。在思维上，法教义学要求将任何个别法律判断（如裁判）都建立在一般性权威命题的基础之上。这些命题被认为基于权威来源，在通常情形中不受质疑。因为教义学思维的目标就在于依据某个权威的想法去进行思考，它只限于穷尽这种想法的意义内涵。[2] 在法律适用过程中，裁判既要受到制定法与先例的拘束，同时也要遵照为法教义学所加工的法律体系。法教义和制定法规范、先例一样构成了法律论证的权威性框架。[3] 在作业方式上，法教义学要求对现行实在法进行解释、建构与体系化。法律解释取向于实在法的客观意义，法学建构（尤其是借助于法律概念的建构）旨在从先前思维上孤立的部分中重构出整个法律制度，体系化则根据某个单一的理念来阐释和塑造整个法律秩序的规范。[4] 它从令人信服的问题解决办法中提取出可反复使用且易于掌握的概念、制度和规则，并且尽可能经由稳定的解释惯例以避免无尽的究根问底，通过这种方式将内含于法律体

---

1 Vgl. Theodor Viehweg, Ideologie und Rechtsdogmatik, in Werner Maihofer (Hrsg.), Ideologie und Recht, Frankfurt a. M.: Klostermann, 1969, S. 71.

2 Vgl. Ewald Johannes Thul, Untersuchungen zum Begriff der Rechtsdogmatik, Mainz: Dissertation der Rechts-und Wirtschaftswissenschaftlichen Fakultät der Universität, 1959, S. 42.

3 参见［德］罗伯特·阿列克西：《程序性法律论证理论的理念》，载［德］罗伯特·阿列克西：《法理性商谈：法哲学研究》，朱光、雷磊译，中国法制出版社 2011 年版，第 99 页。

4 Vgl. Gustav Radbruch, Vorschule der Rechtsphilosophie, in ders., Rechtsphilosophie Ⅲ, bearbeitet v. Winfried Hassemer, Heidelberg: C. F. Müller Juristischer Verlag, 1990, S. 129–130.

系中的最新知识明确表达出来。[1] 从这个角度看，法教义学也是一套独特的方法体系。

作为知识的法教义学需要以一国的实在法规定为基础，在塑造过程中会受到本国经验、文化、价值观的影响，不可避免地会显现出“特色”。相反，作为方法的法教义学却可以超越特定国家的实在法而具有普遍的意义，因为法教义学的独特思维形式与作业方式源于作为规范性事实之法律与规范性学科之法学本身的特性。因此，“无国界的教义学方法与有国界的教义学知识”[2] 可以并存不悖。中国在法治建设的进程中不能照搬他国的教义学知识，并不意味着可以回避教义学的方法。而主要正是作为方法的法教义学与法治之间存在着固有的紧密联系，也彰显着它对于法治的意义。

二、最低限度的法治概念

问题首先在于，法治是什么？无疑，与人类追求的其他任何政治理想一样，法治（rule of law，Rechtsstaat）也是一个“本质上有争议的概念”[3]。一方面这固然是因为人的认识能力和概念能力会受身处的地域和社群的限制，另一方面也是因为“法治”本身就是一个诠释型概念。[4] 对此，大体存在两种相对立的立场：一种立场认为，法治是一种严格依据事先颁布的规则进行治理的事业，本身并不包含任何特定的实质内容；而另一种立场认为，法治必然蕴含某种实质原则或者说实质正义的要求。[5] 简言之，两种立场的区分标

1　Vgl. Thomas Vesting, Rechtstheorie, München: Beck, 2007, Rn. 21f.

2　丁胜明：《刑法教义学研究的中国主体性》，载《法学研究》2015 年第 2 期。

3　See Jeremy Waldron, *Is the Rule of Law an Essentially Contested Concept (in Florida)?*, Law and Philosophy 21 (2002), p. 137-164.

4　关于诠释型概念及其与其他概念的区别，参见 Ronald Dworkin, *Justice in Robes*, Harvard University Press, 2006, p. 9-12。

5　See Antonin Scalia, *The Rule of Law as a Law of Rules*, University of Cincinnati Law Review 56 (1989), p. 1175-1181.

准在于是否认为法治所提出的要求仅仅是形式性的。坚持严格形式主义的法治观念被称为“形式法治观念”，而坚持法治同样提出了某些实质要求的观念被称为“实质法治观念”。美国学者塔玛纳哈（Tamanaha）曾用一个表格较为全面地总结了迄今为止的各种版本的形式法治与实质法治观念（见表4）。

表4 各版本形式法治与实质法治观念

版本	备选的法治观念（比较薄弱——→比较浓厚）		
形式版本	1. 依法而治	2. 形式合法性：普遍、面向未来、明晰、确定	3. 民主+合法性：合意决定法律的内容
实质版本	4. 个人权利：财产、隐私、自治	5. 尊严权和/或正义	6. 社会福利：实质平等、福利、社群的存续

资料来源：［美］布雷恩·Z. 塔玛纳哈：《论法治——历史、政治和理论》，李桂林译，武汉大学出版社2010年版，第117页。引用时表述有所变动。

这六个版本并不是彼此无关的，相反，它们之间存在“增量型”关系：前一类型蕴含在后一类型之中，后一类型在前一种类型之外增添上了新的内容。所以，一个值得考虑的思路是，我们并不需要去证明，究竟哪个版本才是法治的“真正”内涵，而只需找到不同版本的最大公约数来作为最低限度的法治概念。如果能证明作为方法的法教义学与这种最低限度的法治概念之间存在必然联系，那么法教义学与任意类型法治观念之间的联系都将得到证成。

最先可以来考虑依法而治（rule by law）这一最薄弱的法治版本。在这种观念下，法治被等同于一种特定的政府治理方式，即“政府无论做什么事情，它都应该凭借法律行事”[1]。但若以这种方式理解，法治本身没有真正的意义，因为它仅仅被认为是治理社会的一种手段，在任何存在法律的社会都可能存在这种意义上的法治。这也就意味着，一旦国家有更好的手段可以用来实现其治理的目标，作为备选手段之一的法律将毫不犹豫地被放弃。如此，法治看起来无异于空洞的同义反复。所以，这一版本的形式法治根本就不能

1 Noel Reynolds, *Grounding the Rule of Law*, Ratio Juris 2 (1989), p. 3.

成为“法治”的备选项。我们接着可以考虑将法治等同于“形式合法性”（formal legality）的观点。这一版本的法治，在最薄弱的形式法治之外附加了一些更严格的条件。对于这些条件，除了塔玛纳哈所举的这些，公认比较完整的是富勒（Fuller）提出的法律的八项内在道德，即普遍性、公开性、禁止溯及既往、明晰性、不得自相矛盾、不得颁布超出人们能力之要求的规则、稳定性、官方行为与公布的规则之间的一致性。[1] 在富勒看来，正是这些条件使得法治承担起其必须承担的任务。而这一任务，简单地说，就是为社会提供公共行动与判断的标准。

要为社会提供公共行动与判断的标准，法律就必须要具有安定性。在某种意义上，构成合法性的这些条件，主要就是用以提升法的安定性的。事实上，有不少形式法治论者就是在法的安定性的意义上来理解法治的。典型者如哈耶克（Hayek），他就指出，“这（指法治——引者注）意味着政府在所有的行动中都受到事先已明确与颁布之规则的拘束——这些规则使得我们有可能十分明确地预见到，掌权者在既定情形中会如何使用强力，并根据这一知识来安排自己的个人事务”[2]。凯尔森也认为，“具体案件的判决受到由某个核心性的立法机关事先所创设的一般性规范之拘束，这一原则……在这种一般意义上表现出了法治原则，后者在根本上就是法的安定性原则”[3]。即便是实质法治论者，如德沃金（Dworkin）[4]，虽然认为法治的概念应当包含它的目的，即保护个人权利免受国家强制力的侵害，但也都不否认将法的安定性作为法治要素之一。道理很简单：没有法的安定性，就无法保证个人权利不受任意和不可预测的国家强制力的粗暴干涉。可见，无论是形式法治观念

---

1 参见［美］富勒：《法律的道德性》，郑戈译，商务印书馆2005年版，第55~107页。

2 Vgl. Friedrich Hayek, *The Road to Selfdom*, London: Routledge & Kegan Paul, 1944, p. 75-76.

3 Hans Kelsen, Reine Rechtslehre, 2. Aufl., Wien: Österreichische Staatsdruckerei, 1960, S. 256-257.

4 See Ronald Dworkin, *Political Judges and the Rule of Law*, in his A Matter of Principle, Harvard University Press, 1986, p. 11-12.

（“依法而治”的版本除外）还是实质法治观念（无论哪个版本）的支持者，都会认为上述形式合法性的要求或者说法的安定性，是法治的必要条件。

那么，什么是法的安定性？从最宽泛的意义上讲，它包括通过法实现的安定性、法本身的安定性和保护法免于变更的要求。[1] 本章涉及的是第二种意义，即法本身的安定性，它大体囊括了这样几层含义：其一，公民可以基于法律获得关于其法律地位以及这一地位之法律条件的信息（可知性）。其二，公民可以确凿地依赖这类正确的信息来行为（可靠性）。其三，公民可以预见到政府官员所作之具体法律决定的可能（可预测性）。其四，政府官员必须遵循现行有效的实在法。[2] 换言之，政府官员必须以事前确定的一般性法律规范为司法、执法的依据，他们的裁量权要受到约束（可约束性）。在这几层含义中，最核心的是可预测性的要求。[3] 因为在最终的意义上，法律的可知性与可靠性只能借助于官员行为来实现，而约束政府官员的裁量权主要也是为了提升法律决定的可预测性。但法的安定性的这些含义或者说形式合法性的要求只是道出了法治的价值目标，而这些价值目标的实现离不开特定的制度目标，即一个融贯的法律体系的存在。融贯的法律体系不仅意味着组成体系之要素的完整性与相互之间的无矛盾性，也意味着它们彼此在价值上相互支持。因为一个逻辑矛盾、存在漏洞、价值冲突的法律体系无法为公民提供确定的信息，公民无法据此来采取可靠的行动并预测政府官员的行为，政府官员的裁量权也无法受到这种法律的真正约束。

所以，最低限度的法治概念包含两方面的要素：在价值目标上，它以法

---

1 Vgl. Gustav Radbruch, Der Zweck des Rechts, in ders., Rechtsphilosophie Ⅲ, bearbeitet von Winfried Hassemer, Heildeberg: C. F. Müller Juristischer Verlag, 1990, S. 45.

2 前两层含义参见 Åke Frändenberg, *From Rechtsstaat to Universal Law*, Heidelberg e. t.: Springer, 2014, p. 113；后两层含义参见［美］布雷恩·塔玛纳哈：《论法治——历史、政治和理论》，李桂林译，武汉大学出版社 2010 年版，第 148 页。

3 在许多学者（如上面提到的哈耶克）的论著中，法的安定性与法的可预测性这两个概念可以互换而不改变其意义。

的安定性作为构成要素；在制度目标上，它以融贯法律体系的存在为基础条件。要证明法教义学与最低限度的法治概念之间存在必然联系，就要证明，法教义学既能促进法的安定性，又有助于融贯法律体系的建构。

第二节　法教义学的法治意义

一、法教义学与法的安定性

法教义学如何促进法的安定性？要回答这一问题，首先要明确一个基本判断与两个根本前提。一个基本判断是，在现代法治社会中，是法院真正代表了法律的形象。[1] 或者说，在法治运行的诸体系中，司法构成了核心的环节。这不仅是因为法教义学原本就与法律适用（司法）联系最为紧密，更是因为司法裁判的典型特征最好地体现了最低限度的法治价值——法的安定性。司法裁判的直接功能在于解决纠纷，但司法裁判的特点却在于如何解决纠纷。司法裁判是一种说理的活动。所谓说理，简单地说，就是举出理由支持某种主张或判断。[2] 一方面，司法裁判与其他纠纷解决机制（以及立法活动）最大的差别，在于其所运用的规范性理由是一种事前已经以权威性的方式确定下来的一般性规范即“法”，或者说，司法裁判是一种“依法裁判”；另一方面，通常它又不是将个案事实涵摄于法律规范之下的简单过程，而需要举出进一步的理由来弥补规范与事实之间的落差，也即进行“法律论证”。正因如此，司法裁判在本质上是一种依法裁判的法律论证活动，[3] 而法教义学恰恰要

1　参见［英］P. S. 阿蒂亚：《法律与现代社会》，范悦等译，辽宁教育出版社、牛津大学出版社 1998 年版，第 1 页。

2　参见颜厥安：《法、理性、论证——Robert Alexy 的法论证理论》，载颜厥安：《法与实践理性》，中国政法大学出版社 2003 年版，第 98 页。

3　类似的观点参见泮伟江：《当代中国法治的分析与建构》，中国法制出版社 2012 年版，第 35 页。

在这种法律论证活动中发挥功能。没有理性的论证文化，就没有法教义学运作的余地。在此判断与前提下，可以认为，法教义学至少从三个方面促进了法的安定性。

首先，法教义学可以尽可能实现法的可预测性。涵摄在法律适用活动中是必要的，因为它承载着依法裁判的要求，也赋予判决以法律的属性。但当具体案件事实与法律规范的构成要件之间具有落差时，以法学三段论为代表的涵摄就不敷使用，此时必须通过层层递进的解释性规则来精确法律概念的含义，直至能将具体案件事实与构成要件严丝合缝地连接起来为止。如果有人质疑这一演绎过程中每一步所运用的解释性规则，就需停下来对其正确性进行论证，直至无人质疑为止，这就是教义学论证。因为法教义学的根本任务就在于对所运用的制定法前提进行澄清。[1] 它以教义来补充制定法规范，使得法律的个别化与具体化过程成为可能，从而成为“制定法的延伸之臂”。[2] 问题在于，在这种具体化的过程中，面对法律规范中概念的语义空间与评价余地，法官往往面临复数的选择。这种选择的不确定性将有危及法治之虞。恰恰在此，教义学发挥着它的实践功能，即为法律规范适用于个案时不可避免的评价余地给出智识上可检验、公开和合理的操作标准。如果说法律适用总是要对评价或利益冲突间可能的调整方式进行决定的话，那么教义学就为对被选择之决定进行理性证实提供了准备。[3] 它对提交于特定法律体系的法律冲突进行信息加工，它的概念为案件或案件要素的标准化与类型化提供了规则。[4]

---

1 Vgl. Casten Bäcker, Der Sylogismus als Grundstruktur des juristischen Begründens?, Rechtstheorie 40 (2009), S. 404, 411.

2 Vgl. Kyriakos N. Kotsoglou, Subsumtionsautomat 2.0: Über die (Un-) Möglichkeit einer Algorithmisierung der Rechtserzeugung, Juristenzeitung, 2014, S. 451, 455.

3 Vgl. Franz Wieacker, Zur Praktischen Leistung der Rechtsdogmatik, in Büdiger Bubner/Konrad Cramer/Beiner Wiehl (Hrsg.), Hermeneutik und Dialektik, Tübingen: J. C. B. Mohr, 1970, S. 316.

4 Vgl. Niklas Luhmann, Rechtsystem und Rechtsdogmatik, Stuttgart: Verlag W. Kohlhamer, 1974, S. 27.

具体而言，法教义学发挥着两方面的功能：一方面是稳定化与否定禁止的功能。法教义学预先将价值判断予以“教义化”和“类型化”，以便今后法官再次遇到类似问题时只需“中立地”适用教义即可。也就是说，法教义学使我们在面对实践问题时，不必每次都从头开始在每个问题点上去考虑所有的解决方案，而是可以参考过去对于类似问题形成的固定解决路径，使法律判决的作出在很长的时间段被固定化。[1] 例如，民法上的“缔约过失”、刑法上的“正当防卫”等教义学说，经过多年的发展，已经形成比较稳固的体系，对这些概念的理解牢牢地受到通说的约束。这就强化了法院判决尤其是法律没有明确规定的问题之解答的可预测性。这并不是说教义不可被推翻，而是说如果任何法官想要作出不同的判决，就必须拥有更好的论据，必须指出现有学说和法院惯例的不足，即为此承担论证负担。因为教义规则是法学研究批判性检验的结果，不能简单予以否定（否定禁止）。[2] 这就是法教义之（哪怕是相对的）权威性的体现。另一方面是筛选和排除的功能。在价值多元的社会中，这一点尤为紧要。因为价值评判的多样性及其必然带来的后果考量虽然在法律适用过程中不可避免，但其必须由教义学来证立并限定后果考量的使用。在此，教义学扮演着单向的筛选或鉴定机制的角色：它或多或少预先为裁判的内容打下了烙印，并划定了裁判可能的界限。[3] 只有通过这一筛选的价值与后果才能成为法律论证中的规范性理由。如果特殊的论据不能被转化为特定的教义学论证，那么它就不能进入法律论证场域。这并不是说教义学论证与来自其他话语场域（如政治）的论证之间没有重叠，而是意味着来自其他话语场域的论证必须以特定方式被教义学论证转化和整合。这种转

1　参见张翔：《形式法治与法教义学》，载《法学研究》2012 年第 6 期。

2　Vgl. Bernd Rüthers, Christian Fischer, Axel Birk, Rechtshtheorie, 8. Aufl., München: C. H. Beck Verlag, 2015, S. 200-201.

3　Vgl. Niklas Luhmann, Rechtsystem und Rechtsdogmatik, Stuttgart: Verlag W. Kohlhamer, 1974, S. 28, 36.

化和整合能否成功，完全取决于特定法律文化的法律素材和方法论构造。[1] 例如，关于死刑之价值和正当性的一般讨论可以为法律论证提供材料，但是在司法裁判中就死刑问题进行的辩论必须以现行的制度、制度背后的意图、判例等为限定条件，必须以教义学论证的方式来进行。从这一角度看，法教义学的筛选具有单向性，因为法律系统是一种认知上开放但运作上封闭的系统。[2]

可见，法的可预测性与作为权威性命题之知识体系以及作为取向于权威之思维形式的法教义学密切相关。制定法与法教义都是法律论证活动中的权威性理由。正是因为法官在司法裁判中不仅要依据制定法进行裁判，而且要诉诸事先经由法学予以类型化的法教义（尤其是通说），司法裁判才最大限度地具备了可预测性。这一点对于法治中国来说或许尤为重要：如何在现代化转型与地方发展存在差异的背景下维系法律的权威和同案同判的可能性，而不至于让形式理性被消解在多元化的实质判断之中？法教义学或将起到重要作用。从这个意义上讲，前几年学界热议的司法能动主义立场就需要被谨慎对待。这一立场固然有其积极的一面，因为它的基本宗旨在于让法官广泛利用手中的权力，尤其是通过扩大平等和个人自由的手段去促进公平，保护人的尊严。[3] 但它过于强调法官“实现正义”的使命，倾向于轻视对司法权的限制。司法能动主义走向极端，有可能导致法治的死亡：因为试图以激进革新或冒险方式来重铸法律，将使得法律变得不确定和不可预测，那就是法治的对立面。[4]

---

1 参见［德］拉尔夫·波舍（Ralf Poscher）：《裁判理论的普遍谬误：为法教义学辩护》，隋愿译，载《清华法学》2012 年第 4 期。

2 Vgl. Niklas Luhmann, Soziale Systeme: Grundriß einer allgemeinen Theorie, Frankfurt a. M.: Suhrkamp, 1984, S. 60ff.

3 参见［美］克里斯托弗·沃尔夫：《司法能动主义——自由的保障还是安全的威胁》，黄金荣译，中国政法大学出版社 2004 年版，第 2~3 页。

4 See Dyson Heydon, *Judicial Activism and the Death of the Rule of Law*, Otago Law Review 10 (2003), p. 495f.

其次，法教义学可以确保形式上的自由与平等。从消极的方面讲，在一个价值多元的国家中，法教义学在面对各种道德化和政治化的要求时建立和维系了法的形式性。从积极的方面讲，法教义学通过提出关于法的独立于各该言说者之世界观与文化特征的命题而确保了法的形式科学性，这导向了法律的理性化，它使得法更加透彻，更便于作法律上的判断。一方面，这确保了个人的自由。正如拉德布鲁赫所言，法的安定性具有个人主义—自由主义的特性。它并不意味着为了法本身去维系法的安定性，而是为了个人去维系法的安定性，即免于任意专断的安定性，在此意义上就是个人自由。[1] 而法教义学恰恰可以促进这种意义上的个人自由。因为只有当公民可以相对确定地估计到其决定的法律后果时，他的自由才会得到法律的确保。所以，法教义学的形式性（法教义学只确认哪些判断或哪些法律命题与现行实在法相符）对于法律主体的个人行动自由而言具有重要意义：它保障了个人的行动计划受到预先确定的同等标准的衡量。[2] 另一方面，这也确保了平等。法教义学的形式性使得法律主体不会因其世界观与文化特征而受到歧视，因为它使得既有判断体系化与一般化：司法裁判必须从普遍性的规范出发，假如既定法律规范不清晰，就要构造出清晰的解释性规范，而这些新的规范也必须是普遍的、适用于不特定多数人的规范。这就符合了形式正义或平等原则：凡是满足同一构成要件的个案，都应当适用相同的法律后果。换言之，对于两个可用完全相同的方式来描述其与判决相关之方面的案件，不能得出不同的判决结果。[3] 例如，根据我国《消费者权益保障法》第 55 条的规定，经营者提供商品或者服务有欺诈行为的，消费者可以要求其购买商品的价款或者接受服

1　Vgl. Gustav Radbruch, Der Zweck des Rechts, in ders., Rechtsphilosophie Ⅲ, bearbeitet von Winfried Hassemer, Heildeberg: C. F. Müller Juristischer Verlag, 1990, S. 46.

2　Vgl. Hans-Martin Pawlowski, Zur Aufgabe der Rechtsdogmatik im Staat der Glaubensfreiheit, Rechtstheorie 19 (1988), S. 422.

3　参见［德］罗伯特·阿列克西：《法律判决的逻辑分析》，载［德］罗伯特·阿列克西：《法　理性　商谈：法哲学研究》，朱光、雷磊译，中国法制出版社 2011 年版，第 9 页。

务的费用的三倍赔偿。假如我们主张将这一条款适用于知晓某电视机为假货仍然购买的某甲，就必须要将“消费者”的概念类型化，将“知假买假者亦属于消费者”确定为普遍性规范，以使得第55条也适用于知晓某冰箱为假货仍然购买的某乙。而确立这样一条解释性规范即属于法教义学的任务。故而有论者认为，教义学的基本功能首先就在于使得平等性、不平等性和相似性变得透明化。没有法律体系能够放弃这一功能，因而也就不存在任何脱离特定教义学基本要素的法律体系。[1] 进而，对不同调整情境在法教义学上的体系化处理导向了对不同问题解决方案的统一化，导向了节省思维的概念工具，并获得了法的透彻性。而这对于法治秩序来说极为重要，因为法的透彻性与节省思维的概念工具构成了法作为社会调控之手段的前提。[2] 可见，法的安定性蕴含着基于形式上的自由和平等来调控社会的功能。尤其是对于中国这样一个国情复杂的大国而言，在法治建设中尽可能化约复杂性，实现对行为的统一调整和社会的有效整合十分重要。而法教义学对于化约复杂性恰恰能起到有效的作用。[3]

最后，法教义学在一定程度上可以保护公民免受国家权力的非法侵害。国家与公民的关系是法治的核心议题，保护公民权利不受国家权力的非法侵害是法治实践的主线。暂且抛开实质标准不论，形式上的“合法性原则”其实就是国家权力干预私人领域的划界标准。但是正如前面所说，法律本身就可能是模糊的，这就难免存在国家权力通过自己的任意理解，在保持法律规范文字不变的同时扩张权力、掏空合法性原则的情况。恰在这里，法教义学能够在一定程度上发挥维系合法性原则、控制国家权力边界的功能。这最明

---

1 Vgl. Rolf Stürner, Das Zivilrecht der Moderne und die Bedeutung der Rechtsdogmatik, Juristenzeitung 2012, S. 11.

2 Vgl. Hans-Martin Pawlowski, Zur Aufgabe der Rechtsdogmatik im Staat der Glaubensfreiheit, Rechtstheorie 19 (1988), S. 426.

3 对此，具体可参见 Hans-Martin Pawlowski, Einführung in die Juristische Methodenlehre, Heildeberg: C. F. Müller Verlag, 2000, Rz. 327ff。

显地体现在宪法与刑法的领域。在宪法基本权利领域，一套成熟的基本权利教义学说有助于基本权利内涵的稳固化，并防止其相对化。例如在德国著名的《明镜周刊》案中，法院阐明了《德国基本法》第 5 条关于出版自由的意义，并且明确了同条第 2 款规定之可对出版自由进行限制的"一般法律"的限制范围。这一判决被后来的一系列相关案件所引用。[1] 这些判决对于出版自由的权利主体、出版过程和出版内容等方面作了不断清晰化的教义学处理，从而为国家权力对出版事业的干预划定了宪法界限。我国并不禁止法官在适用普通法律时进行合宪性解释。假如宪法尤其是基本权利条款要成为解释普通法律规范的依据，其本身的含义就必须明确。教义学上的解释、建构与体系化可以帮助将基本权利条款构造为一种"客观价值秩序"，并对立法、行政等国家权力形成限制。在刑法领域，稳固的法教义学能够帮助维系"罪刑法定"原则。法无明文不为罪、法无明文不处罚也是法治的基本要求。一般认为，它包括三个子原则，即溯及禁止、禁止习惯法、类推禁止。[2] 在此，除了禁止引用证立或加重刑罚的习惯法来施加刑罚这一点外，其余两个子原则都可能与法教义学发生关联。这是因为，溯及禁止不仅禁止溯及既往的立法，也禁止溯及既往的解释（实质为更加隐蔽的立法）；类推禁止指的则是不得通过类推的方式逾越具体制定法规定的词义，并通过诉诸制定法中不利于行为人的基本思想来发展出新法。[3] 可见，通过稳固的法教义澄清刑法分则的各个罪名和条款的含义，可以在一定程度上防止国家以溯及既往和不利于犯罪嫌疑人之类推的方式滥用刑罚权。在此意义上，正如德国当代宪法学者博肯费尔德（Böckenförde）所说，法治国的形式特色（法教义学正是这种形式理性

1　关于本案案情、论证及其影响，参见陈征：《〈明镜周刊〉案》，载张翔主编：《德国宪法案例选释（第 2 辑）：言论自由》，法律出版社 2016 年版，第 1~24 页。

2　Vgl. Philip Kunig, Art. 103, in der.（Hg.）, Grundgesetz-Kommentar, Band 3, 4./5. Aufl., München: Verlag C. H. Beck, 2003, Rdz. 25-32.

3　Vgl. Hans-Joachim Rudolphi, § 1, in Systematischer Kommentar zum Strafgesetzbuch, Band 1（Allgemeiner Teil）, 6. Aufl., Frankfurt a. M.: Suhrkamp, 1993, Rdz. 35.

化的代表）绝不意味着它只具有空洞的形式，而是对法治国的基本原则即自由与财产安全的形式化与客体化。[1]

综上所述，法教义学可以从可预测性、形式自由与平等以及保护公民免受国家权力的非法侵害三方面促进法的安定性，而这些功能源自法教义学的形式理性化特征及其受权威拘束的思维形式。对于中国法治实践而言，一个贴切可行的做法，就在于先在形式法治的层面建立最低限度的共识，以法的安定性为法治的首要追求，从而避免法治进程中“法律的失灵”和“权威的失落”。而法教义学对于凝聚法律共识、树立法治权威而言是不可或缺的。

二、法教义学与融贯法律体系的建构

一个融贯的法律体系的存在是保障法的安定性的制度基础。法律体系虽主要由立法提供基本要素（法律规范），但须经由法学的建构性诠释与加工才能成为融贯的整体。[2] 因为立法者公开颁布的规范只是一堆经验材料，它们并不能自动形成科学意义上的体系，体系化功能只能待法律人对这些材料进行加工后才能实现。换言之，法律体系不是给定的，而只有通过科学活动才能出现。[3] 而法教义学的任务就在于通过对各个法律规定的体系化去形成法律体系。它使我们可以借由经加工的体系学来掌握相关领域规则的整体，以获得关于这些规定之内部关联的洞见，从而最终获得关于法律秩序之结构的洞

1 Vgl. Ernst-Wolfgang Böckenförde, Entstehung und Wandel des Rechtsstaatsbegriffs, in ders., Recht, Staat, Freiheit, Erweiterte Ausgabe, Frankfurt a. M.: Suhrkamp, 2006, S. 150.

2 在此意义上，阿尔尼奥甚至认为，立法提供的只是由成文法集合组成的前体系化的法律秩序，而法律体系只能是由法教义学进行的元层面的重述。See Aulis Aarnio, *Essays on the Doctrinal Study of Law*, Dordrecht u. a.: Springer, 2011, p. 177.

3 Vgl. Roberto J. Vernengo, Systematisierung und Rationalisierung in Rechtsdogmatik und richterlicher Entscheidungsfindung, in Eugenio Bulygin/Ernesto Carzón Valdés (Hrsg.), Argentinische Rechtstheorie und Rechtsphilosophie heute, Berlin: Duncker & Humblot, 1987, S. 135, 136.

见。[1] 在这一过程中，法教义学会澄清法秩序背后隐藏的要素，明确相关规范或概念的含义，推导出新的规范或概念，由此对立法所颁布的材料进行认识论重构，从而形成科学意义上的法律体系。这样获得的法律体系包括两个层面：作为抽象概念体系的外部体系与作为法律原则体系的内部体系。[2] 它们分别提出了融贯法律体系的不同要求。如果说前者要求法律体系逻辑严谨的话，那么后者就要求法律体系内部价值一致。但无论是在内部体系还是在外部体系的层面，法教义学发挥的都只是“整合法律体系”的功能。此外，法教义学还有更高层次的功能，即重述法律体系。以下分述之。

首先，法教义学能促进法律外部体系的逻辑严谨化。一个逻辑严谨的法律体系至少要满足两个条件，即完整性与连贯性。否则，法律体系就无法发挥调整人们的行为这一主要任务，法的安定性就无从谈起。[3] 法教义学既能揭示出法律中可能不完整和不连贯之处，提示立法予以改进，也可以在一定程度上自行改善法律。法律体系应当是完整的，这意味着，法律体系应为相关案件领域中的每一个案件都提供解决办法。完整性的匮乏可能来自两种不同的情形：一种是法律体系没有为某类案件提供解决办法，此时就出现了“规范漏洞”；另一种是概括某类案件的法律概念具有语义不确定性，所以我们无法知晓个案是否属于此类案件，这是所谓的“认知漏洞”。[4] 对于认知漏洞，主要依靠法律解释来解决。如果对于法律条款存在数种可能的解释，那么就要选择不会导致漏洞发生的那种解释来形成法教义，以满足法律体系完整性的要求。例如，对于我国《民法典》物权编第 216 条规定的不动产登记簿制

---

1 Vgl. Aulis Aarnio, Denkweisen der Rechtswissenschaft, Wien: Springer Verlag, 1979, S. 232f.

2 参见［德］卡尔·拉伦茨：《法学方法论》，陈爱娥译，商务印书馆 2003 年版，第 318、348 页以下。

3 See Eugenio Bulygin, *Legal Dogmatics and the Systematization of the Law*, in Eugenio Bulygin et al., Essays in Legal Philosophy, Oxford University Press, 2015, p. 229.

4 Vgl. Carlos E. Alchourrón and Eugenio Bulygin, *Normative Systems*, Wien u. a.: Springer Verlag, 1971, p. 33.

度，存在“推定力”和“公信力”的解释之别。前者意味着不动产登记簿所记载的事项被推定正确，但可通过反证被推翻；而后者意味着即便记载事项被证明不正确，善意第三人仍可以信其为真的方式来行为，并取得相应法律效果。以完整性要求来衡量就可以发现，“推定力说”尽管可以援引第311条来主张对于善意第三人的保护，但由于后者只适用于无权处分而不适用于其他情形，尤其是消极信赖保护的情形，此时就会出现认知漏洞。相反，“公信力说”则能涵盖积极信赖和消极信赖保护，形成完整的保护体系。所以，法教义学上当采后者。[1] 对于规范漏洞，则需要借助于如类推这样的方法去填补。典型例子如，德国私法学界曾根据《德国民法典》第463条第2款，“出卖人故意不告知物之瑕疵，买受人得请求不履行损害赔偿”，类推出“出卖人故意告知标的物具有实际上不存在之优点，买受人得请求不履行之损害赔偿”。由于类推的实际效果在于将某个规范的适用范围扩张至未明文规定的案件类型，所以相当于创造出了一条新的教义性规范，以裨体系的完整化。

法律体系还应当是连贯的，这意味着，法律体系不应为同一类案件提供两个或两个以上不兼容的解决办法。为同一类案件提供不兼容之解决办法的规范处于相互冲突之中，融贯的法律体系要尽可能少地包含彼此冲突的规范。有时立法本身会预先规定解决这些冲突的形式准则或程序性规定，如我国《立法法》第87~89、92、94、95条，但很多时候则需要由法教义学来提供解决办法。解决体系不连贯问题的首要办法依然在于解释。[2] 在此，作为教义学方法的体系解释起到了关键性作用。假如对于法律条款的某种解释（通常是“平义解释”)会导致与另一法律条款相矛盾的结果，那么就不应该采取这种解释。例如，我国《民法典》侵权责任编第1245条规定，饲养的动物造成

---

1 对此，可参见朱广新：《不动产适用善意取得制度的限度》，载《法学研究》2009年第4期；程啸：《论不动产登记簿公信力与动产善意取得的区分》，载《中外法学》2010年第4期。

2 See Aleksander Peczenik, *On Law and Reason*, Dordrecht: Kluwer Academic Publishers, 1989, p. 421, 422, 425.

他人损害的，动物饲养人或者管理人应当承担侵权责任，但能够证明损害是因被侵权人故意或者重大过失造成的，可以不承担或者减轻责任。“动物”的日常含义既包括“合法饲养的普通动物”，也包括“禁止饲养的危险动物”。但联系第1247条（禁止饲养的烈性犬等危险动物造成他人损害的，动物饲养人或者管理人应当承担侵权责任），只能采取限缩解释，将第1245条中的“动物”解释为“合法饲养的普通动物”。如果解释无法解决冲突，则需要确立不同法律条款的（至少是条件式的）适用顺序。例如，我国关于担保制度的规定散见于《民法典》等法律文件之中，其间就存在不少冲突（如人保和物保并存时的相互追偿权问题）。[1] 这就需要通过法教义学明确不同文件中相关法律条款在各种情形下的优先适用顺序，以此来应对实践适用问题。

其次，法教义学能促进法律内部体系的价值一致化。体系的特征在于秩序和统一性，融贯的法律体系不仅应是一个逻辑严谨的概念体系，同时也应当具有评价上的一致性与法律秩序的内部统一性。这不仅是作为科学之法学必不可少的前提和惯常的法律解释方法不言而喻的条件，而且也是作为法律理念的平等和可普遍化之正义的要求。由此，法律体系在内在面向上可以被定义为“一般法律原则的价值论或目的论秩序”。[2] 很多时候，这类原则本身就是教义学工作的结果，如德国的“法治国原则”。这些法律原则的具体内涵也必须由教义学来确定，随着教义学而发展。在此意义上，有学者甚至认为，原则不外乎是处于高度抽象层面的教义学概念。[3] 法教义学不仅要充实作为法律体系之价值基础的一般法律原则的内涵，也要将它们贯彻于整个法律体系的各个领域。其中最典型的就是由宪法规定并经由宪法教义学所发展的宪法原则（尤其是基本权利条款）在部门法领域的落实。这种落实可以体现为合

1　本例参见许德风：《法教义学的应用》，载《中外法学》2013年第5期。

2　Vgl. Claus-Wilhelm Canaris, Systemdenken und Systembegriff in der Jurisprudenz, 2. Aufl., Berlin: Duncker & Humblot, 1982, S. 46ff, 155, 156.

3　Vgl Matthias Goldmann, Dogmatik als rationale Rekonstruktion, Der Staat 53 (2014), S. 378-379.

宪性解释。合宪性解释其实是一种体系解释和目的解释的混合体。[1] 一方面，宪法在法律体系中居于最高效力层级，依据宪法原则解释普通法条款合乎整个法律体系的要求；另一方面，宪法原则又体现了特定法律秩序最根本的价值——目的，合宪性解释也意味着取向于这些目的。法律体系的融贯性要求，假如对某个法律规范有两种可能的解释，其中一种解释将比另一种解释更能够受到宪法原则的支持，那么就应该采取前者。例如，1997 年《刑法》第 263 条将“入户抢劫”规定为抢劫罪的加重处罚情节。最高人民法院 2000 年《关于审理抢劫案件具体应用法律若干问题的解释》第 1 条规定：《刑法》第 263 条第 1 项规定的“入户抢劫”，是指为实施抢劫行为而进入他人生活的与外界相对隔离的住所。2005 年 6 月《关于审理抢劫、抢夺刑事案件适用法律若干问题的意见》第 1 条则规定：“户”在这里是指住所，其特征表现为供他人家庭生活和与外界相对隔离两个方面。这两部司法文件对“户”的界定有所不同，前者强调“户”是“他人生活”的住所，而后者强调“户”是“供家庭生活”的住所，两者都在“户”的文义范围之内。但考虑到《宪法》第 39 条（“公民的住宅不受侵犯”）的权利主体是“公民”，而不是“家庭”，公民个人生活住所是宪法的重要保护对象，如果将“户”限定为供家庭生活的场所，无疑是不当缩小了《宪法》第 39 条的保护范围，所以将“户”解释为“个人生活的住所”更合乎宪法。法院对韩某等抢劫案的判决就体现了这种合宪性解释的精神。[2] 宪法原则在部门法领域的落实也可以体现为合宪性审查与限缩。我国《刑法修正案（九）》新增的“扰乱国家机关工作秩序罪”就是一例。我国《宪法》第 41 条规定公民有批评、建议、申诉、控告、检举等权利，第 27 条第 2 款规定了国家机关必须倾听人民的意见和建议，接

1 参见张翔：《宪法释义学》，法律出版社 2013 年版，第 90 页。

2 参见中华人民共和国最高人民法院刑事审判第一、二、三、四、五庭主办：《刑事审判参考》总第 59 集，法律出版社 2008 年版，第 19 页。具体分析参见杜强强：《合宪性解释在我国法院的实践》，载《法学研究》2016 年第 6 期。

受人民的监督。“扰乱国家机关工作秩序罪”所制裁的行为，在宪法教义学上可能构成对这些基本权利的行使。如果在具体情形中的认定效果是完全否定这些基本权利的“本质性内容”，那么就有违宪的嫌疑。所以这一罪名在适用时至少要受到限缩。[1] 故而，法教义学既要对既有法材料进行体系化加工、为改善法律提供必要的建议，也要澄清作为整个法秩序之基础（体现于宪法中）的基本价值（所有实在法规范都必须与之相符）。[2]

最后，法教义学能通过重述法律体系实现理念的融贯化。价值一致化只能实现法律体系内部的融贯性，但融贯性的更高要求在于，法律体系在价值上要尽可能与体系背后的政治—道德理念保持一致。这些超越实在法的理念本身不能从法律体系内部得到证立。[3] 任何融贯的法律体系的背后都有一套成熟的政治理论与道德信念体系作为自己的支撑，而这种政治—道德理念往往以一种“高级法”的姿态扮演着法律体系“背景墙”的作用。它们在日常情境中并不会走上法律的前台，只会偶尔在某些特定场合显露。法教义学的更高形态体现为，它可以在不改变法律体系之制度框架的前提下为法律体系寻获理念基础，并以此来重述法律体系。虽然重述后的法律体系在规范上等值于先前的法律体系，但它却改善了法律体系——不仅就实践运用的角度而言是如此，而且它能更好或更直接地表达出规范权威（立法者）的或法律体系所立基的根基（价值）。[4] 例如，为什么“法不禁止即自由（允许）”这一准则只适用于私法，而不适用于公法？法律部门间的这种“不融贯”可以用如下理念来证立：在缺乏有约束力的法律规则时，个人必须享有最大的自由。因此，在不受公权力干涉的私法领域，个人在原则上可以做一切不被法律所

1　参见张翔：《刑法体系的合宪性调控——以“李斯特鸿沟”为视角》，载《法学研究》2016 年第 4 期。

2　Vgl. Uwe H. Schneider, Zur Verantwortung der Rechtswissenschaft, Juristenzeitung, 1987, S. 696–705.

3　See NE Simmonds, *Reflexivity and the Idea of Law*, Jurisprudence 1 (2010), p. 1, 18, 22ff.

4　See Risto Hilpinen, *On Normative Change*, in Edgar Morscher & Rudolf Stranzinger eds., Ethik: Grundlagen, Probleme und Anwendungen, Wien: Hölder-Pichler-Tempsky, 1981, p. 155f.

禁止的事；而在公法领域，公权力的掌握者却不能做一切未被法律所允许的行为，因为如果这样就极易造成任意侵犯个人自由的恶果。两者背后的政治—道德理念是一致的（权利本位），公法和私法的许多规范可以此理念为基础被重述为一个新的体系。又如，在中国学界目前关于“国家所有（权）”和“财产权的限制”问题的讨论中，基于马克思主义的财产观与社会主义的理念可以将宪法和民法有关所有制和财产的规定进行整理重述，统合为新的财产法律体系。[1] 应当承认，政治—道德理念本身已经超越了法教义的范畴，但它们依然需要通过教义学方法进入体系重述的过程中。

法律体系融贯化对于中国法治建设而言意义重大。作为后发型与外源型的现代化国家，中国法律体系的建构自始就面临“时空叠合”的境遇。就时间维度而言，政府主导型的法治建构模式虽然使得法律体系的创新更有目标性和规划性，但由于缺少需长期凝聚的社会共识与价值保障，有时呈现出规范冲突与体系不融贯的现象。就空间维度而言，一方面，追求“融入世界规则”，可能会缺少法律体系融贯化的“中国知识”，缺位融贯化的“中国场景”；另一方面，尽管中国单一制的立法体制可以确保整个法律体系效力链条的清晰性，但由于技术壁垒、观念差异等原因，无法确保不同层级、不同部门、不同地方的立法主体制定的法律规范之间相互融贯。[2] 这种时间与空间上的张力使得法律体系的融贯化显得尤为困难，也使得法教义学显得尤为重要。为此，中国的法教义学既要去寻找中国当代的政治—道德背景体系，并在理念融贯性的层面上建立起法教义与背景体系的联系，也要在外部体系与内部体系融贯性的层面上有意识地运用教义学的方法，更要在具体制度的实践与建构过程中孕育具有本土特色的教义学知识。唯有如此，才能构筑出科学和

---

1 对此已有学者作了部分努力。例如，前者参见谢海定：《国家所有的法律表达及其解释》，载《中国法学》2016 年第 2 期；后者参见张翔：《财产权的社会义务》，载《中国社会科学》2012 年第 9 期。

2 具体参见雷磊：《融贯性与法律体系的建构——兼论当代中国法律体系的融贯化》，载《法学家》2012 年第 2 期。

理性的“良法”，为中国法治建设夯实基础。

第三节　中国法教义学体系的形成

为了确保法的安定性，建构融贯的中国法律体系，必须形成中国的法教义学体系。如前文所述，这一体系由教义学方法与教义学知识两个层面构成，而中国法学者需要同时在这两个层面上进行努力。

一、教义学方法的层面

在教义学方法的层面上，应当注重对于法学方法论与一般法学说的研究。法学方法论主要围绕（但不限于）法律解释展开，一般法学说的任务集中于概念建构，而体系化则贯穿于解释与建构的过程之中。具体而言，我们要从如下两方面着力：其一，法学方法论研究的精细化。法教义学致力于在具体的细节上，以逐步进行的工作实现“更多的正义”。[1] 为此，就需要有一套细密而绵实的法律适用技术，尤其是法律解释的技术。中国的法学方法论研究起步于20世纪80年代，在2000年之后一度成为“显学”，但近年来却有趋冷的趋势。究其原因，一是方法论研究尚未摆脱从西方移植理论学说的命运，二是倡导者中有许多是纯粹做抽象理论研究的法理学者。[2] 这就使得中国的方法论研究呈现出双重缺陷：一方面是“上不去”。反对单纯照搬西方学说尤其是特定西方国家的学说，并不是说方法论研究不具有一般性，而是说以往的研究对于继受而来的学说没有给予法理论层面的反思，仔细辨明哪些属于体现方法论必要构造的学说，哪些又属于仅体现特定国家甚至特定学者之个性

1　参见［德］卡尔·拉伦茨：《法学方法论》，陈爱娥译，商务印书馆2003年版，第77页。

2　对于法学方法论学说在中国的传播及其存在的问题，参见雷磊：《域外法学方法论论著我国大陆传播考略——以欧陆译作与我国台湾地区作品为主线》，载《东方法学》2015年第4期。

的学说。另一方面是“下不来”。缺乏对司法实务的关注，方法论研究就无法“落地”。国外的方法论学者多为某一部门法领域的专家，他们的方法论主张与对部门法实务案例的接触密切相关。中国的方法论研究则在整体上没有与具体的部门法教义学相结合。为此，今后的研究应当由法理学界、部门法学界与司法实务界三方合力，进行法理论证与实例验证相结合的精致化研究。

其二，一般法学说的再提倡。法教义学指涉单个法律体系的实在法，而在所有现代国家的法律体系中又都可以区分出诸多特殊法教义学，如民法教义学、刑法教义学、宪法教义学等。关于实在法的一般法学理论可以指涉单个、多个或所有法律体系。如果它指涉单个法律体系（如中国法律体系），那就是一般法教义学，它是各个特殊法教义学的共同部分。如果指涉多个甚或所有法律体系，它就超出了法教义学的范畴。由于当代各国法律体系中有很大一部分是相互影响和借鉴的产物，有一些基本概念，如法律规范、法律效力、权利、义务、违法、责任、制裁等，基本存在于所有类似的法律体系之中。如此就产生了关于实在法的一般法学理论的需要，即一般法学说。[1] 一般法学说研究的就是实在法各个领域所共同而普遍的基本概念、基本结构及一般基础（功能、原则、结构、方法），它属于法律和法学领域基本概念的分析理论。[2] 基本法律概念的研究（尤其是权利和义务这对范畴）曾在中国学界领风气之先，在学术思想受到较大禁锢的年代起到了解放思想、树立航标的重要作用。[3] 但近年来，这种研究在以问题和学派思想为主流的法理学界和在以立法论与解释论为主导的部门法学界都日趋沉寂。事实上，概念研究与问题、思想、立法、适用等层面的研究并不矛盾，它反而要构成后面这些研究的基础，因为毕竟任何研究都不可能脱离基本概念。借鉴当代语言哲学、分析哲学、伦理学的研究成果继续精耕细作，提供一套价值圆融、逻辑严密的

---

1 See Robert Alexy & Ralf Dreier, *The Concept of Jurisprudence*, Ratio Juris 3 (1990), p. 1-2.
2 参见刘幸义：《法律概念与体系结构》，台北，翰芦图书出版有限公司 2015 年版，第 9~10 页。
3 代表作为张文显：《法学基本范畴研究》，中国政法大学出版社 1993 年版。

概念体系，对于中国法教义学的发展来说至关重要。

二、教义学知识的层面

在教义学知识的层面上，未来的方向应当是努力结合判例研究、习惯梳理和法律评述的编纂，构造出具有本土特色的教义学知识体系，尤其是通说体系。具体言之有三。

一是判例研究的系统化。判例研究在中国学界方兴未艾：不少刊物都开设了案例研究的专栏，最高人民法院主办的《法律适用》甚至专门新增了下半月刊《法律适用·司法案例》；有的教科书紧密结合学说、法条与案例进行写作，[1] 也有专门的案例丛书出版。[2] 案例教学，乃至专门的案例研讨课程在一些大学（如北京大学、中国政法大学、华东政法大学）都被纳入了本科课程体系；正在进行的司法改革将案例指导制度作为重要一环，指导性案例已经引发学界的追踪与研究。这些都为中国法教义学的发展提供了契机。但不少研究依然停留于"就案论案"、"以案说法"（简单引证法条或一般法理）的程度，没有进行深入的教义学层面的剖析与论证，更没有提供一般的法教义规范。今后学界对于判例的研究应予以系统化，这既意味着判例解析应成为法学研究、教学的常态，更意味着应当围绕法条的解释与续造，基于个案并超越个案，去提出并证立法教义知识，并促使将相关领域的法教义知识构造为融贯化的整体。

二是习惯的规范化。习惯在司法裁判尤其是民商事裁判领域具有重要意义，它既可以作为一般条款的解释依据，也可以作为填补法律漏洞的补充性法源。一方面，习惯基于长期、稳定、均匀和普遍的交往实践形成（客观要

1　例如，何海波：《行政诉讼法》，法律出版社 2011 年版。

2　例如，清华大学出版社于 2014 年、2015 年出版的全套 40 本的《法律专家案例与实务指导丛书》。

素），并被参与者确信由此会遵守既存的法律（主观要素），[1] 因而具有拘束力；另一方面，作为地方性知识，习惯也对案件的当事人具有很强的说服力。正因为如此，习惯（法）的研究在中国学界一直是热门之一：有学者长期关注地方习惯法（尤其是少数民族习惯法）并著作甚丰；[2] 有专门以习惯法为主题的刊物[3]，也有开设相关专栏的刊物[4]；每年都会有为数不少的研究论文发表。但是目前对于习惯的研究要么关注其法源地位，要么聚焦于习惯在个案中的作用，要么做基于实证调研的梳理和描述，基本没有与教义学研究发生关联。事实上，习惯尤其是释法型习惯可以成为本土化的法教义知识的绝佳来源。这一点对于大规模移植西方法律的中国来说意义匪浅：即使实在法在很多方面借鉴了西方制度，也不意味着法教义知识的西化。即便是在继受他国法律的基础上，也可以结合本土习惯发展出自己独特的法教义。[5] 因此，习惯的类型化与规范化是中国法教义学知识体系形成的重要一环。

三是法律评注工作的深入开展。法律评注是法教义学知识体系的集中展现。从某种意义上讲，对于德国法治实践提供最大智识支撑的并不是哪一本学术著作，而是一部部卷帙浩繁、体系恢宏的法律评注书（主要是法典评注书）。法律评注具有鲜明的实务导向，它以解释现行法为中心，竭力回答相关领域的一切问题，重视案例，秉承教义学方法（恪守法律解释方法、注重体系），对于法学教育、司法实践和立法等活动都有重要影响。[6] 法律评注近年

1 Vgl. Joachim Vogel, Juristische Methodik, Berlin: Walter de Gruyter, 1998, S. 39.

2 例如，高其才教授，著有或编有《中国习惯法论》《习惯法的当代弘扬与传承》《当代中国民事习惯法》《当代中国的刑事习惯法》《当代中国分家析产习惯法》《瑶族习惯法》等。

3 例如，从2002年起，谢晖、陈金钊教授开始主编出版《民间法》刊物，截至2018年6月已出至第20卷。

4 例如，《甘肃政法学院学报》从2006年1月（总第84期）开始开设“民间法、民族习惯法”专栏。

5 例如，我国特别行政区在收养制度方面就有较为成功的先例（参见苏亦工：《中法西用：中国传统法律及习惯在香港》，社会科学文献出版社2007年版，第254~260页）。

6 参见贺剑：《法教义学的巅峰：德国法律评注文化及其中国前景考察》，载《中外法学》2017年第2期。

来在国内颇受关注：有学者主持研究了相关的课题与项目；[1] 有相关的著作与个别单行法的评注书出版；[2] 自 2015 年起，一年一度的中德民法评注会议被举办；[3]《法学家》杂志自 2016 年以来特辟“评注”专栏，专门刊发针对某一法律条文的单条评注（目前以合同法领域为主）。[4] 这些都为未来法律评注工作的开展提供了诸多有益的尝试。目前，中国的《民法典》已经出台，接着就是民法典的实施问题，而民法典评注对于民法典实施的意义不言而喻。目前，中国学界已经产生了一些民法典评注作品。[5] 但由于制度制约、知识储备、时间沉淀与素材积累等方面的原因，离编纂成熟而有影响力的法典评注尚有一些距离。但无论如何，法律评注对于中国法学和法律体系的未来至关重要。不积跬步无以至千里，以点滴积累和水磨之功将正处于萌芽阶段的我国法律评注编纂工作推展前进，是形成中国法教义学知识体系的必由之路。

本章结语

德国当代学者迪特里希森在《法教义学的道路》一文中曾概括说，“教义学命题虽以‘智识上的认知活动’为基础，但同样也在此意义上包括‘意志行为’，即它们将引入对‘社会冲突或经济冲突的恰当调整’”[6]。所以，

---

1 例如，王利明教授主持的中国法学会 2013 年度重点课题“中国民事法律评注”，徐涤宇教授主持的 2014 年度社科基金重大课题“中国民法重述、民法典编纂与社会主义市场经济法律制度的完善”等。

2 前者例如陈兴良：《刑法疏议》，中国人民公安大学出版社 1997 年版；后者例如朱岩：《中国物权法评注》，北京大学出版社 2007 年版。

3 具体参见黄卉：《法律评注：法律技术抑或法律文化?》，载黄卉：《法学通说与法学方法》，中国法制出版社 2015 年版，第 80~107 页。

4 关于其缘起与考虑参见张双根等：《对话：中国法律评注的现状与未来》，载《中国应用法学》2017 年第 2 期。

5 例如，参见王利明主编：《中国民法典评注》（共 7 编 12 册），人民法院出版社 2021 年版；朱庆育主编：《中国民法典评注·条文选注》（第 1~4 册），中国民主法制出版社 2021~2023 年版；徐涤宇：《〈中华人民共和国民法典〉评注（精要版）》，中国人民大学出版社 2024 年版。

6 Uwe Diederichsen, Auf den Weg zur Rechtsdogmatik, in Reinhard Zimmermann (Hrsg.), Rechtsgeschichte und Privatrechtdogmatik, Heidelberg: C. F. Müller, 1999, S. 66.

法教义学虽是学者的志业，却也必将介入一国的法治实践之中。最低限度的法治概念一方面以法的安定性作为构成要素（价值目标），另一方面则以融贯法律体系的存在为基础条件（制度目标）。作为方法的法教义学既能促进法的安定性，又有助于融贯法律体系的建构，因而对于任意类型的法治都具有重要意义。中国在法治建设的过程中既要运用普遍性的教义学方法，又要塑造本土化的教义学知识体系。在此意义上，形成中国的法教义学体系或许也就可以被视为中国法治建设的一个内在组成部分。

下　编　关　系

第九章
法哲学与法教义学

在德国传统中，广义上的法学分为法教义学与基础研究两个部分。法教义学属于法学固有的部分，被称为“狭义法律科学”，而基础研究传统上包括了法哲学和法史学。从 19 世纪中后叶开始，狭义上的法律科学逐渐开始容纳一个新的分支学科，即一般法学说（后被称为“法理论”），而基础研究的范围也开始扩张，首先在 19 世纪后半叶将法社会学纳入，接着在 20 世纪又逐步将法经济学、法政策学、法人类学等新兴交叉学科都囊括在内。本章将集中论述法哲学对于法教义学的意义，第十章、第十一章则将分别论述法理论和法的社会科学研究对于法教义学的意义（及局限）。

第一节　前提性理解

法哲学在何种意义上有助于法教义学？或者说，法哲学对法教义学有什么用？任何理论主张都以概念的清晰性作为前提。为此，我们需要先来讨论这里所指的“法哲学”和“有用”究竟意味着什么（或不是什么）。

为了弄清法哲学和法教义学的含义，我们需要对法学的基本构成有所了解。有三种典型的法学划分方法。第一种就是刚才提及的德国传统的二分法，即将法学一分为二：一半是法教义学，另一半是基础研究。前者又可进一步区分，比如围绕现行民事制度展开的民法教义学，围绕刑法制度发展的刑法教义学等。各个部门法教义学是我们今天法学教育的主体。基础研究则从别的学科视角出发来研究法律，比如从哲学角度研究法学就是法哲学，从历史学角度研究的就是法史学，从社会学角度研究则形成法社会学，等等。[1] 第二种是康特洛维茨和纳维亚斯基（Nawiasky）等人提出的分类法。他们依据两套标准来划分。一套标准是，研究的对象是个别的法（a law），如英国法、德国法、中国法，还是一般的法（the law），即抽象的“法”本身；另一套标准是，研究的层面是法的客观意义（规范）、法的现实（事实）还是法的价值。依据这两套标准排列组合，可以形成法学的六个分支。其中，法教义学研究的是作为个别规范的法，法律史学研究的是作为个别事实的法，法政策学（立法学）研究作为个别价值的法，法理论研究作为一般规范的法，法社会学研究作为一般事实的法，法哲学则关注作为一般价值的法。[2] 第三种是当代德国学者耶施泰特提出的。他一方面区分了观察者视角和参与者视角。前一种视角不提供规范性标准，只是站在外部作描述和分析；后者需要把自己设想为特定法律问题的参与者，提供应当如何行为（可以做什么、不得做什么）的标准，典型代表就是法官。[3] 另一方面则区分了内在层面和外在层面，指研究法律问题时是从法学内部着手抑或从法学之外出发。由此，法理论持内在观察的立场，法社会学持外在观察的立场，法教义学持内在参与的立场，法哲学持外在参与的立场。[4]

综合以上三种划分，可以明晰法哲学的定位。如果说法教义学是以内在

---

1 参见［德］迪特玛尔·冯·德尔·普佛尔滕：《法哲学导论》，雷磊译，中国政法大学出版社 2017 年版，第 44~45 页。

2 Hermann Kantorowicz, *Legal Science: A Summary of Its Methodology*, Columbia Law Review 28 (1928), p. 691; Hans Nawiasky, Allgemeine Rechtslehre als System der rechtlichen Grundbegriffe, 2. Aufl., Einsiedeln u. a.: Verlagsanstalt Benziger & Co. AG., S. 4–6. 两者的表述略有差别。

3 可进一步参见［德］罗伯特·阿列克西：《法概念与法效力》，王鹏翔译，台北，五南图书出版股份有限公司 2013 年版，第 42~43 页。

4 Vgl. Matthias Jestaedt, Das mag in der Theorie richtig sein… Vom Nutzen der Rechtheorie für die Rechtspraxis, Tübingen: Mohr Siebeck, 2006, S. 28–30.

参与者的立场研究个别规范的分支学科——围绕现行实在法的解释、建构与体系化所展开的学问[1]——的话，那么法哲学就是从外在参与者的立场出发来理解法的，它位于法学和哲学之间，不直接解决教义学上的问题，也不直接涉入上述具体的法学概念。[2] 它要解决的问题是哲学三大问题在法学中的投影——本体论（法是什么）、认识论（如何认识法/法律知识如何可能，法学方法论是其主体部分）、价值论/伦理学（什么样的法是公正的）。现代以后受语言分析哲学的影响，法本体论也被称为法概念论。除了这三组与哲学存在直接对应关系的一般法哲学问题外，还存在第四组法哲学问题，它与哲学不存在直接对应关系——法制度论。法制度论探讨人类社会基本法律制度安排背后的哲学原理，比如婚姻、侵权、刑罚等，也被称为部门法哲学。

如何理解“有用”？这当然需要经由下文的详细论证才能明了。这里只是要预先排除对于“有用”的误解，即“有用”不是什么。其一，有用不等于思维经济（工具论）。或有论者认为，能化繁为简、立竿见影、定分止争、减轻思维负担者才是有用的。但正如下文将表明的，法哲学的出场并不能发挥这种意义上的有用性。除非存在应对实践的明确制度或教义学通说，或者所公认的法哲学观点。但对于前一种情况法哲学将不明确其作用，而后一种情形对于法哲学而言属于罕见的例外而非常态。其二，有用不等于唯一正解（机械论）。法哲学并不能完全像数学、逻辑学那样被操作，得出“1+1＝2”那样的唯一正确解答，也不具有可验证之意义上的客观性。哲学思维的益处不在于化约和定式，反而在于复杂化和开放出多种可能。其三，有用不等于需要随时出场（普在论）。法哲学的有用性也不意味着它在一切实践场合中都

1　Vgl. Gustav Radbruch, Vorschule der Rechtsphilosophie, in ders, Rechtsphiliosophie Ⅲ, bearbeitet v. Winfried Hassemer, Heidelberg: C. F. Müller Juristischer Verlag, 1990, S. 129.

2　当然，必须承认，从某个角度看，法理论与法哲学的分工只是可操作性的。因为如果将哲学视为一切问题的元问题，那么任何基本概念的背后都隐藏着哲学思考。如此一来，法理论与法哲学就具有紧密的关联，法学理论与哲学理论也具有接续关系。本章并不否认这种关联，只是基于分工，将围绕“法”的概念论、认识论和价值论归于法哲学，而将法学基本概念归于法理论。

必须施加直接的影响。本章把法哲学出场的场合定位为疑难案件。[1] 这类案件或许在实践中只占少数，但忽视它绝不是法学应有的态度。相反，疑难案件恰恰是法学知识新的增长点所在，也是检验法哲学立场的关键场合。以下我们就分别从法哲学的三个分支来看看它在疑难案件场合所起的作用。

第二节 法概念论对法教义学的意义

一、法概念论的核心问题

法概念论的核心问题是：法是什么？如果说传统的法本体论争议直接围绕“法律的本质是什么”这一问题展开的话，那么至少在当代分析法学者哈特之后，提问与追问的方式都发生了很大的转变。“法律的概念是什么？”或者说“如何给法下定义？”成为了法概念论的主要关切点。对法概念的追问并不是法学家的语言游戏，或者像德沃金所说的那样是在“阴雨天猜谜做游戏”[2]，而具有实践上的影响。这种影响之所以发生，是因为通常情况下我们所使用的法概念本身就内含着效力问题，即法是否“应当被遵守与适用”的问题。[3] 说某个法有效通常就意味着我们有义务将它作为行为的标准与裁判的依据。从理论上讲，我们在使用法概念来指称某种对象时，既可以是包含效力诉求的，也可以是不包含效力诉求的。前者被称为“包含效力的法概念”，后者被称为“不包含效力的法概念”。[4] 在有的场合，我们会使用不包含效力

---

1 关于疑难案件的认定标准，参见季涛：《论疑难案件的界定标准》，载《浙江社会科学》2004 年第 5 期。为疑难案件存在的辩护，参见孙海波：《不存在疑难案件?》，载《法制与社会发展》2017 年第 4 期。

2 See Ronald Dworkin, *The Model of Rules I*, in his Taking Rights Seriously, Harvard University Press, 1977, p. 14.

3 Vgl. Jan-R. Sieckmann, Rechtssystem und praktische Vernunft: Zur Struktur einer normativen Theorie des Rechts, Archiv für Rechts-und Sozialphilosophie 78 (1992), S. 146.

4 参见［德］罗伯特·阿列克西：《法概念与法效力》，王鹏翔译，台北，五南图书出版股份有限公司 2013 年版，第 40 页。

的法概念，比如当我们在法制史研究中用法概念来指涉唐代、明代的制度时，就不包含这是“有效的”（应当被遵守和适用）的法这样的诉求，因为它的对象是已经成为历史现象的法了。但在大部分场合，尤其是在法律实践的场合，我们使用的大多为包含效力的法概念。也就是说，当我们主张“这是法”时，已经隐含着我们应当将它作为行为依据，法官应当将它作为裁判依据这层意思了。并且这通常是不需要明言的。设想当一位律师在法庭上试图说服法官适用于本案的“法律依据”是规范 X，最后却承认 X 是个无效的规范。这不仅是荒谬的，而且会被认为不当地使用了“法律（依据）”的概念而使得整个论证沦为无用功。确定法律规范有效是适用它来解决实践问题的前提性问题，而法概念通常包含效力的标准，这就使得法概念可能与法律实践发生关联。当然，在常态下简单案件的场合，由于对相关法律规范的效力不存在疑问（所以效力问题尽管始终存在，但在简单案件中却被“自动”忽略了），按照现有的教义学就可以解决问题，所以（包含效力之）法概念与法律实践的关系体现得并不明显。但在不常见的一些疑难案件中，法概念论就需要直接出场，并且它的出场会直接影响案件的裁判。

二、法概念论如何进入法教义学？

我们来举两个学说史上著名的疑难案件。[1]

“告密者案”：一位德国妇女在第二次世界大战期间向纳粹当局告发其丈夫有不满于领袖的言论，致使其丈夫被纳粹法院判处死刑，但未立即执行，而是被送往前线服苦役。战后妻子被提起刑事诉讼。有证据证明，妻子当年之所以去告发丈夫，是因为她想摆脱这段婚姻，而她也知晓根据纳粹的相关

1　关于这两类案件（注意，是一系列类似案件而非一个案件）的基本案情及其剖析，参见雷磊编：《拉德布鲁赫公式》，中国政法大学出版社 2015 年版，第 253 页以下（六篇论文）。关于柏林墙射手案，还可以参见雷磊：《执法者如何看待法律》，载《中国党政干部论坛》2014 年第 5 期。

法律，她丈夫的行为会被追究刑事责任。妻子的行为是否构成1871年《德国刑法典》（在纳粹统治时期有效）上非法剥夺他人自由的刑事犯罪？

“柏林墙射手案”：冷战期间，柏林墙东德一侧的两位驻守士兵在哨塔上值夜时发现有平民从东柏林利用梯子越墙逃亡。在呼喊和开枪警告无效、逃亡者即将成功时，两名士兵连续开枪向逃亡者射击，后者被击中膝盖与背部。受伤者在2小时后换岗时才被送往医院，此时已然死亡。两德统一后，两名士兵被提起诉讼。他们的行为构成犯罪吗？

我们知道，在德国刑法教义学上，具有通说地位的是三阶层犯罪体系理论，也即在判断一个人是否犯罪时要依次判断是否符合三个要件，即构成要件该当性（符合性）、违法性与有责性。这三个要件之间是一种递进式的逻辑结构。[1] 也就是说，只有符合了前一个要件才去判断是否符合后一个要件。只要没有通过前一个要件，犯罪便无法被认定，也就不需要再去验证后一个要件了。同时，构成要件该当性与违法性、有责性在性质上是不同的：构成要件判断是将现实发生的具体事实同刑法上抽象的构成要件加以对照，从而判断其是否存在吻合性的活动。因而构成要件该当性是积极要件，构成要件判断是积极判断，发挥入罪功能。所谓违法性，即行为须对法益造成侵害或招致威胁，从而构成行为受刑法非难之客观基础。由于构成要件本身即包含着国家的价值主张，其生成本身就是对法益侵害的违法行为的类型性抽象，所以，一旦行为符合构成要件，原则上即可推定其为违法。所以第二阶层的主要判断是从消极意义上考察是否存在违法阻却事由。所谓有责性，即行为人须具有责任能力，具有故意或过失的罪过心理，并且还须具有实施适法行为的期待可能性，从而构成行为人受刑法责难的主观基础。这里面的一个重心同样在于消极判断，即能否以期待可能性之缺乏为责任阻却事由。[2] 因此，构

1 参见陈兴良：《刑法哲学》（第5版），中国人民大学出版社2015年版，第549页。

2 详见徐剑锋：《犯罪构成理论：刑法谦抑精神之载体——剖解德日刑法学犯罪论体系》，载《中国刑事法杂志》2009年第8期。

成要件该当性与违法性、有责性之间的关系实质上乃是犯罪构成的原则确证与例外否决的关系。[1]

在上述两个案例中，构成要件判断都不成问题。根据纳粹统治时期同样有效的《德国刑法典》第 239 条第 1 款的规定，非法拘禁他人或以其他方式剥夺他人自由的，构成剥夺他人自由罪。告密者的行为符合其构成要件，尽管其特殊之处在于其行为是以间接的方式来实施的——借助纳粹法院之手来剥夺其丈夫的自由（乃至生命）。在支持者看来，告密者明知其告发行为会导致其丈夫被判处监禁乃至死刑仍为告密行为，意图通过纳粹法院的判决来剥夺其丈夫的自由，从而达到解除婚姻关系的目的，她从事的是一种间接的犯罪。同样，柏林墙射手的射杀行为也符合构成要件判断。根据两德统一协议，在东德加入西德后，西德法律就在东德地区生效。依据（西德的）《德国刑法施行法》第 315 条第 1 款以及《德国刑法典》第 2 条的规定，只有当两位射手的行为依据行为时有效的东德法是可罚的时候，两名射手才可以被处罚。而依据当时的东德刑法，这一行为既符合谋杀罪的构成要件（《东德刑法典》第 112 条），也符合杀人罪的构成要件（《东德刑法典》第 113 条）。

所以就进入了第二阶层的判断，即是否存在违法阻却事由，从而可以使得告密者和射手的行为去罪化。违法阻却事由通常来自两方面，一方面是刑法典本身的规定，如正当防卫或紧急避险。一旦行为人的行为被证明符合正当防卫或紧急避险的条件，那么其行为就会被认为是正当的而被阻却其违法性，罪名也随之不能成立。但是显然，无论是在告密者案还是在柏林墙射手案中都不存在能满足这两个事由的条件。

另一方面是刑法典之外的其他法律的规定。而恰恰是在这里存在争议及法概念论出场的可能。在告密者案中，告密者的行为可以找到纳粹法上的依

1　参见［日］大谷实：《刑法总论》，黎宏译，法律出版社 2003 年版，第 71 页。

据，主要是1934年的《禁止恶意攻击国家与党及保护党的统一法》第二节的规定：“（1）任何公开发表恶意或煽动性言论反对民族及民族社会主义德国工人党领导人物，或者发表之言论透露他们府邸之位置或针对他们采取之措施与建立之制度，及其他性质上削弱人民对其政治领袖人物之信任者，应判处监禁。（2）虽未公开发表恶意言论，但当其意识到或应当意识到这些言论有可能公开时，以公开言论论处。”[1] 因此，这一规范的效力问题就被置于了讨论的中心：它是有效的（应当被遵守和适用的）吗？如果以包含效力的法概念来进行讨论的话，那么问题就在于：纳粹所颁布的这个规范是（有效的）法吗？假如我们承认它是有效的，那么它就可以被作为违法阻却事由来认定，而告密者的行为就将被正当化和去罪化；[2] 如果我们否定它的效力，那么就相当于并不存在真正的违法阻却事由，法官就需要进一步去考察行为人的有责性问题，而这至少有可能会导致行为人被入罪。

在柏林墙射手案中，两名射手的行为同样可以找到制定法依据。《东德边防法》第27条第2款第1项规定：为了阻止某个即将实施或在继续实施的刑事行为（它据其情境被证明为一种犯罪），使用射击武器就是正当的。依据东德法律，违反制定法的越界行为是犯罪行为，而当通过“使用危险工具或方法”（《东德刑法典》第213条第3款第2项第2目）来实施这种行为时，即

---

1 强世功：《法律的现代性剧场：哈特与富勒论战》，法律出版社2006年版，第176~177页。要注意，告密者的行为其实还可以找到1938年的《战时特别刑法》第五节相关部分作为依据。但出于便宜性的考虑，我们略去这一规定，这并不影响论证。

2 要指出的是，在实际的裁判中，审理该案的班贝格上诉法院并没有质疑该纳粹法律规范的效力，而是非常巧妙地去证立告密者的罪名：告密者没有告密的义务；她实施告密行为是为了满足自己的个人动机；她应该已经预见到在当时的情形下告密（会不可避免地导致与受害人行为极不相称的严重后果）“违背了所有正派人士所持的健全良知与正义感”。简言之，法官有义务按照《阴谋法》来判决丈夫有罪，妻子却无义务去告发丈夫的罪行。但是，其一，有义务和合法律性是两个问题。尽管告密行为并非《阴谋法》明文规定的公民义务，但它必须为告密行为提供了法律依据。如果不能否定其效力，就无法否认告密行为具有法律基础即具备违法阻却事由。其二，不能将对《阴谋法》的道德评价与对告密行为的道德评价割裂开来。用刑罚来维护政治领袖的权威，当时是出于强调纳粹专制意识形态的目的。我们不能一方面认为这一规范及其目的不违反自然法，另一方面又认为与之相关的告密行为又“违背了所有正派人士所持的健全良知与正义感”。所以，问题的核心依然在于《阴谋法》的效力问题。

构成加重情形，一般要被处以 2 年以上监禁。而依据当时在东德占支配地位的实践解释，本案当事人使用攀爬工具（梯子）来跨越边防设施就构成了上述“危险方法”，并且从东德偏向于以国家利益为重的整体国家实践来看，偷越边境的行为也被视为具有社会危害性的严重污蔑法制的刑事行为。[1] 这里涉及的关键问题是同样的：《东德边防法》的这一规范是有效的吗？它符合法概念吗？如果它是（有效的）法，那么它就可以成为两位射手射杀越境之平民的行为的违法阻却事由，而使之去罪化；如果不是，则违法性判断成立，还需进一步来考察行为人的主观罪责问题，看是否存在责任阻却事由。[2] 如果不存在，则两位射手将被最终定罪。但是，该案与告密者案相比更为复杂之处在于，《东德边防法》第 27 条第 2 款第 1 项的效力问题并非一开始就涉及法概念（法效力）的理论争议（见下文），而是首先涉及该规范是否符合东德法律体系内更高位阶之制定法的问题。这里所谓的实在法主要指的是《东德宪法》和《公民权利与政治权利公约》。如果能证明《东德边防法》的规范不符合这两部高位阶法中的任何一部，那么它（根据上位法优于下位法的准则）就是无效的。这里的证明只涉及实在法规定和既有解释性实践（法教义学）的问题。而只有当无法得出边防法规范因此无效的结论时，才会涉入法概念争议。

事实上，边防法规范的确没有违反《东德宪法》和《公民权利与政治权利公约》。首先，《东德宪法》并不认可出境自由以及明确表达出身体不容侵害的基本权利。唯一可能相关的是其中第 30 条第 1 款所宣称的“公民的人格与自由”不可侵犯。但它同时又在第 2 款规定，这种保护是可以受到限制的，

1　参见［德］扬·西克曼：《“拉德布鲁赫公式”与柏林墙射手案》，陈辉译，载雷磊编：《拉德布鲁赫公式》，中国政法大学出版社 2015 年版，第 390 页；［德］罗伯特·阿列克西：《柏林墙射手案：论法、道德与可罚性之关系》，雷磊译，载雷磊编：《拉德布鲁赫公式》，中国政法大学出版社 2015 年版，第 418 页。

2　事实上，无论是西克曼还是阿列克西，尽管都认为《东德边防法》因极端不法（拉德布鲁赫公式）是无效的，从而不存在违法阻却事由，但却也都认为开枪射杀逃亡的平民的年轻士兵并无主观罪责，不应受到惩罚。

假如限制：（1）具有制定法基础；（2）被用来针对可罚的行为；（3）限于“制定法容许的范围内”；（4）绝对必要。显然，《东德边防法》就是其制定法基础，而逃亡者的越界行为根据《东德刑法》是可罚的。《东德边防法》的其他条款虽然规定了其他限制条件，但射手的行为并没有超越制定法容许的范围。例如，它规定人的生命应“尽可能被珍惜”，但并没有要求在一切情形中都珍惜生命；它规定“运用射击武器要通过呼喊和警告性射击来恫吓”，而两位射手已经这么做了。他们的行为同样也是绝对必要的，因为不对逃亡者射击已根本无法阻止越界行为。这里再次涉及个人权利与国家利益的权衡问题，但基于当时的国家实践，《东德宪法》与《东德边防法》的偏重是一致的，所以后者并不违宪。其次，东德虽然已经加入了《公民权利与政治权利公约》，但却没有按照《东德宪法》第 51 条第 2 款的规定经由人民议会核准。也就是说，公约没有被转化为或纳入东德的国内法，从而与其他国内法形成体系性关系。因此，东德虽然负有在国内实施公约的基本原则的国际法义务，但其国内法与公约相冲突并不会导致前者无效。此外，虽然公约保障出境自由，但同样规定了限制条款，即“合乎法律规定，并对于保护国家安全、公共秩序、国民健康、公共风俗或他人的权利与自由而言确属必要”。而东德当时的观点正是它的边境管理被这一限制条款所涵盖。[1] 所以，边防法规范的效力问题在实在法的框架内并不受质疑。这里涉及的问题与告密者案中是类似的：射杀手无寸铁、对他人并无直接危险且只想过另一种生活的平民的行为是否“违背了所有正派人士所持的健全良知与正义感”，而授权这么做的制定法会不会因为极端违背普遍道德观念而无效。

1 具体阐述参见［德］罗伯特·阿列克西：《柏林墙射手案：论法、道德与可罚性之关系》，雷磊译，载雷磊编：《拉德布鲁赫公式》，中国政法大学出版社 2015 年版，第 420~425 页。

三、教义学争议背后的法哲学问题

（一）法概念立场的争议

无论是纳粹《阴谋法》还是《东德边防法》中的规范，在其各自的实在法体系之内的效力都不成问题。所以，现在所面临的问题是超越实在法和教义学的，那就是，法或法的效力标准究竟是什么？法仅仅具有现实的维度抑或同时包含着理想的面向？[1] 法的效力标准仅仅涉及形式—经验性的标准抑或同样必须要考虑内容？而最具有争议的问题就在于，法的概念或效力标准是否要容纳道德要素和道德判断？一个法律规范是否会因为不符合（最低限度的）道德要求而丧失其作为法的资格或者说法律效力？这正是告密者案与柏林墙射手案遇到的核心问题。

围绕这一问题，法哲学上长久以来形成了一组经典的对立：自然法学和法律实证主义。自然法学者认为，法律与道德在概念上存在必然联系（联系命题），而法律实证主义者认为法律与道德在概念上不存在必然联系（分离命题）。它们之间的对立也可以被表述为，前者主张"法律的效力和道德正确性之间存在必然联系"[2]，后者则力图将法律效力与对其内容上的道德评价相区分，用实证主义者凯尔森的话来说，"法律可以有任何内容"[3]。更具体地说，法律实证主义者只将两个要素作为法的概念要素：一个是权威制定性，即法律规范是否由有权机关通过正当程序而制定，是否符合法律体系的授权；[4] 另一个是社会实效，法律规范是否从属于一个大体上有实效的法律体系。自然

1　关于法的双重本质参见 Robert Alexy, *The Dual Nature of Law*, Ratio Juris 23（2010），p. 174。

2　Robert Alexy, *On the Concept and the Nature of Law*, Ratio Juris 21（2008），p. 285.

3　Hans Kelsen, Reine Rechtslehre, 2. Aufl., Wien: Verlag Franz Deuticke, 1960, S. 201.

4　霍斯特将这个要素（标准）称为法的"有效性"，从而将有效性与效力区分开来（参见［德］诺伯特·霍斯特：《法是什么？法哲学的基本问题》，雷磊译，中国政法大学出版社 2017 年版，第 116~117 页）。

法学在这两者之外加入了第三个要素，即内容正确性（道德正确性）的要求。与这三个概念要素对应的是法的三种效力概念：法学的效力概念、社会学的效力概念和伦理学的效力概念。[1] 换言之，法律实证主义只将法视为与其内容无关的社会事实，法的效力只包括法学和社会学的效力概念，而自然法学则坚持要将（至少是最低限度的）道德要求作为评价其效力的条件，从而将伦理学的效力概念也一并包括进来。在上述两个案件中，显然权威制定性不成问题：纳粹《阴谋法》和《东德边防法》分别是由（纳粹时期的）德国国会和东德人民议会制定的，都符合宪法的授权。社会实效也不成问题，在纳粹统治和东德存续期间，这两部制定法各自所处的法律体系都大体上现实地被遵守和适用。因而它们所包含的具体规范符合实证主义的概念/效力标准。问题只在于：其一，案件所涉及的具体规范在内容上是否违反道德，甚或违背最低限度的道德（达到“极端的不法”的程度）；[2] 其二，假如如此，这些规范是否无效，从而不能被视为是法。本章的目的并不在于讨论具体案件，因此我们只是假定前一个判断成立。在此基础上，自然法学和法律实证主义对第二个问题的判断发生了分野：前者会据此否认纳粹和东德的法律规范的效力，而法律实证主义者则会依然肯认它们的效力，尽管其同样承认这些法律具有道德缺陷。

两者间交锋的典型代表是哈特和富勒（Fuller）的论战。[3] 往远了说，其实是哈特和拉德布鲁赫隔时空论辩（哈特对拉德布鲁赫公式的挑战）。拉德

1　关于这三个要素参见［德］罗伯特·阿列克西：《法概念与法效力》，王鹏翔译，台北，五南图书出版股份有限公司2013年版，第27、127~131页。

2　相对来说，在这一点上，告密者案的争议要小一些，但也不是没有。比如班贝格上诉法院就认为《阴谋法》就没有违背自然法（极端违背道德）。而在柏林墙射手案中，争议则更大。正如联邦最高法院所指出的，“两德边界上的杀人行为与纳粹的集体谋杀不能等同视之”［BGH，NJW 1993，141（144f.）］。

3　See H. L. A. Hart, *Positivism and the Separation of Law and Morals*, Harvard Law Review 71（1957-1958），p. 593-629; Lon L. Fuller, *Positivism and Fidelity to Law-A Reply to Professor Hart*, Harvard Law Review 71（1957-1958），p. 630-672.

布鲁赫认为，如果实在法违背正义达到“不能容忍”的地步，它就会丧失效力。[1] 简言之，极端的不法（恶法）不是法。[2] 哈特对此提出挑战。从“描述社会学”的角度出发，法律体系之承认规则所承认的所有东西都应被视为法。法律并不因为违反道德而丧失其作为法律的地位与效力。同时，广义的法概念（不包含道德要素）要比狭义的法概念（包含道德要素）好。广义的实证主义法概念的优势在于，它区分了一个规则是不是法律的问题以及它是否应当被服从的道德问题。“确定某些事情有法律效力，在是否要服从的问题上，并不是决定性的。”“我们可以非常坦率地说……法律就是法律，但它太过邪恶以至于不能被遵守。这是一个人人都可以理解的道德谴责……”[3] 相反，自然法学者是在隐蔽地溯及既往地追究犯罪嫌疑人的刑事责任。法概念论立场的这种不同将直接导致违法阻却事由是否成立的问题。

（二）法概念与法律推理的关系

但问题并没有就此完结。如果简单地认为，在上述两个案件中，自然法学必然支持有罪，而实证主义必然支持无罪的裁判结论，就将问题简单化了。事实上，对于告密者案，哈特同样认为告密者没有义务服从《阴谋法》，但他走了条不同的路子：通过区分效力和服从，他认为某物是不是（有效的）法律与应不应该服从它是两回事。法律作为法律可以主张它对于我们的（法律）效力，但我们作为具有道德意识的主体还需要考察法律的道德拘束力问题。告密者的行为尽管合法，但在道德上却是错误的，而道德义务高于法律义务。尽管纳粹的法有效，人们却不应当服从。哈特同样认为可以追究告密者的刑

1 Vgl. Gustav Radbruch, Gesetzliches Unrecht und übergesetzliches Recht (1946), in: ders., Gesamtausgabe, Bd. 3., hrsg. v. Arthur Kaufmann, Heidelberg: Müller, 1990, S. 89.

2 参见［德］罗伯特·阿列克西：《柏林墙射手案：论法、道德与可罚性之关系》，雷磊译，载雷磊编：《拉德布鲁赫公式》，中国政法大学出版社 2015 年版，第 412 页。

3 H. L. A. Hart, *Positivism and the Separation of Law and Morals*, Harvard Law Review 71 (1957-1958), p. 618, 620-621.

事责任，但他认为这只能通过引入溯及既往的法律来刻意排除被告行为所依据的邪恶规则的效力。尽管这违背了罪刑法定的要求，但两恶相较取其轻。这至少具有坦率的美德。[1]

稍作分析，我们就会发现：自然学者和实证主义者在关于法概念与司法裁判（法律推理）之关系的理解上是不同的。自然法学坚持的是概念（效力）与裁判一体的思路。[2] 一方面，由于将道德要素和伦理学的效力概念包含进了法概念与法的效力之中，所以并不存在效力与服从的分离问题。说某事物是有效的法，就意味着人们（既从法律的角度，也从道德的角度出发都）应当服从它。另一方面，通过这种两位一体，司法裁判在满足“依法裁判”的同时，也就满足了个案正义的要求。因为在自然法学者眼中，依法裁判之“法”原本就包含道德正确性的要素。而实证主义者坚持的是概念（效力）与裁判相分离的思路。由于实证主义的法的效力概念只包含法学和社会学的效力概念，而将对法律的道德伦理判断留给了“服从”和“裁判”的领域去处理。但是，这里面却需要去回答一个自然法学者或许无须回答的前提性问题。这就涉及哈特论证中隐藏的一个致命的缺陷：他主张用溯及既往的法律去对道德上（而非法律上！）错误的告密行为进行处罚。[3] 但问题就在于，为什么能够用法律（甚至是刑法）手段来处罚告密行为？换言之，为什么司法裁判（法律推理）不仅要解决当事人的法律义务问题，而且要解决当事人的

---

1 See H. L. A. Hart, *Positivism and the Separation of Law and Morals*, Harvard Law Review 71（1957-1958）, p. 619-620.

2 要注意的是，拉德布鲁赫关于法概念与法效力的理解比较独特，他认为两者并非完全合一的关系，但在法效力与服从或司法裁判一体化这点上没有差别。本章只关注通常情况下自然法学与法律实证主义关于法概念和司法裁判之关系的观点差别，故而此处并非对拉氏立场展开详细阐述之处。感兴趣者可参见雷磊：《再访拉德布鲁赫公式》，载《法制与社会发展》2015 年第 1 期。

3 另一个缺陷在于，自然法学（拉德布鲁赫公式）并不创设新的定罪基础，而仅仅是摧毁极不公正的政权下特定的正当性证成依据（参见［德］罗伯特·阿列克西：《为拉德布鲁赫公式辩护》，林海译，载雷磊编：《拉德布鲁赫公式》，中国政法大学出版社 2015 年版，第 218 页）。在告密者案中，它只要求依照纳粹当时有效的《德国刑法典》，而非通过战后颁布新法来追究告密者的责任。但哈特却主张通过引入溯及既往的新法来排除《阴谋法》规范的效力，进而追究告密者的责任。

道德义务问题？尤其是，为什么作为法律组织的法院可以用法律手段去应对违反道德义务的行为？这个问题之所以在自然法学那里不存在，是因为它在法概念论的层次上就已经将法律与道德在一定程度上合一了。而对于将法概念与司法裁判相区分的实证主义者而言，这个问题却是必须要回答的。如果法概念决定不了最终的裁判结果，司法裁判依然摆脱不了道德考量，那么这只能证明，要么法律推理与道德推理之间（而非法律与道德之间）无法分割，要么法律推理原本就是道德推理的一部分。[1] 这就涉及对法律推理（司法裁判）之性质的理解了。如果说“依法裁判”是司法裁判的根本性条件，而自然法学认为的“法”由于已然包含道德要求，所以“依法裁判”和“依道德裁判”在这里已经合二为一地由法概念解决了的话，那么对于实证主义就不是这样了。它还得额外证明：尽管 X 是法，但由于 X 违背道德准则（跨越了极端不道德的门槛）所以没有道德拘束力，而作为同样追求道德正确性的司法裁判要将“依道德裁判”的要求凌驾于“依法裁判”以上，从而否认对 X 的服从义务。但这并不是不证自明的，而需要去深入论证法律推理与道德推理的关系。[2] 如果不能证明这一点，那么法官除了依法（实在法）裁判外，就没有道德义务[3]像哈特那样用法律手段去追求道德上最佳的做法。这就依然可能导致自然法学与法律实证主义对于告密者案最终裁判结论的不同。由此问题变得更复杂，我们就此打住。

综上可见，法概念论上的立场差别及对法概念与司法裁判之关系的认识

1　后一种观点参见 Joseph William Singer, *Normative Methods for Lawyers*, UCLA Law Review 56 (2009), p. 906，“法律推理在根本上是道德推理的一种高度精致化的形式”。

2　当然，或许在哈特看来，法律推理的领域压根不是法学处理的对象，它涉及法官如何运用裁量权，属于规范性政治理论的范围［David Dyzenhaus, *The Grudge Informer Cased Revisited*, New York University Law Review 83 (2008), p. 1001］。换言之，可能根本就不存在什么独特的法律推理，而只存在道德推理和政治推理，所以对它的研究本就不属于描述性法哲学的范围。这就涉及另一个层面的问题了。但笔者想指明的是，法律推理是不是道德推理是一回事，对这个问题的研究属于法学还是其他领域则是另一回事。

3　除非像《德国基本法》第 20 条第 3 款那样直接规定，“司法要受到制定法与法（正义）的拘束”。此时依道德裁判就不仅是一个道德义务，而且是一个法律义务了。

不同，可能会影响疑难案件的裁判结果，或至少会影响判决的整个论证和说理。当然，这种影响的结果是直接的，但方式却是间接的，也即通过部门法教义学来发挥作用。

第三节 法学方法论对法教义学的意义

一、法学方法论的核心问题

法认识论的核心问题在于，法律知识是否可能？如果可能，那么如何可能？与此相关的是，为了保证这一点，法学必须能够提供一套较为稳定和可传导的客观知识，也即本身达到“科学”的要求（法律科学）。所以，从广义上讲，法认识论既要处理法律知识如何可能的问题，也要解决法律科学如何可能的问题。前一个问题是法学方法论关注的重点，而后一个问题是法律的科学性问题要回答的。我们在此只关注法学方法论这一认识论的主要领域。法学方法论思考的起点在于：人们如何获得关于法律的知识？如何证立一个法律命题的正确性或正当性？这样的思考可以发生于法律适用的场合（司法裁判），也可以发生于规范制定的场合（立法），还可能发生于学术讨论的场合（法学）。毫无疑问，与实践最有可能发生关联的场合是司法裁判，而法学方法论的主要内容也在于为法官提供一套司法裁判的方法学说。司法裁判是一种法律适用的过程。而按照恩吉施（Engisch）的说法，法律适用是“具体的法律上应然判断的获取”过程。[1] 所谓“具体的法律上应然判断”指的就是裁判结论。从逻辑学的角度讲，裁判结论属于个称判断。它同样是一种具体的知识命题，所以以司法裁判为中心的法学方法论主要回答的问题，一是

1 Vgl. Karl Engisch, Logsiche Studien zur Gesetzesanwendung, 2. Aufl., Heidelberg: Carl Winter Universitätsverlag, 1960, S. 3.

如何获得裁判结论，二是如何证立裁判结论。

与法概念论可能会涉及对现行法律（规范）效力的质疑不同，法学方法论与法教义学的联系更加密切：法学方法论之所谓的“法学”，指的主要就是法教义学。法教义学的主要任务在于对现行法进行解释及其体系化，而法学方法论则是要为解释及其体系化提供方法上的支持。从这个角度看，法学方法论（法教义学）的前提在于“假定现行法秩序大体看来是合理的”。它可能也会涉及批判，但这种批判更多是在法律体系内进行的。它更关心的是“在具体的细节上，以逐步进行的工作来实现‘更多的正义’”[1]。但是，法学方法之为“论”，就意味着它要提供在以实在法秩序为基础探求具体问题之规范性解答的过程中遵循的规则、形式、路径，也要对它们予以体系化。这种体系化既涉及组织方法的模式，也涉及对方法和模式运用本身的哲学反思。所以，在完整的意义上，法学方法论包含三个逻辑层次：具体方法的层次、基本模式的层次和元方法的层次（司法哲学的层次）。

具体方法的层次涉及不同情形中不同的方法运用。比如在文义模糊情形中，我们需要运用各种法律解释方法，即文义解释、发生学解释、历史解释、体系解释、比较解释、客观目的论解释等。在出现漏洞的场合，可以考虑运用类比推理、目的论扩张、基于一般法律原则的法的续造等。当法律的文义有悖于其目的时，有目的论限缩等修正法律的方法。[2] 这些方法对于法律规范的适用具有直接帮助，实践色彩鲜明，同时与部门法（教义）学也联系密切。但是，如果要谈作为法哲学一部分的法学方法论对于部门法（教义）学的作用，一个核心问题在于，是否存在各部门法方法论之上的共同方法论？我们知道，从学说史的角度看，法学方法的主要学说其实来自民法学，尤其是民

---

1 ［德］卡尔·拉伦茨：《法学方法论》，陈爱娥译，商务印书馆2003年版，第77页。

2 例如，［德］卡尔·拉伦茨：《法学方法论》，陈爱娥译，商务印书馆2003年版，第193~315页；［德］卡尔·恩吉施：《法律思维导论》，郑永流译，法律出版社2004年版，第70~225页；［德］齐佩利乌斯：《法学方法论》，金振豹译，法律出版社2009年版，第59~124页。

法解释学。近代方法论的鼻祖萨维尼所提出的解释要素说基于对罗马法的研究之上。[1] 中国法学方法的启蒙工作同样是由民法学者来完成的。[2] 当然，法学方法论脱胎于历史最为悠久和成熟的民法学科只能说明其起源，不能证明它的非普遍性。但这的确带来了一个问题，那就是以民法解释学为模板所提炼出来的一般性方法是否可以毫无保留地适用于别的部门法（教义）学？今天我们知道，在不同的部门法中，方法论的具体内容是有所差异的。比如，民法方法论十分关注的法源问题在刑法方法论那里就不是问题，因为刑法只有一个法源，即刑事制定法，没有习惯法、合同等适用的余地。刑法方法论由于"罪刑法定"的要求，不能将填补漏洞的方法（如类推）包含进来。行政法方法论则面临对法律规范之双重解释的问题：一方面是行政机关对行政法的解释，另一方面是法院对这种解释的再解释（审查）。而这种情形在民法、刑法方法论中基本不存在。进而，问题在于，即便在法哲学上可以提炼出一套共同的方法论，但提炼出的这种方法论"总论"（在内容上可能很"稀薄"）对部门法有什么直接的作用？当然，出于科学系统化的要求这是有意义的，对于一些方法论尚不发达的新兴学科而言也有借鉴作用。这种意义和作用也取决于今后方法论研究的水准和程度。但这不是我们关注的焦点。真正具有共通意义的是后两个层次，因为正是这两个层次使得我们需要超越任一具体方法（或部门法方法论），并且它们与实践同样具有关联。

二、法律适用的基本模式及其影响

前面提到，法学方法论的任务在于解决如何获得裁判结论和如何证立裁

1　参见《萨维尼法学方法论讲义与格林笔记》，杨代雄译，法律出版社 2008 年版。有一本论著专门梳理了从萨维尼到特伊布纳的民法方法论学说史：Joachim Rückert/Ralf Seinecke（Hrsg.），Methodik des Zivilrechts-von Savigny bis Teuber，2. Aufl.，Baden-Baden：Nomos Verlagsgesellschaft，2012。

2　参见梁慧星：《民法解释学》，中国政法大学出版社 1995 年版；梁慧星：《裁判的方法》，法律出版社 2003 年版。

判结论的问题。这实际上已经涉及了方法论的两个层面：法的发现与法的证立。[1] 对这两个层面研究重心的不同会导致对法律适用之性质的理解不同。法的发现理论认为，法学方法论主要研究的是法律适用过程中法官作出裁判的真实过程，它需要关注在法官裁判中究竟哪些要素在影响法官的判决，以及判决的真实结构。与此不同，法的论证理论认为，法律适用的重点在于裁判的理由和论据，而不在于其真实结构或过程。如何举出充分的理由和论据，对裁判结论进行合理化的证成，才是法学方法论的任务。在学说脉络中，前者的代表是法律诠释学，后者的代表是法律论证理论。

这体现在法律适用的基本模式上，造成了法律适用究竟是以涵摄模式还是以等置模式为核心的争论。法律论证理论支持的涵摄模式认为，法律适用的“主图式”就是将案件事实作为小前提涵摄在一般性的大前提即法律规范之下，通过逻辑推导出结论的演绎结构。[2] 其他的工作（如法律解释）都是辅助性作业，都是围绕大小前提的加工和确定来展开的。而与之相对的法律诠释学则认为事实和规范是没法相互涵摄的，只能不断地接近，其间需要法官的眼光“在大前提和生活事实之间的往返流盼”[3]。所有法律发现都是一种使生活事实与规范相互对应，一种调适，一种同化的过程，也即类比的过程。[4] 它的核心是个案比较，即将待决案件与那些肯定受相关规范调整的案件进行等置。[5] 这被称为等置模式。两者争议的实质是以逻辑推论为中心的演绎

1　Martin P. Golding, *Discovery and Justification in Science and Law*, in Aleksander Peczenik et al. eds., Theory of legal science, Dordrecht 1984, p. 113ff; Justyna Holocher, Kontext der Erfindung und Kontext der Begründung in der Wissenschafts und Rechtsphilosophie, Archiv für Rechts-und Sozialphilosophie 96（2010）, S. 472ff.

2　Vgl. Hans-Joachim Koch, Helmut Rüßmann, Juristische Begründungslehre, München: C. H. Beck'sche Verlagsbuchhandlung, 1982, S. 48.

3　Karl Engisch, Logsiche Studien zur Gesetzesanwendung, 2. Aufl., Heidelberg: Carl Winter Universitätsverlag, 1960, S. 15.

4　参见［德］阿图尔·考夫曼：《类推与“事物本质”——兼论类型理论》，吴从周译，颜厥安审校，台北，学林文化事业有限公司 1999 年版，第 87、95 页。

5　参见［德］阿图尔·考夫曼：《法律获取的程序——一种理性分析》，雷磊译，中国政法大学出版社 2015 年版，第 8 页。

和以个案比较为中心的类比之争。与此相关的问题是：其一，法律适用的起点是一般性的法律规范还是案件？其二，文义能否成为解释与类比的界限？涵摄模式认为法律适用的起点是规范，文义具有界限性功能，能够成为解释和类比的分界线。通常情形中法官只需在文义范围内经由解释确定大前提后进行演绎推论即可，只有在例外情形中（出现漏洞）法官才需要超越文义进行类比。而等置模式则认为，法律适用的起点是案件（更准确地说，是法律规范所规定的典型案件与待决个案），解释和类比的界限是不清晰的，它们只是在制定法延展的程度上不同，[1] 文义无法构成分界线。从某种意义上讲，中国刑法学界关于形式解释论和实质解释论之争的背后其实就是法律适用基本模式之争。[2] 对法律适用基本模式的理解会直接影响法律思维的基本样态，也会影响具体案件的论证说理。以下同样举两个著名的案例。[3]

"盐酸案"：一位德国男子用一杯稀释后的盐酸泼在一位银行女出纳的脸上，抢走了柜台上的钱，并造成了她毁容。这位男子的行为是否构成《德国刑法典》第 250 条规定的"持武器抢劫"的行为？

"放狗伤人案"：被告人与其子发生争吵，恼羞成怒下放出一条狗去驱赶儿子。这条狗得到主人的指令后扑向受害人，受害人抬起左臂抵挡，结果被严重咬伤。被告人的行为是否满足了身体伤害罪的加重情节，即符合《德国刑法典》第 224 条第 1 款的规定，"借助武器，尤其是刀或者其他危险工具"实施伤害行为的，构成严重身体伤害罪？

涵摄模式和等置模式对于这两个案件的处理上会展现出不同的思维和论

1 参见［德］阿图尔·考夫曼：《法律获取的程序——一种理性分析》，雷磊译，中国政法大学出版社 2015 年版，第 18 页。

2 争论双方的代表性著述参见刘艳红：《实质刑法观》，中国人民大学出版社 2009 年版；邓子滨：《中国实质刑法观批判》，法律出版社 2009 年版；张明楷：《刑法分则的解释原理》，中国人民大学出版社 2004 年版（尤其见第 9 页："刑法的解释就是在心中充满正义的前提下，目光不断地往返于刑法规范与生活事实的过程"）；陈兴良：《形式解释论的再宣示》，载《中国法学》2010 年第 4 期。

3 案情分别参见 BGHSt 1，1；BGHSt 14，153。

证方式。涵摄模式会首先去运用文义解释、发生学解释、历史解释等方法去确定“武器”和“危险工具”的含义。如果能够确定“武器”的外延中包含“盐酸”,“危险工具”的外延中包含狗，那么就能将持盐酸抢劫或放狗咬人的案件事实涵摄于《德国刑法典》第 250 条或第 224 条第 1 款之下，判定持武器抢劫或严重身体伤害罪名成立。否则由于罪刑法定（禁止类推）的要求，若涵摄无法进行，罪名即不成立。相反，在等置模式的图景中案件处理过程是完全不同的。法律诠释学的代表考夫曼（Kaufmann）就曾运用这种模式来剖析盐酸案。在他看来，该案的整个法律适用过程包括三步：第一步是设证，即假定盐酸可能是一种武器。这是一种前理解，虽有风险但却必要，因为人们要知道接下去向哪个方向努力，尤其是证据查明的方向。第二步是归纳和类比：先是在设证的引导下查找适合于这一案件的个案规范（“所有加重抢劫罪的情形都构成持武器实施抢劫”），然后进行个案比较（类比），即将待决案件（持盐酸抢劫）与制定法无疑涵盖的典型案件（持步枪、手枪、左轮手枪……抢劫）进行比较，发现两者在抢劫、危险性、一种严重损害身体的特定危险、目的在于阻碍或制止抵抗行为这些点上是一致的。只是步枪、手枪、左轮手枪等作为“武器”要比盐酸更为人所熟知。但这点不同并不重要，因此两者可被等置为“武器”。最后一步是涵摄，以归纳而来的“所有加重抢劫罪的情形都构成持武器实施抢劫”作为大前提，以“持盐酸实施抢劫的情形都构成加重抢劫罪”为小前提，得出结论“持盐酸实施抢劫构成持武器实施抢劫”。[1] 同样地，等置模式会认为放狗伤人案的论证重心在于比较“狗”和典型的“危险工具”（如“水果刀”）。假如两者能因为在“伤害他人”“造成更严重的身体伤害后果”等点上相同而被等置，就应将第 224 条第 1 款适用于该案。至于行为人是借助于无生命的对象用自己的力量实施侵害行为，

1　参见［德］阿图尔·考夫曼：《法律获取的程序——一种理性分析》，雷磊译，中国政法大学出版社 2015 年版，第 149~150 页。

还是通过操纵一个凭其特性或经过训练能攻击人的动物来贯彻自己伤害他人的意志，则并不重要。所以，虽然涵摄并非毫无用处，但它起到的更多是包装作用，法学方法论远远无法被涵摄所穷尽，它的重心在于个案比较（类比）。

针对诠释学学者的主张，法律论证学者对涵摄模式予以了进一步的辩护。一方面，他们认为文义依然可以构成界限。科赫与吕斯曼将概念所指涉的对象区分为必然属于该概念外延的“肯定选项”、必然不属于该概念外延的“否定选项”，以及可能属于也可能不属于该概念外延的“中立选项”。[1] 在通过文义就能决定的肯定选项与否定选项中，类比只能以一种违反文义的方式发挥作用。例如，对于“武器”这个概念，“手枪”属于它的积极选项而“花环”属于它的消极选项。假如要将持“武器”抢劫的法律后果适用于持“花环”抢劫的行为，或者不将持“武器”抢劫的法律后果适用于持手枪抢劫的行为，就属于超越文义的类比，违背了罪刑法定的要求。而在文义无法决定的中立选项中，类比可以在文义界限内作为体系解释方法之一种来发挥作用。[2] 例如，当文义无法确定“盐酸”是否属于“武器”时，就可以将“盐酸”与无疑属于武器的“手枪”进行比较以确定归属。所以，类比既可以是一种扩张式的规则适用形式，也可以是一种案型比较的论据形式。[3] 可分别称之为类比论证与类比解释。因此文义依然是（类比）解释与类比（论证）的界限。另一方面，一般性规范依然是适用的起点，因为即使“具体待决案件与为制定法构成要件所确凿涵盖之案件之间的等置”[4] 被认为是必不

---

1 Vgl. Hans-Joachim Koch/Helmut Rüßmann, Juristische Begründungslehre, München: Beck, 1982, S. 195.

2 参见［德］罗伯特·阿列克西：《法 理性 商谈：法哲学研究》，朱光、雷磊译，中国法制出版社2011年版，第79页。黑勒称之为“内在于构成要件的类推”。（Vgl. Theodor Heller, Logik und Axiologie der analogen Rechtsanwendung, Berlin: De Gruyter, 1961, S. 87.）

3 Vgl. Robert Alexy, Arthur Kaufmanns Theorie der Rechtsgewinnung, in: Ulfrid Neumann/Winfried Hassemer/Ulrich Schroth (Hrsg.), Verantwortetes Recht: die Rechtsphilosophie Arthur Kaufmanns, Stuttgart: Steiner, 2005, S. 64.

4 Karl Engisch, Logsiche Studien zur Gesetzesanwendung, 2. Aufl., Heidelberg: Carl Winter Universitätsverlag, 1960, S. 19, 26.

可少的，它也只是涵摄中确定大小前提之关联的环节，而不影响涵摄作为法律适用之基本模式的地位。

对法律适用基本模式的不同理解有可能会导致裁判结论的不同。即便结论上没有差别，[1] 也会造成论证方式上的重要区分：一个会更侧重形式的论证（语义—逻辑论证），另一个则会直接选用更实质的论证（实质—法益论证）。在以上两案所代表的刑事案件中，同时会造成对“罪刑法定”及“禁止类推”之要求的理解不同：涵摄模式会严守这一准则，而等置模式追问的只是，是否可能在类推范围内，经由实际上可用的标准画出一条还算可靠的界线。[2] 由此会带来论证负担的不同。

三、司法裁判的元方法及其影响

任何方法的运用都涉及目标和结构的问题。我们将这种目标和结构称为“元方法”。元方法是方法的方法，它涉及司法哲学，也就是对于司法裁判性质之理解。涵摄模式和等置模式的背后也多少涉及司法哲学的差异：司法裁判的目标在于追求的是依法裁判还是个案正义？司法裁判是规则导向的还是后果导向的？这两个目标之间如何平衡（结构关系）？

司法裁判是一种说理的活动。司法裁判与其他纠纷解决机制最大的差别，在于其所运用的规范性理由是一种事前已经以权威性的方式确定下来的一般性规范，所以它是一种“依（据）法裁判”[3]。这要求：其一，法官的司法判

1　如考夫曼晚年转变了早前的观点，赞同刑法学界的主流观念，认为将盐酸与武器相等置属于“被禁止的类比”（参见［德］阿图尔·考夫曼：《法律获取的程序——一种理性分析》，雷磊译，中国政法大学出版社2015年版，第168页），但基本论证没变。

2　参见［德］阿图尔·考夫曼：《类推与“事物本质”——兼论类型理论》，吴从周译，颜厥安审校，台北，学林文化事业有限公司1999年版，第14~15页。

3　参见［美］罗斯科·庞德：《法哲学》（第2卷），邓正来译，中国政法大学出版社2007年版，第134页。庞德使用的术语是“权威性资料体系”。

决是建立在已确立之一般法律规范的基础上的，而不是法官个人主观擅断或心血来潮的产物；其二，这种一般法律规范是事先已经向社会公众公布的，而司法判决又是这种已公布的一般性规范的产物，所以公民有预测司法判决之可能。这就要求裁判者将判决建立在事先公布并生效的一般性法律规范的基础上，并合乎逻辑地证明前者与后者之间的推导关系。这是因为，法律的独特之处在于，它所说之事本身就很重要，法律话语不仅仅是达成其所欲之事的手段。法律主要由规则构成，而规则运用的关键因素就在于规则的话语，即使规则的话语有时看起来是错的或者与规则背后的正当化依据不一致，即使服从规则在某些场合会产生糟糕的结果。[1]

司法裁判的另一个重要目标在于实现个案正义。正如拉伦茨所说的："（法学）所关心的不仅是明确性及法的安定性，同时也致意于：在具体的细节上，以逐步的工作来实现'更多的正义'。"[2] 个案正义意味着司法裁判不仅要合法，也要合理，这就涉及实质价值或道德考量。但法律人实现实质道德的考量并非如同普通人那般"心中怀有正义感"即可，而大体上要具备三个要素：一是要具备规范基础。也就是说，司法论证决不能只是纯粹的道德论证或价值诉求，而必须在现有的法律体系内寻找到规范基础（如一般法伦理原则）作为支撑。二是运用法学方法，即通过运用法律人共同体所普遍承认的法学方法，保证法律决定与实质价值或道德保持一致。三是要承担论证义务。也就是说，法官在超越依法裁判的层次去追求个案正义时，负有论证义务来说明，他所主张和所欲实现的价值符合宪法和社会主流价值观的价值。尤其是在突破法律规则以实现个案正义的例外场合中，法官更是要承担"特殊证成"的义务。

故而司法裁判永远不止于解决具体纠纷，而是超越个案的。它涉及一系

---

1 See Frederick Schauer, *Thinking like a Lawyer*, Harvard University Press, 2009, p. 17-18.

2 ［德］卡尔·拉伦茨：《法学方法论》，陈爱娥译，商务印书馆2003年版，第77页。

列重要的价值或者制度安排之间的关系，如服从权威与追求正义、法的安定性（形式正义）与实质正义、可预测性与正当性、合法性与合理性等。[1] 当依法裁判与个案正义的目标发生冲突时，不同选择会对案件的处理产生影响。最典型的案件是2001年四川泸州的“张某英诉蒋某芳案”：蒋某芳与黄某彬于1963年登记结婚。1996年，黄某彬与张某英相识后以夫妻名义同居生活。2001年年初，黄某彬因患晚期肝癌于住院治疗期间立下书面遗嘱，将其个人财产留给张某英，并由泸州市纳溪区公证处进行公证。同年4月，黄某彬因病去世，蒋某芳拒不向张某英移交遗产。张某英诉至泸州市纳溪区人民法院。张某英能否合法取得黄某彬的遗产？黄某彬的行为可以找到我国《民法典》继承编第1133、1139条（公民可以立遗嘱处分个人财产，并经公证机关办理公证遗嘱）作为依据，而蒋某芳请法院确认其遗嘱无效则以当时的《民法通则》第7条（“民事活动应当尊重社会公德”）为基础。表面上看，问题只牵涉特定内容之遗嘱效力的教义学理解，或者《继承法》（已失效，现为《民法典》继承编）中的法律规则与《民法通则》（已失效，现为《民法典》总则编）中的法律原则（公序良俗）之间在适用上的冲突，但实际上它背后涉及的是司法哲学的冲撞：依法律明文规定的规则裁判是依法裁判的主要体现，而通过公序良俗之法律原则则更能最大限度地实现个案正义（假定将个人财产留给婚外同居者不道德是社会普遍观念）。[2] 裁判应该根据明确的法律条款而无须顾及社会影响，还是应当不顾法律明文而以相关原则为通道去实现个案正义？由于司法裁判是说理的活动，此间不仅涉及目标选择，也涉及论证及其负担，也就是当依法裁判与个案公正之间发生背离时的选择及其

1　依法裁判与法的安定性，参见雷磊：《法律方法、法的安定性与法治》，载《法学家》2015年第4期。

2　要注意的是，尽管原《民法通则》第7条也是“立法明文”，但由于它的内容在性质上属于法律原则，包容着太多的具体化可能和法官的裁量空间，相当于是立法者对于法官的授权条款（依照个案认定其内容）。所以，依法裁判及其所欲实现的法的安定性、可预测性、民主、权力分立等要求主要由依规则裁判来担当。

理由问题。从这个角度看，本案中法官直接依据公序良俗原则推翻了得到继承法规则支持的遗嘱，说理方面存在问题。他虽然找到了规范基础（原《民法通则》第7条），但却没有恰当地运用法学方法（基于一般法律原则的法律修正）及充分承担论证负担。因为当法官要运用原则为规则创制例外，以实现个案正义时，不仅要衡量原则与规则背后的目的（实质原则，在本案中为“意思自治”）之间的相对重要性，同样要衡量它与规则所承载的法的安定性（形式原则）之间的相对重要性。[1] 因为基于“禁止向一般条款逃逸”的原理，作为“适法者”的法官不能无视或任意偏离作为立法者意志之明确表达的具体规则，[2] 即便这是为了实现个案正义。他必须要证立存在比“依法裁判”更强的理由。

总之，如何平衡和选择依法裁判与个案正义涉及三方面的“大问题”：一是立法权和司法权的关系。依法裁判意味着法官放弃自己在个案中的判断而去尊重立法者（立法明文），而个案正义则支持法官运用司法权为制定法创制例外。这是消极司法和积极司法的观念博弈。二是对法治的理解，即实质法治和形式法治之间的张力。三是对法律事业的理解，即法律人（法官）的自我职业定位，是做一个盲目的服从者，自由法学所支持的“自由的法律发现者”，还是黑克所说“有思考的服从者”？[3] 对这些“大问题”的不同抉择会体现在个案裁判及其论证的过程之中。

---

1 关于法律原则与法律规则冲突时的适用（基于一般法律原则的法律修正），具体参见雷磊：《法律原则如何适用?》，载舒国滢主编：《法学方法论论丛》第1卷，中国法制出版社2012年版，第243~248页；雷磊：《论依据一般法律原则的法律修正》，载《华东政法大学学报》2014年第6期。

2 在起点上，法律规则要被推定为合乎法律原则。故而继承法的规则要被推定为合乎公序良俗原则，除非存在足够的理由来推翻这种推定。

3 Vgl. Phillip Heck, Begriffsbildung und Interessenjurisprudenz, Tübingen: Verlag J. C. B. Mohr, 1932, S. 107.

第四节　法伦理学对法教义学的意义

一、法伦理学的核心问题

法伦理学的核心问题是什么样的法是正当的。在德语传统中它可以被表述为“正确法”（richtiges Recht）问题。[1] 目前法哲学界对于这方面讨论不足，原因在于它需要比较充足的伦理学知识储备，但在未来可能是重要的知识增长点。在此我们只作简单阐述。

法伦理学涉及对法律制度本身的道德思考。而道德思考的核心问题是：一个人应该做什么样的行为，不应该做什么样的行为？什么是“对”或“错”的行为？由此它又涉及两组问题：第一组问题是，“对”的或“错”的是什么意思？进而，究竟有没有一套客观的标准可以帮助我们区分“对”的或“错”的？这涉及对道德判断的性质或意义的理解，大体可以区分出两大阵营。一个阵营叫作“不可知论”（非认知主义），认为道德判断没有真假可言，纯粹是主观的，要么只是利益或观念的表达，要么是情感的宣泄［如斯蒂文森（Stevenson）］。另一个阵营叫作“可知论”（认知主义），主张道德判断有真假，是客观的，或认为“善”属于道德客观直觉［乔治·摩尔（G. E. Moore）］，或认为善属于道德实在［马克斯·舍勒（Max Scheler）］，或主张道德融贯论［戴维森（Davison）］等。如果承认道德判断有“对”和“错”之分，那么接下去的第二组问题就是，“对”和“错”的一般性标准是什么？根据提供这一标准的理论进路或者界定标准的方式不同，可以区分出

1　参见［德］迪特玛尔·冯·德尔·普佛尔滕：《法哲学导论》，雷磊译，中国政法大学出版社 2017 年版，第 46 页。

义务论伦理学、后果论伦理学、契约论（商谈）伦理学等诸多进路。[1] 相对于第二组问题，第一组问题更为根本，被称为“元伦理学”问题，第二组问题相应被称为“规范伦理学”问题。此外，还存在一个更为具体的“应用伦理学”的层次。它追问的是，在各种具体状况下，应该采取什么行为？如死刑犯生前取精生子是否该被允许？医师协助病人进行安乐死是对的吗？律师可以为了当事人的利益而说谎或隐藏证据吗？如果这些涉及法律领域，就是法伦理学上的问题。

这三组问题或三个层次具有从上至下的逻辑关联：元伦理学追问“道德判断是否可能”；如果可能，则由规范伦理学去追问“对”和“错”的一般性标准是什么；将这种标准结合具体情形来为具体问题提供答案则属于应用伦理学。如果认为道德判断根本就不可能，司法裁判就是法官口味的体现，或者是在玩抛硬币游戏的话，就会导致对整个法律和道德论证的怀疑论立场。如果是这样，就只能将疑难案件放逐于理性之外的领域，将法律—道德难题看作无法解决的悲剧。所幸的是，当今大部分法学和伦理学学者都认为道德判断是有对错之分的。因此争议主要集中于规范伦理学的层次，即关于道德判断之一般性标准的问题。这个层次的争议会影响应用伦理学层次的判断，反映在法律领域，即会影响（部门）法教义学在个案中的运用（司法裁判）。

二、（法）伦理学如何进入法教义学？

在此可引入学说史上两个著名的案例。[2]

---

1 参见［德］迪特玛尔·冯·德尔·普佛尔滕：《法哲学导论》，雷磊译，中国政法大学出版社2017年版，第147~158页；Otfried Höffe，Ethik：Eine Einführung，München：Verlag C. H. Beck，2013，S. 53-82（“伦理学的基本模式”）。

2 “洞穴奇案”基本案情参见［美］萨伯：《洞穴奇案》，陈福勇、张世泰译，生活·读书·新知三联书店2009年版，第17~19页（此案虽为虚构，但以1842年美国诉霍尔姆斯案和1884年女王诉杜德利与斯蒂芬案这两个真实的案件为基础）；“电车难题”最早是英国哲学家菲利帕·富特（Philippa Foot）于1967年提出的，本章所引用版本的基本案情参见［美］托马斯·卡斯卡特：《电车难题》，朱沉之译，北京大学出版社2014年版，第13~14页。

“洞穴奇案”：五位探险队员在洞穴探险中因发生山崩被困，只带有勉强够的食物。由于灾害过大，营救无法即刻成功。被困的第二十三天，其中一名同伴被杀死吃掉，被害者是最先提出吃人及抽签的人。在掷骰子前，最先提议者（被害者）撤出约定。其他同伴只询问他是否认为掷骰是公平的，被害者并无异议，其他人替他掷骰，结果是对被害者不利。营救在他们进入洞穴后第三十二日成功。被救的四人是有罪的吗？

“电车案件”：旧金山的一辆电车失控，前方的轨道上有五个人，而轨道有一个岔道，上面有一个人。站在轨道旁的琼斯女士扳动道岔，将失控电车引入岔道，挽救了五个人的生命，但也造成了事发当时站在岔道上的法利先生的死亡。琼斯女士有罪吗？

与“告密者案”和“柏林墙射手案”中一样，上述两案中犯罪嫌疑人之行为都符合相关制定法条款的文义：在“洞穴奇案”中是假想的纽卡斯尔联邦的刑法典中的规定——“任何人故意剥夺了他人的生命都必须被判处死刑”，而在“电车案件”中虽然控辩双方都没有直接表明相关的刑法条款，但从双方的争论看这一点也不成问题。焦点同样在于，两案中是否存在“违法阻却事由”？与法概念之争的不同之处在于，这里涉及的可能的违法阻却事由并非来自刑法典之外的其他法律的规定，而来自刑法典本身的规定或者通说，[1] 即“紧急避险”。换言之，这里的关键问题在于，“洞穴奇案”中的四个人为了自己的生存而吃人，“电车案件”中琼斯女士拉下道岔，使得失控列车驶向道岔撞死法利先生，但却救了原本可能被撞死的五个人的生命，这是

1　在“电车案件”中警方提到了“刑法典”第 192 条第 3 款：“为避免自己或他人丧生或重伤，造成他人死亡的，不论是否故意，不构成杀人罪。”在“洞穴奇案”中虽不存在明文规定，但这却是刑法教义学上的通说。

否属于紧急避险？[1] 一般认为，紧急避险要满足四个条件：(1) 必须针对正在发生的紧急危险；(2) 所采取的行为应当是避免危险所必要的（不得已的）；(3) 所保全的必须是法律所保护的利益；(4) 不可超过必要的限度，也就是说，所损害的利益应当小于所保全的利益。[2] 在两案中，(1)(3)(4) 三个条件都能得到满足：探险队员吃掉队友是在弹尽粮绝的时刻，琼斯扳动道岔是电车将要撞上五人的千钧一发之际；他们所保全的都是法律所保护的生命权；他们所损害的利益至少从表面看要小于所保全的利益（杀一人而救多人）。唯一值得疑虑的是 (2)，他们所采取的行为是不是避免危险所"必要"的？换言之，"洞穴奇案"中的杀人以自保的行为（直接故意）和"电车案件"中的杀人以救人的行为（间接故意）是不是"必要"的？此处，"必要"涉及的并不只是事实判断（如探险队员是不是真的到了生死存亡的关口，或者琼斯女士是不是真的来不及警告轨道上的五个人及时逃离），更重要的是涉及伦理—价值的判断。恰恰在这里，规范伦理学上的立场差异将影响这一判断，进而可能影响最终的裁判结论。

三、教义学争议背后的（法）伦理学问题

规范伦理学上的经典对立是后果论与义务论的对立。[3] 后果论认为，一个

1　除了接下去的问题外，"紧急避险"其实还涉及两个重要问题：其一，自然原因（为了生存）能否成为行为（杀人）的规范性理由（是正当的或可免责的）？其二，紧急避险属于免责事由还是正当理由？免责事由说明，即便被告人的行为是有害的并且正是为立法所禁止的，被告人也是无可指责或是没有犯罪意图的，从而要免除其罪责；正当理由说明的是，即使被告人自由和有意识地决定实施行为，他的行为也要么为善，要么是较小的恶，从而应免除其罪责（参见［美］萨伯：《洞穴奇案》，陈福勇、张世泰译，生活·读书·新知三联书店 2009 年版，第 100 页）。前者承认错误但不接受责任，而后者不承认错误也不接受责任。奥斯丁分别称它们为"excuse"（宽免）与"justification"（证成）。［See J. L. Austin, *A Plea for Excuse*, *Proceedings of the Aristotelian Society*, New Series 57 (1956-1957), p. 2.］后文涉及的后果论与义务论之争基本是围绕"正当理由"之争。

2　陈兴良教授更细致地区分为了避险意图、避险起因、避险客体、避险时间、避险可行性、避险限度六个要素（参见陈兴良：《陈兴良刑法教科书之规范刑法学》，中国政法大学出版社 2003 年版，第 104~105 页），但已为正文中的四点所涵盖。

3　关于后果论（功利主义）与义务论的主要代表及其观点，参见［美］唐纳德·帕尔玛：《为什么做个好人很难？：伦理学导论》，黄少婷译，上海社会科学院出版社 2010 年版，第 113~181 页。

行为的对错与否，取决于这个行为所带来的结果，例如是否降低伤害或坏处，或增加利益或好处。后果论可以追溯到哲学史上著名的目的论思想（亚里士多德）。这种思想主张，“什么是‘好的’（good，善）”可独立并且优先于“什么样的行为是‘对的’（right）”来加以定义，而当且仅当一个行为能够达到“好的”最大化，这个行为才是“对的”或“应该去做的”。基于对“好的”理解不同，后果论伦理学又分为以个人欲望或快乐的满足为鹄的享乐主义、以个人幸福或德行的实现为目标的至善论，以及以社会整体效益的提升为旨趣的功利主义等。其中最主要的功利主义认为，当且仅当一个行为能够最大化社会整体的效益，这个行为才是对的或应该去做的。如果说效益是个人欲望或偏好的满足，那么社会整体效益就是社会成员欲望或偏好满足程度的总和。用边沁（Bentham）的表述来说，能“增大共同体幸福的倾向大于它减小这一幸福的倾向”[1] 的行为就是对的。这种理论的后果是：其一，即便每个人的欲望或偏好都是等值的，但如果牺牲一个人的欲望或偏好能够让大多数人的欲望或偏好都获得满足，则社会整体效益仍然增加。其二，不平等或不公正的行为是可能被允许的，只要此一行为的后果能够最大化社会整体效益。如果采取功利主义的理论，四位探险队员和琼斯女士的行为看上去就是对的。[2] 因为，如果我们认为每个人的生命都是等值的，那么他们行为的结果都在于牺牲一个人的生命而挽救了多数人的生命。“收益”大于“成本”，杀人行为的必要性得到了证立。

与功利主义相反，义务论认为，一个行为的对错，取决于行为主体是否出于遵守义务的动机而做出某个符合可普遍化的道德法则的行为，而不能取

1　即实现“最大多数人的最大幸福”，参见［英］边沁：《道德与立法原理导论》，时殷弘译，商务印书馆 2005 年版，第 59 页。

2　之所以只是说“看上去”，是因为有的功利主义者可能会认为只考虑案件中特定数量的当事人是不对的，而还要考虑社会公众。如果他们的杀人行为会在社会公众中引发恐慌，那么杀人所得的“收益”就抵不上社会公众为此支付的“成本”，从功利主义的原则出发杀人依然是不对的。这涉及的是功利计算的要素问题，属于运用的层面，对此本章不予考虑。

决于该行为是否会带来某些好处。据此，一个行为是对的要满足两个条件：其一，符合某个可普遍化的道德法则。可普遍化的道德法则具有“绝对命令”（无条件的命令）的特性，如“不应杀人”“不准说谎”，它适用于任何情境、任何人。其二，行为人是出于遵守义务的动机而作出这个行为。例如，不杀人或不说谎不是为了实现某种目的或好处，而单纯是为了履行义务。因为目的论式的、条件式的命令容许存在例外，而这最终会瓦解普遍的道德准则本身，使得道德准则变成实现目的的手段。义务论的最大代表自然是康德，他提出了绝对命令的两个版本，即“个人应当按照所有理性主体都愿意其成为普遍法则的道德规范而行动”“应当始终把人（不论自己或他人）视为目的，而非当作手段”。[1] 如果采取义务论的理论，那么四位探险队员和琼斯女士行为的对错就与其结果无关，而应端视其是否符合绝对命令。看起来答案是否定的，因为四位探险队员将被杀死的同伴当作保命的手段，而琼斯女士将法利先生当作保全其他五个人生命的手段。[2] 杀人行为永远是错的，无论是在什么情形下杀人，是为了什么目的杀人，杀人所带来的结果是什么，因为任何杀人行为都不符合“不应杀人”这一可普遍化的道德法则。生命权作为普遍的权利不受他人以功利之名剥夺。没人能决定他人的生死，就像“电车案件”中检察官在指控时所说的：“谁给了琼斯女士扮演上帝的权利？”[3] 故而，在义务论者的眼中，杀人行为的必要性无法在伦理上被证立。

至善论运用的标准既不同于义务论，也与功利主义有所不同。至善论中最著名的是托马斯·阿奎那（Thomas Aquinas）的双效原则：道德的基本原则

---

1 Vgl. Immanuel Kant, Grundlegung zur Metaphysik der Sitten, hrsg. v. Wilhelm Weischedel, Frankfurt a. M.: Suhrkamp, 1974, S. 51, 59-60.

2 这里之所以依然只说“看起来”，是因为义务论者可能会指出：如果琼斯为了作道德上对的行为（“不应杀人”）而不搬动道岔，结果眼睁睁看着那五个人被撞死，虽说琼斯并未杀人，但这样的行为真的有把那五个人视为目的吗？还是反而把五个人当作履行道德义务的手段？这同样涉及属于义务论之运用层面的问题，本章不涉入。

3 ［美］托马斯·卡斯卡特：《电车难题》，朱沉之译，北京大学出版社2014年版，第39页。

是求善避恶，但同一行为通常兼有善恶两种效果。在特定条件下，一个善的行为，虽然兼有恶的结果，也是可以被允许的，哪怕这恶的结果在通常情形下是必须避免的。这些特定条件包括：（1）该行为本身在道德上必须是善的，或至少是中性的。（2）行为人不能主观希望恶果的发生，但可以允许其发生。如果能避免恶果而同样达成善的效果，他应当这样做。（3）善果与行为本身的关系，其直接程度，必须等同或高于善果与恶果之间的关系。换言之，善的结果必须是由这行为直接造成的，而不是通过恶果间接造成的。（4）善果之可取，必须足以弥补恶果之恶。[1] 将之运用于"电车案件"就可明了：将行为与结果剥离后，改变电车路径的行为在道德上是中性的，符合条件（1）。琼斯女士并不"希望"法利先生死亡，而仅仅是"预见"并"允许"这一副作用发生。可以认为，如果有办法不造成法利先生死亡而同样挽救那五人的生命，她一定会那样做，符合条件（2）。琼斯女士扳动道岔时，并没有先杀死法利先生然后用他的身体去制止电车，她的行为直接、立刻地挽救了五人的生命，只是后来电车造成了法利先生死亡，符合条件（3）。挽救五人的善超过失去一人的恶，符合条件（4）。所以琼斯女士的行为是对的，她的杀人行为是必要的。相反，据此标准，四位探险队员的行为及其必要性却无法得到证立，至少很明显不符合条件（3）：他们先杀死了同伴，然后用他的躯体来挽救自己的生命，善的结果是通过恶果间接造成的。

可见，一些疑难案件无法由法条和刑法教义学本身来解决。是（法）伦理学（规范伦理学）上的不同立场决定了对法教义学之要件成立与否的判断，进而影响疑难案件的裁判结果。

1　参见［美］托马斯·卡斯卡特：《电车难题》，朱沉之译，北京大学出版社 2014 年版，第 92～93 页。

本章结语

在上文中，我们通过例证阐明了法哲学对于法教义学在解决疑难案件时的作用。在这类场合，法哲学需要直接出场，也正在此意义上，法哲学有助于法教义学。但聚焦于疑难案件并不代表法哲学在其他场合缺席。在简单案件中，法哲学之所以在表面上缺席，是因为我们已经对相关问题达成了共识，形成了解决方案。这种解决方案要么来自现行制度，要么来自教义学通说，因而形成了一种“未完全理论化的协议”[1]，从而暂时搁置了理论争议。但是，每个法律人在处理实践问题时一定有他的哲学观点和理论预设，只是平时不显现出来而已。而一旦疑难案件出现，法哲学立场上的差异就将直接影响裁判的后果。所以德沃金才说，“法哲学是司法裁判的总论，任何法律判决的沉默序言”[2]。因此，正如“所有人都有某种哲学，无论他是否认识到这一点”[3]，所有法律人也都拥有某种法哲学，无论他是否明确意识到这一点。所区别者，只在于他拥有的是这种法哲学抑或那种法哲学。故而，法哲学不出场是因为在常态下的确不需要它时刻出场，而一旦它出场，它的重要性就将显现出来。

此外，通过正文的剖析，还可以得出两条基本结论：其一，法哲学的作用方式是间接的而不是直接的。它通过部门法教义学影响实践。通常情况下，穷尽法教义才能使法哲学涉入。即便法哲学涉入，法哲学命题也需尽可能在教义学的框架和体系内发挥作用。用耶施泰特的话来说，它起到的不是“市

---

1 ［美］凯斯·R. 孙斯坦：《法律推理与政治冲突》，金朝武、胡爱平、高建勋译，法律出版社 2004 年版，第 39 页。

2 Ronald Dworkin, *Law's Empire*, Harvard University Press, 1986, p. 90.

3 Karl Popper, Logik der Forschung, 9. Aufl., Tübingen: Mohr, 1989, Vorwort zur dritten deutschen Auflage, S. XXV.

场叫卖般的肤浅的效用”，而是一种弯道效益。[1] 为此，我们需要更好地整合法哲学与部门法教义学，此之谓“法哲学与法教义学的一体化命题”。做个比喻，法哲学就好比人脸上的眉毛。眉毛虽然看上去无甚大用，但因为有了它，这张脸才成为人脸。同样，有了法哲学，各个法教义学才能合在一起被称为法学体系。当然，这并不是说法哲学要全面覆盖法教义学。相反，法哲学和法教义学保持一定的距离，前者为后者留足空间，发挥类似于“辅助性原则”的作用，才是应有的理论姿态。并且，法教义学的教义化程度越高，法哲学就应当与之保持越大的距离，为它留下越大的空间。在此意义上，法哲学起到的只是整合法学体系的黏合剂的作用。其二，法哲学旨在复杂化而非简化论证。它的要旨不是思维经济式的，而是提醒我们某些问题远比看上去更复杂，故而应当去揭示问题背后的深层理论分歧。通过法哲学，我们能够发现法律实践背后的政治哲学和道德哲学。法哲学要打通哲学和法学，此之谓“法哲学与哲学的一体化命题”。如此，才能接近达成内在一体和外部融贯之法学体系这一理想要求。

最后要强调的是，本章试图说明的是法哲学这一学科，而非某种法哲学教材体系或特定法哲学理论对于法教义学的作用，尽管法哲学影响力不足在很大程度上要由后两者来承担责任。故而，如果说现在法哲学对于法教义学作用很小，那么责任并不在于法哲学，而在于没有足够的法哲学。[2] 不是更少的法哲学，而是更多和更好的法哲学，才是法学者未来应该努力的方向。

1　Vgl. Matthias Jestaedt, Das mag in der Theorie richtig sein... Vom Nutzen der Rechtheorie für die Rechtspraxis, Tübingen: Mohr Siebeck, 2006, S. 91.

2　本句仿自康德的表述，原文为“如果说理论对于实践作用很小，那么责任并不在于理论，而在于人们没有从经验中习得足够的理论”。Immanuel Kant, Über den Gemeinspruch: Das mag in der Theorie richtig sein, taugt aber nicht für die Praxis (1793), in: ders., Werkausgabe XI, hrsg. von Wilhelm Weischedel, 3. Aufl., Frankfurt a. M. Suhrkamp, 1981, S. 125.

第十章
法理论与法教义学

欲澄清法理论对于法教义学的意义，就首先要说明“法理论”的含义。法理论作为法学研究的独立分支诞生于19世纪中后叶的德国，并在随后的半个多世纪里扩散至欧洲大陆其他国家。在20世纪50年代，中国也继受了苏联法的一般法理论（国家与法的理论）并持续至今。[1] 当然，基于主旨，本章并不对法理论的历史发展过程进行梳理，而重在阐明这一法学分支学科的性质，并在此意义上阐明其对于法教义学的意义。

第一节　什么是法理论？

一、法理论与法哲学

要谈论“法理论”（Rechtstheorie），就不得不谈及它的姊妹概念“法哲学”（Rechtsphilosophie）。当在一般意义上谈及“法理学”（Jurisprudenz）时，我们通常同时指涉这两者。我们一般会认为，法哲学是关于法和法学的一般哲学理论，而法理论则是关于法和法学的一般法学理论。但这种大而化之的界定并没有说清楚两者的关系。既有观点对“法理论”内涵的理解宽窄不一，

1　关于法理论的发展史，参见雷磊：《法理论：历史形成、学科属性及其中国化》，载《法学研究》2020年第2期；雷磊：《法的一般理论及其在中国的发展》，载《中国法学》2020年第1期。

大体可分为三种，它与法哲学的关系也相应可分为三类：

1. 广义上的法理论。这一意义上的法理论对应的是法实践，也即在“理论/实践”这一二分法的意义上来使用。在此意义上，法理论就相当于以法为研究对象的一切理论学说，既包括法教义学，也包括基础研究（Grundlagenforschung）。或者，只包括与法教义学相对的基础研究，即法哲学、法史学、法社会学、比较法学等。[1] 与此相比略作限缩但也大体可归为这一类的是吕特斯的观点，他认为法理论包括了法哲学、一般法学说和法学方法论这三个分支学科。[2] 无论如何，最宽泛意义上的法理论构成了法哲学的上位概念。

2. 狭义上的法理论。这一意义上的法理论内涵最窄。普佛尔滕（Pfordten）根据哲学中理论哲学与实践哲学的二分法，将法哲学区分为法理论与法伦理学两部分。前者处理“法是什么”的问题，后者处理“什么样的法是正当的”问题。[3] 事实上，在他看来，法理论是哲学上的一个极端，即维特根斯坦（Wittgenstein）及20世纪其他怀疑论者或实证主义者的观念在法哲学领域的体现，这种观念将法哲学压缩为一般法学说、一般法理学、规范逻辑或规则理论。[4] 可见，在此意义上，法哲学构成了法理论的上位概念，后者相当于我们所说的法概念论。

3. 中义上的法理论。这一意义上的法理论构成与法哲学相对等但并不相同的概念，这也是本章所支持的法理论界定。这可以从学科分类与学说史两方面得到支持。在学科分类上，法理论有不同于法哲学的研究对象与立场。一方面，在研究对象上，根据法学研究的对象是个别法抑或一般法，是法的

1　Vgl. Jürgen Schmidt, Die Neutralität der Rechtstheorie gegenüber der Rechtsphilosophie, Rechtstheorie 2 (1971), S. 95.

2　Vgl. Bernd Rüthers, Christian Fischer, Axel Birk, Rechtstheorie mit Juristischer Methodenlehre, 8. Aufl., 2015, S. Ⅶ.

3　参见［德］迪特玛尔·冯·德尔·普佛尔滕：《法哲学导论》，雷磊译，中国政法大学出版社2017年版，第44页。

4　［德］迪特玛尔·冯·德尔·普佛尔滕：《法哲学导论》，雷磊译，中国政法大学出版社2017年版，第38页。

客观意义（规范）、法的现实（事实）还是法的价值，可以排列出六个分支，即研究作为个别规范的法的法教义学，研究作为个别事实的法的法律史学，研究作为个别价值的法的法政策学，研究作为一般规范的法的法理论，研究作为一般事实的法的法社会学，以及关注作为一般价值的法的法哲学。[1] 另一方面，在研究立场上，根据法学研究的观察者视角/参与者视角、内在层面/外在层面的区分，可以划分出持内在观察立场的法理论，持外在观察立场的法社会学，持内在参与立场的法教义学，持外在参与立场的法哲学。[2] 所以，法哲学是从外在参与立场出发研究法的价值（作为一般价值的法）的学科，而法理论是从内在观察的立场出发研究法的客观意义（作为一般规范的法）的学科。

从学说史的角度看，法理论作为法学研究的独立分支诞生于19世纪末20世纪初，虽然这一阵营中学者众多，具体观点各不相同，但共同的理论姿态在于试图发展出一门或多或少去形而上学的、取向于法律体系之结构的且位于法教义学与传统法哲学之间的法学学科。这一学科的主要代表作品，从作为开端的阿道夫·默克尔（Adolf Merkel）的《论法哲学与“实在”法律科学及其总论之间的关系》（1874年），直至作为其高峰的菲利克斯·索姆罗（Felix Somló）的《法律基础学说》（1917年）和恩斯特·鲁道夫·比尔林（Ernst Rudolf Bierling）的五卷本《法律原则学说》（1894～1917年），其主旨

---

1 Hermann Kantorowicz, *Legal Science: A Summary of its Methodology*, Columbia Law Review 28 (1928), p. 691; Hans Nawiasky, Allgemeine Rechtslehre als System der rechtlichen Grundbegriffe, 2. Aufl., Einsiedeln u. a.: Verlagsanstalt Benziger & Co. AG., S. 4-6. 两者的表述略有差别。

2 参见［德］马蒂亚斯·耶施泰特：《法理论有什么用?》，雷磊译，中国政法大学出版社2017年版，第71～74页。在此略作说明：观察者视角不提供规范性标准，只是站在外部作描述和分析；而参与者视角则需要把自己设想为特定法律问题的参与者，提供应当如何行为（可以做什么，不得做什么）的标准，典型代表就是法官（对此具体参见［德］罗伯特·阿列克西：《法概念与法效力》，王鹏翔译，台北，五南图书出版股份有限公司2013年版，第42～43页）。内在层面和外在层面指的则是研究法律问题时从法学内部着手抑或从法学之外出发。

莫不如是。[1] 这大体也是哲学中语言转向、分析哲学与逻辑学兴起在法学领域的体现。它反映出的是法律思想家们力图摆脱哲学的支配，发展出属于“法学”自身之理论范式的努力。

当然，法理论究竟是不是有别于法哲学的学科，归根结底取决于我们对于“哲学”之性质与任务的认识。除了“法教义学”明显属于“法学”自身的领地外，是否存在独特的法学视角的研究，本身仍是存疑的。但可以肯定的是，法理论至少不同于形而上学和价值论意义上的传统法哲学（在德国学说史上，这种被冠以“自然法”之名的传统法哲学长期处于统治地位[2]），是一种对于法和法学的新的研究范式。

二、法理论与一般法学说

依照德莱尔（Dreier）的意见，宽泛意义上的、与传统法哲学相对的法理论可以分为两种类型，一种是分析法理论（analytische Rechtslehre），另一种是现实主义法理论（realistische Theorie）。分析法理论的代表（也是其变种）是概念法学，而现实主义法理论的代表是利益法学和自由法运动等，或者说社会法理论。社会法理论与法社会学并非一回事，尤其是考虑到法社会学又可以被分为经验法社会学与理论法社会学，社会法理论最多只相当于理论法社会学。这两类法理论的区分在于对法的实证性与法理论之任务的理解不同：分析法理论认为法的实证性体现在拥有权能的外部权威制定法这一事实之中，而现实主义法理论认为它体现在法的适用、遵守或它被法官与法的受众所承认这一事实之中；分析法理论认为法理论的任务在于逻辑分析与语言分析，

1 Vgl. Andreas Funke, Allgemeine Rechtslehre als juristische Strukturtheorie, Tübingen: Mohr Siebeck, 2004, S. 18-19.

2 参见郑永流：《法哲学是什么?》，载郑永流主编：《法哲学与法社会学论丛》，中国政法大学出版社1998年版，第1~52页。

而现实主义法理论认为它的任务在于对法与法学的社会学与心理学研究。[1]

分析法理论有另外一个称呼，即一般法学说（Allgemeine Rechtslehre）。在德国传统中，很多时候法理论都在与一般法学说相同的意义上被使用。[2] 所以无论如何，分析法理论或一般法学说都构成了法理论的核心。在后文中，如无特别说明，“法理论”这一学说上的称呼，指的就是一般法学说。在学说史上，一般法学说肇生于康德法哲学尤其是新康德主义法哲学对于形式分析的偏爱和对形而上学问题的批判。后者伴随对形而上学和以此为基础的道德哲学与法哲学之科学性的争论，即对道德与法伦理命题能否获得科学辩护的不信任。基于此，就出现了作为法律形式学说的法理论与作为法律价值学说的法哲学之间的分立，与此相伴的是科学性与非科学性之间的差异。[3] 在今天，抛开价值学说的科学性问题不论，一般法学说的（新）康德主义依然体现在它的基本性质与定位方面。学者们尽管可能对它的细节方面存在争论，但大体都认可如下几点。

1. 法理论的对象主要是基本法律概念。它主要研究法学的基本概念（如法律规范、法律体系、法律渊源、权利和义务）、基本结构及一般基础。[4] 我国的法理学教材通常都会包括这个部分，甚至以此为主体内容之一。[5]

2. 法理论是一门关于实在法的规范学科。贝格鲍姆最早将一般法学说理

---

1 Vgl. Ralf Dreier, Was ist und wozu Allgemeine Rechtstheorie?, Tübingen: J. C. B. Mohr (Paul Siebeck), 1975, S. 10, 13.

2 例如，Werner Krawitz, Juristische Entscheidung und wissenschaftliche Erkenntnis, Wien, New York: Springer Verlag, 1978, S. X; Klaus Adomeit, Susanne Hähnchen, Rechtstheorie für Studenten, 6. Aufl., Heidelberg: C. F. Müller, S. 10。

3 Vgl. Ralf Dreier, Was ist und wozu Allgemeine Rechtstheorie?, Tübingen: J. C. B. Mohr (Paul Siebeck), 1975, S. 11.

4 Vgl. Hans Nawiasky, Allgemeine Rechtslehre als System der rechtlichen Grundbegriffe, 2. Aufl., Einsiedeln u. a.: Verlagsanstalt Benziger & Co. AG., S. 4；刘幸义：《法律概念与体系结构》，台北，翰芦图书出版有限公司2015年版，第9页。

5 例如，张文显主编：《法理学》（第5版），高等教育出版社、北京大学出版社2018年版，“法理学基本概念”第65~179页；舒国滢主编：《法理学导论》（第3版），北京大学出版社2019年版，“法学的基本概念”第23~176页。

解为“实在法的哲学”，它在事实上相当于法的理论与法律基础概念。[1] 作为实在法理论，法理论并不关注自然法问题。[2] 当然，与法教义学关注个别实在法（如中国的民法规范）不同，法理论关注的是一般意义上的实在法，也即脱离任何实在法秩序之内容特殊性的普遍的法律概念。正是在此意义上，它们才被称为“基本法律概念”。此外，法理论并不研究纯粹的经验事实，研究应然而非实然，所以它又是一门规范学科。所以，它坚持的是一种实证主义—规范主义的路径。[3]

3. 法理论是法教义学的总论。默克尔将一般法学说视为法教义学的总论，认为它研究“具有普遍法律意义的更高概念，在其中给定了法律规范的要素”。[4] 阿列克西和德莱尔则这样来理解法理论与法教义学的关系：法教义学可以被界定为关于单个法律体系之实在法的法律理论。在所有现代国家的法律体系中都可以区分出诸多特殊法教义学，如民法教义学、刑法教义学、行政法教义学、宪法教义学等。特殊法教义学的一项重要工作在于提炼并阐释本部门法的一些基本概念，建构出它们间的相互关系，并运用它们来解决实践问题。然而仅此尚不能满足“法律科学”发展之需要。法律科学的基本特征在于高度的理性化与体系化，因此在特殊法教义学的基础上又产生了关于整个法律体系（一国）之实在法的一般法学说。关于实在法的一般法学说也可以涵盖数个甚至所有的法律体系。此时它已超出了法教义学的范围，而成

---

1 Vgl. Carl Bergbohm, Jurisprdenz und Rechtsphilosophie, Band 1, Leipzig: Verlag von Duncker & Humblot, 1892, S. 92, 108.

2 Vgl. Hans Schneider, Rechtstheorie ohne Recht? Zur Kritik des spekulativen Positivismus in der Jurisprudenz, in: Alexander Hollerbach (Hrsg.), Mensch und Recht: Festschrift für Erik Wolf zum 70. Geburtstag, Frankfurt a. M.: Klostermann, 1972, S. 113.

3 参见［德］马蒂亚斯·耶施泰特：《法理论有什么用?》，雷磊译，中国政法大学出版社 2017 年版，第 85~89 页。

4 Vgl. Adolf Merkel, Über das Verhältnis der Rechtsphilosophie zur „positiven“ Rechtswissenschaft und zum allgemeinen Teil derselben (1874), in ders., Gesammelte Abhandlungen aus dem Gebiet der allgemeinen Rechtslehre und des Strafrechts, Erste Hälfte, Straßburg: De Gruyter, 1899, S. 299, 302.

为一种能够涵摄各个法教义学本身的更为一般性的法理论。[1]

4. 法理论致力于对法进行形式—结构的分析。一般法学说的方法主要是分析方法，它既是关于法的形式理论，又是关于法的结构理论。[2] 一方面，一般法学说致力于法律形式的研究，法律形式学说是一切法律内容研究的前提。因为，如果说法律内容学说的领域内在于法律概念，那么法律形式学说恰恰研究的是法律概念本身。[3] 作为形式学说，它的任务在于，与基础性的法律思维方法一起来辨识和描述法律形式和概念的核心要素，以使得它能成为穿越实在法丛林的指路标。[4] 另一方面，一般法学说也是法的结构理论。法的结构理论的任务在于研究法秩序的构造，并提炼出用以分析一切法律体系的逻辑工具。它包括法律规范的结构学说与法秩序的构造学说。[5]

5. 法理论位于法教义学与相邻学科之间。一方面，法理论基于法教义学而超越法教义学；另一方面，其也控制着法律科学与相邻科学的接口。在这里，德国传统上“法教义学”与“基础研究”的两分法需要被重构。传统上属于基础研究的分支，无论是法哲学，还是法社会学、法史学（乃至最新的法经济学、法人类学……）都是外部学科（哲学、社会学、历史学、经济学、人类学……）对作为对象的法和法学进行研究的产物，都属于交叉学科。法理论则成为法教义学与这些外部相邻学科之间的中间地域，既是法律科学与其他学科的交汇处也是两者的隔离带（具体见下文），成为法教义学与基础研究之外的第三领域。

1　See Robert Alexy & Ralf Dreier, *The Concept of Jurisprudence*, Ratio Juris 3 (1990), p. 1-2.

2　Vgl. Arthur Kaufmann, Rechtsphilosophie, Rechtstheorie und Rechtsdogmatik, in: ders./Winfried Hassemer (Hrsg.), Einfürung in Rechtsphilosophie und Rechtstheorie der Gegenwart, 7. Aufl, 2004, S. 12.

3　Vgl. Felix Somló, Juristische Grundlehre, Leipzig: Verlag von Felix Meiner, 1917, S. 2, 5. 与索姆罗将一般法学说仅仅限定于法律形式学说不同，大部分学者都认为一般法学说也同时包括法律内容学说。对这一问题，本书保持开放的态度，但一般法学说的研究重点在于形式，此点当无疑义。

4　Vgl. Klaus F. Röhl/Hans Christian Röhl, Allgemeine Rechtslehre: Ein Lehrbuch, Köln: Carl Heymanns Verlag, 2008, S. 1.

5　Vgl. Ota Weinberger, Norm und Institution. Eine Einfürung in die Theorie des Rechts, Wien: Manz, 1988, S. 85.

三、法理论的双重内涵

那么，法理论在外延上究竟包括哪些研究？以上面五点定位为基础，一般而言被认为属于一般法学说的是包括法概念在内的概念构造、包括法源学说在内的知识获取、法学的科学理论、法律逻辑和法信息学、法律语言理论、规范理论、体系构造理论等。[1] 但这种罗列只能加深我们理解上的困难。其实，我们完全可以根据法理论是围绕“法”还是围绕“法学/法律科学”展开，将法理论分为法的理论（Theorie der Recht）与法律科学理论（Theorie der Rechtswissenschaft）两部分：

1. 法的理论致力于发展和提炼出法的概念以及基本法律概念。但相比于过去，今日之一般法学说的任务不再仅仅限于给法和相关概念下定义，而也要对作为法秩序之法的结构进行分析。法秩序既可以被理解为具有实效的整体，也可以被理解为有效规范的体系，即区分出社会学向度的法秩序概念与规范逻辑向度的法秩序概念。一般法学说仅从规范逻辑的向度来理解和分析实在法秩序。它不仅研究法秩序的要素，也研究它的统一性和变迁机制。[2] 在此意义上，用凯尔森的术语来说，法的理论既包括聚焦于基本法律概念的法静态学，也包括研究作为法秩序之法的法动态学。[3]

2. 法律科学理论致力于发展和提炼出一种法律认知理论或者说方法论。这种法律认知理论或方法论的鹄在于确保狭义上的法律科学，即法教义学的科学

1　Vgl. Klaus F. Röhl/Hans Christian Röhl, Allgemeine Rechtslehre: Ein Lehrbuch, Köln: Carl Heymanns Verlag, 2008, S. 3；［德］迪特玛尔·冯·德尔·普佛尔滕：《法哲学导论》，雷磊译，中国政法大学出版社2017年版，第46页。

2　Vgl. Andreas Funke, Allgemeine Rechtslehre als juristische Strukturtheorie, Tübingen: Mohr Siebeck, 2004, S. 78-81.

3　Vgl. Hans Kelsen, Reine Rechtslehre (Studienausgabe der 2. Aufl. 1960), hrsg. v. Matthias Jestaedt, Tübingen: Mohr Siebeck, 2017, S. 208, 346.

性。这种科学性既要面对外部相邻学科的挑战，也要面对法教义学本身的挑战。作为法教义学的方法论，它属于广义上的法学方法论（Methodenlehre der Rechtswissenschaft）的一部分，但不等同于以法律适用理论为中心的狭义法学方法论。[1] 前者是基本概念引导下的法学作业，不同于法律解释。[2] 它并不研究具体如何适用法律规范、提出具体教义学说的方法及其体系问题，而聚焦于对作为一种学问形态的法教义学进行方法论反思和建构，以确保它的科学性。用罗尔（Röhl）的话来说，一般法学说的最终任务在于基于全球化（普遍性）的要求来准备法律思维。[3]

所以，分析法理论就具有了双重内涵：狭义上的分析法理论/一般法学说指的是围绕法和基本法律概念展开的法的理论，而广义上的分析法理论/一般法学说同时还包括了围绕法律科学/法教义学之方法论展开的法律科学理论。前者属于对象理论的层面，而后者属于元理论的层面，前者是分析学，后者是方法论。我们也可以分别称之为“法的分析学”和“法律科学方法论”。接下来，我们就将围绕法理论的这两部分来分别探讨它对于部门法学（法教义学）的意义。

第二节 法的分析学及其对法教义学的意义

法的理论或法的分析学一方面涉及微观上基本法律概念的要素分析，另

1 但也有将狭义上的法学方法论纳入一般法学说的做法，除了前文提及的吕特斯，还可参见［德］阿图尔·考夫曼：《法哲学、法律理论和法律教义学》，载［德］温弗里德·哈斯默尔、［德］乌尔弗里德·诺伊曼、［德］弗兰克·萨利格主编：《当代法哲学和法律理论导论》，郑永流译，商务印书馆 2021 年版，第 14 页；Klaus F. Röhl/Hans Christian Röhl，Allgemeine Rechtslehre：Ein Lehrbuch，Köln：Carl Heymanns Verlag，2008，S. 3，613 ff。

2 Vgl. Andreas Funke，Allgemeine Rechtslehre als juristische Strukturtheorie，Tübingen：Mohr Siebeck，2004，S. 89.

3 Vgl. Klaus F. Röhl/Hans Christian Röhl，Allgemeine Rechtslehre：Ein Lehrbuch，Köln：Carl Heymanns Verlag，2008，S. 2.

一方面也涉及宏观上法律体系（法秩序）的构造。同时，作为形式—分析理论，尽管它并不像法哲学那样为价值判断提供直接支持，但它却能为价值判断提供论证规则。

一、概念要素的分析

从某种意义看，法教义学是关于现行法（de lege lata）的内容命题的总和，而法理论则是关于现行法（或非现行法）的结构性命题的总和。教义学是以一般化形式表达的论证建议或/和裁判建议，而恰恰是在这种一般化之中它为法理论留下了广阔的任务领域：对可资利用的法律材料进行脱离特定意图的分析和一般化展示。[1] 在此我们举两个例子。

一个是意思自治。意思自治构成了理解民法中诸多法律，如合同法、继承法规定的基础。对于许多教义学者来说，自治是一种天赋的权利，法律至多只是将它具体化而已，因为它是先于法律而存在的。换言之，他们认为既有的许多权利和义务都必须以意思自治为基础，也以自由、自我发展，而不是以他治、强制为基础。但是，例如通过合同为他人施加义务，这真的是一种天赋的能力吗？假如如此，那为什么在古罗马时代作为在帝国中占人口大多数的奴隶无法享有这种权利呢？作为规范学科的法理论否认“作为天赋行为自由之意思自治”的观点，它把法律行为视为一种获得合法授权的权利。首先，法律行为是一种自我立法。法律行为（如合同行为）能够创设行为规范，这一点上它与制定法没有差别：制定法与合同是可互换的（基于制定法的请求权和基于合同的请求权：两者都是请求权基础）；合同与制定法一样能

1　Vgl. Klaus Adomeit, Zivilrechtstheorie und Zivilrechtsdogmatik-mit einem Beitrag zur Theorie des subjektiven Rechte, in: Hans Albert/Niklas Luhmann/Werner Meihofer/Ota Weinberger (Hrsg.), Rechtstheorie als Grundlagenwissenschaft der Rechtswissenschaft, Düsseldorf: Bertelsmann Universitätsverlag, 1972, S. 503, 505-506.

够表达禁止和命令（合同上的竞业禁止）；制定法与合同可能会发生冲突；而通过累积相协调之合同规定（统一合同、一般性条款）会出现类似于制定法的效果，这继而也会招致规范审查程序。[1] 合同与制定法一样涉及命令、禁止、允许等规范范畴。其次，法律行为要获得上位规范的授权。是授权规范直接或间接赋予了行为主体制定行为规范的权能。即便在民法中，人们也需要制定法的授权（如我国《民法典》第605条）来实现改变法律状况之效果。这一条款的授权色彩尤其体现在，它缺乏行为规范所典型伴随的制裁：如果这一条款没有被遵守，那么只是不会发生行为人希望的法律后果而已。所以，无论是在公法领域还是私法领域，都没有差别。意思自治的意义更多存在于法政策学的层面上：从国家政策和经济政策的角度来看，我国及许多西方国家民法中所确保的一般私法“自治”是非常合乎目的的，立法者也不得再次删去这种授权。但这并不是规范逻辑上的必然。私人自治的界限在过去一个世纪里变得越来越严格（一般条款审查、消费者保护、平等对待的限制等），正反映了相关法政策的转变。但无论如何，法律行为的法律拘束力只能基于法律授权这一点不会改变。而这正是法理论要揭示出的一般化结构。

另一个是权利。此间最著名的法理论分析来自美国学者霍菲尔德（Hohfeld）。在霍菲尔德看来，权利这个复杂的术语可以被还原为四个要素：（1）请求权（claim），例子：“我有权向您索取1000元!”（2）自由（或“特权”，privilege），例子：“我有权利用这一通道!”（3）权力（power），例子：“我有权向你下命令!”（4）豁免（immunity），例子：“我有权自己管自己的事!”与此一一相对的是义务、无权利、责任和无能力。它们被称为法律的最小公分母。[2] 其中，请求权和自由涉及行为规范的领域，而权力与豁免涉及授权规范的领域。与此可以进行对比的是德国民法学说中关于主观权利的划分，即请求权（相对

---

1 Vgl. Klaus Adomeit, Susanne Hähnchen, Rechtstheorie für Studenten, 6. Aufl., Heidelberg: C. F. Müller, S. 41-42.

2 See W. N. Hohfeld, *Fundamental Legal Conceptions*, Yale University Press, 1964, p. 36ff.

权）、法律地位（绝对权）、形成权与组织权。这种划分是在德国经典法教义学传统中慢慢发展出来的，但并未经受严格的规范逻辑上的法理论剖析。出于篇幅限制，这里无法用霍菲尔德的理论来对主观权利的各种类型详加分析，只是想引用学者阿多迈特（Adomeit）的研究成果表明：德国传统中的请求权和自由涉及的都是行为规范的领域，其中作为主观权利之一的请求权（Ansprüche）首先是霍菲尔德意义上的请求权，其次是行为自由；法律地位则首先是行为自由，其次是霍菲尔德意义上的请求权；形成权属于授权规范的领域，相当于霍菲尔德所说的权力或豁免。[1] 至于组织权，只是行使授权的主体条件，本身可被归为授权的一部分。可见，德国教义学传统中发展出来的这些权利类型都可以用法理论上的权利要素来分析，前者只是偶然的、与语言习惯和文化传统相关的用法，而后者却是逻辑上必然的，只有它能揭示出法律主体之间真正的结构关系。

二、法律体系的构造

当代法理论大体都认可，法律体系（法秩序）的基本构成单位是法律规范。因此，法律体系的构造问题首先涉及法律规范理论。在法律规范理论上，最大的争议在于法律体系是由单一的规范类型构成，还是由法律规则和法律原则这两种不同类型的规范构成，以及这种不同是不是逻辑上的不同。在这方面，为这种逻辑差异进行辩护的最大代表是德国学者阿列克西。其认为，规则是确定性命令，而原则是最佳化命令。作为确定性命令，规则只能要么被满足，要么不被满足。如果一个规则有效，那么它就要求人们严格去做它所要求之事，不多也不少。作为最佳化命令，原则要求某事（通常是某种要

1　Vgl. Klaus Adomeit, Zivilrechtstheorie und Zivilrechtsdogmatik-mit einem Beitrag zur Theorie des subjektiven Rechte, in: Hans Albert/Niklas Luhmann/Werner Meihofer/Ota Weinberger (Hrsg.), Rechtstheorie als Grundlagenwissenschaft der Rechtswissenschaft, Düsseldorf: Bertelsmann Universitätsverlag, 1972, S. 518.

追求的价值或目的）在法律上与事实上可能的范围内尽最大可能被实现。[1] 这决定了规则与原则的适用方式有根本不同：前者的典型适用方式是涵摄，而后者的典型适用方式是权衡。这样的结论不仅对规范理论本身产生影响，也会影响基本权利教义学。因为以阿列克西为代表的基尔学派提出原则理论的主要兴趣并不在于法哲学上的争论（实证主义 vs. 非实证主义，就像德沃金早年对哈特进行批评时所关心的那样），而在于对《德国基本法》上基本权利条款的理解与适用。一旦这些基本权利条款被理解为具有原则的规范属性，那么就意味着它们在被适用时，例如被宪法法院用来对普通立法进行审查时，就必须要与其他规范（如立法所保护的其他基本权利，或者立法要实现的公共利益）进行权衡，以此来决定普通立法是否违宪。在具体情形中权衡的结果都影响着对特定基本权利条款之内容的理解，即影响着基本权利的教义。例如，在德国宪法法院作出的一个著名判决中，流行讽刺杂志《泰坦尼克》先是将一位截瘫的预备役军官称为“天生的杀人犯”，后又将他称作“残废”。法院在杂志一方的思想表达自由（《德国基本法》第5条第1款第1项）与预备役军官的一般人格权（《德国基本法》第2条第1款及第1条第1款）之间进行了权衡，得出结论认为：在该文的语境中，“天生的杀人犯”这种称呼并非“不被允许的、严重的、对人格权的违法侵害”，但“残废”这一称呼却“严重伤害了这位截瘫者的人格权”。[2] 因此，基本法上的思想表达自由涵盖了“显然是不严肃的、通过玩文字游戏来胡闹”的表达，但却不能涵盖“侮辱”和“蔑视”。这显然是关于思想表达自由之内涵的（部分）教义。

与规范理论相应，法律体系理论的焦点在于法律体系的结构。如果将法律体系理解为由单一规范（规则）构成的整体，那么最典型的构造方式就是

---

1 Vgl. Robert Alexy, Theorie der Grundrechte, Frankfurtt a. M.: Suhrkamp, 1986, S. 75, 76.

2 BVerfGE 86, 1. 关于案件的分析参见 Robert Alexy, Die Gewichtsformel, in: Joachim Jickli/Peter Kreutz/Dieter Reuter (Hrsg.), Gedächtnisschrift für Jürgen Sonnenschein, Berlin: De Gruyter, 2003, S. 788。

以凯尔森为代表的以授权关系（效力关系）为链条的阶层构造论。[1] 如果将法律体系理解为由规则和原则两种不同类型之规范组成的整体，那么它在结构上就将成为双重构造模式：除了以效力为链条的法律规则的阶层体系外，还有其背后以内容蕴含为联结方式的原则体系，后者属于客观价值秩序或柔性价值体系。原则以赋予对应规则正当性（构成其实质理由）的方式与规则联结在一起。而宪法基本条款（包括基本权利条款和其他原则）、制定法总则部分的条款和从宪法、制定法条款或判例中归纳提炼出的原则，就是这种联结在制度上的体现。[2] 这些联结会影响相关法律规则的内涵及对其的理解：（1）原则通过法律解释填充规则。在解释方法中，体系解释、目的解释和合宪性解释都与原则存在密切关联。尤其是在合宪性解释中，用宪法原则作为解释制定法具体条款的依据。例如，用我国《宪法》第 1 条第 2 款规定的社会主义原则，以及第 51 条关于公民在行使自由和权利时不得损害国家的、社会的、集体的利益的原则，来解释《著作权法》第 22 条（现第 24 条）规定的对作品“合理使用”的规定，以及基于《公司法》第 18（现第 17）、45、52、109、118 条涉及非股东职工参与公司经营和财产支配的规定，提出“财产权的社会义务”学说。[3]（2）原则通过法的续造填补规则漏洞。例如，《德国民法典》第 463 条第 2 款规定，出卖人故意不告知物之瑕疵，买受人得请求不履行的损害赔偿。现有某人故意宣称标的物具有不存在之优点，属于应当规定而未规定的法律漏洞。该条背后的目的显然是保护买受人，避免出卖人利用买受人对标的物品质效用的认知错误，来误导买受人缔结契约，此乃“诚实信用”原则的固有含义。由于“故意宣称实际上不存在之优点”与“故意不告知瑕疵”都会导致买受人关于标的物的质量效用的认知错误，因而

1 Vgl. Hans Kelsen, Reine Rechtslehre (Studienausgabe der 2. Aufl. 1960), hrsg. v. Matthias Jestaedt, Tübingen: Mohr Siebeck, 2017, S. 398ff.

2 参见雷磊:《适于法治的法律体系模式》，载《法学研究》2015 年第 5 期。

3 参见张翔:《财产权的社会义务》，载《中国社会科学》2012 年第 9 期。

基于“诚实信用”原则，可以得出“出卖人故意告知标的物具有实际上不存在之优点，买受人同样得请求不履行之损害赔偿”的结论。（3）基于原则对规则进行法律修正。例如，根据《刑法》第293条第1款第4项的规定，在公共场所起哄闹事，造成公共场所秩序严重混乱的，构成寻衅滋事罪。司法实践中，非常规上访经常被认定为“起哄闹事”。所谓非常规上访，主要是指违反《信访条例》（已失效）的越级上访、“闹访”、“缠访”行为。上访是公民行使《宪法》第41条规定的监督权的行为，将其作为犯罪是对公民监督权的严厉限制，此种限制必须具有合宪性。上访可以分为有合理诉求的申冤型上访和无赖要泼的牟利性上访。前者显然属于公民监督权的保护范围，且对社会秩序的影响通常是行使此种基本权利的必要代价，因此若仅因其破坏社会秩序就将其认定为起哄闹事，有瓦解这种基本权利的危险。而牟利性上访，已无法被认为是公民行使监督权的行为，因此将其认定为起哄闹事并无侵犯公民监督权的危险。因此，要基于《宪法》的“监督权”原则对《刑法》第293条第1款第4项进行修正，将“起哄闹事”在非常规上访情形中限于“牟利性上访”。[1] 以上都是基于规范理论（及相应的法律适用理论）创造出新教义的例子。

三、价值判断的论证规则

法教义学必然涉及价值判断。在司法裁判的层面上，法教义学的主要任务就在于将经验知识和价值判断予以“教义化”和“类型化”，以减轻法律适用的负担。[2] 但在这种教义化和类型化的过程中，则可能需要借助法哲学与

---

1 参见胡超：《不明确刑法规范的合宪性控制——以寻衅滋事罪为例》，载江溯主编：《刑事法评论》第45卷，北京大学出版社2021年版，第154~156页。

2 参见雷磊：《法教义学的基本立场》，载《中外法学》2015年第1期。

法理论。这里的关键在于区分价值判断本身与价值判断的论证规则。[1] 笼统地说，价值判断涉及何谓正义的问题。应当承认，正义问题首先是一个（法）哲学问题。因为价值判断或正义的问题最终只能从哲学上，或者说通过哲学上的原理来回答。但重要的是要看到，我们无法一劳永逸地找到什么是正义的答案，而只有透彻地了解正义问题的结构，才能为正义问题找到一种与实践相关的答案。而这只有通过法理论的分析才能达成。因此，要被寻找的并非表达出在一切情形中什么是正义的原理（Leitsatz），而是在具体情形中正义问题的论证规则。原理与论证规则的区别在于：前者并不包含不受限制的变量，而后者则包含。用原理来解释法律规定的一个例子是德国联邦最高法院曾针对《德国民法典》第 647 条和第 1257 条提出的原理："鉴于诚实信用，承揽人不能针对不属于定作人之物取得法定质权"（BGHZ 34，153）。用论证规则来对法律规定进行解释的例子是德国学者针对宪法上的平等原则提出的这样一种理解："公法上的国家权力应当对属于特定阶级的所有人都平等对待，除非有足够的理由作区分对待。"在这里，"足够的理由作区分对待"就是一种不受限制的变量。相比于原理，论证规则的缺点很显然，那就是它的开放性。但从另一个方面看这也是它的优点，因为它能够指明某个规定存在的所有疑问，并从方法论上对尚有待完成的工作进行引导。[2]

举个例子：公法领域的正义问题涉及税收、刑罚、建筑许可、教育机会等各个方面。为了更有效地展开讨论，一个更合乎目的的方式是从"非正义"、而非"正义"出发，因为"正义"相比于其反义词在内容上更为贫乏。依照一般的语言用法，当受法律调整的状态对于关涉方而言以不明显的方式

1　这一区分参见许德风：《论法教义学与价值判断：以民法方法为重点》，载《中外法学》2008 年第 2 期。

2　Vgl. Adalbert Podlech, Rechtstheoretische Bedingungen einer Methodenlehre jutistischer Dogmatik, in: Hans Albert/Niklas Luhmann/Werner Meihofer/Ota Weinberger (Hrsg.), Rechtstheorie als Grundlagenwissenschaft der Rechtswissenschaft, Düsseldorf: Bertelsmann Universitätsverlag, 1972, S. 496. 作者使用的称呼是"讨论图式"（Diskussionsschemata）而非"论证规则"，但笔者认为后者更为确切。

包含着一种可陈述的不利时，很多时候这种状态就被称为“不正义的”。故而不正义可以被定义为四项要素的组合：（1）在某个既定的人—空间—时间—领域中的，某种受公法调整的状态；（2）某种人的集合；（3）这些人的补集；（4）从这一状态导出的这一集合的人相对于其补集之人的无法证立的不利。继而，相对于一种可陈述之不正义的争议，就是不包含这种可陈述之不利的状态。相对于一种既定之不正义状态之正义状态的集合在实践中包含着数不胜数的成分。[1] 当然，这不排除相对于某种不正义状态之正义状态的集合包含着大量在结果上对于其他人而言依然不正义的状态。所以，我们必须精确地指出，“正义”是针对何种个别领域来定义的。例如，如果不存在任何人，对于他们来说某个法律规则在上述意义上是不正义的，那么这个法律规则就是正义的；如果不存在任何法律规则，对于某个人来说是不正义的，那么这个人就得到了法秩序的公平对待；如果不存在任何人被某个法律规则不公正地对待，那么一个法秩序就是正义的。正义的法秩序在此意义上可以最大限度地被实现。[2] 以这种方式，虽然无法给出每一具体情形中公法上正义的实质标准，但却给出了每一具体情形中都需要考虑的要素及其构成的一般化规则。

第三节 法律科学方法论及其对法教义学的意义

作为法教义学的元理论，法理论的对象从根本上说是法教义学的方法。[3]

---

1 Vgl. Adalbert Podlech, Wertungen und Werte im Recht, Archiv des öffentlichen Rechts 95 (1970), S. 191.

2 Vgl. Adalbert Podlech, Rechtstheoretische Bedingungen einer Methodenlehre jutistischer Dogmatik, in: Hans Albert/Niklas Luhmann/Werner Meihofer/Ota Weinberger (Hrsg.), Rechtstheorie als Grundlagenwissenschaft der Rechtswissenschaft, Düsseldorf: Bertelsmann Universitätsverlag, 1972, S. 497, Fn. 35.

3 Vgl. Günther Jahr, Zum Verhältnis von Rechtstheorie und Rechtsdogmatik, in: Günther Jahr/Werner Maihofer (Hrsg.), Rechtstheorie: Beiträge zur Grundlagendiskussion, Frankfurt a. M.: Vittorio Klostermann, 1971, S. 311.

它既要处理法教义学与法学外相邻学科间的关系（对外关系），也要处理与法教义学自身的关系（对内关系）；在对内关系上，既涉及对教义学概念和体系的科学建构，也涉及对教义学进路本身的批评性审视。

一、对外关系：边防哨学科

一百多年前，德国哲学家冯特（Wundt）曾预言这样一个时刻即将来临——“对于从事它的人来说，法律科学不再是最容易的学科，而成为最困难的学科之一，因为它可能要以最渊博的知识为前提”[1]。如今这一预言早已变成现实：除了哲学，社会学、经济学、人类学、文学等几乎一切相邻学科都在不断向法律科学输送知识。这在大大丰富了法学的研究视角与范式的同时，也使法学开始迷失方向。因为法学家似乎已无法再在其领域中被统一到一组固定的命题准则与问题上来。法律科学何以维系其“法律”科学的性质？法教义学如何来确保自己的独立性，防止其他学科无节制的“入侵”？在这里，用瑞典法理学家伊瓦尔·阿格斯（Ivar Agges）的话来说，正是法理论扮演着“法律科学边界上的观察哨”的角色。[2]

作为“边防哨学科”，法理论在狭义法律科学与相邻学科之间发挥着选择过滤器的作用：它必须要对相邻学科的信息（无论是经验性的还是理论性的）进行检测。故而法理论的一项主要任务在于信息加工。它必须为法教义学提供相关框架，以便决定哪些相邻学科的信息在何种视角下对于狭义法律科学来说是相关的。[3] 从这个角度看，这种过滤器也是法律系统的“防火墙”，它

---

1 Wilhelm Wundt, Allgemeine Methodenlehre. Logik der Mathematik und der Naturwissenschaften, 2. Aufl., Stuttgart: Enke, 1894, S. 560.

2 Vgl. Stig Strömholm, Hauptströmungen der schwedischen Rechtsphilosophie und Rechtstheorie in der Nachkriegzeit, Rechtstheorie 3 (1972), S. 35.

3 Vgl. Ralf Dreier, Was ist und wozu Allgemeine Rechtstheorie?, Tübingen: J. C. B. Mohr (Paul Siebeck), 1975, S. 22.

要对渗入系统的信息加以筛选和过滤，从法律科学的视角出发，保护自己免于不可用的尤其是针对有损于法律科学之固有法则的概念、观念、模型和方法的干扰。

当然，这并不意味着它要使得法教义学对一切外部知识都关闭门户。从法学的视角出发，法理论以特别的方式所从事的接口管理尽管会导致过滤，从而也必然会导致筛选，但绝非无差别地对系统外来的知识进行防御。选择的标准在于相邻学科知识与法和法律科学的相关性，即相关知识能否，以及在多大范围内可以基于法和法律科学的固有法则被重述。只是这种对外来信息和知识的继受在机构上是以独白式的方式来进行的：选择的标准完全来自法律科学本身，而非别的学科。[1] 换言之，知识来源可以是跨学科的，但运作方式和视角却必须是法律科学自身的。法律科学的概念和规制模式虽然是通过交互关系、补充和替代可能性，以及一个特别的概念和规则的交流系统来实现的，但却令彼此固定化。这一系统使法教义学能够克服社会现实的复杂性和偶然性，并采取一种以此为目的的既稳定又灵活的方式。法教义学的任务，是“在其具体领域内操作性地以法学方法处理正义问题”[2]。这就导致了法律系统（法教义学系统）的一个重要特征，即认知开放与运作封闭。一方面，法律系统绝非与生活世界及其他社会系统相互隔绝，而是可以充分学习和吸纳经验、价值与意义的；但另一方面，法律系统作为社会系统之一种，其成分和程式在一个循环流转于系统内部的过程中持续运作，获得自我复制和内在的进化。[3] 这意味着，外部知识要进入想进入的法律系统之中，就必须被“转译”，也就是以法律的概念与法律场域的游戏规则进行“编码转化”，

---

1 参见［德］马蒂亚斯·耶施泰特：《法理论有什么用?》，雷磊译，中国政法大学出版社 2017 年版，第 126~127 页。

2 Vgl. Niklas Luhmann, Rechtssystem und Rechtsdogmatik, Stuttgart: Kohlhammer, 1974, S. 16, 22, 50.

3 参见［德］尼可拉斯·鲁曼：《社会中的法》，李君韬译，台北，五南图书出版股份有限公司 2009 年版，第 64 页以下。

从而参与到法律论证的过程中来。

二、对内关系Ⅰ：理性建筑学

法理论在保护法教义学免受外来冗余信息侵害的同时，也要尽可能确保法教义学的科学性。一种理论要成为科学理论，要满足一系列的标准。[1] 对于作为科学的法教义学而言，具有特殊重要性的标准是有成效与理性。一方面，某种教义学要说是有成效的，至少要符合三个条件：（1）合理。如果没有任何从某个教义学说中推出的命题会与实在法规则发生矛盾（被证伪），那么这个教义学说就是合理的。这就首先要以逻辑上正确的方式来表述教义学说，并弄清法律规则何时会与之相矛盾的问题。（2）充分。如果从某个教义学中可以推出这样的法律规则，它们能来解决仅仅根据实在法规则无法决定的情形，那么这个教义学说就是充分的。（3）重要。如果有些情形在缺少从这个学说中可推出之法律规则的前提下无法被解决，那么这个教义学说就是重要的。[2] 另一方面，对于作为规范学科的法律科学而言，理性在很大程度上意味着可检验性：教义学建构就是要致力于通过依据相关教义学总体而言理性的（可检验的）支柱性标准，将必要和相关的价值判断整合进与其他教义学理论的论证脉络之中。[3]

为了具备有成效和可检验意义上的科学性，法理论致力于打造统一的法律科学。因而法律科学的统一性构成了一般法学说的核心倾向。作为法教义学的方法论，法理论聚焦于法的核心要素，这些要素以基本法律概念的方式

1　Vgl. Karl Popper, Logik der Forschung, 2. Aufl., Tübingen: Mohr, 1966, S. 41–59.

2　Vgl. Adalbert Podlech, Rechtstheoretische Bedingungen einer Methodenlehre jutistischer Dogmatik, in: Hans Albert/Niklas Luhmann/Werner Meihofer/Ota Weinberger (Hrsg.), Rechtstheorie als Grundlagenwissenschaft der Rechtswissenschaft, Düsseldorf: Bertelsmann Universitätsverlag, 1972, S. 494–495.

3　Vgl. Josef Esser, Vorverständnis und Methodenwahl in der Rechtsfindung, Frankfurt a. M.: Athenäum Verlag, 1970, S. 109ff.

被表达出来，从而确保对法律科学之统一性及科学性的证立。[1] 法理论在此扮演着一种“理性建筑学”的角色：它通过构筑统一的基本概念与统一的法律体系来确保法律科学的统一性。

创设统一基本概念的出发点在于既有的具体法学分支学科的“总论”，从此出发人们设想能够将之上升为法律科学的总论。也可以说，法理论试图创造出部门法学的“总论的总论”。[2] 这些基本概念将作为具体法律教义学说的通用语来运用。用索姆罗的话来说，基本法律概念就是那些每个人在表达某个法律规范时都必然要运用的，或者他必然要预设为前提的概念。[3] 这也就意味着，构造概念的要素通常是形式性的，构造概念的方法通常是分析性的，它们只是对既有法材料的描述与说明，而非规定。这是因为法律的内容永远是变动不居的，就像基尔希曼的那句名言所说的——“立法者的三个更正词就可以使所有的文献成为废纸”[4]。但很显然，科学性不能建立在变量之上，它意味着持久和稳固的知识。如果法教义学只依附于制定法，那么它就只能受制于立法者的任意，成为非科学的法律手艺活。为了获得真正的法律科学，只能致力于求索不变的法的要素，即基于形式结构的法的概念及其他基本概念。这意味着要将历史的、社会的、心理的等立场和知识都从法律科学中排除出去。耶利内克（Jellinek）甚至曾以所有权为例不无极端地认为：“应该怎样来构想所有权，以便一切以此为基础的规范都能被综合为一个无矛盾的整体？并非‘什么是所有权’，而是‘它该如何被思考’才是科学的法学提

---

1 Vgl. Andreas Funke, Allgemeine Rechtslehre als juristische Strukturtheorie, Tübingen: Mohr Siebeck, 2004, S. 85-86.

2 Vgl. Klaus F. Röhl/Hans Christian Röhl, Allgemeine Rechtslehre: Ein Lehrbuch, Köln: Carl Heymanns Verlag, 2008, S. 415.

3 Vgl. Felix Somló, Juristische Grundlehre, Leipzig: Verlag von Felix Meiner, 1917, S. 274.

4 ［德］冯·基尔希曼：《作为科学的法学的无价值性——在柏林法学会的演讲》，赵阳译，载《比较法研究》2004 年第 1 期。

问方式。”[1] 法理论要做的，就是构造出这种作为思考方式的形式性的基本概念。而基本概念的构造方法恰恰来自近代理性自然法，如莱布尼茨的组合术。[2] 组合术包括两种技术。一种是“合成组合术”，也就是特征联结法。例如，契约可以分为债权的与物权的，以及要式的与不要式的。将这两种分类合在一起，就形成了四组契约，即债权的/要式的，债权的/不要式的，物权的/要式的，以及物权的/不要式的。所有这四组类型都是通过合取式地联结两个特征构造出来的。从内涵上看，这种组合术在法律体系中所做的是将不同的简单法律概念相混合来形成概念组合；从外延上看，则是将不同概念之下的对象集合合取来构造交集。另一种是“分解组合术”，即通过抽象化来一再获得更一般的概念，它以加减法为基础。[3] 通过这种方式，就可以从有限的法学材料中获得所有可能的法律概念。如此获得的基本概念及其分类可以用来对法教义学概念和学说进行反思，并使前者与后者形成内在关联。

基本概念的构造为法律体系的构造奠定基础。对特定法秩序之内容的体系化展示在形式上并不受制于其规范内容本身。相反，缺乏对规范特征的精确认识，这种体系化压根就不可能实现。[4] 就像比尔林所说的，只有当每种实在法体系不仅依照特定实践立场被理解为法条集合之外部秩序，而且也要被理解为某种鲜活精神之全部的整体表达时，法学才配得上被称为真正的科学。[5] 认识这里所说的规范特征和精神整体，就属于法理论的任务。在此视野下，法律体系并非法条的结合，而是建立在此基础上的教义学（概念—命题）

---

1 Vgl. Georg Jellinek, System der subjektiven öffentlichen Rechte, 2. Aufl., Tübingen: Mohr, 1905, S. 16f.

2 尽管法理论属于实在法理论，不处理自然法问题，但这仅是就作为实体对象的自然法而言的。相反，在方法论的层面上，法教义学恰恰从近代理性自然法（莱布尼茨—沃尔夫体系）那里获益良多。

3 Vgl. Eberhard Knobloch, Die mathematischen Studien von G. W. Leibniz zur Kombinatorik, Wiesbaden: Steiner, 1973, S. 83.

4 Vgl. Felix Somló, Juristische Grundlehre, Leipzig: Verlag von Felix Meiner, 1917, S. 7.

5 Vgl. Ernst Rudolf Bierling, Juristische Prinzipienlehre (Bd. V), Tübingen: Verlag von J. C. B. Mohr (Paul Siebeck), 1917, S. 107.

的体系。在沃尔夫看来，任何有效的体系都由教义组成，而教义又要依照特定的规则被归整为一个教义学体系。体系建构要满足三个基本要求：首先，所有的语词都能由此来说明事实，即能通过清晰和详尽的概念澄清某事；其次，所有的命题都通过有序且彼此关联的推理来得到证明；最后，任何前提命题，不经预先确定无疑不得采纳，也不得将结果命题与这样的前提命题相联结。[1] 上述方法构成了科学理论的基础，以这种方法构造出的体系以“明证原则”为前提。明证原则只包括“定义、确凿无疑的经验、公理以及已得到证明的命题”。[2] 其中，对概念的定义构成了建构体系的出发点，为此要有形成和适用定义的规则：首先，定义必须是一种等值式；其次，定义要被规整为一种特定的序列；最后，定义必须是精确的，也就是说，它们必须列举出足以断定某个事实并将它与其他事实区分开来的特征。[3] 通过这种方法，法教义学作业就可以独立于法的内容，法教义学就可以被理解为基于对现行实在法之解释，并受法理论（它基于基本概念提供方法指引）约束的解释结果的体系化。[4]

三、对内关系Ⅱ：法律解剖学

法理论不仅致力于对法教义学的科学建构，而且也要对法教义学加以批

1 Vgl. Wolfgang Röd, Geometrischer Geist und Naturrecht: Methodengeschichtliche Untersuchungen zur Staatsphilosophie im 17. und 18. Jahrhundert, München: Verlag der Bayerischen Akademia der Wissenschaft, 1970, S. 117-128.

2 Vgl. Maximilian Herberger, Dogmatik: Zur Geschichte von Begriff und Methode in Medizin und Jurisprudenz, Frankfurt am Main: Vittorio Klostermann, 1981, S. 332.

3 Maximilian Herberger, Dogmatik: Zur Geschichte von Begriff und Methode in Medizin und Jurisprudenz, Frankfurt am Main: Vittorio Klostermann, 1981, S. 334-336.

4 Vgl. Andreas Funke, Allgemeine Rechtslehre als juristische Strukturtheorie, Tübingen: Mohr Siebeck, 2004, S. 92.

评性审视。法理论相对于法教义学，承担着好比解剖学相对于外科学的那种功能。[1] 与法教义学相比，法理论持纯粹观察者的视角。作为纯粹的观察者，法理论家并不像法教义学者那样感觉自己对实践发生直接的影响的压力，即将自己代入法官的角色去对具体情形作出法律裁判。正因如此，他们会有更加充裕的时间和更加充分的距离感去对法律问题进行更加彻底和“有长效”的思考，也基本上不会冒这样的危险，即为了得出一个被希望的结果而去简化论证和反思。法教义学以“教义化”和“类型化”的方式去化约经验知识与价值判断，这既是它的优势（减轻法律适用者的负担），但同时也是它可能的缺陷所在。因为它有可能忽略法和法律实践的复杂性，也可能无法或无法恰当地应对未曾出现过的新情形。

所以，在某种意义上，法理论往往是以增加问题复杂性的方式发挥作用的，它旨在复杂化而非简化论证。它要对法教义学上的学说和命题，甚至对习以为常、被广泛接受的通说进行审视和检验，看其是否符合科学的标准，从而扮演“法律解剖学”的角色。前文提及的以霍菲尔德的权利要素理论去剖析德国民法传统中关于主观法（权利）的划分就是一例。通过这种审视和检验，法理论将提醒法教义学注意两点：其一，法教义学致力于提供的概念、公式和原理可能是有语境限制的。这些概念、公式和原理通过法理论所提供之方法的帮助得以体系化，这使得它们看起来是普遍的和必然的。但事实上，与法理论上形式化的基本概念和体系结构不同，法教义学的概念、公式和原理都是具有实质内容的，因为它的对象并不是超越时空的实在法，而是特定语境中的法。这是法教义学无法逾越的界限。而具有普通意义的只有形式，而非内容。所以法教义学上的分类只是语境化的产物，法教义学上的原理也只有从各自具体的语境中才会获得意义。其二，反对教义学的自我授权。就

---

1 参见［德］马蒂亚斯·耶施泰特：《法理论有什么用?》，雷磊译，中国政法大学出版社 2017 年版，第 130 页。

像助产士帮助孕妇生产，但却不是孩子的母亲一样，法教义学只是描述和伴随法律制定，而不能直接去从事法律制定。法教义学所主张的对法律制定的参与只是作为观察者的直接参与，或者间接地作为建议者的参与，否则就逾越了固有的界限。[1] 所以，法教义学既有适用范围上的有限性，也有效用上的有限性，法理论（家）能够通过自己与法教义学（家）的距离来提醒人们注意到这两点。在此意义上，可以说它是“通过理论的理论祛魅”。[2]

本章结语

分析法理论（一般法学说）是一门以基本法律概念为对象的关于实在法的规范学科，它可以被视为法教义学的总论，位于法教义学与相邻学科之间，且致力于对法进行形式—结构的分析。它包括法的理论和法律科学理论，或者说“法的分析学”和“法律科学方法论”两部分。作为法的分析学，它既要提供基本法律概念的要素分析，也要澄清法律体系（法秩序）的构造，还要为法教义学中的价值判断构造论证规则。作为法律科学的方法论，它有着“雅努斯式”的多重面孔：在对外关系上（相对于相邻学科），它扮演着边防哨学科的角色，在对内关系上（相对于法教义学），它既是理性建筑学，又是法律解剖学。

即便如此，依然可能会有人质疑，这种致力于纯粹形式—结构分析的法理论究竟对于部门法学（法教义学）有什么明显的意义。这种质疑的潜台词是：部门法学（法教义学）本身具有强烈的实践指向，而法的理论看上去缺

1 这里的论述参考了［德］马蒂亚斯·耶施泰特：《法理论有什么用?》，雷磊译，中国政法大学出版社2017年版，第133~135、142页。应当指出，耶施泰特其实指出了法理论能够揭示出的法教义学的五种缺陷。但笔者认为其余三种能否成立有待商榷，当然这可能与笔者和他关于法理论本身的界定不尽相同有关。无论如何，在分析法理论（一般法学说）意义上理解的法理论，由于其自身的性质，无法揭示其余三种缺陷（必然性、体系性、崇信逻辑）。但这里不是具体展开的地方。

2 当然，这里第一个“理论”指的是法理论，而第二个“理论”指的是法教义学理论/学说。

乏与法律实践的任何关联，无法对后者施加任何直接的影响。它固然能发挥澄清关联脉络、对法的结构予以反思，或者改进法学教育的功能，这些功能也不能被低估，但它们依然与法律实践有很大的距离。即便离开形式—结构的澄清，迄今为止的法律实践及其背后的法教义学似乎也都运行良好。[1] 如此一来，法的分析学意义究竟何在呢？这里只引用比尔林所举的一种与自然科学认知的比较来作结：地球围绕轴心自转，围绕太阳公转，这打眼看上去对于我们的实际生活毫无意义，但它恰恰不仅具有“很高的理论价值”，而且也要求在未来可能发生的实践任务中被考虑。[2] 换言之，理论知识不仅只有理论意义，也会影响将来的实践。现在看不出法的理论的作用，可能只是意味着现有的法教义学大体足够实践使用，但这并不能保证未来实践的发展不会暴露出既有学说的短处。这种短处一旦暴露，作为一般化结构分析的法的理论就将成为构筑新学说的出发点。

因此，正如耶施泰特所言，法理论对于法实践的效用并不是一种市场叫卖般的肤浅的效用，也不是显而易见的和直接的效用，它只显示出那种有意愿、有能力去穿透肤浅的东西，质疑习以为常的东西，公开袒露出惊讶的效用。这是一种间接发挥于法实践的弯道效益。[3] 所以，在“部门法学—法律实践”这幅二元图景中，作为观察者的法理论其实是一种不参与的参与、不在场的在场。

1　这也是针对法理论的特定版本，即凯尔森的纯粹法学说最常见的批评。

2　Vgl. Ernst Rudolf Bierling, Juristische Prinzipienlehre（Bd. Ⅴ）, Tübingen：Verlag von J. C. B. Mohr（Paul Siebeck）, 1917, S. 223f.

3　参见［德］马蒂亚斯·耶施泰特：《法理论有什么用?》，雷磊译，中国政法大学出版社 2017 年版，第 150 页。

第十一章
社会科学与法教义学

20 世纪 70 年代以来，在新评价法学及其诸多流派的主导下，传统法教义学封闭体系的观念被进一步打破，倡导“在敞开的体系中论证”的新法教义学逐渐形成。新的教义学论证同时包含“描述—经验”、“逻辑—分析”和“规范—实践”三个维度，并要求教义学命题经受狭义和广义两种意义上的体系检验：狭义的体系检验指向现行法律体系内部教义学命题之间及其与有效法律规范之间的逻辑关系，广义的体系检验则是根据普遍实践观点对两者关系进行检验。[1] 教义学对普遍实践论证的依赖意味着，教义学语句不再是不可动摇的教条，而只是暂时被普遍接受的（未被证伪的）“假说”。从学科发展的大背景看，这是多学科渗透融合，尤其是社会科学研究融入法学（法教义学）带来的必然结果。

法律的社会科学研究为法教义学提供了知识供给，填补了法教义学的方法缺漏。[2] 但问题在于，这种“供给”和“补漏”是如何发生的？它们在法教义学的框架内又存在什么样的问题与不足？一个不争的事实是，尽管早在 20 世纪 70 年代就有学者发出了“今日之法学家还能再成为教义学者吗”的

---

1 参见［德］罗伯特·阿列克西：《法律论证理论》，舒国滢译，商务印书馆 2019 年版，第 308、322 页。

2 参见郭栋：《法律的社会科学研究何以可能》，载《法学家》2021 年第 6 期。

质疑，[1] 但法教义学通过凤凰涅槃式的重生业已经受住了历史的考验，并且日益成为部门法学的主流性研究范式。这说明，法教义学一方面对社会科学输出的经验知识与价值判断保持开放，另一方面又维系了自己"认知开放但运作封闭"的系统特征。[2] 本章并不意图一般性地阐明法教义学与法律的社会科学研究之间的关系，而只是基于法教义学本身的视角，阐明社会科学研究融入法教义学的意义及限度。这种视角的特征在于：其一，它采取单向视角而非双向视角，所以不处理法教义学对于社会科学研究的意义与限度问题。其二，它采取内部视角而非外部视角，所以不处理如法社会学对法教义学运行的现状、法的实效等的描述这类主题。[3] 其三，它虽与"司法裁判"的视角相关，但与后者并不完全等同：前者建基于同类案型之上的一般性教义学命题的形成过程，后者则以个案解决或诉讼过程为出发点。因而司法裁判中运用社会科学的某些重要场合，如案件事实认定（证据判断），并不为法教义学的视角所关注。[4]

本章将选择法社会学、法经济学与法政策学作为法律的社会科学研究主要分支分别进行论述，因为不同的分支对于法教义学的贡献方式及其局限性并不完全相同。但在此之前，尚需了解社会科学融入法教义学的时代背景，明确其基本路径。

1　Vgl. Ulrich Meyer-Cording, Kann der Jurist heute noch Dogmatiker sein?, J. C. B. Mohr (Paul Siebeck), 1973, S. 32 ff.

2　Vgl. Niklas Luhmann, Soziale Systeme: Grundriß einer allgemeinen Theorie, Frankfurt a. M.: Suhrkamp, 1984, S. 60 ff.

3　车浩区分了法教义学与社会科学的内部合作与外部合作（参见车浩：《法教义学与社会科学——以刑法学为例的展开》，载《中国法律评论》2021 年第 5 期），本书此处即指其所谓的内部合作关系。

4　目前国内学界主要从司法裁判的视角出发来切入这一主题，主要文献参见侯猛：《司法中的社会科学判断》，载《中国法学》2015 年第 6 期；王云清：《司法裁判中的社会科学：渊源、功能与定位》，载《法制与社会发展》2016 年第 6 期；张剑源：《发现看不见的事实：社会科学知识在司法实践中的运用》，载《法学家》2020 年第 4 期；郑智航：《社会科学在司法裁判中的运用原理与方法》，载《法商研究》2022 年第 1 期。

第一节　时代背景与基本路径

一、社会科学融入法教义学的时代背景

社会科学融入法教义学有其特定的时代背景，尤其是第二次世界大战以后各国法律体系的变化。这大概又包括三个方面。[1]

一是框架性立法逐渐增多。启蒙时代和古典自由主义时代，立法者往往提供事无巨细的具体法律规定。例如，1794 年《普鲁士一般邦法》的“附属物”一章，就运用 67 个条款，在规定（本身足够充分的）一般性定义的同时，又列举了大量具体情形，如庄园的附属物包括“母鸡、鹅、鸭、鸽子和吐绶鸡”。这样的法律固然可以在法的安定性和可预测性的意义上保障公民的基本自由，但却缺乏必要的弹性，无法适应社会变迁的需要。所以后来《德国民法典》就只用了两个一般性条款去处理附属物的问题。[2] 在法律适用过程中，需要适用者结合具体的事实情境和法外的知识去填充一般性条款，并使之具体化。20 世纪中后叶，随着社会复杂程度的增加和变迁频率的加大，框架性立法越来越多。框架性法律不包含任何特殊的法律规则，而是授权行政机关去制定具体的法律规则。而很多时候行政机关会将框架性立法作为实现其特定的政策目标的工具，运用特定的社会科学知识来塑造这些具体法律规则。

二是法律的目的导向性日益明显。古典自由主义时代的法律被认为是自洽严谨的逻辑体系，法官只需运用演绎方法即可为每一个法律问题都寻获唯

1　这里参考了 Jørgen Dalberg-Larsen, *On Bridging The So-called Gap Between Normative Legal Dogmatics and Empirical-Theoretical Social Science*, in Aleksander Peczenick, Lars Lindahl & Bert Van Roermund eds., Theory of Legal Science, Dordrecht u. a.: D. Reidel Publishing Company, 1984, p. 489-490。

2　参见雷磊：《法教义学能为立法贡献什么？》，载《现代法学》2018 年第 2 期。

一正确的答案。但当代的法律观念更多遵循的却是耶林的主张：一方面，“不是逻辑所要求的，而是生活、交易、法律感觉所要求的必须去实现，这在逻辑上可能是可以演绎得出的，也可能在逻辑以上是无法演绎得出的”[1]；另一方面，“目的是全部法律的创造者，没有赋予法条一个目的，也就是赋予其来源一个实践的动机，就没有法条”[2]。由此，当代大量法律包括框架性法律的基本内容不再是具体的行为要求，而变成了对相关领域之目的或适用机关想要实现之目的的说明。与此相应，一方面，在法律的领域内寻找目的，就成为法学（法教义学）的最高任务。[3] 而对法律之客观目的的确认，本就属于社会科学的任务。另一方面，在将目的性条款适用于具体情境时需要运用目的论证，而确立手段与目的之间的关系亦属于因果性社会科学的范畴。

三是社会生活领域调整内容的复杂化。20世纪以来，由于对全部生活条件的法律控制程度越来越强，法律适用者越来越有必要运用来自数个法律部门的法律规则和法律原则，来为特定案件提供好的建议或冲突解决办法。这就使得以部门法学的严格分立为基础的传统法教义学难以为继，而越来越需要一种开放、包容、问题导向的新法教义学。与此同时，为了应对复杂的社会关系，对其进行更有效的规制，也涌现出大量新型机构。这些机构同时承担着立法和法律适用的工作，它们在人员构成上通常具有混合式特点，也即由不同利益的代表、政治代表、不同知识领域（包括社会科学领域）的专家和法学家组成。立法与法律适用界限的模糊化，使得原本被认为只用于立法论证的社会、经济、政策考量，被越来越频繁地用于法律适用论证。社会科学领域专家的介入则为社科知识进入法律论证提供了知识储备上的可能。

从根本上说，社会科学融入法教义学也是由法教义学自身的旨趣决定的。

1　Rudolf von Jhring, Geist des römischen Rechts auf den verschiedenen Stufen seiner Entwicklung, Bd. Ⅲ 1, 9. Aufl., Breitkopf und Härtel, 1968, S. 321.

2　Rudolf von Jhering, Der Zweck im Recht, Bd. 1, Breitkopf & Haertel, 3. Aufl., 1898, S. Ⅷ, Vorrede.

3　Vgl. Rudolf von Jhering, Der Zweck im Recht, Bd. 1, Breitkopf & Haertel, 3. Aufl., 1898, S. 73 f.

因为法教义学虽然是一门“意义科学”，但它要运用主体间可靠的概念工具来实现人类自我评价、控制和对社会行动的规制。对这些任务的证立不仅属于科学领域，而且属于自由的和道德上负责的人类审思的领域。[1] 社会科学与法学研究相融合的意义是明显的，它既能够去探究法律领域的一些以前完全被忽略的问题，也能够以更有能力的方式去处理法学研究中已作探究的问题。但同时，正如波兰学者奥帕莱克（Opałek）所指出的，两者融合也存在三个方面的困难：一是导致其他学科的观念经常被法教义学肤浅地采纳，而没有将其与法律问题作深层调适，造成法教义学“过度负荷”（overload）；二是用其他学科的关注点替代法学研究的问题意识，造成所谓“二手专业化”（secondary specialization）现象；三是缺乏对法律及其研究的特殊性的关注。[2] 为了解决这些困难，我们需要了解不同社会科学的性质或旨趣，明确其融入法教义学的意义与限度。但在此之前，尚需明确社会科学融入法教义学的基本路径，以建立“法教义学之内的社会科学”的整体分析框架。

二、社会科学融入法教义学的基本路径

明确基本路径的基础是弄清“法教义学”和“社会科学”的所指。法教义学既是一种活动，即对现行法的概念性、体系化作业，也是这一活动的产品与对象。[3] 前一层含义可称为“作为方法的法教义学”（教义学方法），后

---

1 See Aulis Aarnio, *Paradigms in Legal Dogmatics Toward a Theory of Change and Progress in Legal Science*, in Aleksander Peczenick, Lars Lindahl & Bert Van Roermund eds., Theory of Legal Science, Dordrecht u. a.: D. Reidel Publishing Company, 1984, p. 31.

2 See Kazimierz Opałek, *Integration Between Legal Research and Social Science*, in Aleksander Peczenick, Lars Lindahl and Bert Van Roermund eds., Theory of Legal Science, Dordrecht u. a.: D. Reidel Publishing Company, 1984, p. 535–541.

3 Vgl. Nils Jansen, Rechtsdogmatik, Rechtswissenschaft und juristische Praxis-Zum gesellschaftlichen Ort und wissenschaftlichen Selbstverständnis universitärer Rechtsdogmatik, Archiv des öffentlichen Recht 143（2018）, S. 636.

一层含义可称为“作为知识的法教义学”（教义学知识）。作为知识的法教义学指的是由各个领域的法教义或者说法律学说构成的整体。如果将法教义理解为围绕现行实在法展开的“一般性权威命题或原理”，那么这种法教义学就可以被理解为基于现行实在法之上的“一般性权威命题或原理的整体”，或者说围绕一国现行实在法构造的“概念—命题”体系。作为方法的法教义学指的是获得这些知识产品的活动，作为一种独特的作业方式，它要求对现行实在法进行解释、建构与体系化。法律解释旨在澄清实在法规范的意义，法学建构的任务在于构造出能把握现实的法律概念，体系化则表现为根据某种统一的理念来阐释和塑造整个法秩序的规范和概念。[1] 与此类似，特定的社会科学同样既可以被理解为一种独特的方法范式，也可以被理解为一套知识体系。例如，经济学既可以指以效率为核心价值追求的各种经济分析方法和模型，也可以指通过这套方法和模型得出的具体的经济学命题或原理。据此可以绘制表5，来彰明“法教义学之内的社会科学”的含义。

表5　法教义学和法社会学关系

类型	法教义学	社会科学
知识	1	3
方法	2	4

在表5中，一方面，可以排除4和2的直接衔接。作为方法的法教义学与作为方法的社会科学是互斥的，它们无法相互取代，也无法直接结合。因为方法的不同在根本上来自立场的不同：法教义学秉持内在参与者的立场，这种立场从关于法律事业的内在态度出发，将自己设想为特定法律问题的参与者，提供在特定法秩序框架内应当如何行为（可以做什么、不得做什么）的标准，典型代表就是法官；而社会科学从关于法律事业的外在态度出发，要么秉持外在观察者的立场，即只是站在法秩序框架外部作描述和分析，并

1　参见雷磊：《法教义学：关于十组问题的思考》，载《社会科学研究》2021年第2期。

不提供规范性标准，要么秉持外在参与者的立场，试图从外部为法秩序提供一套规范性标准，来影响法律本身的运行。[1] 这种立场的不同在方法论上最明显的体现，就是无论是哪种社会科学，都将后果导向作为元方法，这是事后观点；相反，法教义学的基本特征在于依法裁判，这是事前观点。[2] 当然，法教义学并非不能容纳后果考量意义上的个案正义，但它坚决反对将社会后果视为司法裁判之唯一基础或最高基础的后果主义，并试图将后果考量纳入固有的法学方法论之中。[3]

另一方面，明显可以支持3和1的衔接。“法教义学之内的社会科学”最明确的体现，恐怕就在于吸纳社会科学的知识、命题、原理来构筑法教义学知识、命题、原理。如果说传统法教义学只是运用内在于传统法律实践的材料与方法来研究和决定法律问题，那么新评价法学主导下的法教义学则会同时运用外在于传统法律实践的材料与方法来研究和决定法律问题，此时就会涉及对社会科学知识的运用。例如，英美合同法上的效率违约学说就明显是吸纳了经济学上效率原则的产物。当然，此间的问题主要在于，秉持关于法律事业之内在态度的法教义学，如何以及在多大程度上可以将社会科学的知识吸纳进来，作为法教义学命题和原理的构筑要素？这就涉及了方法和知识的关系问题。

1和4、2和3可以衔接吗？换言之，法教义学知识与社会科学方法、法教义学方法与社会科学知识有无兼容的可能？首先应当看到，两者无法发生直接关联。法教义学知识只能是法教义学方法的直接产物（2→1），社会科学知识只能是社会科学方法的直接产物（4→3），社会科学方法无法直接带来法

---

1 这里融合了“参与者视角”、“观察者视角”与“关于法律事业的内在态度”、“关于法律事业的外在态度”两套分类标准。前者参见［德］罗伯特·阿列克西：《法概念与法效力》，王鹏翔译，台北，五南图书出版股份有限公司2013年版，第42~43页；后者参见Jack Balkin & Sanford Levinson, *Law and Humanities: An Uneasy Relationship*, Yale Journal of Law & the Humanities 18（2006）, p. 164。

2 参见简资修：《如何法律，怎样经济》，台北，新学林出版股份有限公司2022年版，第202页。

3 参见雷磊：《反思司法裁判中的后果考量》，载《法学家》2019年第4期。

教义学知识（4↛1），法教义学方法更无法直接带来社会科学知识（2↛3）。但是，这不代表两者无法发生间接关联。法教义学知识是运用法教义学方法（解释、建构、体系化）对现行实在法进行加工作业后的产物，而社会科学知识之所以可以成为法教义学知识的组成部分，正是由于它们可以进入法教义学作业之中，参与法教义学知识的形成过程。同时，这一参与并不是畅通无阻的。在此，法教义学方法扮演着单向的筛选或鉴定机制的角色：只有通过这一筛选的价值与后果才能成为法教义学论证中的规范性理由。这意味着，来自其他话语场域（社会科学）的论证必须以特定方式被法教义学论证转化和整合。法教义学继受社会科学知识的过程具体而言可分为四个阶段：（1）对法外的社会科学知识产生需求；（2）对其他学科知识储备的选择；（3）对社会科学知识的语境化处理，由此在知识产生过程中，塑造知识的要素就以提问、问题兴趣、方法和作业方式等形式被使用；（4）转化行为，借此为了确保法自身的逻辑，相关知识要素被挑选出来并被转化为相关法律知识，供法律作业运用。[1] 此外，既然社会科学知识本身是社会科学方法的产物，所以社会科学方法同样间接地参与了法教义学作业的过程，乃至法教义学知识的形成。这个过程的起点就是社会科学方法，而终点则是法教义学知识。

因此，3 和 1 并非直接衔接，它们需要以方法为中介。准确地说，社会科学融入法教义学的路径是，先运用社会科学方法（4）形成社会科学知识（3），然后将社会科学知识运用于法教义学作业过程，经受法教义学方法（2）的筛选和过滤，最后成为法教义学知识（1）的组成部分（其过程为 4→3→2→1）。由此，社会科学方法也将间接与法教义学方法发生关联。但在这一过程中，法教义学方法单方发挥着主导作用。法教义学所秉持的内在参与者立场决定了，它对社会科学方法及知识的接纳既有适应的面向，也有防御

1 Vgl. Christian Bumke, Erzeugung und Gebrauch von Wissen in der Rechtsdogmatik, in: Ino Augsberg und Gunnar Folke Schuppert (Hrsg.), Wissen und Recht, Baden-Baden: Nomos Verlagsgesellschaft, 2022, S. 469.

的面向。前者指的是，法教义学具有保持吸纳社会科学知识或作出及时回应的能力，以便维系法学开放性；后者指的是，法教义学也保有防止自己受到其他学科知识过度侵蚀的能力，以便维系法学的独立性。

第二节 法社会学的意义与限度

一、法社会学的性质

广义上的法社会学既包括经验法社会学，又包括理论法社会学。法教义学之内的法社会学主要指的是经验法社会学（以下使用“法社会学”的称呼时均指这种意义上的法社会学）。[1] 法教义学的经验面向体现在两个方面，一是认识及描述有效的法律，二是在法律论证中运用经验事实的陈述。法律论证乃是法学规范面向的主要工作，在法律论证中运用经验事实的陈述，即为规范面向与经验面向的直接交会点。此种经验事实，往往是由制度性行为的实证研究所发现。这就需要运用法社会学的研究。

要澄清法社会学对于法教义学的意义及其限度，首先要弄清楚法社会学的性质。一言以蔽之，社会学，包括法社会学，都属于观察的科学。[2] 观察的科学属于描述性科学。法社会学采取统计、调查、实验乃至当前流行的大数据分析等方法，观察、描述和解剖特定时空范围内的法律实践（经验—实证方法），强调社会环境因素对于法律运行的影响和法的社会实效（“活法”“行动中的法”），有的还试图从中提炼出一套规律性的经验模型。

就此而言，法社会学和法教义学常常是据远而居，追寻着它们各自的研究旨趣。首先，两者的认知兴趣不同。法社会学首先是一门认知学科，它致

---

1 当然，理论法社会学（社会哲学）亦可参与教义学论证。对此参见雷磊：《法社会学与规范性问题的关联方式：力量与限度》，载《中外法学》2021 年第 6 期。

2 参见［德］欧根·埃利希：《法社会学原理》，舒国滢译，商务印书馆 2022 年版，第 565 页。

力于对科学真相的认识。[1] 它关注的是法律现实的既存结构，将实在法设想为现实的文化要素，并澄清其历史的、社会的、时空的和动态的特性。[2] 相反，法教义学的研究旨趣是规范性的。作为规范性法律科学，它处理的是实在法的规范性意义，其活动基本聚焦于法律规范，而非公民、法官等行为的规律性。[3] 其次，两者处理的主题不同。社会学聚焦于人的行为与社会关系，法社会学的独特之处固然在于其与法律规范的关联性，固然要处理法律规范下的人的行为与社会关系，但其重心依然在于“行为”和“关系”。可以说，法社会学是“行为中心主义”的。如果将行为视作事实的一种，那么法社会学也可以说是“事实中心主义”的。与此不同，法教义学固然也会涉及法律相关活动者的行为和关系，但其关注点不在于行为和关系本身，而在于其法律上的“意义”。它是“规范中心主义”的。法社会学与法教义学都指涉“法律规范下的行为”，但前者的重心在于“行为”，后者的重心在于“法律规范”。当然，这不是说法社会学不可能涉及“意义”，因为人的行为是在自我理解和相互理解中展开的行为。但是，这种意义未必等于法律规范的意义。由此也呈现出法教义学与法社会学在“意义”这一主题上的不同倾向：当法教义学处理参与社会行为的人如何理解实在法的规范性意义，因此处理他们如何调整其现实行为时，它力图去理解与法律的规范性意义（客观意义）相关的主题。但法社会学并不处理任何既有法律的客观规范性意义，而只处理其主观规范性意义，也即处理法律的受众所理解的意义。[4] 最后，两者的学科属性不同。法社会学属于理论性的学科，它是社会学的一部分，研究的是社

1　参见［德］托马斯·莱塞尔：《法社会学基本问题》，王亚飞译，法律出版社 2014 年版，第 110 页。

2　Vgl. Ewald J. Thul, Die Denkform der Rechtsdogmatik, Archiv für Rechts-und Sozialphilosophie 44 (1960), S. 241.

3　［芬兰］奥利斯·阿尔尼奥：《作为合理性的理性：论法律证成》，宋旭光译，中国法制出版社 2020 年版，第 17 页。

4　See Teruo Minemura, *Dogmatic Legal Science and Sociology of Law*, Archiv für Rechts-und Sozialphilosophie 56 (1970), S. 359-360.

会生活及其与法律规范间的关系。作为一门理论性学科，它通过指涉法律目的的文化价值来对社会生活的现实进行加工。相反，法教义学属于实践性的学科。它是关于法律规范的内容与体系的学说，这门学科并不仅是在理论上指涉价值，而是作为规范科学本身就是评价性的。[1]

所以，法社会学在性质上是一门描述性、观察性/认知性和经验性的学科。这使得它既能为规范性和评价性导向的法教义学提供经验基础和互补功能，也使得它在法教义学之内发挥着有限作用。

二、法社会学对于法教义学的意义

经验性科学运用实证研究方法。有学者曾归纳出法律实证研究的四种作用：一是作为规范论证的实然基础；二是衡量法律的实效；三是描述法律论证与法律现象；四是发掘法制度相关行动者（如法官、律师）的行为模式。[2]就其与法教义学的关联而言，这四种作用可以分为三类：首先，第三种作用无疑构成了法教义学的"描述—经验"基础，以下不再赘述。其次，第一种作用可用以支撑特定应然论证的"差异制造事实"，直接被用作目的论证的小前提或结果论证的大前提。第二种作用有助于发现"差异制造事实"。它们直接或间接构成了法教义形成的经验基础。最后，第四种作用往往发现因果推论的"背景条件"，构成法教义推论的社会图景。以下论述后两类作用。

（一）法教义形成的经验基础

必须承认，对事实的充分把握是对法教义之充分构造的必要前提。在教

---

1 参见［德］赫尔曼·康特洛维茨：《法律科学与社会学》，雷磊译，载《荆楚法学》2022年第1期。

2 参见张永健、程金华：《法律实证研究的方法坐标》，载《中国法律评论》2018年第6期；张永健：《法实证研究方法论：实证比较法的五种取径》，载《月旦法学杂志》2022年第7期。

义学活动中，当我们去分析某个法律概念时，事实分析会告诫我们去反思事实上存在并发生于我们希望运用相关概念之领域中的那些事物的本质、存在的状态和过程。[1] 法教义学的推理特征具有目的论和形式主义的倾向。前一种倾向致力于将现实转化进与目的相关之纯粹意义的世界，而后一种倾向则致力于在经验整体中提炼出部分内容。法教义学必须使法律意义显现出必要的灵活性，这是法理念为回答总是源自不断变迁之社会事实的法律问题时所要求的。[2]

法社会学能为法教义的形成提供经验基础，具体而言又包括三种方式。

一是促进对案件事实的理解。司法裁判的基本功能在于将法律规范与案件事实相结合，得出恰当的解决办法。但规范与事实之间往往是有落差的，需要适用者通过一系列的中间步骤实现“具体待决案件与为制定法构成要件所确凿涵盖之案件之间的等置”[3]。而提供这一系列的中间步骤的，就是法律适用方法学说。法律适用方法学说在本质上是“规范性”的教义的学科，是以规定的方式告诉解释者基于特定的法律规定如何作出解释的学说。[4] 运用法律适用方法填补规范与事实之间的落差形成的具体命题或主张，就是法教义。而在衔接规范与事实形成法教义的过程中，经验—事实命题发挥着相当重要的作用。在此，法社会学对于事实问题拥有十分关键的意义。要进行法律判断的构成要件就是社会生活的事实，对它们的客观理解构成了正确的法律处理措施的前提。在非常多的情形中，健全的人类知性和日常的生活经验就足以满足这类客观理解。[5] 例如，在一个案件中，张三砍断了他人的左手拇指、

1　See Jyrike Uusitalo, *Legal Dogmatics and the Concept of a Scientific Revolution*, in Zenon Bankowski ed., Revolutions in Law and Legal Thought, Aberdeen University Press, 1991, p. 113.

2　See Teruo Minemura, Dogmatic Legal Science and Sociology of Law, Archiv für Rechts-und Sozialphilosophie 56 (1970), S. 362.

3　Karl Engisch, Logische Studien zur Gesetzesanwendung, 3. Aufl., Heidelberg: Winter, 1963, S. 19, 26.

4　参见［奥］恩斯特·A. 克莱默：《法律方法论》，周万里译，法律出版社 2019 年版，第 14 页。

5　参见［德］赫尔曼·康特洛维茨：《法律科学与社会学》，雷磊译，载《荆楚法学》2022 年第 1 期。

食指与中指。法官通过自己的经验与前理解，会认为《刑法》第234条第2款所表述的意义可能会是适用于本案的法律规范，因而以“致人重伤的，处三年以上十年以下有期徒刑”作为大前提，而以“张三砍断他人的左手拇指、食指与中指”作为小前提。显而易见，从这两个前提并不能直接推导出法律后果，中间尚需以下中间步骤：（1）使人肢体残废的，属于致人重伤；（2）丧失手的机能，就属于肢体残废；（3）如果手指失去作用，手的机能就会丧失；（4）砍断他人的左手拇指、食指与中指，手指就失去了作用。显然，这里（3）和（4）都属于来自生活的经验陈述，它们的真实性是得到医学研究和日常经验的确保的。[1]

另外，法律人经常谈论的利益衡量也属于事实问题的领域，而法社会学对此发挥着重要作用。对利益进行彼此权衡（利益比较）是澄清案件事实乃至规范构成要件时的一个必要成分。凡是有可能通过制定法作出一个满足双方利益（只要它们是正当的）之裁判的地方，一种训练有素的社会学理解就肯定会找到令人满意的解决办法。[2] 因为它需要裁判者对于双方当事人的社会资源、地位处境和实际力量有具体而透彻的把握，需要保持足够的“社会敏感度”。

二是辅助客观目的的探究。法律解释活动中的规范目的包括主观目的（发生学解释）与客观目的（客观目的解释）两种。发生学解释通过查找各类立法资料确认相关条款制定时的立法目的，推导出符合此一目的的解释。而客观目的解释则探究法律本身客观的规范目的，也即法律规定所欲实现的价值或社会功能作为解释的依据。这里主要涉及客观目的解释。一方面，法社会学能帮助发掘法律规范背后的社会目的。整个人类存在的目的可以分成两大类，即个人目的与社会目的。个人目的主要是指个人以自我维持为内容

1 这个例子参见雷磊：《为涵摄模式辩护》，载《中外法学》2016年第5期。

2 参见［德］赫尔曼·康特洛维茨：《法律科学与社会学》，雷磊译，载《荆楚法学》2022年第1期。

的自利的目的，社会目的则是共同生活的目的，也就是社会的任务。在人类共同生活的目的下，人类的行动是为他人而行动；反之，他人的行动亦为自己而行动。人类生活就等于社会生活。[1] 法律规范调整的是人与人之间的社会关系，旨在通过一定的行为—关系模型来塑造特定的社会生活。从此意义上看，法律规范本身就是实现特定社会目的的手段。因果性的法社会学能够在考证特定社会目的及其与特定手段的关联性方面发挥作用。

另一方面，法社会学能帮助确定法律规范的社会效果。客观目的解释的一种重要途径在于确定，有待解释的制定法在平均类型的案件中会对社会生活引发或适于引发哪些效果。必须要从这些常规的效果（这里总是涉及对任何在制定法的意义上被视为有价值之利益的保护）中推导出制定法的目的。故而法律意义上的目的探究以一种法社会学领域的活动为前提。[2] 社会效果甚至可以被上升为法律解释活动中的规范性原则。例如，欧盟最高法院即以预估评价的方式对欧盟条款的实践后果加以考量。因为在欧盟这样一个超国家共同体中，27 个成员国具有完全不同的法律文化，为了确保欧洲法得到成员国的尊重，欧盟法院不得不注重欧盟条约执行的实际效果问题。基于此，它提出了独特的“实际有效原则”（effet utile），“条约条款的解释之方向，在于使得条款的目的尽可能地被实现，使条款体现‘实际的益处’，并使它的‘效益’得以发挥”。换言之，“若某种解释能够最好地发挥规范的效力且能使规范实际的益处最大化，则应优先采纳之”。[3] 可见，如果某一规范事关较为复杂的现实，或者目的在于推行或遏制特定的措施，则有必要在结果预测的框架下进行“现实性分析”。而这无疑离不开社会学研究。

1　Vgl. Rudolf von Jhering, Der Zweck im Recht, Bd. 1, Darmstadt: Breitkopf & Haertel, 3. Aufl. 1898, S. 58, 64, 88.

2　参见［德］赫尔曼·康特洛维茨：《法律科学与社会学》，雷磊译，载《荆楚法学》2022 年第 1 期。

3　参见［德］托马斯·M. J. 默勒斯：《法学方法论》（第 4 版），杜志浩译，北京大学出版社 2022 年版，第 297 页。

三是协助法律漏洞的填补。制定法中的漏洞无可避免。为了应对可能出现的法律漏洞，制定法本身往往会规定所谓的“法源条款”，对法官在漏洞情形中的行为作出指示和授权。例如，著名的《瑞士民法典》第 1 条规定：“凡依本法文字或释义有相应规定的任何法律问题，一律适用本法。无法从本法得出相应规定时，法官应依据习惯法裁判；如无习惯法时，依据自己如作为立法者应提出的规则裁判。在前款的情况下，法官应参酌公认的学理和实务惯例。”又如，我国《民法典》第 10 条规定：“处理民事纠纷，应当依照法律；法律没有规定的，可以适用习惯，但是不得违背公序良俗。”这两个条款就呈现出“立法的一般授权+司法的个别认可”的结构。也就是说，一方面，是立法或制定法本身对法官进行一般性的授权，使得在后者面临法律漏洞的情形时，可以将“习惯”作为替补性法源来填补漏洞；另一方面，在具体民事案件中，究竟该寻找何种具体习惯，则由法官自己来决定。如果说“法源条款”是立法对法官的直接授权，那么在其他一些条款中立法通过相关规定也间接地授予法官去寻找法外的解释资源的权力。例如《德国民法典》第 157 条规定，对合同的解释，应遵守诚实信用原则，并考虑交易惯例。这里规定的“交易惯例”就是对法官解释合同之资源的授权指示。如果说法源条款针对的是法外漏洞，那么这里的情形可以被视为（条款含义呈开放性时的）法内漏洞。

无论是在法外漏洞还是法内漏洞的情形中，法官在获得援引习惯和交易惯例的授权时，都需要去了解和考察当时当地通行的相关实践。习惯和交易惯例首先是存在于特定时空中的事实，而对事实的体验与察知就属于社会学的范畴。有时，这种体验与察知可能直接来自法官个人，因为他本身也是社会共同体的一分子。有时，这种体验与察知可能是间接的，首先由当事人进行举证、质证，然后由法官进行判断和选择，其间依然需要运用社会学的因果性方法来辨明证伪，建立与事实的相关性。

（二）教义推论的社会图景

法社会学有时也可以不直接参与教义学命题的形成，而是作为法律规范的社会背景，对法教义学知识进行“激扰”。因为法学连同它所描述的规范，必定呈现出一幅规范应为之生效的社会图景。[1] 社会图景的变迁，会或快或慢地间接导致法教义的更新。这在一般条款和抽象法律概念的教义学阐释方面体现得尤为明显。

一般条款不是惯常意义上的规则，也即通过“如果—那么”的关系将轮廓清晰的事实描述与法律后果联结起来的规范。根据制定法实证主义的观点，它是“制定法形式的漏洞”（Lücken un Gesetzesform），即仅是对法官的授权。例如，在第一次世界大战之后的经济萧条时期，德国法官就多次运用《德国民法典》第 242 条[2]来证立制定法未曾规定的新义务，限缩甚至否认制定法已规定的权利。战后德国陷入通货膨胀，在和平时期借出金马克的债权人只能从他们的债务人那里收回没有价值的纸币（面值百万亿却价值不到一美元）。规则只能应对常态情形，“马克就是马克”的货币法则只适用于“美好时代”，而无力应对困难时期。对“向一般条款逃逸”[3] 的批评也只有在常态情形中才能成立：因为它是对通过具备清晰的构成要件和法律后果之规则来保障当事人自由（意思自治）这一要求的主张，而这种自由在困难时期要让位于社会公平。因此，在通货膨胀的困难时期，为了避免产生严重的不公，法官就需援引第 242 条来勾画不依托任何具体规则的解决办法。如此，一般条款就逐渐获得了立法者未能想象得到的意义。法官在个案中适用其他规则

1　参见［德］欧根·埃利希：《法社会学原理》，舒国滢译，商务印书馆 2022 年版，第 568 页。

2　《德国民法典》第 242 条规定：“债务人有义务依照诚实信用所要求的方式并考虑交易习惯，履行给付。”

3　Vgl. Justus Wilhelm Hedemann, Die Flucht in die Generalklauseln: eine Gefahr für Recht und Staat, Tübingen: Mohr, 1933, S. 76.

时也要一并考虑第 242 条，以便使得对其他规则的解释导向于合理的方向。[1]

抽象法律概念的阐释同样无法脱离它所处的时代背景与法外知识。2008 年爆发的国际金融危机形成了系统性风险法律研究的社会背景。这场危机主要被理解为这种风险现实化的表现和后果。为了更好地应对乃至防止这种危机，欧盟和各成员国都纷纷建立了新型监管机构。根据构成和塑造它们的规则框架，应对和防止金融危机的前提在于必须澄清“系统性风险”的具体特质，而这只有在一定程度上理解相关的法外现象的情况下才有可能。重点在于形成可定义的背景知识，而这些背景知识在一个可以被描述为“系统性风险”的主题空间中移动。然而，这个空间是如此复杂，以至于它无法进行总体建模，因此无法符合某个既定的概念构造。这项工作不是在归责、构成要件和法律后果的层面上进行的，而主要在于对自然条件和社会条件的分析，特别是以能够将系统风险与既定的危险和风险数量联系起来的任务为引导。[2]继受的外来知识奠定了法教义学知识生成的雏形，法教义学的概念必须与之兼容。

所以，法官在运用一般条款或抽象法律概念进行教义学推论时，不能脱离规范（适用时）所处的社会图景及法外知识的输入。社会图景的变迁构成了法教义得以塑造和更新的牵引器。

三、法社会学在法教义学之内的限度

法社会学能为法教义的形成提供必要的经验基础和社会图景。但由于描

1　Vgl. Johann Braun, Einführung in die Rechtsphilosophie, 3. Aufl. , Tübingen: Mohr Siebeck, 2022, S. 50.

2　Vgl. Ann-Kathrin Kaufhold, Systemaufsicht: Anforderungen an die Ausgestaltung einer Aufsicht zur Abwehr systemischer Risiken entwickelt am Beispiel der Finanzaufsicht, Tübingen: Mohr Siebeck, 2016, S. 14, 20 ff, 346 ff.

述性学科的性质所限，它只能为规范性的法教义学供给作为评价前提的事实。而即便是在“描述—经验”这个法教义学的初始维度上，它同样会受到限制。

（一）事实选择

法教义学并非单向度地依赖经验事实。的确，教义学要根据法律评价来构建一个世界，只能借助于那些亦能有效地促成真实变革的机制，这尤其依赖人们对因果流程的了解和把握。但是，教义学可以将其感兴趣的问题告诉相关的实证科学领域，这样，这些学科的研究对象和知识兴趣就要受到教义学的影响，或者，也会引发交叉学科的研究课题的产生，就像在犯罪学和法医学中发生的那样。[1] 例如，犯罪社会学尤其是犯罪统计学研究，就必须根据刑法的（来自教义学、形成于制定法的）概念来分组，而非根据其他学科的概念来分组，才能产生对于法律实践有益的成果。换言之，法教义学需要哪些经验事实作为塑造法教义命题的基础，这些经验事实以何种样态和方式成为法教义命题的要素，这些都要以法律规范的构成要件及其教义学判断为准。所以，正如阿尔尼奥所言，法社会学确实能提供有助于理解社会的信息，在判决中，社会学可以为借助于法律标准而成为法律理由的事实提供支持。但对于法教义学而言，它最多只能作为一种实践论证的来源，即在法律推理中被用来支持结论。[2]

（二）事实评价

不仅法社会学确认的事实有待法教义学的选择和剪裁，而且法社会学所提供的事实更需进行法教义学上的评价。法社会学易被理解成真正的关于法

1　参见［德］沃斯·金德豪伊泽尔：《适应与自主之间的德国刑法教义学——用教义学来控制刑事政策的边界?》，蔡桂生译，载《国家检察官学院学报》2010 年第 5 期。

2　See Aulis Aarnio, *Essays on the Doctrinal Study of Law*, Springer Publisher, 2011, p. 19.

律的“科学”，因为它经验式地，即按自然科学的方式处理问题。这可能导致的结果是，如弗朗茨·李斯特（Franz Liszt）把关于侮辱的“科学的”定义，指为一系列的喉头运动、声波刺激、听觉刺激。当然，李斯特也意识到，侮辱的“本质”在于对名誉的伤害，但“科学”的认识同样不可能达及这一规范性内容。从事实中无法产生应然，纯经验运作的法社会学无法为正确的应然提供证立，其缺陷不是它关心对社会事实的探究（这在过去和现在都是正确的），而在于它意欲入主教义学法学的位置。[1] 因为一个规则在什么情况下是不合理的，这是一个法律评价的问题，就其回答，社会学无所贡献。[2] 社会学本身并不能明示法官或其他人应该去做什么，也不能明确公正所在。只有当社会学伴随一个能够赋予其意义的规范性标准时，它才会具有规范性效力，成为行为的法律依据。法律理由的叙述性部分依赖（社会）科学的支撑，但必要的规范性部分则不需要。法官和学者不能因为经验性理由而忽视规范性部分。社会学不应被用作避免规范性讨论、协商、裁判、责任和义务的借口。[3]

1. 经验基础的评价性补充

法社会学在为法教义的形成提供经验基础时，在前文所述的三个方面都需要进行评价性补充：第一，在案件事实的理解方面，法社会学无法完成“临门一脚”，也即实现从实然（事实）到应然（规范）的跨越。这尤其体现在利益衡量方面。利益衡量需要第三方评价性标准，这一标准只能来自经由教义学加工的法律或法律目的本身。作为社会学方法的利益衡量不外乎意味

1 参见［德］阿图尔·考夫曼、［德］迪特马尔·冯·普福尔滕：《法哲学的问题史》，载［德］温弗里德·哈斯默尔、［德］乌尔弗里德·诺伊曼、［德］弗兰克·萨利格主编：《当代法哲学和法律理论导论》（第9版），郑永流译，商务印书馆2021年版，第173、174页。

2 参见［德］托马斯·莱塞尔：《法社会学基本问题》，王亚飞译，法律出版社2014年版，第89～90页。

3 参见［美］史蒂文·伯顿：《诚信裁判》，宋晨翔译，中国人民大学出版社2015年版，第94～95页。

着由此来对利益进行判断，即在多大程度上促进这种利益或那种利益是合乎法秩序的目的的。第二，就客观目的的探究而言，无论是对社会目的的确定还是对社会效果的探查，都需要与法律解释的其他规准相契合。一方面，对社会目的和效果的追寻通常不能逾越法律规范本身的文义，也要尽可能地与立法者的主观意图保持一致，或至少不相冲突。[1] 另一方面，对社会目的和效果的追寻也不能违反体系性要求，即不仅不能与同一体系中的其他法律规范发生逻辑冲突，也要尽可能地与整个法律体系的内在价值相融贯。第三，就漏洞填补而言，也不得以一种违背立法目的的方式完成。在漏洞情形中，裁判者无法从制定法中直接提取出案件的解决办法，社会生活的多样性和可变性也导致不可能存在一成不变的一般性解决办法。即便如此，即便此时裁判者需要去寻找社会既存的习惯等事实作为裁判基础，他依然需要尽可能地使这种事实与既有的法律评价相契合。我国《民法典》第 10 条后半句规定的“不得违背公序良俗”事实上就为这种审查性评价提供了依据（“公序良俗”是我国民法明文规定的法律原则）。之所以教义学要作出上述第二、第三方面的限制，是因为法律不仅是语词和文义的体系，也是意义和价值的体系。法教义学以实在法为工作平台，也以实在法为约束前提，要尽最大可能发挥制定法的作用。这里既包括制定法之文字和逻辑的“近程作用”，也包括制定法的主观目的和内在价值体系的“远程作用”。[2]

在此可举一例：围绕“贸易抵制的法律意义”，社会学家至多能告诉我们，什么是贸易抵制，它实际上带来了什么后果，将会带来什么后果，继而说明这里所涉及的利益，并设法获得对它们进行权衡的质料。至多还能进一

1　阿列克西曾表述过这样一个论证规则：“那些表达受法律的文义或历史上的立法者意图之约束的论述，比其他论述具有优先地位，除非能够提出合理的理由说明其他的论述被赋予了优位。”［德］罗伯特·阿列克西：《法律论证理论》，舒国滢译，商务印书馆 2019 年版，第 305 页。

2　Vgl. Phillip Heck, Gesetzesauslegung und Interessenjurisprudenz, Archiv für die civilistische Praxis 112 (1914), S. 206-207.

步说明，适用于贸易抵制的法律规范事实上拥有什么样的事实效果，包括可以预见被建议的制定法解释将拥有何种效果。但只有教义学者能够走最后一步，能够以这些学说为支撑去研究，应当如何解释制定法，如何填补其漏洞，从而使得对贸易抵制的调整在个案中合乎制定法的目的。[1]

2. 社会图景的评价性抵制

法社会学在为法教义推论奠定社会图景时，这种社会图景也许经由教义学内在法则的评价，甚至受到抵制。社会图景的改变未必一定会引起相关法教义的更新。在社会图景变迁可能引起的法教义更新的场合，既有的法教义相对于因应社会变迁而将要产生的新的法教义处于一种论证上的优势地位。这是法律论证中“惯性原则”（the principle of inertia）所导致的结果。这一原则认为，惯性使得我们有可能依赖常态、惯习、现实和实际，并赋予它们价值，不论它是现状问题、已被接受的观点还是持续发展的常规状态。当然，既有法教义作为一种“常态”或“既存事实”的优势地位并非绝对，它可以被改变，但它的确向欲偏离既有法教义者施加了一种论证负担：欲偏离制度的既定规定或实务见解者，负有论证责任；相反，诉诸既定规定或实务见解者，无须再提出额外的理由。换言之，变化必须有正当理由，而且必须是更强的正当理由。一旦作出决定，除非有充足的理由，否则不能改变。[2] 惯性原则的背后，其实是社会图景改变所带来的新价值与既有法教义所蕴含的价值之间的冲突问题。根据这一原则，当两者发生冲突时，要衡量的并不仅仅只有新旧状态下的实质价值（如前文《德国民法典》第242条在经济萧条时期所涉及的“自由”与“公平”的冲突），而且也包括支持既有法教义继续适用的法的安定性和可预测性价值。法的安定性和可预测性体现了形式正义的要求。因此，要因应社会图景的改变偏离既有的法教义，就必须论证：这种

---

1 参见［德］赫尔曼·康特洛维茨：《法律科学与社会学》，雷磊译，载《荆楚法学》2022年第1期。

2 参见［比利时］哈伊姆·佩雷尔曼、［比利时］露西·奥尔布莱希茨-泰提卡：《新修辞学：一种论证理论》，杨贝译，商务印书馆2021年版，第124~125页。

改变是如此之大，以至于新价值的分量（实现的必要性）要比既有教义的实质价值和性质价值加起来更加大，也就是要有“重大理由”或“不可抗拒的理由”。否则，社会生活总是处于不断变迁之中，如果任何微小的改变总是要引起相关法教义的变更，难免使得法律系统处于不稳定状态，无法恒常地发挥行为指引功能。法律及其教义学作为一套通过相对稳定的模式来格式化世界的程序，要起到化约社会复杂性的作用，其本身就必须在一定程度上具有抵制社会变迁的“硬核”（hard core）。只有当持续存在可由法教义学认知系统识别出的真正法律问题时，法律科学中的进步才会发生。[1] 这是形式法治的应有之义。

综上所述，康特洛维茨曾指出，社会学必须作为教义学法学最主要的辅助性学科。没有社会学的教义学是空洞的，没有教义学的社会学是盲目的。[2] 社会学可以被用来加强某种法的解决方案的说服力，但它不能取代法的地位。实证数据和社会学或许可以更好地描述社会现实、揭示价值问题，但其本身不能提供法律问题的解决方案。所以，除非能够从法律本身得出法律适用者可以直接援用社会学的线索，社会现实方面的论述或社会的认可程度等论据都只能发挥加强论证等效果。[3] 总之，社会学既不应当取代法教义学，也不是后者的基础性学科，而是法教义学的一种补充性或辅助性学科。[4] 只有在教义学自身准则的引导下对社会学提供的事实进行选择和评价，才能恰当地充实

---

1 See Aulis Aarnio, *Paradigms in Legal Dogmatics Toward a Theory of Change and Progress in Legal Science*, in Aleksander Peczenick, Lars Lindahl & Bert Van Roermund eds., Theory of Legal Science, Dordrecht u. a.: D. Reidel Publishing Company, 1984, p. 33.

2 参见［德］赫尔曼·康特洛维茨：《法律科学与社会学》，雷磊译，载《荆楚法学》2022 年第 1 期。

3 参见［德］托马斯·默勒斯：《法学方法论》（第 4 版），杜志浩译，北京大学出版社 2022 年版，第 771、772 页。

4 20 世纪初曾围绕这一点展开争论，这三种观点的代表参见 Kalson Preuß and Doris Schweitzer, Disziplinäre Angrenzungsstreitigkeiten: Rechtswissenschaft und Soziologie Anfang des 20. Jahrhundert, Zeitschrift für Rechtssoziologie 41 (2021), S. 180。

法教义学命题，赋予其既不脱离现实、又能发挥自身指引能力的地位。[1]

第三节　法经济学的意义与限度

一、法经济学的旨趣

法经济学要求，法律适用要得出经济学上最有效率的结论，或者尽可能以可获得经济学上最有效率的结论来解释法律规范。[2] 法经济学的基本假设是，个体原则上能够理性地行动，能够为实现个人利益最大化的目的而依据成本即收益作出符合自己私利的决定（经济人假设）。其背后更深一层的假定是，行为人有清晰定义的目标，有实现这些目标的手段，并且知道如何使用这些手段（理性选择理论）。[3]

法经济学有两个版本，一个是实证进路，另一个是规范进路。实证进路强调法律的经济分析的分析特性，并试图利用它来解决法律科学之特定和有限的部分问题，也即考虑和比较各种解释选项的经济效率和成分—风险分配。在此，经济学滤器的任务并不意在排除选项，而只在于在经济学视角下标记具体的变种。与此不同，规范进路想要成为一种规范性法律科学新观念的唯一出发点和确定背景。它的最高目标在于有效分配资源。当资源在整体经济

1　基于此，近年来我国学者季卫东提出了“议论的法社会学”这种法社会学新范式，主张这种新范式致力于对实践的观察、分析以及诠释，强调主体对结构的塑形作用，进而从事实与话语之间的交相影响中解读社会价值的含义，侧重法律沟通过程、规范选择的行为以及秩序的建构—解构—再建构机制的经验性研究，也包括法律意识的比较、解释、反思以及批判。参见季卫东：《法律议论的社会科学研究新范式》，载《中国法学》2015 年第 6 期。

2　Vgl. Stefan Grundmann, Methodenpluralismus als Aufgabe: Zur Legalität von ökonomischen und rechtsethischen Argumenten in Auslegung und Rechtsanwendung, Rabels Zeitschrift fur Auslandisches und Internationales Privatrecht 61 (1997), S. 425.

3　参见［德］托马斯·默勒斯：《法学方法论》（第 4 版），杜志浩译，北京大学出版社 2022 年版，第 303 页。

上得到最有效的利用，也即效益得到最大化时，这种资源分配就达到了最优。[1] 这种进路建立在功利主义的伦理立场之上：将效用最大化作为规范性标准，认为相比于其他方法，对个人效用的评估将导致更好的解决办法。[2] 于此，法律被普遍地视为实现特定目标（效率）的手段，而非价值本身。前一种研究进路也可被称为“实证法经济学”，后一种研究进路的典型则是福利经济学，它属于规范社会科学的一种。[3] 相比而言，规范进路的法经济学更具有雄心，因为很多时候它不仅想要将效率确定为法律适用的规范性标准之一，而且试图将其作为凌驾于其他规范性标准之上的元标准，这体现出明显的“经济学帝国主义”色彩。所以，法经济学的实证进路不会触及法律科学的自治，而与规范性进路的无条件合作最终将导致法律科学屈居于经济学（二者拥有不同的观念目标任务）的优先性之下。[4] 后文的论述将以规范进路为重心。

二、法经济学对法教义学的意义

（一）实证进路作为教义学辅助

实证进路或工具主义范式之经济分析在法教义学中的基本目标在于，在规范目的既定的前提下帮助提供最节约资源的手段。这种范式的任务在于内部理性化或工具理性化。当然，为了建立起手段与规范目的之间的关联，经济学必须用经济学术语来对法律目标进行翻译和重构。此时，法律适用主要

1　Vgl. Christian Kirchner/Stefan Koch, Norminterpretation und ökonomische Analyse des Rechts, Analyse & Kritik 11 (1989), S. 117, 118, 122.

2　See Charles K. Rowley, *Wealth Maximization in Normative Law and Economics: A Social Choice Analysis*, George Mason Law Review 6 (1997-1998), p. 981ff.

3　参见张永健、程金华：《法律实证研究的方法坐标》，载《中国法律评论》2018 年第 6 期。

4　Vgl. Christian Kirchner/Stefan Koch, Norminterpretation und ökonomische Analyse des Rechts, Analyse & Kritik 11 (1989), S. 120.

涉及的就不是经济分析的正当性，而是合法性了。关键问题变成了，能否从立法评价推出经济分析的可容许性。如果经济学的效率（如分配效率）属于规范的目的本身，那么它就也要被用作解释的指导方针。[1] 但如此一来，这种范式的运用就只能限于经济学传统上拥有目的论基础的法律领域，即主要是经济法领域或相关的一般条例（如“交易中必要的勤勉”）。

（二）规范进路对教义学的融入

规范进路的经济分析融入法教义学的方式大体包括三种：第一种是通过制定法的规范化，也即相关的经济学原则被直接规定在规范文本之中，然后通过法律适用进入教义学之中。典型如将效率规定为法律原则。[2] 第二种是通过立法者的规范化，也即将效用最大化视为立法目的（的一部分），据此来对法律规范进行解释以获得法教义。如果说这两种方式是法经济学进入法教义学的间接通道，那么第三种方式就是法经济学进入法教义学的直接通道，也即通过法官或者说法学方法论的规范化。

通过法学方法论的规范化最典型的场合是法律解释。在法律解释的情形中，法经济学有可能借助于各种典型的解释方法成为塑造法教义的要素。一是文义解释中的经济分析。法律概念具有语义开放性或不确定性，这又分为模糊、歧义和评价开放三种情形。[3] 尤其是在评价开放的情形中，经济分析可能作为论据被引入。有时，法律中有不少不确定法律概念本身就带有浓厚的经济意蕴，可以直接诉诸成本效益考虑等经济分析论据来精确化其意义。例

---

1 Vgl. Stefan Grundmann, Methodenpluralismus als Aufgabe: Zur Legalität von ökonomischen und rechtsethischen Argumenten in Auslegung und Rechtsanwendung, Rabels Zeitschrift fur Auslandisches und Internationales Privatrecht 61 (1997), S. 432, 434.

2 艾登缪勒就认为，只有当效率通过立法评价变成制定法的政策时，它才能被作为解释原则。（Vgl. Horst Eidenmüller, Effizienz als Rechtsprinzip, Tübingen: Mohr Siebeck, 1995, S. 450 ff.）

3 Vgl. Hans-Joachim Koch/Helmut Rüßmann, Juristische Begründungslehre, München: C. H. Beck'sche Verlagsbuchhandlung, 1982, S. 191f.

如我国《民法典》第 43 条第 2 款规定的“应付的其他费用”，第 121 条规定的“支出的必要费用”。有时，即便是对于不带有明显经济意蕴的模糊概念，经济分析也可能提供一种理解可能。例如，对“可归责”可以通过经济分析方法提出的“优势风险承担者”来建构比较精确的解释。二是历史解释中的经济考虑。法律规范的立法/修法理由或材料中也可能包含效率考虑。三是体系解释中的经济解释。体系解释诉诸外部体系的连贯性和内部体系的融贯性，前者涉及概念，后者涉及价值。法律体系之内在原则，亦可借由效率原则来说明其合理性，例如“私法自治”原则可以在经济学的视野中获得说明和辩护：理性自利的行为人，在利伯维尔场中通过自愿交易，自主决定彼此间的私法关系，能使劳力与资本等资源分配效率最大化。[1] 四是目的解释或论证中的经济方法。经济分析进入法教义学的最重要和一般性的途径，是通过目的论证之形式进入法律解释和法律续造的说理过程。法官将效率作为法律解释或法律续造所要实现的规范目的，或者以效率考虑来证成某些规范目的的合理性。典型者如物权法的经济分析，就将物权配置带来的福祉作为效益，将实现配置的制度成本视为成本，并将“配置效益减去制度费用后净值最大者”视为物权法规范背后的实质规范目的。[2]

三、法经济学在法教义学之内的限度

实证进路之法经济学的功能发挥受制于特定法律领域的规范目的本身，只有当该规范目的本身取向于效率时，该进路才能在手段—目的关联性的意义上发挥辅助功能。规范进路的经济分析为法律解释开启了有益视角，但对相关法律规范的经济学解读并非必然，经济学的效率标准也不是法教义学的

1 参见王泽鉴：《民法总则》（增订新版），2014 年自版发行，第 268~270 页。

2 这里参考了王鹏翔、张永健：《经济分析与法学方法》，载舒国滢主编：《法理》第 6 卷第 2 辑，商务印书馆 2021 年版，第 28~63 页。

最高标准，经济学知识更要受到教义学双重体系的制约。

（一）经济学解读的非必然性

在法律解释活动中，对相关法律规范作经济学解读是偶然的或非唯一的。一方面，如果法律规范文义本身或者立法/修法理由包含明显的经济意蕴，此时将经济分析纳入法教义学考量就仅仅是法律本身或立法意图的要求。但这具有偶然性，完全取决于实在法和立法材料本身。很多时候，效率绝非立法者之多元价值获取的元目标，而要被理解为诸多可能之目标中的一个。并且，能否用经济学思维来充分重构立法目的本身就存疑，立法者意图也只是解释法律规范时的一种（哪怕具有特定优先性的）论据而已。因此经济学思维只能部分被置入法秩序之中，它不具备进入法教义学的广泛通道。

另一方面，如果法律规范文义、法律体系的内在原则或规范目的本身不包含明显的经济意蕴，而只是对其作了“经济解读”，那么这只是一种可能的说明和辩护方式，而非唯一的方式。例如，张永健等认为：“在语义论证足以确定结果的案件中，文义解释具有优先性，是为了确保法官受制定法约束，以实现权力分立与民主原则的要求，并能提升法的安定性与可预测性。但这同样可以从成本效益的效率角度来理解：在法律不违宪的前提下，法院接受立法者的制定法所包含的价值与做法，自己不再重新进行价值权衡判断，直接依据法律文义作出决定，显然是比较能够节省劳力时间等成本的有效率论证方式。”[1] 但这只是一种可能的且非主要的支持文义解释的论据。文义解释的主要价值来自对语言共同体或专业共同体已形成之语言使用规则的尊重，这是权威的一种形式。如果要片面追求效率，那么脱离用清晰文义表述的规则、无须解释和说理有时可能效率更高（完全委托法官去决断）。因为解释活

1 王鹏翔、张永健：《经济分析与法学方法》，载舒国滢主编：《法理》第6卷第2辑，商务印书馆2021年版，第64~65页。

动存在，某种意义上就是影响效率的。又如，就像可以从经济学视角出发，用效率原则来对意思自治原则作说明和辩护那样，我们也可以从伦理学视角出发，用功利主义原则来解读成本—效益分析方法。两种“读法”在逻辑上是等值的。

此外，对法律规范在各种方法外衣下作经济学解读，以“不受约束的法官”或法官拥有“充分的方法自由”为前提。但方法的运用有特定要求和体系，法官也必须受到立法者评价性规定的约束。[1]

（二）效率标准的非最高性

法经济学者不仅将经济分析作为融入诸种方法的要素，而且试图将其所倡导的效率标准作为法教义学的最高标准。这体现在两个方面：一方面，法经济学者要求在目的解释的框架中进行解决目的竞合的效率考虑，也即用经济分析的效率判断来取舍衡量相冲突之目的价值。与将效率作为法律解释或法律续造所要实现的规范目的也即一阶效率不同，将效率作为解决各相竞合之规范目的冲突标准涉及的是二阶效率。换言之，当不同规范目的（包括一阶效率，但也包括正义、公平等价值）发生冲突时，可以福利高低度量好处与坏处的大小，并选择净好处最大者，也即追求福利极大化。[2] 另一方面，法经济学者认为，经济分析还有助于解决不同解释方法之冲突与优先性等元方法论问题。元方法论的核心工作在于面对不同选择可能性时，提出一套评价选择的程序或标准。经济分析以二阶效率判断作为元方法，可以分为两个阶段：在第一阶段，考虑各种解释方法，尽可能找出可供选择的不同解释选项；在第二阶段，评估这些选项会带来的结果，再进行成本效益分析以决定采取

1　Vgl. Stephan Tontrup, Ökonomik in der dogmatischen Jurisprudenz, in: Christoph Engel (Hrsg.), Methodische Zugänge zu einem Recht der Gemeinschaftsgüter, Baden-Baden: Nomos Verlagsgeschaf, 1998, S. 66-77.

2　参见王鹏翔、张永健：《经济分析与法学方法》，载舒国滢主编：《法理》第6卷第2辑，商务印书馆2021年版，第48~58页。

哪一个选项。[1]

但无论是目的解释框架内的冲突解决标准，还是不同解释方法之上的元方法，对于法教义学而言都无法成立。经济学将效率作为唯一的评价标准，用主观期待效用模型来简化人的价值世界。一切都变成特定偏好下的“效用”，从爱情到审美，从自利倾向到利他主义，却不对个人偏好本身做任何评价。经济学不关心分配正义问题，只要饼做得比之前大了1%，哪怕饼的90%归于1%的人，也是有效率的。[2] 这从经济学学科自身的角度来说并无问题，因为任何学科都有自己的出发点与理论预设。但当法律人试图将经济学思维引入法教义学之中，并作为法教义学背后唯一的“实践逻辑”或“底层逻辑”，认为“一条法教义能否站得住脚，归根到底要看它能否给社会带来好处”时，[3] 就失之偏颇了。

一方面，效率标准没有回答资源的分配是否公正，或者说是否符合伦理及社会观念的问题。法的经济分析注重纯粹的效率思考，从而忽略了立法者相关的价值安排。经济学的考量不能违反宪法，并应当与法律的价值安排相一致。经济分析并不等于一切法益的“基础价值”。[4] 另一方面，将经济分析作为冲突解决标准或元方法（二阶效率）也面临两个自身无法克服的难题。一个难题是，是否一切（一阶）价值都可以被转化为效益值或福利值？无论是规范目的还是不同解释方法之间的冲突，归根结底是不同的（一阶）价值之间的冲突。而解决价值冲突面临的最关键的一个障碍，就在于（一阶）价

1　参见王鹏翔、张永健：《经济分析与法学方法》，载舒国滢主编：《法理》第6卷第2辑，商务印书馆2021年版，第67页。两位德国学者更为细致地将之分为六个阶段［Vgl. Christian Kirchner/Stefan Koch, Norminterpretation und ökonomische Analyse des Rechts, Analyse & Kritik 11（1989），S. 122-124］，对此不再详述。

2　参见郑戈：《法学是一门社会科学吗》，法律出版社2022年版，“序”第5页，正文第2页。

3　参见桑本谦：《法律教义是怎样产生的——基于后果主义视角的分析》，载《法学家》2019年第4期。

4　参见［德］托马斯·默勒斯：《法学方法论》（第4版），杜志浩译，北京大学出版社2022年版，第308、309页。

值的不可通约问题，或缺乏比较中项的问题。[1] 有的时候，要对不同的价值进行比较就好像是来判断，一条绳子的长度是否要比一块石头的分量来得长。[2] 将经济分析作为解决价值冲突元方法，也就意味着要以经济效益为尺度来对不同规范目的或解释方法在个案中带来的后果进行权衡。这里就预设了一个前提：一切（一阶）价值都可以被有效地转化为经济学中的“量”或“值”，从而可以进行比较。但问题在于，这一前提未必能够成立。最常见的例子有，人的生命如何计价？历史遗迹所承载的文化价值如何准确转化为经济效益？另一个难题是，效率或福利是不是最高的评价标准？福利经济学先后提供过两套相对成熟的模式或评价标准，一是帕累托最优模式，二是卡尔多—希克斯模式。但无论是哪种模式，都存在自己的问题。帕累托最优模式严格受到事实上存在之个人利益态度的约束，并将最有效的资源配置识别为最优状态，但它不仅在现实中难以实现，而且放弃了对公正分配问题的一切考量。卡尔多—希克斯模式虽然在一定程度上弥补了这一缺陷，但它同样预设了以个人现实利益为基础的福利原则。换言之，它只适合于秉持个人主义观念的法律体系，而非一切法律体系。因为社会福利并不总是个人福利的总和，个人主义的观念也非天然属于超个人主义或超人格主义的观念。[3]

所以，效率或福利只是参与法律适用竞争的众多价值标准中的一个，本身并不天然具备优于其他价值标准的地位，或者用自身的刻度尺对其他价值进行转化的能力。[4] 将二阶效率作为衡量方法虽然不会使得效率变成唯一价

---

1 著名的批评参见 Alexander Aleinikoff, *Constitutional Law in the Age of Balancing*, Yale Law Journal 96 (1987), p. 972-973。

2 See Niels Petersen, *How to Compare the Length of Lines to the Weight of Stones: Balancing and Resolution of Value Conflicts in Constitutional Law*, German Law Journal 14 (2013), p. 1387.

3 参见雷磊:《司法裁判中的价值判断与后果考量》，载《浙江社会科学》2021 年第 2 期。

4 甚至有法经济学者认为，法律既非工具手段，其即不应受非法律目的之影响，因此经济效率、财富极大化等即不应是法律经济分析之目的或准则。参见简资修:《经济推理与法律》(第 4 版)，台北，元照出版有限公司 2017 年版，第 5 页。

值，但它通过取向于“用最少的代价最大程度地实现一阶价值”[1]，的确已使自身凌驾于其他价值之上。这种将效率或福利或明或暗地视为元标准的主张已然超出了经济学本身的范围。法教义学并非某个统一而特定的价值标准的“一言堂”，而是各种理论和方法的“演练场”。在此，各种理论和方法及其追求的价值标准在这个场域内不断试错、彼此交锋和竞争，推动法教义的发展。用经济学标准来一统裁判的做法，看起来的确更为简单和明确，但却忽略了司法裁判中“必要的复杂性”，因为简单和明确不一定意味着正确。[2] 如果法教义学仍要追求正确性目标，那么在法教义形成过程中价值论证的复杂性就是不得不付出的代价。所以，经济分析并非法教义学的元方法。相反，只有在对某个规范的法律解释或对不同选项的选择框架内顾及目标观念，而这种目标观念与经济学目标观念相等同或至少部分等同时，才能将经济演算纳入法教义学之中。[3]

（三）经济学知识的体系制约

法教义学意图将法律呈现为一个由原则、规则、元规则和例外组成的融贯的集合，在不同的抽象化层级上由支持关系联结在一起。[4] 为此，教义学作业要实现双重体系化：一是致力于连贯性的概念—规则体系化（外部体系），二是致力于融贯性的价值—原则体系化（内部体系）。[5] 经济学知识对法教义学的“嵌入”必须同时受到这两重体系的制约。

一方面，经济学知识要受到法教义学外部体系（概念—规则体系）的制

1 王鹏翔、张永健：《经济分析与法学方法》，载舒国滢主编：《法理》第 6 卷第 2 辑，商务印书馆 2021 年版，第 57 页。

2 参见雷磊：《司法裁判中的价值判断与后果考量》，载《浙江社会科学》2021 年第 2 期。

3 Vgl. Christian Kirchner/Stefan Koch, Norminterpretation und ökonomische Analyse des Rechts, Analyse & Kritik 11 (1989), S. 112, 115.

4 See Alexsander Peczenick, *A Theory of Doctrine*, Ratio Juris 14 (2001), p. 75.

5 参见雷磊：《法教义学的方法》，载《中国法律评论》2022 年第 5 期。

约。在前文所举的“系统性风险”的例子中，这一点就体现得很明显：金融危机背景下的“系统性风险”需要借助经济学来理解。但是，经济学中没有“系统性风险”的概念。经济科学的认知兴趣、目标和作业方式与法教义学并不相同。经济学知识必须以可用于法律作业的方式被准备和补充。法教义学的目标是发展一个启发式的概念，来引导与既有法律材料有关的作业和对未来法律的塑造。因此，经济学知识要得到实证法材料及从中产生的适用问题的指引，并以已由法教义学发展出的空间为限。“系统性风险”的法律概念必须能够通过识别相关现象及其具体属性来确定法律监管的事实领域，有可能将与“系统性风险”相关的法律前提和后果（如系统监督负担的分配）捆绑进这一概念中。因此，新发展出的概念必须以此方式被纳入法教义学的知识大厦之中：阐明新概念与相关概念的异同，澄清其在学说整体中的作用。[1]

另一方面，经济学知识又要受到法教义学内部体系（价值—原则体系）的制约。在形成法教义时，法经济学论据并不天然地优先于其他法伦理论据。当双方发生冲突时，哪一种论据优先无法依靠总括性的判断，总是只能以具体方式来解决，也即必须从具体的规范出发，并从与此相关的立法评价中推导出解决办法。没有任何论据（无论是经济学导向的还是法伦理导向的语言）享有绝对的优先性。在法律适用过程中只能达成一种“实践调和”（praktische Konkordanz）。德国学者格伦德曼（Grundmann）曾提出“比较损害测试法”来实现这种实践调和。在他看来，不应在两者之间排定固定的优先顺序，或者将一种方法作为另一种方式的基础，而是要遵从对双方的最小损害原则。为此，一方面，无效率的解决办法不得以存在激烈争议的伦理学观点来证立，伦理学上站不住脚的观点也不得以是否能带来经济效率尚不确定的论据来支持。另一方面，要尽可能兼顾对方论据。例如，在通过有效率

1　Vgl. Christian Bumke, Erzeugung und Gebrauch von Wissen in der Rechtsdogmatik, in: Ino Augsberg und Gunnar Folke Schuppert (Hrsg.), Wissen und Recht, Baden-Baden: Nomos Verlagsgesellschaft, 2022, S. 471–472.

的调整方式追求社会整体福利最大化的同时，要规定对不利者的补偿义务，同时让所有人都能分享这种整体福利的增大。由此法伦理考量已经进入了这种弱化形式的经济学论据。[1]

综上可知，法经济学并不会取代法教义学，但可以作为后者的补充。[2] 一方面，经济效率之主张，仅是法律价值之一。[3] 因为法律人不是或至少不只是经济人。法经济学在本质上是一种理性选择理论，而法教义学和法律适用需要的是理性论证理论，而不仅是理性选择理论。另一方面，经济分析基本上不是一种独立的法律解释方法，而是可以整合运用至既有的解释方法，并填补解释方法作为论证形式所需之实质内容。最常见的情形就是将经济学论据运用于目的论解释的框架之内，尤其是被作为法律规范之合目的性的标准。这也就意味着，成本收益考量已成为方法准则的一部分，现代经济学只是提供了更为发达的分析方法。[4] 德语法学界运用经济学范式时，几乎不将涉及法的经济学论据作为独立论据，而是使既有的经济学范式对法教义学有益。[5] 为此，要充分地发掘以经济分析为基础的理论并提炼出它与法律问题的关联点，同时也有必要从一种自洽的法教义学出发对经济分析反思进行批评和整合，从而在批判性反思之后以有限和可控的方式来使用这种“陌生的”工具。[6]

---

1 Vgl. Stefan Grundmann, Methodenpluralismus als Aufgabe: Zur Legalität von ökonomischen und rechtsethischen Argumenten in Auslegung und Rechtsanwendung, Rabels Zeitschrift fur Auslandisches und Internationales Privatrecht 61 (1997), S. 450-452.

2 参见［德］托马斯·默勒斯：《法学方法论》（第4版），杜志浩译，北京大学出版社2022年版，第311页。

3 法经济学者亦承认这一点，参见张永健：《法经济分析：方法论与物权法应用》，台北，元照出版有限公司2021年版，第30页。

4 Vgl. Hans-Peter Schwintowski, Juristische Methodenlehre, Heidelberg: Verlag Recht und Wirtschaft, 2005, S. 151 f.

5 Vgl. Kristoffel Grechenig/Martin Gelter, Divergente Evolution des Rechtsdenken-Von amerikanischer Rechtsökonomie und deutscher Dogmatik, Rabels Zeitschrift fur Auslandisches und Internationales Privatrecht 72 (2008), S. 519.

6 Vgl. Christian Kirchner/Stefan Koch, Norminterpretation und ökonomische Analyse des Rechts, Analyse & Kritik 11 (1989), S. 126.

第四节　法政策学的意义与限度

一、法政策学的类型

法政策学的基本预设是，法律乃达成特定政策目标之工具，因而法律具有工具性以及伴随工具性而来之合目的性。法政策学就政策之注意焦点在于通过法律之制定与执行，达成特定政策目的。[1] 据此，法政策就是通过由国家制定和实施的规范对社会和政治生活所进行的塑造。而在当今法理学中，法的塑造和调控功能被认为是法与个别法规范最重要的任务。[2] 但这种理解中的"法政策学"具有双重模糊性：一方面，这种对法律的工具性理解可以贯穿在立法、执法、司法的各个环节，所以广义上的法政策包括立法政策、执法政策和司法政策。就此而言，法政策学与立法学、行政管理学和司法行为学等学科的边界比较模糊。另一方面，法律所欲达成之"政策目标"为何本身亦有开放讨论的余地。例如，不少学者就将法经济学作为法政策学（之一种）。他们对私法制度的经济功能进行研究，并从目的合理性的立场出发对其实效进行评判。[3] 在此作两点限制：一是本章所谓"法政策学"仅限于司法政策；二是它不包括法经济学在内，因而属于较为狭义的"法政策学"。

既有的法政策学研究包括两种类型，一种是规范性进路，另一种是描述性进路。在规范性进路看来，凡涉及评价的活动都可以被视为属于"法政策

1　参见陈铭洋：《法政策学》（第2版），台北，元照出版有限公司2019年版，第4、8页。引用时表述有调整。

2　Vgl. Bernd Rüthers/Christian Fischer/Axel Birk, Rechtstheorie mit Juristischer Methodenlehre, München: C. H. Beck, 2015, S. 51-52.

3　例如，参见 Hans-Bernd Schäfer/Claus Ott, Lehrbuch der ökonomischen Analyse des Zivilrechts, 5. Aufl., Dordrecht u. a.: Springer, 2012。

学”，任何目的论式的法律适用过程都可以回溯到法政策学问题。[1] 在司法裁判和法教义学的语境中，这意味着，凡是法律适用过程中需要进行价值判断或者说评价性空间形成的场合，都有法政策学作用的余地。社会学家韦伯曾对政策性问题和教义学问题进行区分。他认为，政策性问题指向的是：一项规则应该遵循哪些价值原则和伦理原则，以及哪些规定是与这些决定性原则和价值相匹配的。教义的着眼点是：试图把握一项规则的概念性意义并探明，一项以该规则为支撑的判决是否正确。[2] 由于法教义学在探究概念意义的过程中评价导向的不可避免性，法教义学框架内的法政策学看起来同样是不可避免的。规范性法政策学在性质上属于非理想的规范理论，因为它不只考虑司法裁判应当落实的最佳道德原则是什么，而且考虑道德原则在现实当中被落实的可能性，或者现实性的那些（诸如实在法体系、政治环境、社会和文化背景之类的）条件如何影响道德原则的选择和落实。[3] 换言之，法政策学既有理想追求，又考虑现实条件，它其实是法伦理学（伦理学）或法政治学（政治哲学）的语境个别化。

与此不同，描述性法政策学追问并决定的是“应当基于何种法律途径，运用何种法律手段来达成何种社会目标”[4]。这种法政策学研究倾向与政治学的行为主义转向（或者说科学主义转向）密不可分，事实上是将自然科学的方法运用于对决策行为的研究。因为在政治科学的支持者看来，对现实的研究只有在运用自然科学的方法时才有资格称为科学。[5] 而自然科学的方法就是

---

1 Vgl. Josef Esser, Vorverständnis und Methodenwahl in der Rechtsfindung, Frankfurt a. M.: Athenäum-Verlag, 1970, S. 79.

2 Vgl. Max Weber, Rudolf Stammlers Überwindung der materialistischen Geschichtsauffassung (1907), in: ders., Gesammelte Aufsätze zur Wissenschaftslehre, 2. Aufl., Tübingen: J. C. B. Mohr, 1951, S. 291ff.

3 关于“非理想的规范理论”及其与“理想的规范理论”间的区分，参见陈景辉：《法理论为什么是重要的——法学的知识框架及法理学在其中的位置》，载《法学》2014 年第 3 期。

4 Dieter Strempel, Zum Begriff „Rechtspolitik“, Entstehung, Bedeutung und Definition, Recht und Politik 23 (1987), S. 17.

5 参见［美］埃里克·沃格林：《新政治科学》，段保良译，商务印书馆 2018 年版，第 11 页。

运用因果律对特定事实（在此是行为）进行描述和分析。[1] 仅对法教义学中价值判断行为进行观察，也就相当于仅仅肯认了这一事实：在法律适用过程中，决策者存在政治意志的形成空间或者说自由裁量权。这并不导致对法政策本身之评价性质的否认，而是将法政策学研究仅限于对这种评价性行为的描述与分析。在此，制定法只呈现为一种框架秩序，它从先前已发生的法律发展出发，并进入后续的法律发展过程之中。法律适用也被认为是法律发展的一环，因而也充斥着适用者意志形成的空间。描述性法政策学关心的问题是：由谁做出决策？做出什么样的决策？决策的效果是什么？其中，第一个问题涉及决策权威问题：在法教义学的政策形成空间中，谁拥有决定权？

可见，描述性法政策学的研究旨趣与法教义学存在根本对立：如果说法教义学重在探讨应然法则之效力，那么描述性法政策学则走向了探讨因果法则之方向（向自然科学看齐），前者不可避免要做价值判断，后者则避免进行价值判断。[2] 法教义学的要旨在于对价值判断作类型化和固定化处理，从而为后续的评价行为提供较为稳定的标准，限缩适用者的自由裁量权。而仅对决策行为采取描述性进路会导致对教义学控制机制的弱化，对司法实践批判性功能的放弃和对现实决策权威的屈从。例如，目前在德国法学教学和科研中以法院（尤其是联邦宪法法院和联邦最高法院）所做之决策（判例）为圭臬的做法，自觉或不自觉地将这些决策（判例）视为权威，造成了“法院实证主义”现象，甚至存在一种从“法治国”（Rechtsstaat）向“法官国”（Richterstaat）转变的趋势。[3] 又如，纳粹德国期间服务于体制变革的法学家对法学基本概念（如“人”“权利能力”“合同”等）所作的符合纳粹伦理的曲解，

1　就此而言，描述性法政策学与经验法社会学的边界就会变得模糊，看起来法政策学就成了描述和分析特定行为（决策行为）的法社会学。

2　参见陈铭洋：《法政策学》（第2版），台北，元照出版有限公司2019年版，第1页。引用时对表述有调整。

3　Vgl. Bernd Rüthers, Die heimliche Revolution von Rechtsstaat zum Richterrecht, Tübingen: Mohr Siebeck, 2014, S. 79-80.

导向了令人惊诧的恶果，乃至于吕特斯直接斥责其为“变色龙”。[1] 因此，描述性法政策学的纯外在观察立场与持参与者立场的法教义学格格不入。后文将围绕规范性法政策学展开论述。

二、法政策学对于法教义学的意义

法律适用不能对法律的政策性视而不见。法教义学作为对“正确法”的探究在方法上是不可分的，它无法被分为价值无涉的演算与法政策学上的评价这两个部分，在此意义上法政策学与法教义学思维并无不可相容之处。[2] 这是因为，其一，作为教义学作业基础的每一项法律规范，从特定视角看都是一项在规范上所确立的政策。故而法教义学至少间接地是法律政策的产物，或者说“结晶化的法政策学”。[3] 其二，法教义学本就意味着对于现行法而言具有决定性的基本价值、理由根据和问题解决方案的解释。它并非单单立基于形式逻辑之上，而总是旨在将特定的实质性价值判断和规制目标确定下来。一种价值无涉的、无世界观的教义学是不可能存在的。教义学应以理性的说服力并且援引普遍认可的基本价值（价值确信）来阐释现行法。[4] 法政策学对于法教义学的意义通常体现在两个方面：

一方面，政策性价值判断往往优于教义学的概念逻辑。例如，对因受欺

1 Vgl. Bernd Rüthers, Anleitung zum fortgesetzten methodischen Blindflug?, Neue Juristische Wochenschrift 1996, S. 1250.

2 Vgl. Karsten Schmidt, Zivilistische Rechtsfiguren zwischen Rechtsdogmatik und Rechtspolitik: Exemplarisches zum Programm der Ringvorlesung, in: Karsten Schmidt (Hrsg.), Rechtsdogmatik und Rechtspolitik, Berlin: Duncker & Humblot, 1990, S. 13-14. 但也有学者主张要区分价值判断与法教义学（参见许德风：《论法教义学与价值判断 以民法方法为重点》，载《中外法学》2008 年第 2 期），但其并不反对法教义学中的价值判断。

3 参见［德］伯恩特·吕特斯：《法官法影响下的法教义学和法政策学》，季红明译，载李昊、明辉主编：《北航法律评论》2015 年第 1 辑，法律出版社 2016 年版，第 157 页。

4 参见［德］伯恩特·吕特斯：《法官法影响下的法教义学和法政策学》，季红明译，载李昊、明辉主编：《北航法律评论》2015 年第 1 辑，法律出版社 2016 年版，第 142、158 页。

诈而实施的民事法律行为，如果纯粹按照概念逻辑应当是无效的，因为行为人的意思表示不真实。但是，《民法典》并没有遵循这项看起来更符合“逻辑”的安排，而是规定民事法律行为并不因受欺诈而当然无效，并赋予其请求撤销权，以保护那些虽受欺诈但实质上从中受益的行为人。又如，民法上强调代理权授予的行为是一项单方法律行为而不是双方法律行为，在本质上也是出于对第三人信赖的保护，以及维护代理制度本身的更有效运作的考虑，而不是基于单方、双方法律行为概念本身而做出的推演。[1]

另一方面，政策性价值判断可以在一定程度上克服教义学的僵硬性和机械性。与法经济学一样，法政策学在法教义学活动中发挥作用的主要途径依然在于目的性论证。此一方面的典型代表就是刑法领域的“罗克辛贯通”。德国刑法学者罗克辛倡导目的理性的犯罪论体系，其根本标志就是“实现刑事政策和刑法之间的体系性统一”[2]。目的理性的犯罪论体系仍然保持了古典派犯罪论体系的三阶层构造，只是对三阶层的内容都进行了刑事政策的改造，即实现了构成要件的实质化、违法性的价值化与罪责的目的化。[3] 例如，在规范责任论中，只要缺乏不可避免的禁止错误和期待不可能这两个排除责任事由，行为人就应当承担责任。而基于刑事政策的预防目的，功能责任论将“处罚必要性”引入责任概念之中。这意味着，在归责要素之外还要考察处罚必要性，如果缺乏这种处罚必要性仍然不能进行处罚。[4] 此外，刑法本身规定的概然性与粗疏性，也是具有实质价值性的刑事政策进入犯罪论体系，以进行必要的价值补充的现实前提。

1　这里参考了许德风：《论法教义学与价值判断：以民法方法为重点》，载《中外法学》2008 年第 2 期。

2　［德］克劳斯·罗克辛：《刑事政策与刑法体系》（第 2 版），蔡桂生译，中国人民大学出版社 2011 年版，第 16 页。

3　具体参见陈兴良：《刑法教义学与刑事政策的关系：从李斯特鸿沟到罗克辛贯通——中国语境下的展开》，载《中外法学》2013 年第 5 期。

4　参见陈兴良：《刑法教义学中的价值判断》，载《清华法学》2022 年第 6 期。

三、法政策学在法教义学之内的限度

规范性法政策学提供的价值判断虽然为法教义学所不可或缺。但由于其评价标准的模糊性与碎片化，法政策既需要受到法教义学的批判性审视，也需要得到教义学体系的融贯化调控。

作为非理想化的规范理论，法政策学由法伦理学/法政治学提供的最佳（政治）道德原则和现实条件两个方面组成。但这里会产生两个问题：其一，法政策学能够提供的一般道德原则是什么？任何法律规则背后都需要有妥当的价值判断，追问到终点，所有的价值判断问题都需要在哲学思辨中寻找答案。但就像无法证明或证伪上帝存在这样的命题一样，终极的命题并没有统一的答案。[1] 法政策学只是价值判断的代名词，而在哲学的层面上并不存在价值判断的最高准则。无论是伦理学中的道义论（先验伦理学）还是后果论（主要分支为功利主义），政治哲学中的自由主义还是社群主义，都非被普遍认可的唯一原则。这就使得政策性价值判断不可避免地呈现出模糊性。当然，如果承认文化相对主义和价值相对主义，且认为特定国家的法教义学与最高伦理准则（如果存在）都受到基于历史文化传统的共同生活形式的限定，因而具备一致的基础，那么这还不是大问题。其二，现实条件会对政策评价标准造成什么样的制约和影响？特定国家文化所奉行的最佳道德原则因现实条件所限无法实现时，法政策学会放弃先前的价值判断，还是因时因地对具体问题作具体判断？如果是后者，那么很可能就意味着决策者从根本上放弃了对一般评价标准的追求，且极可能在现实中与特殊利益捆绑，从而使得评价标准呈现出碎片化的特征。

一方面，法教义学必须对特殊利益导向的法政策进行批判性审视。法教

1　参见许德风：《论法教义学与价值判断：以民法方法为重点》，载《中外法学》2008 年第 2 期。

义学拥有多重任务：它必须对既有的法材料进行体系性整理从而使之变得可操作，并（如果必要）就改进法律提出建议；它还必须澄清，法秩序基于特定的（现在很大程度上是得到合宪性担保的）基本价值，一切实在法规范都必须与之相符。[1] 对于立法的机会主义和偶然主义，后面这项任务变得越来越重要。因为立法者常常不足以充分抵抗来自利益集团的压力，这在许多重要领域都会导向不公平的情形。例如，德国立法机关在 1989 年将基于利息收入的源头税引入税法，但由于游说集团的抵制，一年半之后就废除了这一税种而没有规定任何替代性税种。这在实践中意味着，国家继续容忍广泛存在的对基于利息收入之所得税的避税行为，因而对诚实纳税的公民造成歧视。这种做法与税法基本价值不符，因而受到教义学的猛烈抨击。[2] 因为法教义学的生命力就体现在，应对法律在价值和伦理原则，实际的行为方式和政策的目标构想以及多数决之间的摇摆。[3]

另一方面，法教义学必须对法政策进行体系上的融贯化调控。首先，是本部门教义学体系内部的融贯化调控。例如，在刑法教义学领域，对于自己根基的自我反思以及由此而引发的更尖锐的意识，即刑罚是一种亟须正当化的恶，使得持有完全不同的政治立场和完全不同的世界观的刑法学者在基本态度上取得了一致，即必须指出刑事政策的边界。[4] 因此，刑法教义学者无疑将刑法的碎片化视为对其自身体系化作业的障碍，反对论题式的法律适用（遇到什么问题适用什么标准），而这正是刑事政策学所会容忍的。所以，容纳了法政策学的教义学理论应当尽可能少地与通行范式相冲突，它越是可能与解释规准和基础性范式相吻合，它的说服力就越大。同时，刑法教义学对

1 Vgl. Uwe Schneider, Zur Verantwortung der Rechtswissenschaft, Juristische Zeitung 1987, S. 696-705.

2 Vgl. Peter Selmer, Rechtsdogmatik und Rechtspolitik unter der Finanzverfassung des Grundgesetzes, in: Karsten Schmidt (Hrsg.), Rechtsdogmatik und Rechtspolitik, Berlin: Duncker & Humblot, 1990, S. 230.

3 参见［德］托马斯·莱塞尔：《法社会学基本问题》，王亚飞译，法律出版社 2014 年版，第 115 页。

4 参见［德］沃斯·金德豪伊泽尔：《适应与自主之间的德国刑法教义学——用教义学来控制刑事政策的边界?》，蔡桂生译，载《国家检察官学院学报》2010 年第 5 期。

刑事政策的边界控制主要是通过罪刑法定原则实现的，该原则所派生的“刑法的不完整性特征”成为体系性工作的限制。只要通过刑法教义学原理正确地加以限制，刑事政策只能发挥其出罪的功能而不可能发挥其入罪的功能。[1] 又如，在民法教义学领域，法政策学最主要发生作用的场合是法的续造。法的续造也必须得到法律体系和法教义学上的控制：它的主要任务在于对法律进行体系性的“彻底思考”，后者既有法政策学特征，也有法教义学特征。法教义学禁止我们采纳不专业的表面解决办法，并迫使我们以适合它们的方式来解决问题。由于民法典只能规定一个框架秩序，法在解决一切法的续造的永恒基本问题——法官受制定法和法之约束（《德国基本法》第 20 条第 3 款）要求填补何种裁量空间？这种裁量空间应如何填补？——时，法教义学也能帮上忙。[2] 由此，法秩序就可以被理解为一个处于持久不断地自我净化过程中的体系。[3] 法教义学与法政策学构成了法律制度化的两个不可分离的要素：法政策学在法律框架秩序内因应事实条件和情势需求提供着一开始是暂时性的、有针对性的解决方案，而之后就要进行法教义学上的稳固化，从暂时性的具体解决办法过渡到某个闭合圆融的概念或原理。

其次，是宪法价值层面的融贯化调控。法教义学要将法政策上已经获得的目标观念转化为可适用的规范。这些规范必须能被整合进整个法秩序的框架中，符合宪法以及作为宪法基础的价值原则。法律人的任务首先在于，在这种情形下注意维护法治国原则，并避免对其他法律领域产生人们不希望发生的或者将导致评价矛盾的“远程影响”。[4] 法政策与宪法价值的融贯主要是

---

1 参见陈兴良：《刑法教义学与刑事政策的关系：从李斯特鸿沟到罗克辛贯通——中国语境下的展开》，载《中外法学》2013 年第 5 期。

2 Vgl. Karsten Schmidt, Zivilistische Rechtsfiguren zwischen Rechtsdogmatik und Rechtspolitik: Exemplarisches zum Programm der Ringvorlesung, in: Karsten Schmidt (Hrsg.), Rechtsdogmatik und Rechtspolitik, Berlin: Duncker & Humblot, 1990, S. 17-19, 31-32.

3 Vgl. Peter Noll, Gesetzgebungslehre, Reinbek bei Hamburg: Rowohlt, 1973, S. 214 ff, 234 ff.

4 参见［德］卡尔·拉伦茨：《法学方法论》（全本·第 6 版），黄家镇译，商务印书馆 2020 年版，第 252 页。

通过合宪性解释来实现的。一方面，宪法在法律体系中居于最高效力层级，依据宪法原则解释普通法条款合乎整个法律体系的要求；另一方面，宪法原则又体现了特定法秩序最根本的价值——目的，合宪性解释就意味着取向于这些目的。[1] 对刑事政策作合宪性解释在某种程度上就意味着将宪法作为刑事政策的实质来源，或者刑事政策的宪法化。刑事政策的宪法化具有重要的规范意义：一是可以改善刑事政策的抽象模糊形象。刑事政策的内涵总是表现为“宽严相济”“整体社会意义之目的”等极为模糊的表达；将宪法作为刑事政策的实质来源，就可以运用具体的国家任务、国家基本制度以及基本权利保护等宪法内容，使刑事政策的内涵清晰化。二是缓和刑事政策考量对实证法体系的冲击。将被视为法外因素的刑事政策内化为宪法之规范命令，也即从整体法秩序（包括刑法秩序在内的合宪性秩序）或者整体法教义学（各部门法教义学的融贯整合）的视角来思考刑事政策，有助于缓和表现为价值判断的刑事政策考量对刑法体系的冲击。[2]

综上可知，（规范性）法政策是法教义形成过程中的固有内核。只要价值判断不可避免，法政策学就是法教义学活动中不可或缺的补充性和辅助性学科。但同时，法政策也只有被塑造和“结晶”为法教义，才能转变为法律命题。正如德国法学家埃塞尔所言：“如果把法教义学理解为概念性的方法，其本身是不具有创造性的，但其有助于将那些从基本价值发展出来的法律规则稳定化，即法教义学具有再创造性，只有通过它，法律政策、公平的观念才能最终有形化、实在化、法律化。”[3]

1　参见雷磊：《法教义学与法治：法教义学的治理意义》，载《法学研究》2018 年第5 期。

2　参见张翔：《刑法体系的合宪性调控——以“李斯特鸿沟”为视角》，载《法学研究》2016 年第 4 期。

3　Josef Esser, Möglichkeiten und Grenzen des dogmatischen Denkens im modernen Zivilrecht, Archiv für die civilistische Praxis 172 (1972), S. 103.

本章结语

诚如语法是语言的基石一样，法教义学无疑就是法学的核心与基础。[1] 在法教义学的框架内，诸种社会科学各有其不可替代的意义，也有其自身无法克服的限度。一方面，法教义学与社会科学的内部合作能够改善教义学的论证结构，提升教义学的生产能力，输出更加有想象力和说服力的法教义学产品。[2] 无论是（经验）法社会学、法经济学还是（规范性）法政策学，都是法教义学之重要的辅助性和补充性学科，都对法教义命题的塑造作出了自身的独特贡献。但也仅此而已。另一方面，法本身不是其他学科的竞技场，而是具有自身科学方法的独立学科。[3] 虽然了解和重视其他与法律有关的学科，对法学家的工作方式和结果是重要的，但研究主体内部发生的多个认识领域知识的结合却不应导致这些认识领域本身的合并。法教义学应该为社会科学的知识所充实，而不应为它们所取代。[4]

---

1 Vgl. Ralf Dreier, Zum Selbstverständnis der Jurisprudenz als Wissenschaft, Rechtstheorie 2 (1971), S. 37, 41.

2 参见车浩：《法教义学与社会科学——以刑法学为例的展开》，载《中国法律评论》2021 年第 5 期。

3 Vgl. Kristoffel Grechenig/Martin Gelter, Divergente Evolution des Rechtsdenken-Von amerikanischer Rechtsökonomie und deutscher Dogmatik, Rabels Zeitschrift fur Auslandisches und Internationales Privatrecht 72 (2008), S. 515.

4 参见［德］格奥尔格·耶利内克：《主观公法权利体系》，曾韬、赵天书译，中国政法大学出版社 2012 年版，第 19 页。

第十二章
法教义学的中国之问

本书试图从历史和体系两个角度来澄清“什么是法教义学”这个令人困惑的问题。尽管如此，对于读者而言，可能要么有的论述过于冗长，要么有的地方言犹未尽。在这一末章中，笔者将回到中国语境，对理解法教义学的重要方面进行总结。本章首先将论述中国学者对于法教义学的诸多误解，及其相伴而生的虚假质疑。当然，这些方面有的在前文中已经被触及，只是在中国语境中显得尤为突出，因此有必要再次予以强调和澄清。接着，我们将论述当下中国法教义学研究存在的真正问题，以便为其完善指明方向。最后将对法教义学在中国的未来做一简要评述。

第一节　法教义学的中国式疑问

本书开篇即已提到，法教义学在中国是伴随争议和论战而成长起来的。这一特点，也决定了从其诞生之日起，中国学者对于法教义学就存在诸多的疑问/误解。这些疑问/误解有的因法教义学本身之内涵的复杂性而产生，更多则来自特定的中国语境。对法教义学的诘问可能首先来自对其称呼本身的直觉式反感。在中文语境中，“教义（学）”（Dogma、Dogmatik）带有明显的贬义色彩，因为它很容易让人联想起在现代中国政治思想中经常受到批判的“教条”和“教条主义”。而法教义学与神学（宗教教义学）之间的历史亲源性,[1] 也使得“教义学”的称呼在信奉无神论的当代中国很难马上被接受。由表及里，也产生了诸多对于法教义学的疑问或误解。这些独特的中国式疑问主要可以分为三组，即定位之问、性质之问和功用之问。

一、法教义学的定位之问

目前，中国学者对于法教义学的定位存在困惑和分歧。大多数学者直观地将法教义学视作一套知识，也即“围绕一国现行实在法构造的概念—命题体系”[2]。不仅诸多法教义学的批评者（如前述认为法教义学无法应对疑难案件以及属于继受法学的学者）都隐含着这种判断，很多法教义学者也持这一观点。也有学者认为法教义学只是一种研究立场，体现的是一种研究方法。[3] 这种方法，也就是围绕现行实在法进行解释、建构和体系化的作业方式。应当说，这两种理解都没有错。“教义学既是一种活动，也是这一活动的产品与对象。”[4] 我们可以将前者称为“作为方法的法教义学”（教义学方法），而将后者称为“作为知识的法教义学”（教义学知识）。[5] 这也使得法教义学兼具普遍性和特殊性，因为教义学方法是无国界的，而教义学知识是有国界的。[6] 也正因如此，继受域外的教义学方法原则上并无问题，而继受来自域外的教义学知识则需作个别考察和甄别。

那么，法教义学能否被视为一门学科？如果我们将独立的研究对象和研

---

1 参见白斌:《论法教义学：源流、特征及其功能》，载《环球法律评论》2010 年第 3 期。关于两者之“教义性”间的差别，参见雷磊:《作为科学的法教义学?》，载《比较法研究》2019 年第 6 期。

2 参见雷磊:《什么是法教义学? ——基于 19 世纪以后德国学说史的简要考察》，载《法制与社会发展》2018 年第 4 期。

3 参见焦宝乾:《法教义学在中国：一个学术史的概览》，载《法治研究》2016 年第 3 期。

4 Nils Jansen, Rechtsdogmatik, Rechtswissenschaft und juristische Praxis-Zum gesellschaftlichen Ort und wissenschaftlichen Selbstverständnis universitärer Rechtsdogmatik, Archiv des öffentlichen Recht 143 (2018), S. 636.

5 这一区分参见雷磊:《法教义学与法治：法教义学的治理意义》，载《法学研究》2018 年第 5 期。

6 参见丁胜明:《刑法教义学研究的中国主体性》，载《法学研究》2015 年第 2 期。

究方法视作一门学科成立的标志，那么首先可以肯定的是，民法学、刑法学、宪法学、行政法学等，都可以被视作独立的法学学科。它们各自拥有独立的研究对象（民法、刑法、宪法、行政法等不同实在法），也拥有不同于其他学科（如哲学、历史学、社会学等）的研究方法。但是，它们都属于教义学学科，分享着具有共性的教义学方法，所以又称民法教义学、刑法教义学、宪法教义学和行政法教义学。它们其实是（不同的）实在法部门加上（相同的）教义学方法，其成果就是部门法教义学知识。当然，如果认为研究方法对于一门独立学科的认定具有根本意义，那么我们的确可以将“法教义学”看作各个部门法教义学的统称，并将之视为一门学科。因为法教义学的任务就是呈现对科学上有效之法的理解，而要完成这一任务就要预设这种理解要遵从特定体系，也即以一定秩序和语境来呈现法律材料的各个部分。[1] 这些部分就是部门法。这种体系化的法教义学就是近代以来狭义上的“法律科学”（法学）。与此相对的是采取其他视角或方法对法现象的研究及其相应学科，如运用哲学方法对于法现象的研究就是法哲学，运用史学方法对于法现象的研究就是法史学，运用社会学方法对于法现象的研究则是法社会学，等等。这些其他视角或方法对法现象的研究合在一起是为“基础研究”，而基础研究与法教义学（狭义法律科学）则合为广义的法律科学（法学）。广义法学的研究对象都是法（法现象），但法教义学采取的是内部视角和方法，而基础研究采取的则是外部视角和方法。

由此，就可以来回应一个重大误解，即将法教义学视为法理学的一种研究进路或范式。[2] 这种观点将法教义学与法社会学、法经济学、法人类学一起视为基础研究的一部分，将其与部门法学相对。但事实上，各部门法学本身

1　See Alf Ross, On Law and Justice, trans. by Uta Binderiter, Oxford: Oxford University 2019, p. 242.

2　笔者曾在不同场合听到过这种观点，既有来自部门法学者的，也有来自法理学者的。

就是法教义学，[1] 而部门法学与法理学自然属于不同性质的法学学科分支。[2] 造成这种混淆的原因或许在于没有很好地区分“法教义学研究”与“关于法教义学的研究”。前者是围绕现行实在法展开的民法学、刑法学、宪法学、行政法学等教义性研究，后者则围绕这些教义性研究的性质、功能、方法、价值等话题来展开，是对于它们的二阶观察、省视和评价，属于法教义学的一般理论，因而归属于法理论或法哲学。[3] 归根到底，法教义学就是近代以来部门法学的研究范式，而非法理学的研究范式。进而，如果说当代中国的所谓“社科法学”或“法社会科学”[4] 主要是由法社会学、法经济学、法人类学、法律与认知科学这些分支组成的话，那么它们也都属于基础研究，而与以部门法学为主体的法教义学并不居于同一个层面上。所以，将“社科法学”与“法教义学”作为对称并不十分妥帖。[5]

总之，法教义学既可以是一套知识，也可以是一种方法，还可以在各部门法学之统称的意义上被称作一门学科。

二、法教义学的性质之问

法教义学在不少时候被等同于被饱受批判的法条主义（法律形式主义）

1　焦宝乾：《我国部门法教义学研究述评》，载陈金钊、谢晖主编：《法律方法》第 19 卷，山东人民出版社 2016 年版，第 394 页。由此也可见，由法社会学、法经济学、法人类学、法律与认知科学这些分支组成的社科法学属于基础研究，而与以部门法学为主体的法教义学并对等。将“社科法学”与“法教义学”作为对称并不十分妥帖。

2　除非我们承认存在作为各部门法教义学的总论，即一般法教义学，同时又将一般法教义学视作法理学的组成部分（一般法学说）。然而，有论者在主张一般法教义学的同时，认为它与一般法学说有别：前者囿于一国法律体系，而后者要超越特定国家法律体系构造基本概念。See Robert Alexy & Ralf Dreier, *The Concept of Jurisprudence*, Ratio Juris 2（1990）, p. 3.

3　我们将法理论或法哲学都视为（广义）法理学的组成部分，参见陈辉：《作为共识凝聚框架的法理论》，载《法制与社会发展》2021 年第 1 期。

4　这是这一学派近来采取的称呼，参见侯猛：《法社会科学：研究传统与知识体系》，北京大学出版社 2024 年版，第 1 页及以下。

5　或许用“规范法学”来对称“社科法学”更好。关于规范法学之“规范”的含义，参见雷磊：《法教义学的基本立场》，载《中外法学》2015 年第 1 期。

或概念法学，或者直接被视为法律实证主义的别称。又或者，无论是支持还是反对，都不乏有人将法教义学与法律解释学（法学方法论）画上等号。“法教义学”就是用一个新的标签去贴早已存在的某种研究吗？同时，也有学者认为，法教义学仅是一种产生于特定历史—文化背景的“德国现象”，因而不具有普遍性。它是一种无法跨国界适用的、因而要受到批评的继受法学。果真如此吗？

（一）法教义学就是法条主义（法律形式主义）？

对法条主义的系统批评最早来自邓正来教授。在其看来，“法条主义”（legalism）关注的是既有法律条文中的具体概念、具体规定和具体制度这样一些技术性颇高的专门问题，“法条主义”论者所从事的基本工作是建构一个概念系统完整、逻辑自洽、传达便利和运用有效的各部门规则体系，其缺点在于并没有就提出的各种“法律说法”形成系统的理论。[1] 之后，不少法教义学的批评者就将法教义学等同于这种意义上的法条主义。[2] “法条主义”其实是“法律形式主义”的中国称呼，因此对法教义学的批评很大程度上来自思想史上对法律形式主义的批评。

法律形式主义产生于 19 世纪晚期，以美国法学家兰代尔（Langdell）为代表。受到当时逻辑实证主义思潮的影响，兰代尔将法律构想为“一门科学，由数量特定的原则或原理组成”[3]，而“那门科学所能利用的材料都包括在印刷的书本之中”[4]。对此，法律现实主义的鼻祖霍姆斯批评兰代尔“将兴趣完全集中于事物间的形式关联性，即逻辑”，而忽视了“被意识到的时代需求、

1　参见邓正来：《中国法学向何处去（上）——建构“中国法律理想图景”时代的论纲》，载《政法论坛》2005 年第 1 期。

2　例如，苏力：《法条主义、民意与难办案件》，载《中外法学》2009 年第 1 期。

3　Christopher C. Langdell, *A Selection of Cases on the Law of Contracts, with a Summary of the Topics Covered by the Cases, Boston*, MA: Little Brown, 1871, p. viii.

4　Christopher C. Langdell, *Harvard Celebration Speech*, Law Quarterly Review 3 (1887), p. 124.

占主导地位的道德或政治理论，甚至法官和他的同行所持有的偏见”这些“外在于法律但却使得法律成其所是”的事物。[1] 因此，当时的形式主义与现实主义之争的焦点，在于法律是不是一个封闭的系统，法律适用是否要运用法律外的知识和判断。[2] 受到现实主义精神启迪的各种法律的社会科学运动，基本都沿袭了法律向外部知识开放的主张。在中国，法律运行受到各种外部因素影响的现实进一步强化了社科法学者的现实主义态度，并将法律的封闭性视作法教义学的固有主张加以批判。但事实上，经过 20 世纪的各种思潮（包括利益法学、自由法运动、法社会学等）的洗礼，今日恐怕没有任何学者再会去主张“法律是完美和封闭的体系”“法律适用的过程就是逻辑演绎”这类观点。

当然，或许批评者真正要反对的是法律形式主义的核心命题，即法律的决定性（legal determinacy）。在他们看来，法律在逻辑上是不确定的，并且无法从中强行得出一个特定的结论。在司法裁判中，真正决定裁判结论的并不是法律，而是政治、经济、社会、文化等法外因素，甚至法官的个性。因此，司法裁判绝不是看似那样自洽的推理模型，它必须立基于正式的法教义学之外，而那些法外因素不可避免地具有政治性。[3] 法律（法条）至多只是对已获得之判决的事后包装，“依法裁判”也只是空洞的修辞而已。既然如此，那么围绕法律（法条）所展开的教义学活动本身就显得可有可无，其并不具有重要性。

对此，法教义学的回应包括三个方面。首先，坚决捍卫法律的决定性与

---

1 See Oliver Wendell Holmes, The Common Law (1881), Reprinted in The Collected Works of Justice Holmes: Complete Public Writings and Selected Judicial Opinions of Oliver Wendell Holmes, ed. by S. M. Novick, Chicago, IL: University of Chicago Press1995, p. 115.

2 法律适用与逻辑的关系其实是另一个问题，篇幅所限，在此不论。具体可参见雷磊：《什么是法律逻辑——乌尔里希·克卢格〈法律逻辑〉介评》，载《政法论坛》2016 年第 1 期。

3 See Mark Tushnet, *Following the Rules Laid Down: A Critique of Interpretivism and Neutral Principles*, Harvard Law Review 96 (1983), p. 781.

依法裁判的立场。依法裁判来自司法裁判的固有性质，是司法活动不同于其他活动的基本属性。法律（法条）是判决的裁判依据，不同于可能扮演裁判理由角色的法外因素。裁判依据是裁判得以有效的基础，在司法裁判中以其来源、而非内容发挥着权威理由的作用；相反，裁判理由主要通过其内容的说服力发挥实质理由的角色。所以，社科知识尽管可以对司法裁判之证立发挥各种影响，但它们无法替代法律（法条）作为裁判的基础。一言以蔽之，法律的“决定性”是就其对于判决的效力，而非内容的完全决定性而言的，“依法裁判”也是一种涉及效力方面、而非内容方面的主张。相应地，法教义学既然以实在法作为工作平台，那么它必然以法条为自己的出发点和落脚点，或者说以法条为自己的活动边界。[1] 如果这种“最低限度的法条主义”在今天依然可以被称作“法条主义”，那么法教义学的确可以赞同它。

其次，这种在内容上开放式的法条主义也导向了第二个回应：法教义学完全不反对吸纳外部知识。法教义学主张“从法条中来，到法条中去”，这也意味着一“来”一“去”之间存在广泛的待填补的空间。这个空间就需要由社会科学提供经验知识与价值判断，因为法教义学同样具有经验和评价的维度。法教义无法单独从法条获得其全部内涵，而必须借助外部知识来支撑起内容。哪怕今日有学者重新举起“形式主义”的旗帜，这种新形式主义也不反对外部知识与价值判断对于司法裁判的意义，只是强调司法判决必须基于法律规则之上，或者法律规则对于裁判者之选择的限制。[2] 换言之，法教义学对外部知识的接纳必须以尊重现行实在法为前提，哪怕在疑难案件中同样要坚持依法裁判。[3]

最后，法教义学向外部知识开放，并不意味着不对后者施加限制。法教义学要主张对法外因素进行“教义化处理”：一方面要对外部知识进行筛选和

---

1 参见雷磊：《法教义学的基本立场》，载《中外法学》2015 年第 1 期。

2 See Frederick Schauer, *Formalism*, The Yale Law Journal 97 (1988), p. 520.

3 参见孙海波：《疑难案件否定法治吗——依法裁判立场之重申》，载《政治与法律》2017 年第 5 期。

排斥。外部知识只有被教义学论证所转化和整合才能成为裁判的内容，而转化和整合的标准取决于特定法律文化的法律素材和方法论构造本身。[1] 换言之，社科知识未必全部都能成为裁判知识。另一方面也要对待吸纳的外部知识进行“符码转化”。也就是说，它要将社科知识转化为法学上的概念和命题，并经受法律人共同体的检验。教义化过程是概念的稳固过程，教义学概念相当于存储既有论证过程的公式。[2] 虽然好的法教义学应当“敏感于”社会现实，但它必须能够将实际问题有效转换成法律争点，确保在法律上用一致的标准来应对个案争议评价及其背后的各种变数，从而防止实务工作者恣意适用法律。[3] 简言之，法教义学确保了法律系统按照“认知开放但运作封闭”[4] 的方式运行。这一点使法教义学对于中国具有特殊意义，即驱除以往法学研究中的泛政治化、泛道德化成分，从而使之走向学术化、规范化。[5]

所以，法教义学并不必然与法律形式主义和法条主义相关，除非对后者作符合当下时代的理解。

（二）法教义学就是概念法学或法律实证主义?

在中文语境中，概念法学（在中文中这通常也是一个贬义的称呼）很多时候被认为是法条主义的另一个称呼。[6] 进而，有学者也将法教义学与概念法学勾连起来。[7] 事实上，概念法学是德国传统中 19 世纪中叶以后发展起来

---

1 参见［德］拉尔夫·波舍:《裁判理论的普遍谬误:为法教义学辩护》，隋愿译，载《清华法学》2012 年第 4 期。

2 Vgl. Philipp Sahm, Elemente der Dogmatik, Weilerswist: Velbrück Wissenschaft, 2019, S. 131.

3 参见黄舒芃:《什么是法释义学?:以二次战后德国宪法释义学的发展为借镜》，台北，台湾大学出版中心 2020 年版，第 14、17 页。

4 Vgl. Niklas Luhmann, Soziale Systeme: Grundriß einer allgemeinen Theorie, Frankfurt a. M.: Suhrkamp, 1984, S. 60 ff.

5 参见邹兵建:《中国刑法教义学的当代图景》，载《法律科学》2015 年第 6 期。

6 参见邓正来:《中国法学向何处去（上）——建构“中国法律理想图景”时代的论纲》，载《政法论坛》2005 年第 1 期。

7 参见凌斌:《什么是法教义学:一个法哲学追问》，载《中外法学》2015 年第 1 期。

的一种特定方法论流派。它追随了萨维尼早期方法论所开创的形式主义倾向，并将理性自然法的体系构造方法转用到了共同法（罗马法）的质料上。它试图纯粹从体系、概念和定理中推导出法条及其适用，而不容许考虑任何法外要素。[1] 概念法学其实是德国版的法律形式主义，它与法律形式主义唯一的区别在于用“概念”替代了“法律”的位置。如果说法律形式主义认为能通过逻辑操作从法律规则出发得出唯一正确的裁判结论的话，那么概念法学则认为“判决就是将法律概念作为（数学）因数进行计算的结果，因数值越确定，计算所得出的结论则必定越可靠”[2]。法教义学从19世纪正式诞生至今，经历了从历史法学到评价法学的诸多阶段，概念法学只是其经历的一个阶段。并且，主导今日之法教义学的方法论主流早已是（新）评价法学。[3] 之所以会将法教义学与概念法学混同，恐怕是因为两者在工作环节上都致力于概念建构与体系化作业。但是，运用概念、构造体系并不就等同于概念法学。没有任何学术思考可以摆脱概念使用，也没有任何有追求的理论能够放弃体系化。即便是概念法学的批判者，如利益法学也不反对法律的概念建构。[4]

有许多中文论著并不严格区分概念法学和法律实证主义。进而，有学者认为法教义学体现出一种“实证主义的倾向”。[5] 这又是另一种误解。事实上，概念法学和法律形式主义属于特定的方法论阵营，而法律实证主义则属于一种特定的法概念论立场。虽然法律实证主义因不同的时代发展和地域传统而具有“多重面孔”，但当代的主流观点认为其属于一种关于法的概念（和/或性质，和/或效力）的立场，其核心准则包括三个核心，即社会命题

---

1 Vgl. Franz Wieacker, Privatrechtsgeschichte der Neuzeit, 2. Aufl., Vandenhoeck & Ruprecht, 1967, S. 430-431.

2 Vgl. Bernhard Windscheid, Lehrbuch des Pandektenrechts, Bd. 1, 3. Aufl., Verlagshandlung von Julius Buddeus, 1870, S. 59.

3 参见雷磊：《什么是法教义学？——基于19世纪以后德国学说史的简要考察》，载《法制与社会发展》2018年第4期。

4 Vgl. Phillip Heck, Das Problem der Rechtsgewinnung, 2. Aufl., Tübingen: Mohr, 1932, S. 14.

5 参见张翔：《宪法教义学初阶》，载《中外法学》2013年第5期。

（或社会事实命题）、分离命题和社会实效命题。社会命题从正面认为法律在性质上属于一种社会事实，分离命题从反面主张法律与道德在概念上不存在必然联系。社会实效命题则主张，法律效力（在体系之成员资格的意义上）预设了法律具有社会实效，也即在整体上公民遵守法律，而法律官员实施法律。[1] 与之相对的非实证主义则坚持法的双重性质命题和联系命题。前者主张法具有现实和理想两个维度，[2] 后者主张在法的效力与道德正确性之间存在必然联系。[3] 概念法学者并不一定秉持实证主义的概念论立场。例如，在德国19世纪概念法学占主流地位时，在法哲学上居于主导地位的依然是理性法传统（一种自然法学传统），当时很多概念法学者都深受康德学说的影响。[4] 同理，法律形式主义者也未必都是实证主义者：在逻辑上，坚持法律的决定性与坚持法律与道德在概念上的必然联系并不矛盾。因为形式主义者完全可以将起决定作用的“法律”限定为符合道德要求的法律。方法论流派与概念论立场并无必然的对应关系。

同样，法教义学者也并非都是法律实证主义者，他们不需要在实证主义与非实证主义之间进行站队。之所以会在教义学与实证主义之间产生过度联想，恐怕与法教义学以“实在法”为研究对象有关。但是，研究实在法并不一定就持法律实证主义的立场。一个主张极端违反正义的实在法没有效力的学者，完全可以围绕实在法展开解释、建构和体系化作业。如果说法教义学有什么必然预设的概念论立场的话，那也至多只能是主张“法律是一种规范

---

1 参见［瑞典］托尔本·斯巴克、［瑞典］帕特里夏·明杜斯编：《剑桥法律实证主义指南》，雷磊等译，商务印书馆2023年版，第7~12页。

2 参见［德］罗伯特·阿列克西：《法律的双重性质》，张霁爽译，载《中外法学》2010年第3期。

3 参见［德］罗伯特·阿列克西：《法与道德：告别演讲》，雷磊译，载《华东政法大学学报》2015年第5期。

4 例如，普赫塔（Puchta）就将“自由”作为居于其构造之法律金字塔系顶点的概念（George Puchta, Cursus der Institutionen, 1 Bd., 5. Aufl., Leizig: Druck und Verlag Von Breitkopf und Härtel, 1856, S. 1ff）。

性事物”这样的弱概念论立场。[1] 所以，法教义学并不必然与概念法学或法律实证主义相关。究其原因，法教义学既非特定的法学方法论流派，也不秉持特定的法概念论立场，它只是一种法学作业方式及作为其结果的知识体系而已。

（三）法教义学就是法律解释学（法学方法论）?

国内学界有一种并不鲜见的观点认为，法教义学无非就是法解释学。[2] 言外之意，“法教义学”只是皇帝的新装而已。无论是教义学者还是教义学的批评者，都不乏持此见解者。如一些民法教义学者将民法中的立法论与解释论之争大致等同于立法学与法教义学的分歧。[3] 又如，有批评者将法教义学视作法律解释方法的一种即体系解释，认为它与其他法律解释方法的主要差别体现在对实定法秩序体系化解释的司法中心主义。[4] 正因如此，在中国，“法教义学”很多时候是与“法释义学”“注释法学”等名称通用的。[5] 这里如果只涉及单纯的术语翻译问题倒是问题不大，但古语说“循名责实”，如果因为名称的通用而带来“法教义学与法解释学实质上并无二致”的结论，就会产生理解上的偏差。

法教义学活动包括法律解释、概念建构和知识体系化三个环节，法解释学只涉及法律解释的方法问题。当然，如果我们在严格意义上来理解“法律解释”，那么将它作为法教义学活动的第一个环节也不确切。因为大体只有在奉行“罪刑法定”的刑法领域，才会将法律适用活动限于解释。而在例如民

1　参见雷磊：《法教义学的基本立场》，载《中外法学》2015 年第 1 期。

2　例如，陈瑞华：《对话陈瑞华：法学研究的第三条道路》，载陈柏峰、尤陈俊、侯猛编：《法学的 11 种可能：中国法学名家对话录》，中国民主法制出版社 2020 年版，第 181 页。

3　例如，姚辉：《当理想照进现实：从立法论迈向解释论》，载《清华法学》2020 年第 3 期。

4　参见凌斌：《什么是法教义学：一个法哲学追问》，载《中外法学》2015 年第 1 期。

5　教义学的支持者会选用“法释义学”（如张翔：《宪法释义学：原理 · 技术 · 实践》，法律出版社 2014 年版），而反对者可能会选用更具贬义色彩的“注释法学”。

法领域，法教义学除了要从事法律解释活动外，还会涉及漏洞填补和法律修正等方面。[1] 法律解释和法的续造都属于法学方法论的范畴，那么法教义学是否等同于法学方法论？不少学者潜在地将两者等同视之，[2] 因为即便在德国，这两个话题也经常被放在一起谈论。[3] 首先应当承认，法教义学与法学方法论关系密切。“法学方法论”的“法学”（Rechtswissenschaft），指的其实就是法教义学。教义学说和命题就是运用法学方法论来对实在法条进行解释和概念加工后的“产品”。[4] 而许多法学方法论的著作，除了处理解释和续造等问题外，也同样会处理概念和体系等主题。[5] 尽管如此，两者之间依然具有三个方面的不同：一是重心不同。法学方法论关注的重心是解释和续造方法，而法教义学虽然也以解释等活动为出发点，但它更核心的工作在于概念和体系。而概念和体系反过来又会对解释活动起到制约作用。二是范围不同。尽管我们可以将法学方法论视作教义学方法，但反过来并不能成立。教义学方法包含着比法学方法论更多的东西。法学方法论属于法理论（Rechtstheorie）的一部分，是关于法的一般理论，[6] 大体具有领域的普遍性。[7] 而法教义学本身要分化为不同法律部门，不仅不同部门法教义学的内容各不相同，而且不同部

1　所以，笔者曾主张用“意义阐释”来替代“法律解释”，作为法教义学活动的第一环节（参见雷磊：《法教义学的方法》，载《中国法律评论》2022 年第 5 期）。

2　例如，有教义学者就将法教义学视为包含价值论证规则在内的方法论（许德风：《论法教义学与价值判断：以民法方法为重点》，载《中外法学》2008 年第 2 期）。

3　参见卜元石：《法教义学与法学方法论话题在德国 21 世纪的兴起与最新研究动向》，载《南京大学法律评论》2016 年春季卷，法律出版社 2016 年版。

4　拉伦茨就认为，“法学以实在法为‘工作前提’”，即“必须以现行法秩序的基本原则为导向”，“致力于在细节上逐步落实‘更多的正义’”（［德］卡尔·拉伦茨：《法学方法论》（全本·第 6 版），黄家镇译，商务印书馆 2020 年版，第 245、251、252、253 页）。

5　例如，参见［德］英格博格·普珀：《法学思维小学堂：法律人的 6 堂思维训练课》，蔡圣伟译，北京大学出版社 2011 年版（第一课和第六课），第 3 页以下，第 179 页以下。

6　Vgl. Klaus F Röhl und Hans Christian Röhl, Allgemeine Rechtslehre: Ein Lehrbuch, 3. Aufl., Köln: Carl Heymanns Verlag, 2008, S. 3.

7　当然，不能否认特定的方法论论点或规则带有特定领域色彩，但这不妨碍作为“论证形式”之方法本身的普遍性。

门法的方法也有所不同。[1] 所以，教义学方法除了不同部门法所共同的部分（法学方法论），还包括各部门法各自特殊的部分。前文枚举过的请求权基础思维、犯罪构成体系的三阶层说、违宪的三阶段审查理论，都属于这个特殊的部分。它们也被称为法教义学的“图式”（Schema）。[2] 这些特殊教义学方法与各部门法教义学知识具有更为紧密的联系，在层次上位于一般性教义学方法（法学方法论）与教义学知识之间。[3] 三是性质不同。尽管都叫作“方法”，但法学方法本质上是帮助法律人的说理得以理性化、客观化的论证形式，而法教义学方法更多指的是法律人与实在法打交道时的作业方式（Arbeitsweise），不涉及具体方法的层面。

除上述实质理由外，之所以不宜用“法解释学/释义学”取代“法教义学”的一个用语上的原因在于前者无法体现法教义学的思维特征，即受实在法（立法者权威）和通说（学术权威）之权威的拘束。而“法解释学”的称呼恰恰无法表明法教义学不同于其他研究进路的这种特性。[4] 因此，法解释学和法学方法论尽管与法教义学联系密切，但并不能被等同于法教义学。

做个小结：将法教义学等同于法条主义/法律形式主义、概念法学/法律实证主义、法解释学/法学方法论的误解的产生，其实也反映出：在法学百年“西学东渐”的过程和“跨语际实践”中，我们对许多法学立场和概念囫囵吞枣，不求甚解，或者因为文化基因的不同而产生了很多中国式联想。

1　Vgl. Jannis Lennartz, Dogmatik als Methode, Tübingen: Mohr Siebeck, 2017, S. 172f.

2　参见［德］克里斯蒂安·布克：《法教义学：关于德国法学的发展及其思维与操作方式的思考》，吕玉赞译，载陈金钊、谢晖主编：《法律方法》第24卷（2018年第2卷），中国法制出版社2018年版，第11~12页。

3　当有论者指出，法教义学是法学方法论与部门法学的重要交汇点（焦宝乾：《我国部门法教义学研究述评》，载陈金钊、谢晖主编：《法律方法》第19卷，山东人民出版社2016年版，第394页）时，这里的“法教义学”最好被理解为本文所说的“特殊教义学方法”。

4　有的社科法学者同样认为法解释学很重要（参见陈瑞华：《对话陈瑞华：法学研究的第三条道路》，载陈柏峰、尤陈俊、侯猛编：《法学的11种可能：中国法学名家对话录》，中国民主法制出版社2020年版，第181页）。这也从侧面反映出，选择“法解释学”的称呼无法凸显出两种研究范式的不同。

（四）法教义学是一种无法跨国界运用的继受法学？

一种典型的批评是，法教义学是西方主要是德国的舶来品。当下中国的法教义学与社科法学的争论，只不过是“外国法学理论通过其中国代理人的学术演练”，具体来说就是“德国法学传统和美国法学传统在中国法学界的狭路相逢”。[1] 双方其实都是在以域外的法学理论作为尺度来衡量中国的法律实践。进而，批评者还以德国法教义学在我国台湾地区的继受为例，反思其在法学教育与研究中的弊端，主张摆脱将法教义学作为精髓的德国法学传统，强调培养法学的主体性意识。[2] 据此，在中国引入法教义学，被认为反映了百多年来中国法学处于“继受法学”的尴尬处境。而继受法教义学，其实质是继受西方价值判断。[3] 这种批评的实质，是强调法学研究的地域性，反对法教义学具有跨国界运用的普遍性。对此，不可大而化之、一概而论，而要细加分析。

首先要看到，法教义学虽然起源于德国，但并非德国所独有的现象。英美国家中同样存在“doctrinal study of law”。[4] 英国民法学自 20 世纪 90 年代就出现了某种教义学转向，开始流行类似于请求权基础分析的研究方法，注重概念的明确性与论证的逻辑正确性开始成为一种新习惯。[5] 美国虽然有强大的法律现实主义传统，但不仅在 19 世纪同样存在教义学研究（兰代尔的合同法学说、行政法上的谢弗林尊重原则等），而且十余年来也出现了被称作“新教

1　参见尤陈俊：《不在场的在场：社科法学和法教义学之争的背后》，载《光明日报》2014 年 8 月 13 日，第 16 版。

2　参见尤陈俊：《法学继受对法学研究及法学教育的连锁影响——以德国法教义学在我国台湾地区之继受为例的反思》，载《法学评论》2022 年第 3 期；尤陈俊：《隔岸观法：如何看待法教义学与社科法学的发展前景》，载《北大法律评论》第 21 卷第 2 辑，北京大学出版社 2021 年版。

3　参见凌斌：《什么是法教义学：一个法哲学追问》，载《中外法学》2015 年第 1 期。

4　See Graham Virgo, *Doctrinal Legal Research*, in P. Cane, J. Conaghan (eds.), The New Oxford Companion to Law, Oxford: Oxford University Press, 2008, p. 79.

5　Vgl. Martin Flohr, Rechtsdogmatik in England, Tübingen: Mohr Siebeck, 2017, S. 20, 154ff, 163ff.

义学主义”（New Doctrinalism）的研究倾向，主张平衡教义学与非教义学考量来认识法律。[1] 将这些研究叫作什么（如“类教义学研究”[2]、“法律学说研究”等）并不重要，重要的是这些研究分享了围绕实在法进行解释、建构和体系化的作业风格。在此意义上，“法教义学”只是对当代一切法律科学都要满足之任务的地域性称呼（德文称呼）而已。[3] 当然，必须承认，德国的法教义学有自身的特点，那就是对于概念化和体系化工作的孜孜不倦及其达到的高度，其他国家的法教义学研究在这一点上望尘莫及。这当然与德国学者将“秩序”与“统一性”视作法律科学的核心旨趣这一特性有关。但只要对以实在法为基础的法律科学的追求在各国无异，法教义学作为一种科学作业活动本身就是普适的。因此，“并非法教义学现象，而是与法教义学相关之法律科学的自我理解……是德国独特的”[4]。这使得德国学者在几百年的教义学发展过程中提出了很多构造精致、体系紧密，但有时也抽象复杂、晦涩难明的概念和知识体系。

这就涉及了中国学者如何对待德国法教义学的问题。一方面，在中国，教义学的支持者许多都有留德、留日的背景，当在实践中遇到类似的问题时很自然地会去参考德日的学说。此时的确可能会忽略掉外来学说背后的社会、历史、文化背景，及其与中国社会、历史、文化背景间的差异，因而受到脱离现实、埋头书斋的诟病。就这个角度而言，“继受法学”的批评有一定道理。但不能将部分中国教义学者的不当做法归责于法教义学本身，也不能因

1　《宾夕法尼亚大学法律评论》2014—2015 年卷第 7 期就刊发了以“法教义学”为主题的 12 篇论文，领域涉及一般理论、版权法、刑法、家庭法、公司法、财产法、证据法、侵权法等。对此，参见 Alex Stein, *The New Doctrinalism: Implications for Evidence Theory*, University of Pennsylvania Law Review 163 (2014-2015), p. 2085.

2　例如，参见张翔对于英美宪法学“类教义学取向”的介绍（参见张翔：《宪法教义学初阶》，载《中外法学》2013 年第 5 期）。

3　Ludwig Raiser, Wozu Rechtsdogmatik?, Deutsche Richterzeitung 1968, S. 98.

4　Nils Jansen, Rechtsdomatik im Zivilrecht, in: M. Anderheiden, M. Auer, T. Gutmann (Hrsg.), Enzyklopädie zur Rechtsphilosophie 2011, http://www.enzyklopaedie-rechtsphilosophie.net/neue-betraege/19-beitraege/98-rechtsdogmatik-im-zivilrecht (13.1.2019).

为存在这种现象就认为法教义学具有“原罪”。法教义学是围绕本国而非外国的现行法展开的作业，是在本国的政治—法律体制和社会文化环境中展开的活动。法教义在形成过程中必然要吸纳的外部知识必然根植于本国土壤。所以，真正的教义学知识本就带有天然的“国别性”和“本土性”。[1] 知识体系意义上的法教义学只能是德国的、日本的或中国的法教义学，而不存在世界的法教义学。所以，只有在中国法的基础上构造出法教义学的“中国话语”，中国法教义学才会真正成熟。但另一方面，也不能因为某个教义学说起源于德国，就一概否认其有被继受的可能性。某种理论的地域起源与其说服力无关。正如马克思主义的基本原理是放之四海而皆准的，因为它把握的是整个人类社会、而不只是马克思的祖国——德国——的历史发展规律，我们不能因为这种理论起源于德国就认为它只体现“西方价值判断”。同理，德国的教义学说也可能反映对特定法律问题之本质的理解，体现全人类共同价值。尤其在本土化法教义学不发达的中国，[2] 借鉴和吸纳先行国家的法教义学成果无可厚非。只是，中国的教义学者对外来的教义学说一定要小心甄别、细加比较，注意“隐含背景”以及可能的价值差异。

“继受法学之诟”的另一个混淆之处，是没有区分“法律继受”和“法教义学继受”。作为后发型法制现代化国家，中国在近代以来的确继受了一些西方包括德国的法律或相关规范。有时候这种做法也会面临“水土不服”“橘生淮南”的批评。法律继受的成败得失当然可以专门谈论，但这里想说的是：继受西方的法律，并不代表就一定要继受基于该西方法律的教义学说。在继受他国法律的基础上，同样可以结合本土资源开出“本土法教义学之花”。又或者，也可能在继受相关西方教义学说时，根据本国的社会文化环境和体制进行创造性转化，从而实现法律继受基础上教义知识的“中国化”。所

1　参见雷磊：《法教义学：关于十组问题的思考》，载《社会科学研究》2021 年第 2 期。

2　参见泮伟江：《中国本土化法教义学理论发展的反思与展望》，载《法商研究》2018 年第 6 期。

以，就像几百年前德国罗马法学者在继受罗马法学时所追求的且已实现了的那样（“通过罗马法而超越罗马法”），中国的法教义学者也应当有志气“通过德国法而超越德国法”。

从根本上说，“继受法学之诟”试图从一种发生学上的事实现象（法教义学起源于德国）推导出一个价值上的判断（不应当接受法教义学），犯了从“是”推导出“应当”的“自然主义谬误”[1]。我们追求学术研究的自主性（真正的法教义学应当以此为前提），但我们同样要保持海纳百川的开放心态，任何学术上的闭关锁国都是不可取的。对于域外教义学说一概采取盲目拒斥的态度，就如一概盲目接受那样是错的，这种做法才是绝对的教条主义。

三、法教义学的功用之问

对于当下中国而言，理论的功用同样是一个备受关切的问题。对法教义学之功用的质疑既来自实践层面，也来自理想层面。前者认为法教义学无法应对疑难案件，后者则批评其过度简化了法治理想。

（一）法教义学无法应对疑难案件？

一种批评认为，法教义学只能应对简单案件，而无法应对疑难案件。因为法教义学只能是防御性的，而疑难案件恰恰需要创造性，所以法教义学面对新的情形并无分析工具可用。[2] 而在中国，恰恰疑难案件会相对频发。这是因为一方面中国社会正处于转型时期，另一方面中国又是一个政治、经济、文化发展不平衡的大国。在此背景下，由此推导，该批评认为：作为常规科

1 关于这种谬误，参见 Otfried Höffe，Ethik：Eine Einführung，München：C. H. Beck，2013，S. 34。

2 参见桑本谦：《“法律人思维”是怎样形成的——一个生态竞争的视角》，载苏力主编：《法律和社会科学》第13卷（2014年第1辑），法律出版社2014年版，第1、24页。

学的法教义学无力解决中国的现实问题，而必须主要依赖关注现实、注重实证研究的社科法学研究来应对。[1] 概言之，该评论认为：社会稳定时期教义法学占主导地位，社会变革时期社科法学称雄。[2]

但是，法教义的更新并不意味着法教义学的局限。法教义学当然要关注和应对现实，社会环境的变化和疑难案件的出现也当然可能带来教义知识尤其是通说的更新。但这属于法教义学内部的自我革新。前已述及，法教义学并不反对，甚至必然要容纳外部知识。法教义学只是一种法学作业方式，它并不排斥在解释实在法条和构造法教义的具体过程中运用其他学科的方法。越是疑难案件，越是可能用到经济学、社会学、人类学乃至自然科学的方法。但是，不能因为疑难案件的出现就抛弃教义学的思维方式，停止教义学的作业。当出现法律未作规定、社会环境急剧变迁或既有规则得出极端不公正之结论等情形时，就需要对旧的教义学概念进行解构，还原其后隐藏的目的与价值判断，进而考量旧的教义学概念是否需要变迁。[3] 法教义学“认知开放但运作封闭”的特点，决定了它要通过筛选和符码转化机制来对外部知识进行法学加工，或者因应外部知识对法律系统激扰进行自我调整。外部知识只能作为新教义的质料，而非成品，法教义学还得将它们转变成法学学说或命题。所以，说“疑难案件无教义”，只针对旧教义学知识体系才能成立。疑难案件可能肇生新的教义，从而带来教义学知识体系的更新，但却无法从根本上放弃教义学的范式。[4]

当然，有批评者进一步认为，所谓“法教义学的自我更新”其实只是一

---

1 参见苏力：《也许正在发生——中国当代法学发展的一个概览》，载《比较法研究》2001 年第 3 期。

2 柯华庆：《法律变革的逻辑——社科法学与教义法学的较量》，载《桂海论丛》2014 年第 4 期。

3 Vgl. Thomas Lobinger, Perspektiven der Privatrechtsdogmatik am Beispiel des allgemeinen Gleichbehandlungsrechts, Archiv für die civilistische Praxis 216 (2016), S. 41ff.

4 思想史上，促使耶林和黑克的教义学观点发生转向的案件——“一物二卖”案（1858 年）和“死亡契约之利益第三人案件”（1890 年）——都已证明这一点。对此参见吴从周：《概念法学、利益法学与价值法学：探索一部民法方法论的演变史》，中国法制出版社 2011 年版，第 58~62、214~215 页。

种“虚饰”。因为在疑难案件中，真正起作用的其实是社会环境和社科方法，它们才是“法律背后的逻辑”。既然“每当例外发生时，法教义学就需要对原来的教义作出修正或创造新的教义”，也就是给旧的教义学体系“打上一个补丁”，倒不如彻底抛开法教义的“概念黑箱”，直接诉诸它们背后的逻辑来解决疑难案件。[1] 这种观点高估了教义学更新的简单程度，也低估了（旧的）教义学知识体系的稳定性。因为法教义（通说）一旦形成，就会具有稳定化社会预期的功能，实现法的安定性价值。在面对疑难案件时，法教义学不仅要进行实质价值论证，也要考虑到对法的安定性这种形式价值的保护，很多时候要追求的是两者之间的平衡。因为教义学活动发生在法律论证的场域，而法律论证场域又有其特殊的教义学结构。由此带来的效果是，一方面，即使法律不那么确定，法律论证场域也不会容纳全部可能的裁决，因为并非每一项政治的或者道德的决定都能获得教义学上有效论证方式的支持。另一方面，即使在疑难案件中，各种法外论证及其导致的结论在一般意义上都有可能，但负有裁决义务的法院必须要考虑到先例的拘束和法律论证场域的一致性要求。[2] 因此，在疑难案件中裁判应追求“既有法秩序框架内的个案正义”，而法教义与制定法一起组成了这个框架。于此，裁判者应当遵循形式规则、融贯性和最小损害原则，来平衡规范拘束与个案正义的要求。[3] 法教义学的这种“迟滞力”使得，并非“每当”例外发生时，就必然要修正旧教义，创造新教义。疑难案件能否带来教义更新，取决于具体教义学论证本身。

所以，并非“疑难案件无教义”。只是在疑难案件中，教义学论证更为复

1　参见桑本谦：《“法律人思维”是怎样形成的——一个生态竞争的视角》，载苏力主编：《法律和社会科学》第 13 卷（2014 年第 1 辑），法律出版社 2014 年版，第 21 页。

2　参见［德］拉尔夫·波舍：《裁判理论的普遍谬误：为法教义学辩护》，隋愿译，载《清华法学》2012 年第 4 期。

3　参见孙海波：《在“规范拘束”与“个案正义”之间——论法教义学视野下的价值判断》，载《法学论坛》2014 年第 1 期。

杂。甚至恰恰可以说，正是存在疑难案件才更需要法教义学。[1] 因为简单案件的法律适用较无疑义，教义学发挥作用的空间也较小。在社会转型时期，更要强化法教义学沉稳应对现实的阐释力，这既有利于法学自身的成熟，也不会使得法学被其他学科所淹没。

（二）法教义学必然排斥后果考量？

之所以有论者批评法教义学无法应对疑难案件，一个重要原因在于，法教义学经常被认为是与后果考量是互斥的。进而，法教义学与社科法学的对立有时被刻画为法条主义与后果考量，或者说规则取向（规则至上）与后果取向之间的对立。[2] 言外之意，法教义学必然是排斥后果考量的。而排斥后果考量也就是排斥社会现实，而这正是所谓法条主义的一个面向。对此也要细作分析。首先要指出的是，中国学者往往不太区分“后果考量”和“后果主义”，其实质是没有区分在法律论证中对待“后果”的两种不同态度。一种是比较强的态度（可称为“强后果主义”，或直接称为“后果主义”），它将裁判的后果视为判断裁判正确性的唯一标准或最高标准，当其他标准与之发生冲突时必须无条件地服从后果标准。另一种是比较弱的态度（可称为“弱后果主义”或“基于后果的论证”），它只是要求在司法裁判或法律论证过程中，考虑到依据后果来证立特定主张或观点的论证方法。它并不意图将后果作为评断裁判正确与否的终极性标准，而只要求至少在某些案件中将对后果的考量作为法律论证的方法之一。[3]

有的社科法学者持一种比较强的态度，认为“后果是评价一切行为和思

---

1 阿列克西就将“提出解决疑难的法律案件的建议”列为法教义学的活动之一。参见［德］罗伯特·阿列克西：《法律论证理论》，舒国滢译，商务印书馆 2020 年版，第 315 页。

2 参见王彬：《司法裁决中的“顺推法”与“逆推法”》，载《法制与社会发展》2014 年第 1 期；钱一栋：《规则至上与后果主义的价值理由及其局限——从法教义学与社科法学之争看当代中国司法哲学》，载《甘肃政法学院学报》2018 年第 4 期。

3 这一区分参见雷磊：《反思司法裁判中的后果考量》，载《法学家》2019 年第 4 期。

想的标准”，“一条法教义能否站得住脚，归根到底看它能否给社会带来好处”。而只要法教义学背后的这种“实践逻辑”，也就是“后果为锚”的准则存在，那么法教义本身就变得可有可无了。[1] 对于这种（强）后果主义，法教义学自然是不能赞同的。一方面，在法教义形成的过程中，是否应当以后果为唯一评价标准，本身就是有疑问的。法教义的形成往往涉及价值判断，价值判断是一件非常复杂的事情。后果主义试图用将复杂的价值判断简单化约为对后果的寻找与锚定，以此来“客观化”价值判断，但这种努力并不见得能成功。因为后果论证在结构上由两部分构成：一部分是后果预测，即预测如果采取某种法律解释（法教义主张）将会发生什么后果；另一部分是后果评价，即判断该后果是否可欲，如果存在复数的可欲的后果（及相应的复数的法教义主张），就要证明在各种可欲后果（及相应的各种法教义主张）中，哪一个是最可欲的。如果说后果预测的任务是经验分析性的，那么后果评价的任务则是规范性的。[2] 可见，后果论证只是“推迟”了价值判断，而没有取代价值判断。因为“是否可欲”本身就是评价问题，而评价的标准原本就是多样化的。当然，后果主义想要做的不止于此，它其实是想将伦理学上的后果论（主要是功利主义）作为后果评价的唯一标准。[3] 但是，法教义形成中的价值判断能否被化约为后果论证，而后果论（功利主义）又能否成为后果论证中后果评价的唯一选项，都不是理所当然的。另一方面，在法教义形成之后，司法裁判更不应以后果取向为唯一的目标。法教义学本就承担着明确法律规则之含义、稳定化社会预期的任务。法教义一旦形成，就会与它所基于的法律规则一起成为拘束司法裁判的权威框架。哪怕适用法教义会

---

1 参见桑本谦：《法律教义是怎样产生的——基于后果主义视角的分析》，载《法学家》2019 年第 4 期。

2 Vgl. Hans-Bernd Schäfer und Claus Ott, Lehrbuch der Ökonomischen Analyse des Zivilrechts, 5. Aufl., Berlin u. Heidelberg: Springer Verlag, 2012, S. 4.

3 所以，社科法学主张的后果主义其实复合了裁判理论中的后果论证与伦理学中的后果论（功利主义）。

带来不可欲的社会后果，法官也不可随意偏离之，除非存在更强理由、承担更重的论证负担。[1] 在这种例外情形中，就将发生前述法教义的更新。

但如果抛开这种强后果主义，转而取向于弱后果主义，那么法教义学完全可以容纳后果考量。实在法以及所有的法律活动不仅要提出权威性宣称（要求人们遵守和服从它），而且也要提出正确性宣称（主张它的要求是正确的）。相应地，法教义学也必然以正确性宣称为取向，而且必然要求它最大程度地符合既存的法秩序。[2] 换言之，它要求在既有实在法的权威框架内，尽可能地去实现正确的要求。而导向于可欲的后果，无疑是正确与否的判断标准之一。这就意味着，基于后果的论证完全可能进入到教义学论证的过程之中，成为特定法教义主张得以形成的论据。既有的法学方法论体系也完全可以容纳它（客观目的论证），只是有其限度。[3] 总之，法教义学并非绝对排斥后果考量，只是不赞同将后果视为凌驾于其他一切标准之上的终极标准（强后果主义）。

（三）法教义学简化了法治的理想？

有批评者认为，在中国兴起和推动法教义学的发展，对于法学研究者保存自身应有的学术独立地位可能会产生不可替代的独特作用。但法教义学从现行体制下的制定法出发，不惜牺牲对自身来源及其政治后果的深度检讨，将法治简化为一种法的逻辑与解释的艺术。[4] 这样做虽然提升了法的独立性和科学性，但却可能丧失法的正义性。简言之，法治应当追求正义，而受制于特定体制的法教义学未必能促成制定法背后的权力意志向“善”。

---

1 具体参见雷磊：《反思司法裁判中的后果考量》，载《法学家》2019 年第 4 期。

2 参见［德］克里斯蒂安·布克：《法教义学：关于德国法学的发展及其思维与操作方式的思考》，吕玉赞译，载陈金钊、谢晖主编：《法律方法》第 24 卷，中国法制出版社 2018 年版，第 15 页。引用时表述略有改变。

3 具体参见雷磊：《反思司法裁判中的后果考量》，载《法学家》2019 年第 4 期。

4 参见周尚君：《法教义学的话语反思与批判》，载《国家检察官学院学报》2015 年第 5 期。

必须承认，法教义学本身有自己的局限性。法教义学秉持法律体系之内在参与者的视角，[1] 因而也“必须假定现行法秩序总体上是合理的”[2]。这构成了一切法教义学活动的出发点，也决定了法教义学活动主要是阐述性的，法教义学中的价值判断也是体系性的价值（或者说法律体系的参与者所秉持的价值）。在此意义上，法教义学以实在法为“工作前提”，并不意味着它不能对实在法规范进行批判，只是这种批判是“体系内的”：通过持续不断地深入研究在实在法中遇到的法律思想和评价基准，借助现行法的主导原则获得标准，来对个别规则和决定进行批判。[3] 对普通法律的合宪性审查实际上就有法教义学的这种批判性功能的发挥余地。只是，法教义学的确无法超越现行法秩序本身进行外部批判。这种外部批判只能借助于法哲学（及与其相关的政治哲学和伦理学）来进行。因为法教义学“主要致力于研究属于规范性领域的法现象”，[4] 而非作为价值性领域（这属于伦理学的视角）或政治性领域（这属于政治哲学的视角）的法现象。所以，法教义学无法确保实在法和现行法秩序（从伦理学和政治哲学的视角看）一定是正义的，也不预设任何特定的体制（如民主体制），更无法促成权力意志向“善”。但是，这种苛责就好比是指责“公鸡下不了蛋”一样没有意义。法教义学不对超越其限度之外的事负责。

当然，法教义学有其限度，并不意味着它与法治无关。一方面，法教义学实现了形式法治的理想。形式法治的核心理念是法的安定性。法教义学追求判决的可预测性，实现形式自由与平等，以及保护公民免受国家权力的非法侵害，而这些功能恰恰源自法教义学的形式理性化特征及其受权威拘束的

1　参见［德］马蒂亚斯·耶施泰特：《法理论有什么用？》，雷磊译，中国政法大学出版社 2017 年版，第 71~74 页。

2　［德］卡尔·拉伦茨：《法学方法论》（全本·第 6 版），黄家镇译，商务印书馆 2020 年版，第 252 页。

3　［德］卡尔·拉伦茨：《法学方法论》（全本·第 6 版），黄家镇译，商务印书馆 2020 年版，第 251 页。

4　［德］卡尔·拉伦茨：《法学方法论》（全本·第 6 版），黄家镇译，商务印书馆 2020 年版，第 246 页。

思维形式。[1] 当然，这并不是说作为一种政治—道德理想的法治就可以完全被化约为法的安定性这种形式主张，而可以不追求正义和善。这只是说，法教义学主要致力于的是法的明确性和安定性这一面向。如果可以将法治理念区分为法的内在理念和外在理念的话，那么法教义学追求的就是法的内在理念。此外，对于中国而言，首先建立形式法治层面的最低限度共识，确保对宪法和法律权威的尊重，以避免法治进程中“法律的失灵”和“权威的失落”，相比于争议不断的各种实质法治价值，或许更为重要和可行。另一方面，法教义学也并非不追求正义。走纯技术主义路线的法教义学会导致“方法论上的盲目飞行”[2]，所以它也必须“致力于在细节上逐步落实‘更多的正义’”[3]。而如果说正义和善是法哲学的核心关切，那么这也意味着，法教义学要与法哲学思考关联起来。只不过，在司法裁判的语境中，一则法哲学应在日常法教义不敷使用的疑难案件的场合才出场；二则法哲学应在教义方法框架之内，穷尽既有教义学说之后才发挥其作用。[4] 就此而言，法教义学也构成了追求更为“厚实的”法治理想的基础。

所以，法教义学不单单是法的逻辑与解释的艺术。它虽然不是法治的全部，但却实现了法治最核心和最基础的理念，即法的安定性。因为，法治首先就意味着基于来源之实在法的统治。[5] 脱离实在法的法治理想只是一种空中楼阁。同时，法教义学不是法学的全部，它无法“包打天下”，不能苛求其为体制的正义性和权力向善负责，也不能认为其代表了法治的全部理想。在根本上，法教义学只是一种专业化的作业方式。

---

1 参见雷磊：《法教义学与法治：法教义学的治理意义》，载《法学研究》2018 年第 5 期。

2 Vgl. Bernd Rüthers, Anleitung zum fortgesetzten methodischen Blindflug?, Neue Juristische Wochenschrift 1996, S. 1249.

3 [德] 卡尔·拉伦茨：《法学方法论》（全本·第 6 版），黄家镇译，商务印书馆 2020 年版，第 253 页。

4 参见雷磊：《法哲学在何种意义上有助于部门法学》，载《中外法学》2018 年第 5 期。

5 雷磊：《法律渊源、法律论证与法治》，载《社会科学战线》2023 年第 1 期。

第二节　中国法教义学研究的问题

当下，中国法教义学研究呈现出日趋蓬勃的局面。如果说上一节所说的都是关于法教义学的误解或者说虚假问题的话，那么当下中国法教义学研究也的确显露出了一些值得反思的真正问题。

一、理论与实践的相对疏离问题

在中国，法教义学最大的局限性通常被认为在于“只关心法律条文的表述和承诺，而不关心法律在实践中的实施状况”[1]。虽然社科法学者的这种批评如果被提升至对法教义学之固有品质的理解会失之偏颇，但这的确反映出中国法教义学研究早期的某些缺陷。法教义学本身并非法学的专有活动，而是学术与实践的共同交流形式。[2] 法教义学关注司法实务乃其作为实在法之适用理论的内在本质使然。只是早期教义学者未摆脱就法条谈法条的传统研究桎梏，“睁眼看世界”后又盲目追捧德日教义学说，与司法实务界的互动也很少，将法教义学变成了纯粹的“学者法”，难免受到以实践和经验为导向的社科法学的批评。相较而言，德国教义学者十分关注德国的司法实践。在德国法学教育之中，判例，尤其是联邦宪法法院和最高法院的判例，已成为重要的参考依据和研究对象。从 20 世纪 50 年代开始，联邦宪法法院、联邦最高法院和其他四个专门法院就陆续编辑出版了年度判例集（汇编）。不少法学期刊杂志都开设了“司法判例”或“案例评析”的栏目，刊登最新的司法判

1　参见陈瑞华：《对话陈瑞华：法学研究的第三条道路》，载陈柏峰、尤陈俊、侯猛编：《法学的 11 种可能：中国法学名家对话录》，中国民主法制出版社 2020 年版，第 182 页。

2　Vgl. Matthias Jestaedt, Wissenschaftliches Recht, in: Gregor Kirchhof, Stefan Magen und Karsten Schneider (Hrsg.), Was weiß Dogmatik?, Mohr Siebeck, 2012, S. 117.

例，或邀请学者就新近的案例进行评析。在当下德国法学院的课堂上，已不再只教授相关法律领域的基本原理，围绕法条传授基本教义知识，结合和剖析联邦法院（也包括欧洲法院、欧洲人权法院）的经典案例已成为教学常态，甚至占据一半课时以上。[1] 同时，法学者们也将自己的教义学说被法院尤其是联邦最高法院和宪法法院说理所引用为至高荣誉。当然，这也引发了一个反向的批评：德国法教义学研究与司法实务之间没有保持足够的距离，反而影响了教义学对于司法实践批判功能的发挥。学者们在教学和科研中将高级法院（尤其是联邦最高法院和联邦宪法法院）作出的判例奉为圭臬，过度看重这些判例所提出之观点的权威性，造成了学界流行"法院实证主义"思想的后果。无怪乎有德国学者感叹，如今的德国存在一种从"法治国"到"法官国"转变的不可遏制的趋势！[2] 同时，法教义学的"过度实操化"也使得法教义学与基础学科相脱节，导致法律人对法理论层面的思考缺乏兴趣。这里恐怕要将法教义学作分层处理，即区分出实用教义学与科学教义学两个层次。如果说实用教义学的主要功能在于知识的存储和论证的减负的话，那么科学教义学就还要发挥批判功能。[3] 唯有发挥科学教义学的体系内批判功能，才能对司法实践及其实用教义学保持反省的姿态，促进其不断进步。

德国法教义学的上述状况并不能说明，在中国，法教义学要与司法实务保持足够的距离，更不能说明实务导向的法教义学没有价值。中德两国的差异既源自不同的国情，也源自德国与中国处于法教义学发展的不同阶段。或许没有任何一种研究范式在任何时期能够完美地符合最初的理想定位。所以，已历经两百余年因而高度发达的德国法教义学，现阶段要思考的问题是学术

1 参见雷磊、高尚、段沁：《德国判例制度研究》，法律出版社 2023 年版，第 2~3 页。

2 Vgl. Bernd Rüthers, Die heimliche Revolution von Rechtsstaat zum Richterrecht, 2. Aufl, Tübingen: Mohr Siebeck, 2016, S. 79-80.

3 参见［德］罗尔夫·施蒂尔纳：《现代民法与法教义学的意义》，陈大创译，载李昊、明辉主编：《北航法律评论》2015 年第 1 辑，法律出版社 2016 年版，第 106~136 页。

界是否需要与实务界保持更大距离，通过对实用教义学的批评和反思来提升法教义学整体上的科学性；而对于只有短短二十年时间、尚处于起步阶段的中国法教义学而言，其面临的现状是实务与学术的长期隔阂使得二者彼此靠拢成为一种必要。[1] 当然，法教义学与实务脱节的状况，近年来在中国法学界已得到很大的好转。这既得益于体制内的力量，如案例指导制度的建立和国家对法学知识教育与实践教学相衔接的大力倡导，也得益于前文阐述的案例研究、鉴定式和法律评注工作的合力。

在一派欣欣向荣的局面下，未来的教义学研究也需要同时注意两个方面：一方面，应当更为广泛地关注实用法教义学的发展。司法实践未必总是走在理论的后面。相反，在转型期的中国，有太多案件发生在“理论的缝隙之中”。法院工作在法律实践的一线，法官负有裁判案件的法定义务，也必须在判决中围绕法律对案件的适用提出教义观点。学界需要更加重视这些真正从本国土壤中成长起来的教义学说，适时进行理论上的归纳、提炼和总结，促使其向科学教义学转变。同时，对于法院尤其是最高法院的判决意见，也需抱持更多“同情的理解”和“适度的敬意”。与德国不同，中国法学者对司法判决普遍持有批判性视角，聚焦于判决及其说理的瑕疵与漏洞。独立的思想和自由的批判是学术的本质，但也不可因此忽略对更多说理得当、理由充分的判决的关注，忽略从正向的角度来弥补瑕疵漏洞，在吸纳实用法教义学合理因素的基础上构造出更好的教义学原理的努力。因此，树立法院尤其是最高人民法院之权威对于中国法教义学的发展在一定程度上是可欲的。另一方面，也应当对实用法教义学提出更为专业化的批评。对于司法判决当然不是不能批评，专业化的批评与反思是推动中国司法实践发展、形成司法实务界与法学界良性互动的途径。但是，教义学学者们不能像过去那样仅停留于“外部视角”的批评，甚至是直觉式的和观点式的反对，而应基于现行实在法

1　参见卜元石：《法教义学的显性化与作为方法的法教义学》，载《南大法学》2020 年第 1 期。

这一理论界和实务界共同的平台，运用教义学的方法和知识进行“内行人的批评”。否则，一种隔靴搔痒式的批判，尽管看上去来势汹汹，却很难对司法实践的改进有所帮助。这就要求中国的法教义学者锤炼好批评的武器，在未来付出更大的努力，做好法律解释、概念构造和知识体系化的工作。总之，教义学界在未来应与实务界保持更加紧密的互动，与后者协力塑造一种既尊重中国现行实在法，又对司法实践保持体系内批评性反思姿态的中国法教义学。

二、不同领域的成熟度差异问题

中国法教义学研究的成熟度在各法律领域差异较为明显。部门法教义学研究的发达程度一方面与特定法律部门的体系化程度相关，另一方面也与相应部门法学的成熟程度相关。通常来说，民法和刑法的体系化程度（体现为法典化程度）较高，民法学和刑法学的学术积累期最长，民法教义学和刑法教义学也相应比较发达。相比而言，行政法和经济法等法律领域规范的体系化程度低一些，也是相对较新的法律部门，所以易于受其他学科之研究方式的影响。例如，中国的行政法学一方面沿袭了1949年以前行政法学的某些方面，并试图实现教义学内部的理论范式转换，[1] 另一方面也与行政管理学、公共政策学纠葛较深，在晚近受以行政过程为中心和政策学导向的“规制理论”的影响较大。[2] 这就使得当下的中国行政法学研究呈现出了割裂式的局面：行政法教义学者认为规制型研究的“法学味道”不浓，而规制研究者指责行政

1 关于中国行政法学的发展参见王贵松：《中国行政法学的涅槃重生》，载《法治社会》2023年第6期。关于从以行政行为到以行政关系为中国行政法教义学之核心的转换，参见赵宏：《行政法学的主观法体系》，中国法制出版社2021年版。

2 参见朱新力、宋华琳：《现代行政法学的建构与政府规制研究的兴起》，载《法律科学》2005年第5期。

法教义学研究的现实感不足。与此类似但原因不尽相同的还有宪法学。宪法学的历史不如民法学和刑法学来得悠久，宪法作为法律系统和政治系统之耦合点的特点也使得它在坚持宪法文本的同时，易于向政治学等外部学科开放。在此背景下，中国宪法学界十余年来呈现出独具一格的规范宪法学与政治宪法学之间的争锋。[1] 这种基于“法律宪法”和“政治宪法”两种宪法观念的对立，大体对应于宪法领域的教义学研究与外学科（政治学）研究。所以，在当下中国学界，法教义学研究在不同法律领域的影响并不相同：在民法学和刑法学领域，教义学居于绝对的主流地位，其他研究方法只是对教义学的补充；在宪法学领域，虽在中青年一代学者中规范宪法学/宪法解释学等略占优势，但大体而言是对半开的局面；在行政法或经济学等相对较为年轻的学科领域，教义学研究尚未形成明显优势，政治学、经济学等政策导向性研究方式非常有吸引力。

诚如前文的论述所表明的，后起的法律领域并非不需要教义学。但由于这些领域既有的法律规范的体系化较弱、教义学知识积累有限，所以短期内建构出本部门法教义学知识体系的难度极大；同时，它们的确需要更为迅捷地回应当下存在的现实问题，所以在塑造法教义时需要更多地关注现实和借鉴外学科知识、方法。哪怕在德国，20 世纪 90 年代初也出现了由汉堡大学教授里姆（Riem）和海德堡大学教授阿斯曼（Aßmann）首倡的“行政法改革”运动，并在 90 年代末以来形成了“新行政法学”。新行政法学力图改变建立在立法（法政治学）与法律适用（法律教义学）之间相区别基础上的传统行政法教义学，而以推动发展出以更开放的、跨学科的方法和侧重于决策制定和结果（“产品”）的调控方法为基础的行政法方法为己任。[2] 这一运动的目标

1　双方的代表性著作参见林来梵：《从宪法规范到规范宪法》，法律出版社 2001 年版，商务印书馆 2017 年版；高全喜：《政治宪法学纲要》，中央编译出版社 2014 年版。

2　参见［德］沃尔夫冈 · 卡尔：《德国“新行政法学”“新”在何处》，苏苗罕、王梦菲译，载《湖湘法学评论》2023 年第 2 期。

不在于克服或更换法教义学，而在于扩张系统的视角：分析和反思行政法现实，形成主导性理念和引导认知的概念，发展出一般性的法思想、式样和行为形式，以对行政活动进行合适的指引。[1] 类似地，在金融法等新兴领域中，也有中国法学者倡导运用社会科学，实现其与法教义学的分工和融合。[2] 同样，在宪法学领域，也有学者认识到，究竟把宪法典具体看成是政治宪法还是法律宪法，并不影响宪法教义学本身尊奉宪法典这一基本姿态。因此宪法教义学跟政治宪法学没有必然对立。[3] 无论如何，概念化和体系化是个程度问题，相比于民法和刑法领域，有的法律领域有其概念化和体系化的内在限度，但这不是反对在这些领域进行教义学作业的理由。无论吸纳多少外部知识，所有法学学科都应在各自实在法的基础上对它们进行筛选和转化，型构出自己的法学知识。反过来说，在中国，像宪法学、行政法学、经济法学这样的领域更应当成为教义学研究的着力方向，以免中国的法教义学从整体看成为“跛脚的”法教义学。

三、概念构造和体系化能力不足问题

目前中国法教义学的主要研究活动围绕对现行法的解释/意义阐释来展开，相对来说，概念构造和知识体系化方面仍着力不多，很大程度上仍依赖于外来的话语体系和理论框架。这也是有论者提出前述“继受法学”之批评的重要原因。当下的中国法教义学，确实在整体上还提不出“行为无价值”

1　Vgl. Andreas Voßkuhle, Neue Verwaltungsrechtswissenschaft, in: Wolfgang Hoffmann-Riem, Eberhard Schmidt-Aßmann u. Andreas Voßkuhle (Hrsg.), Grundlagen des Verwaltungsrechts, Bd. 1, 2. Aufl., München: Beck, 2012, § 1, Rn. 46.

2　参见唐应茂：《金融法中的社会科学》，载《北大法律评论》第17卷第2辑，北京大学出版社2016年版；缪因知：《新兴法领域的社会科学运用：以金融法为中心》，载《思想战线》2020年第6期。

3　参见张绍欣：《中国政治宪法学与规范宪法学之争的吊诡》，载《清华大学学报（哲学社会科学版）》2015年第5期。

与"结果无价值"、"负担行为"与"处分行为"这类构造紧密的概念框架。这首先当然与中国法教义学研究尚处于起步阶段、力有未逮有关，对此无可苛责。但也与教义学学者们的意识不足有关。法教义学的三种作业方式，意义阐释、建构和体系化本就处于"诠释学循环"之中，[1] 而居于中间环节的概念构造尤其具有重要的理论和实践意义。任何法教义学活动都必然需要借由概念来进行，法学中的概念和范畴是中国法学理论创新的"思想芯片"。如果没有大批原创性概念、范畴，所谓中国自主法学知识体系就不过是"空中楼阁"。[2] 所以，构建中国自主法教义学知识体系，就要把"科学家精神"和"工匠精神"结合起来，打造既有特殊内涵又有精湛结构的教义学概念和范畴。

当然，这不是说我们绝对不可以借鉴和运用外来的概念和范畴。概念是价值和学说的浓缩，有很多概念反映的是对法律的本质性认识和全人类共同价值，从意识形态立场出发一概拒斥并不可取。但同时也要看到，法律领域的概念可分为法律概念与法学概念，[3] 后者又可分为教义学概念与基本概念。[4] 法律概念是制定法条文本身规定的概念，法教义学概念来自教义学的概念构造，法学基本概念则来自法理论（一般法学说）的抽象化和哲学化作业。如果立一根竖的标尺，那么从上（法学基本概念）往下（法律概念），会呈现出特殊性/本土性色彩不断增强，一般性/普遍性程度不断减弱的现象。教义学概念处于这一标尺上的中间，教义学概念的构造既需要反映具有一定普遍性的共同法律价值和学科固有规律，也需要考量本土性和特殊性的成分。我们有必要在世界法学共同基本概念外，发展出一套适合于中国现行法及其适用的概念体系。

1　参见雷磊：《法教义学的方法》，载《中国法律评论》2022 年第 5 期。

2　参见张文显：《论建构中国自主法学知识体系》，载《法学家》2023 年第 2 期。

3　旺克也将前者称为"法条概念"，将后者称为"法律内容概念"（Rolf Wank，Die Juristische Begriffsbildung，München：C. H. Beck'sche Verlagsbuchhandlung，1985，S. 5.）。

4　它们对应于伦纳茨所说的"样式"（Figur）和"结构化概念"（struktuierender Begriff），参见 Jannis Lennartz，Dogmatik als Methode，Tübingen：Mohr Siebeck，2017，S. 134。

当然，这绝非易事。构筑中国自主的法教义学概念体系，要同时从三个方向去努力：一是继续极吸纳外来的教义学说，但要注意小心甄别、细加比较选择，注意特定法教义的“隐含背景”以及可能的价值差异。进而，对于可能适合者结合中国语境进行“中国化”改造和重述，坚持以为我主、洋为中用。二是要同中华优秀法律文化相结合，从古代法律思想尤其是律学传统中吸纳有益养分，实现律学方法和知识创造性转化和创新性发展，坚持问题导向、古为今用。例如，有学者用中国古代“亲亲相隐”与“大义灭亲”思想间的博弈来解释现行刑诉法上的亲属拒证权，[1] 并用传统文化中“家”的伦理意义关联现行宪法规定的家庭权，来对拒证权作进一步证立。[2] 其虽然未能提出明确的教义学说，但至少勾勒出了值得尝试的方向。三是要对当下中国的法律实践尤其是司法实践进行规律性的总结归纳，通过对现实的“建构性解释”来获得教义学的概念和范畴。教义学者不仅要总结法律实践的外在面向即经验，也要阐释法治实践的内在面向即价值，进而要在两个面向之间实现反思均衡。[3]

必须承认，相比于西方国家尤其是德国，中国的法教义学研究属于“后发型”法教义学研究。后发型研究固然有很多的成例可以参考借鉴，但也易于形成“路径依赖”，削弱创新的能力乃至意识。尤其是，一种研究传统的形成需要长时间的沉淀，中国的法教义学研究需要足够的时间来进行学理上的归纳、提炼、加工和积淀，也需要足够的空间来对各种可能的学说选项进行比较、选择，乃至不断的“试错”。在此，决心、耐心和信心缺一不可。由此，中国的法教义学才能走向真正的繁荣。

1　参见李拥军：《“亲亲相隐”与“大义灭亲”的博弈：亲属豁免权的中国面相》，载《中国法学》2014年第6期。

2　参见李拥军、陈家恩：《论亲属拒证权的双重性质与宪法保障——以〈宪法〉第49条第1款为中心》，载《吉林大学社会科学学报》2021年第5期。

3　参见雷磊：《新时代法学基本范畴的重构——构建中国自主法学知识体系要论》，载《法治研究》2024年第2期。

第三节　法教义学在中国的未来

法教义学在德国被认为是“同法律打交道的密码”[1]。但这一密码直到今天也没有被彻底破解，因此法教义学在历史上多次受到质疑和反思。在整个20世纪，德国有三波关于法教义学的讨论，其关注重点分别为法教义学的科学性（20世纪初）、法教义学与社会科学之间的关系（20世纪60年代末），以及法教义学与其他法学分支的界分（20世纪70年代末）。[2] 而最近一波讨论（或许可以称之为“第四波”）持续至今有近十年之久。触发新一轮反思的原因大概包括：其一，欧盟立法越来越多，它对于德国法体系的侵蚀使得原本囿于一国实在法的法教义学体系化的工作难度增大。其二，1999年开始启动的博洛尼亚进程（“欧洲高等教育改革计划”）致力于实现欧洲高等教育一体化，建成欧洲高等教育区，同时也对以法教义学为核心的德国法律教育方式造成了冲击。其三，最直接的诱因在于德国科学委员会于2012发布的德国法学评估报告《德国法律科学面面观》。该评估报告涉及德国法学多个方面，包括法学教育、科研特色、选拔与评价机制等，并对法学（法教义学）的科学性提出了质疑。[3]

在20世纪70年代，德国学者科尔丁（Cording）发出了“今日之法学家还能再成为教义学者吗?”的质疑。[4] 最近，亦有中国学者提醒，在学习、借鉴德国法学尤其是引入法教义学之时，我们应当同时了解德国学者自身对于

1　Oliver Lepsius, Themen einer Rechtswissenschaftstheorie, in: Matthias Jestaedt und Oliver Lepsius (Hrsg.), Rechtswissenschaftstheorie, Tübingen: Mohr Siebeck, 2008, S. 1, 18.

2　Vgl. Philipp Sahm, Elemente der Dogmatik, Weilerswist: Velbrück Wissenschaft, 2019, S. 15, 37-39.

3　关于该评估报告参见卜元石：《德国法学界的现状与发展前景》，载方小敏主编：《中德法学论坛》第12辑，法律出版社2015年版，第45~53页。

4　Vgl. Ulrich Meyer-Cording, Kann der Jurist heute noch Dogmatiker sein?, J. C. B. Mohr (Paul Siebeck), 1973, S. 32ff.

法教义学之缺陷的反思。[1] 这固然没错。提倡法教义学作为法学的主流范式，并不意味着忽视或贬低法哲学、法理论、法史学和各种法的社会科学研究的价值和意义。事实上，如果法教义学不想要故步自封，不想脱离对基本价值的关怀，停止对科学化和体系化的追求，疏离于现实生活和“人间烟火”，就必须在知识上对这些学科保持开放。甚至可以说，在某种意义上，这些学科与法教义学具有同等重要性。但是，只要立法中心主义的时代依然在继续，只要法律适用依然是法律实践和法学的核心关注，只要以传授本国实在法知识为主的当代法学教育模式不变，只要科学主义的价值诉求仍被倡导，法教义学就能维系其主流法学范式的地位。在德国，尽管对法教义学的反省和批评从未止息，但法教义学一次又一次经受住了质疑和考验。它并没有因为社会科学和交叉学科研究的兴起而被抛弃，反而不断调适自己顺应了时代发展的需求，显现出强大的生命力。虽然，具体的教义知识无疑会随着实在法的修订、时代的变化和价值观的发展而更新。

当然，提倡法教义学作为法学的主流范式，并不意味着忽视或贬低法哲学、法理论、法史学和各种法的社会科学研究的价值和意义。因为法教义学并不是法学的全部，不能期待法教义学解决全部的法律问题或转型时期中国的所有问题。事实上，如果法教义学不想要故步自封，不想疏离于“人间烟火”，就必须在认知上对这些学科保持开放。所以，法教义学必须立足于多学科的基础之上。但是，真正优秀的法教义学家必须有能力将哲学、逻辑学、修辞学以及其他人文社会科学的知识进行转换（法学知识过滤），创造适合于表述法律世界之实在、处理法律世界之难题的概念、原理、方法，形成法学特有的知识形态。[2] 所以，法教义学是现代法律科学的核心，中国法教义学现阶段存在的问题与缺陷并不是彻底否定它的理由。只要今后的中国依然以制

---

1 参见尤陈俊：《法学继受对法学研究及法学教育的连锁影响——以德国法教义学在我国台湾地区之继受为例的反思》，载《法学评论》2022年第3期。

2 参见舒国滢：《法学的知识谱系》，商务印书馆2020年版，“序”第3~4页。

定法为规范体系的中心，只要法律适用依然是中国法律实践的核心关注，只要以传授本国实在法知识为主的当代法学教育模式不变，只要科学主义的诉求依然是中国学界的主流追求，法教义学就应当维系其主流法学范式的地位。如果说中国法教义学的前期工作在于“扫清地基”、消除种种误解的话，那么今后就应当产出更多具有原创性和说服力的教义学作品。就像百多年前，概念法学的代表佐姆（Sohm）在回应利益法学新秀黑克的挑战时说的：“有关方法或艺术规则的争论价值甚微，唯有作品才具有说服力。”[1] 就此而言，中国的法教义学研究才刚起步。

或许有一天，当中国学者不再需要围绕“什么是法教义学”的问题去耗费心力，而可以聚焦于具体的教义学问题进行本土化研究（甚至争论）并产出更多的原创性作品时，中国的法教义学研究才可谓真正走向了成熟。本书要做的，就是为中国法教义学者步伐坚定地迈向未来“法教义学的中国图景”提供一块踏脚石。

1　转引自朱庆育：《民法教科书及其写法（代自序）》，载朱庆育：《民法总论》，北京大学出版社2013年版，第4页。

参考文献

一、 外文参考文献

1. Aaken, Anne van, "Rational choice" in der Rechtswissenschaft: Zum Stellenwert der ökonomischen Theorie im Recht, Baden-Baden: Nomos, 2003.

2. Aarnio, Aulis, Denkweisen der Rechtswissenschaft, Wien u. New York: Springer Verlag, 1979.

3. Aarnio, Aulis, *Paradigms in Legal Dogmatics Toward a Theory of Change and Progress in Legal Science*, in Aleksander Peczenik, Lars Lindahl & Bert Van Roermund eds., Theory of Legal Science, D. Reidel Publishing Company, 1984.

4. Aarnio, Aulis, *Essays on the Doctrinal Study of Law*, Dordrecht u. a.: Springer Publisher, 2011.

5. Adomeit, Klaus, Hähnchen, Susanne, Rechtstheorie für Studenten, 6. Aufl., Heidelberg: C. F. Müller, 2012.

6. Adomeit, Klaus, Zivilrechtstheorie und Zivilr-echtsdogmatik-mit einem Beitrag zur Theorie des subjektiven Rechte, in: Hans Albert/Niklas Luhmann u. a. (Hrsg.), Rechtstheorie als Grundlagenwissenschaft der Rechtswissenschaft, Düsseldorf: Bertelsmann Universitätsverlag, 1972.

7. Åke, Frändenberg, From Rechtsstaat to Universal Law, Heidelberg e. t.: Springer, 2014.

8. Albert, Hans, Erkenntnis und Recht. Die Jurisprudenz im Lichte des Kritiz-

ismus, Jahrbuch für Rechtsphilosophie und Rechtstheorie 2 (1972).

9. Alchourrón, Carlos E. /Bulygin Eugenio, Normative Systems, Wien u. a.: Springer Verlag, 1971.

10. Aleinikoff, Alexander, *Constitutional Law in the Age of Balancing*, Yale Law Journal 96 (1987).

11. Alexy, Robert, Theorie der Grundrechte, Frankfurtt a. M.: Suhrkamp, 1986.

12. Alexy, Robert/ Dreier Ralf, The Concept of Jurisprudence, Ratio Juris 3 (1990).

13. Alexy, Robert, Arthur Kaufmanns Theorie der Rechtsgewinnung, in: Ulfrid Neumann, Winfried Hassemer, Ulrich Schroth (Hrsg.), Verantwortetes Recht: die Rechtsphilosophie Arthur Kaufmanns, Stuttgart: Steiner, 2005.

14. Alexy, Robert, *On the Concept and the Nature of Law*, Ratio Juris 21 (2008).

15. Alexy, Robert, The Dual Nature of Law, Ratio Juris 23 (2010).

16. Alexy, Robert, Normativity, Metaphysics and Decision, in Stefano Bertea and George Pavlakos eds., New Essays on the Normativity of Law, Oxford u. a.: Hart Publishing, 2011.

17. Thibaut, Anton Friedrich Justus, Über das Studium der römischen Rechtsgeschichte, Heidelbergische Jahrbücher der Literatur für Jurisprudenz und Staatswissenschaften, Bd. 1 (1808).

18. Aristoteles, Rhetorica. De rhetorica ad Alexandrum. De poetica (The Works of Aristotle 11), Oxford University Press, 1966.

19. Aristoteles, Topik, übersetzt. und hrsg. v. Eugen Rolfes, Hamburg: Meiner, 1968.

20. Bäcker, Casten, Der Sylogismus als Grundstruktur des juristischen

Begründens?，Rechtstheorie 40（2009）.

21. Balkin，Jack M. & Levinson Sanford，*Law and Humanities：An Uneasy Relationship*，Yale Journal of Law & the Humanities 18（2006）.

22. Ballweg，Ottmar，Rechtsphilosophie als Grundlagenforschung der Rechtswissenschaft und der Jurisprudenz，in：Hans Albert u. a.（Hrsg.），Rechtstheorie als Grundlagenwissenschaft der Rechtswissenschaft，Bertelsmann Üniversitätsverlag，1972.

23. Ballweg，Ottmar/ Phronetik，Semiotik und Rhetorik，in：Ottmar Ballweg u. a.（hrsg.），Rhetorische Rechtstheorie，Freiburg/München：Verlag Karl Alber，1982.

24. Behrends，Okko，Das „Rechtsgefühl" in der historisch-kritischen Rechtstheorie des späten Jhring，in：Rudolf v. Jhering，Über die Entstehung des Rechtsgefühls，Napolis：Jovene，1986.

25. Behrends，Okko，Das Bündnis zwischen Gesetz und Dogmatik，in：Okko Behrends/Wolfram Henckel（Hrsg.），Gesetzgebung und Dogmatik，Göttingen：Vandenhock & Ruprecht，1989.

26. Bekker/Ernst Immanuel，Grundbegriff des Rechts und Mißgriffe der Gesetzgebung，Berlin u. Leipzig：Rothschild，1910.

27. Bergbohm，Carl，Jurisprdenz und Rechtsphilosophie，Bd. 1，Leipzig：Verlag von Duncker & Humblot，1892.

28. Bergbohm，Karl，Jurisprudenz und Rechtsphilosophie，Bd. 1，Duncker & Humblot，1892.

29. Bernhard，Windscheid，Lehrbuch des Pandektenrechts，Bd. 1，3. Aufl.，Düsseldorf：Verlagshandlung von Julius Buddeus，1870.

30. Bierling，Ernst Rudolf，Juristische Prinzipienlehre（Bd. V），Tübingen：Verlag von J. C. B. Mohr（Paul Siebeck），1917.

31. Binz, Alois/ Rezension von Jherings „ Geist des römischen Rechts “ (2. Teil, 2. Abt.), Kritische Vierteljahresschrift, Bd. 2 (1860).

32. Björne, Lars, Deutsche Rechtsysteme im 18. und 19. Jahrhundert, Ebelbach: Gremer, 1984.

33. Bocheński, Ioseph M., Die zeitgenössischen Denkmethoden, 2. Aufl., Bern: 1959.

34. Böckenförde, Ernst-Wolfgang, Entstehung und Wandel des Rechtsstaatsbegriffs, in ders., Recht, Staat, Freiheit, Erweiterte Ausgabe, Frankfurt a. M.: Suhrkamp, 2006.

35. Braun, Johann, Einführung in die Rechtsphilosophie, 3. Aufl., Tübingen: Mohr Siebeck, 2022.

36. Bulygin, Eugenio, *Legal Dogmatics and the Systematization of the Law*, in Eugenio Bulygin et al., Essays in Legal Philosophy, Oxford University Press, 2015.

37. Bumke, Christian, Rechtsdogmatik, Tübingen: Mohr Siebeck, 2017.

38. Bumke, Christian, Rechtsdogmatik: Überlegungen zur Entwicklung und zu den Formen einer Denk-und Arbeitsweise der deutschen Rechtswissenschaft, Juristen Zeitung 69 (2014).

39. Bumke, Christian, Erzeugung und Gebrauch von Wissen in der Rechtsdogmatik, in: Ino Augsberg/Gunnar Folke Schuppert (hrsg.), Wissen und Recht, Baden-Baden: Nomos Verlagsgesellschaft, 2022.

40. Canaris, Claus-Wilhelm, Systemdenken und Systembegriff in der Jurisprudenz, 2. Aufl., Berlin: Duncker & Humblot, 1982.

41. Canaris, Claus-Wilhelm, Die Feststellung von Lücken im Gesetz, 2. Aufl., Berlin: Duncker & Humblot, 1983.

42. Canaris, Claus-Wilhelm, Systemdenken und Systembegriff in der Jurispru-

denz etwickelt am Beispiel des deutshen Privatsrechts, 2. Aufl., Berlin: Duncker & Humblot, 1983.

43. Caudill, David, *Law and Science: An Essay on Links and Socio-Natural Hybrids*, Syracuse Law Review 51 (2001).

44. Coing, Helmut, Grunzüge der Rechtsphilosophie, 5. Aufl., Berlin u. New York: de Gruyter, 1993.

45. Coing, Helmut, Einleitung zum Bürgerlichen Gesetzbuch, in: J. von Staudingers Kommentar zum Bürgerlichen Gesetzbuch mit Einführungsgesetzen und Nebengesetzen. Geleitwort: Einleitung zum BGB, Erstes Buch. Allgemeiner Teil, §§1-12; VerschG, 13. Aufl., Berlin: Duncker & Humblot, 1995.

46. Cramer, Johann Ulrich, Akademische Reden über die gemeine Bürgerliche Rechtslehre, Bd. 1, Ulm: Verlagsgruppe Ebner, 1765.

47. Dalberg-Larsen, JØrgen, *On Bridging the So-called Gap between Normative Legal Dogmatics and Empirical-Theoretical Social Science*, in Aleksander Peczenick, Lars Lindahl & Bert Van Roermund eds., Theory of Legal Science, Dordrecht u. a.: D. Reidel Publishing Company, 1984.

48. Diederichsen, Uwe, Auf dem Weg zur Rechtsdogmatik, in: Reinhard Zimmermann (Hrsg.), Rechtsgeschichte und Privatrechtsdogmatik, Heidelberg: C. F. Müller, 1999.

49. Diekamp, Franz, Katholische Dogmatik, Bd. 1, 12. u. 13. Aufl, hrsg. von Klaudius Jüssen, Münster: Aschendorff.

50. Drath, Martin, Rechtsdogmatik als Selbstzweck-oder fließende Anpassung des Rechts an die gesellschaftliche Wirklichkeit?, in: Das Rechtswesen-Lenker oder Spiegel der Gesellschaft?, mitarbeitet v. Paul Bockelmann, München: Piper, 1971.

51. Dreier, Ralf, Was ist und wozu Allgemeine Rechtstheorie?, Tübingen:

J. C. B. Mohr (Paul Siebeck), 1975.

52. Dreier, Ralf, Recht-Moral-Ideologie. Studien zur Rechtstheorie, Frankfurt a. M.: Suhrkamp, 1981.

53. Dreier, Ralf, Deutsche Rechtsphilosophie in der zweiten Hälfte des 20. Jahrhunderts, in: Robert Alexy (Hrsg.), Integratives Verstehen: Zur Rechtsphilosophie Ralf Dreiers, Tübingen: Mohr Siebeck, 2005.

54. Dreier, Ralf, Zum Selbstverständnis der Jurisprudenz als Wissenschaft, Rechtstheorie 2 (1971).

55. Dworkin, Ronald, *Law's Empire*, Harvard University Press, 1986.

56. Dworkin, Ronald, *Justice in Robes*, Harvard University Press, 2006.

57. Dworkin, Ronald, *The Model of Rules* Ⅰ, in his Taking Rights Seriously, Harvard University Press, 1977.

58. Dworkin, Ronald, *Political Judges and the Rule of Law*, in his A Matter of Principle, Harvard University Press, 1986.

59. Dyzenhaus, David, *The Grudge Informer Cased Revisited*, New York University Law Review 83 (2008).

60. Ebel, Friedrich, Über Legaldefinitionen, Berlin: Duncker & Humblot, 1974.

61. Edvinsson, Reidar, *The Quest for the Description of Law*, Dordrecht u. a.: Springer, 2009.

62. Ehrlich, Eugen, Freie Rechtsfindung und freie Rechtswissenschaft (1903), 2. Neudruckausgabe, Aalen: Scientia Verlag, 1987.

63. Eidenmüller, Horst, Effizienz als Rechtsprinzip: Möglichkeiten und Grenzen der ökonomischen Analyse des Rechts, Tübingen: Mohr, 1995.

64. Eidenmüller, Horst, Effizienz als Rechtsprinzip: Möglichkeiten und Grenzen der ökonomischen Analyse des Rechts, 3 Aufl., Tübingen: Mohr

Siebeck, 2005.

65. Eisele, Fridolin, Unverbindlicher Gesetzesinhalt, Archiv für die civilistische Praxis 69 (1886).

66. Elze, Martin, Der Begiff des Dogmas in der Alten Kirche, Zeitschrift für Theologie und Kirche 61 (1964).

67. Engisch, Karl, Logsiche Studien zur Gesetzesanwendung, 2. Aufl., Heidelberg: Carl Winter Universitätsverlag, 1960.

68. Epikur, Opere, übersetz. v. Graziano Arrighetti, Torino: Einaudi, 1967.

69. Esser Josef, Grundsatz und Norm in der richterlichen Fortbildung des Privatsrechts, Tübingen: J. C. B. Mohr, 1956.

70. Esser, Josef, Vorverständnis und Methodenwahl in der Rechtsfindung, Frankfurt a. M.: Athenäum-Verlag, 1970.

71. Esser, Josef, Möglichkeiten und Grenzen des dogmatischen Denkens im modernen Zivilrecht, Archiv für die civilistische Praxis 152 (1972).

72. Esser, Josef, Mglichkeiten und Grenzen dogmatischen Denkens im Zivilsrecht, Archiv für die civilistische Praxis 172 (1972).

73. Esser, Joseph, Vorverständnis und Methodenwahl in der Rechtsfindung, Kronberg: Scriptor Verlag, 1975.

74. Fikenscher, Wolfgang, Methoden des Rechts in vergleichender Darstellung, Bd. 3, Tübingen: Mohr, 1976.

75. Flohr, Martin, Rechtsdogmatik in England, Tübingen: Mohr Siebeck, 2017.

76. Foulkes, Albert S., *On the German Free Law School (Freirechtsschule)*, ARSP 55 (1969).

77. Fuller, Lon L., *Positivism and Fidelity to Law—A Reply to Professor Hart*, Harvard Law Review 71 (1957-1958).

78. Funke, Andreas, Allgemeine Rechtslehre als juristische Strukturtheorie, Tübingen: Mohr Siebeck, 2004.

79. Glück, Christian Friedrich, Ausführliche Erläuterung der Pandecten nach Hellfeld. Ein Commentar, Erster Theil, Zweyte Ausgabe, Erlangen: Palm, 1797.

80. Goldmann, Matthias, Dogmatik als rationale Rekonstruktion, Der Staat 53 (2014).

81. Götz, Volkmar, Allgemeines Polizei-und Ordnungsrecht, 15. Aufl., München: Beck, 2013.

82. Grechenig, Kristoffel und Gelter Martin, Divergente Evolution des Rechtsdenken-Von amerikanischer Rechtsökonomie und deutscher Dogmatik, Rabels Zeitschrift fur Auslandisches und Internationales Privatrecht 72 (2008).

83. Grundmann, Stefan, Methodenpluralismus als Aufgabe: Zur Legalität von ökonomischen und rechtsethischen Argumenten in Auslegung und Rechtsanwendung, Rabels Zeitschrift fur Auslandisches und Internationales Privatrecht 61 (1997).

84. Haferkamp, Hans-Peter, Georg Friedrich Puchta und die Begriffsjurisprudenz, Frankfurt a. M.: Vittorio Klostermann, 2004.

85. Harenburg, Jan, Die Rechtsdogmatik zwischen Wissenschaft und Praxis, Stuttgart: Franz Steiner Verlag, 1986.

86. Hart, H. L. A., *The Concept of Law*, Clarendon Press, 1994.

87. Hart, H. L. A., *Positivism and the Separation of Law and Morals*, Harvard Law Review 71 (1957-1958).

88. Hayek, Friedrich, *The Road to Selfdom*, Routledge & Kegan Paul, 1944.

89. Heck, Philipp, Begriffsbildung und Interessenjurisprudenz, Tübingen: J. C. B. Mohr, 1932.

90. Heck, Phillip, Das Problem der Rechtsgewinnung, 2. Aufl., Tübingen:

J. C. B. Siececk, 1932.

91. Heck, Phillip, Interessenjurisprudenz, Tübingen: Mohr, 1933.

92. Heck, Phillip, Gezetzesauslegung und Interessenhurisprudenz, Archiv für die civilistische Praxis 112 (1914).

93. Heck, Phillip, Begriffsjurisprudenz und Interessenjurisprudenz, in: Günther Ellscheid/Winfreid Haasemer (Hrsg.), Interessenjurisprudenz, Darmstadt: Wissenschaftliche Buchgesellschaft, 1974.

94. Heck, Phillip, Die neue Methodenlehre Müller-Erzbachs, in: Günther Ellscheid/Winfreid Haasemer (Hrsg.), Interessenjurisprudenz, Darmstadt: Wissenschaftliche Buchgesellschaft, 1974.

95. Hedemann/Justus Wilhelm, Die Flucht in die Generalklauseln: eine Gefahr für Recht und Staat, Tübingen: Mohr, 1933.

96. Heidegger, Martin, Basic Writings, ed. by David Farrell Krell, Harper & Row, 1977.

97. Heller, Theodor, Logik und Axiologie der analogen Rechtsanwendung, Berlin: De Gruyter, 1961.

98. Hellfeld, Johann August, Iurisprudentia Forensis Secundum Pandectarum Ordinem in Ususm Auditorii Proposita, Ienae: Croeker, 1771.

99. Henckel, Wolfram, Rechtsdogmatik und Gesetzgebung in der Gegenwart-Zivilrecht, in: Okko Behrends/Wolfram Henckel (Hrsg.), Gesetzgebung und Dogmatik, Göttingen: Vandenhock & Ruprecht, 1989.

100. Herberger, Maximilian, Rangstufen der Rechtsdogmatik im Hinblick auf deren Bedeutung für die Gesetzgebung, in: Okko Behrends/Wolfram Henckel (Hrsg.), Gesetzgebung und Dogmatik, Göttingen: Vandenhock & Ruprecht, 1989.

101. Herget, James E., *Contemporary German Legal Philosophy*, University of

Pennsylvania Press, 1996.

102. Heydon, Dyson, *Judicial Activism and the Death of the Rule of Law*, Otago Law Review 10 (2003).

103. Hilpinen, Risto, On Normative Change, in Edgar Morscher and Rudolf Stranzinger eds., Ethik: Grundlagen, Probleme und Anwendungen, Wien: Hölder-Pichler-Tempsky, 1981.

104. Hippocrates, Nomos, in: Hippocrates Werke, hrsg. v. Johan Heiberg, Lipsiae: Teubner, 1927.

105. Hoecke, Van Mark & Ost, François, *Lgeal Doctrine in Crisis: Toward a European Legal Science*, Legal Studies 27 (2010).

106. Höffe, Otfried, Ethik: Eine Einführung, München: Verlag C. H. Beck, 2013.

107. Hohfeld, W. N., *Fundamental Legal Conceptions*, Yale University Press, 1964.

108. Holmes, Oliver Wendell, The Common Law (1881), Reprinted in The Collected Works of Justice Holmes: Complete Public Writings and Selected Judicial Opinions of Oliver Wendell Holmes, ed. by S. M. Novick, Chicago, IL: University of Chicago Press, 1995.

109. Holocher, Justyna, Kontext der Erfindung und Kontext der Begründung in der Wissenschafts und Rechtsphilosophie, ARSP 96 (2010).

110. Horak, Franz, Dogma und Dogmatik: Zur Genese und Entwicklung eines Begriffs in der Wissenschaftsgeschichte, Zeitschrift der Savigny-Stiftung für Rechtsgeschichte 101 (1984).

111. Huber, Eugen, Recht und Rechtsverwirklichung: Probleme der Gesetzgebung und der Rechtsphilosophie, 2. Aufl, Basel: Helbing & Lichtenhahn, 1925.

112. Hugo, Gustav, Lehrbuch der juristischen Encyklopädie, 7. Aufl., Berlin: August Mylius, 1823.

113. Hugo, Gustav, Beyträge zur civilistischen Bücherkenntniß der letzten vierzig Jahre, Bd. 1, Berlin: Mylius, 1828.

114. Hwang, Shu-Perng, Vom Wesen der richterlischen Rechtsanwendung. Eine Überlegung zur Freirechtsbewegung, Rechtstheorie 37 (2006).

115. Jahr, Günther, Zum Verhältnis von Rechtstheorie und Rechtsdogmatik, in: Günther Jahr/Werner Maihofer (Hrsg.), Rechtstheorie: Beiträge zur Grundlagendiskussion, Frankfurt a. M.: Vittorio Klostermann, 1971.

116. Jansen, Nils, *The Making of Legal Authority: Non-legislative Codification in Historical and Comparative Perspective*, Oxford University Press, 2010.

117. Jansen, Nils, Dogmatisierungsprozesse in Recht und Religion, in: Nils Jansen/ Peter Oestmann (Hrsg.), Gewohnheit-Gebot-Gesetz, Tübingen: Mohr Siebeck, 2011.

118. Jansen, Nils, Rechtsdogmatik, Rechtswissenschaft und juristische Praxis-Zum gesellschaftlichen Ort und wissenschaftlichen Selbstverständnis universitärer Rechtsdogmatik, Archiv des öffentlichen Recht 143 (2018).

119. Jansen, Nils, Rechtsdomatik im Zivilrecht, in: M. Anderheiden/M. Auer/T. Gutmann (Hrsg.), Enzyklopädie zur Rechtsphilosophie 2011, http://www.enzyklopaedie-rechtsphilosophie.net/neue-betraege/19 – beitraege/98 – rechtsdogmatik-im-zivilrecht (13. 1. 2019).

120. Jellinek, Georg, System der subjektiven öffentlichen Rechte, 2. Aufl., Tübingen: Mohr, 1905.

121. Jescheck, Hans-Heinrich, Lehrbuch des Strafrechts, Allgemeiner Teil, 3. Aufl., Berlin: Duncker & Humblot, 1978.

122. Jescheck, Hans-Heinrich, Neue Strafrechtsdogmatik und Kriminalpolitik in rechtsvergleichender Sicht, Zeitschrift für gesamte Strafrechtswissenschaft 98 (1986).

123. Jestaedt, Matthias, Das mag in der Theorie richtig sein... Vom Nutzen der Rechtheorie für die Rechtspraxis, Tübingen: Mohr Siebeck, 2006.

124. Jestaedt, Matthias, Wissenschaftsliches Recht, in: Gregor Kirchhof/ Stefan Magen/ Karsten Schneider (Hrsg.), Was weiß Dogmatik?, Tübingen: Mohr Siebeck, 2012.

125. Jestaedt, Matthias, Wissenschaft im Recht: Rechtsdogmatik im Wissenschaftsvergleich, Juristen Zeitung 69 (2014).

126. Jhering, Rudolf v. Unsere Aufgabe (Vorwort zum Bd. 1), Jahrbücher für die Dogmatik des heutigen römischen und deutschen Privatrechts, Jena: Fischer, 1857.

127. Jhering, Rudolf v. Der Zweck im Recht, Bd. 1, Leipzig: Breitkopf & Haertel, 3. Aufl., 1898.

128. Jhering, Rudolph v. Geist des römischen Rechts auf den verschiedenen Stufen seiner Entwicklung, Bd. Ⅰ, 9. Aufl., Darmstadt: Breitkopf und Härtel, 1953.

129. Jhering, Rudolph v. Geist des römischen Rechts auf den verschiedenen Stufen seiner Entwicklung, Bd. Ⅱ 2, 8. Aufl., Darmstadt: Breitkopf und Härtel, 1954.

130. Jhering, Rudolf v. Geist des römischen Rechts auf den verschiedenen Stufen seiner Entwicklung, Bd. Ⅲ 1, 9. Aufl., Darmstadt: Breitkopf und Härtel, 1968.

131. Kant, Immanuel, Gesammelte Schriften, Bd. 24, hrsg. von der Deutschen Akademie der Wissenschaften zu Berlin, Berlin: de Gruyter, 1966.

132. Kant, Immanuel, Grundlegung zur Metaphysik der Sitten, hrsg. v. Wilhelm Weischedel, Frankfurt a. M.: Suhrkamp, 1974.

133. Kant, *Immanuel*, *Political Writings*, Cambridge University Press, 1991.

134. Kant, Immanuel, Über den Gemeinspruch: Das mag in der Theorie richtig sein, taugt aber nicht für die Praxis (1793), in: ders., Werkausgabe XI, hrsg. von Wilhelm Weischedel, 3. Aufl., Frankfurt a. M. Suhrkamp, 1981.

135. Kantorowicz, Hermann, Methodenreform und Justizreform, Deutsche Richterzeitung, 1911.

136. Kantorowicz, Hermann, Der Kampf um die Rechtswissenschaft (1906), Baden-Baden: Nomos, 2002.

137. Kantorowicz, Hermann, Rechtswissenschaft und Soziologie: Ausgwälte Schriften zur Wissenschaftslehre, Karlsruhe: Verlag C. F. Müller, 1962.

138. Kantorowicz, Hermann, *Legal Science: A Summary of Its Methodology*, Columbia Law Review 28 (1928).

139. Kantorowicz, Hermann, *Some Rationalism about Realism*, Yale Law Review 43 (1934).

140. Kantorowicz, Hermann, Volksgeist und historische Rechtsschule, in: ders., Rechtshistorische Schriften, Karsruhe: Verlag C. F. Müller, 1970.

141. Kaufhold, Ann-Kathrin, Systemaufsicht: Anforderungen an die Ausgestaltung einer Aufsicht zur Abwehr systemischer Risiken entwickelt am Beispiel der Finanzaufsicht, Tübingen: Mohr Siebeck, 2016.

142. Kaufmann, Arthur, Rechtsphilosophie, Rechtstheorie und Rechtsdogmatik, in: ders./Winfried Hassemer (Hrsg.), Einfürung in Rechtsphilosophie und Rechtstheorie der Gegenwart, 7. Aufl., 2004.

143. Kirchner, Christian/Koch, Stefan, Norminterpretation und ökonomische Analyse des Rechts, Analyse & Kritik 11 (1989).

144. Kelsen, Hans, Reine Rechtslehre, 2. Aufl., Wien: Verlag Franz Deu-

ticke, 1960.

145. Kelsen, Hans, Reine Rechtslehre (Studienaudgabe der 1. Aufl. 1934), Hg. v. Matthias Jestaedt, Tübingen: Mohr Siebeck Tübingen, 2008.

146. Kelsen, Hans, Reine Rechtslehre (Studienausgabe der 2. Aufl. 1960), hrsg. v. Matthias Jestaedt, Tübingen: Mohr Siebeck, 2017.

147. Kelsen, Hans, *Norms and Statements about Norms*, in his General Theory of Norms, trans. by Michael Hartney, Clarendon Press, 1991.

148. Knobloch, Eberhard, Die mathematischen Studien von G. W. Leibniz zur Kombinatorik, Wiesbaden: Steiner, 1973.

149. Koch, Hans-Joachim/Rüßmann, Helmut, Juristische Begrün-dungslehre, München: C. H. Beck'sche Verlagsbuchhandlung, 1982.

150. Koschaker, Paul, Europa und das römische Recht, 4. Aufl., München u. Berlin: Beck, 1966.

151. Kotsoglou, Kyriakos N., Subsumtionsautomat 2.0: Über die (Un-) Möglichkeit einer Algorithmisierung der Rechtserzeugung, Juristenzeitung, 2014.

152. Kramer, Ernst A., Juristische Methodenlehre, 4. Aufl., München: C. F. Müller, 2013.

153. Kramer, Ernst, Juristische Methodenlehre, 2. Aufl., Bern [u. a.]: Stämpfli, 2005.

154. Krawitz, Werner, Juristische Entscheidung und wissenschaftliche Erkenntnis, Wien, New York: Springer Verlag, 1978.

155. Krawietz, Werner, Zur Einleitung: Juristische Konstruktion, Kritik und Krise Dogmatischer Rechtswissenschaft, in: Werner Krawietz (Hrsg.), Theorie und Technik der Begriffsjurisprudenz, Darmstadt: Wissenschaftliche Buchgesellschaft, 1976.

156. Krawitz, Werner, Rechtssystem und Rationalität in der Jutistischen Dog-

matik, in: Aulis Aarnio/Ilkka Niiniluoto/Jyrki Uusitalo (hrsg.), Methodologie und Erkenntnistheorie der juristischen Argumentation, Berlin: Duncker & Humblot, 1981.

157. Kubeš, Vladim, Theorie der Gesetzgebung, Wien und New York: Manzsche Verlags-und Universitätsbuchhandlung, 1987.

158. Kunig, Philip, Art. 103, in der. (Hg.), Grundgesetz-Kommentar, Band 3, 4./5. Aufl., München: Verlag C. H. Beck, 2003.

159. Kunkel, Wolfgang, Herkunft und soziale Stellung der Römische Juristen, 2. Aufl., Graz u. a.: Boehlau, 1967.

160. Laband, Paul, Das Staatsrecht des deutschen Reiches, Bd. 1, 5. Aufl., Tübingen: Mohr, 1911.

161. Laband, Paul, Das Staatsrecht des Deutschen Reichs, Bd. 2, 5. Aufl., Tübingen: Mohr, 1911.

162. Laband, Paul, Staatsrecht des Deutschen Reiches, Bd. 1, 3. Aufl., Freiburg: Mohr, 1895.

163. Langdell, Christopher C., A Selection of Cases on the Law of Contracts, with a Summary of the Topics Covered by the Cases, Boston, MA: Little Brown, 1871.

164. Langdell, Christopher C., Harvard Celebration Speech, Law Quarterly Review 3 (1887).

165. Larenz, Karl, Richtiges Recht: Grundzüge einer rechtsethik, München: C. H. Beck, 1979.

166. Larenz, Karl, Methodenlehre der Rechtswissenschaft, 5. Aufl., Berlin u. a.: Springer, 1983.

167. Larenz, Karl, Methodenlehre der Rechtswissenschaft, 6. Aufl., Berlin [u. a.]: Springer Verlag, 1991.

168. Leesen, Tessa G. , Gaius Meets Cicero: Law and Rhetoric in the School Controversies, Leiden u. a. : Martinus Nijhoff Publishers, 2010.

169. Leibniz, Gottfried Wilhelm, Opera, Geneva: De Tournes, 1768.

170. Leibniz, Gottfried Wilhelm, Sämtliche Schriften und Briefe, Reihe 6 (Philosophische Schriften), Bd. 1, Berlin: Akademischer Verlag, 1930.

171. Lennartz, Jannis, Dogmatik als Methode, Tübingen: Mohr Siebeck, 2017.

172. Lepsius, Oliver, Themen einer Rechtswissenschaftstheorie, in: Matthias Jestaedt/Oliver Lepsius (Hrsg.), Rechtswissenschaftstheorie, Tübingen: Mohr Siebeck, 2008.

173. Less, Günter, Weniger Dogmatik, mehr Erfahrungswissenschaft!, Juristen Zeitung 7 (1952).

174. Lobinger, Thomas, Perspektiven der Privatrechtsdogmatik am Beispiel des allgemeinen Gleichbehandlungsrechts, Archiv fuer die civilistische Praxis 216 (2016).

175. Luhmann, Niklas, Rechtssystem und Rechtsdogmatik, Stuttgart u. a. : Kohlhammer, 1974.

176. Luhmann, Niklas, Soziale Systeme: Grundriß einer allgemeinen Theorie, Frankfurt a. M. : Suhrkamp, 1984.

177. Maiwald, Manfred, Dogmatik und Gesetzgebung im Strafrecht der Gegenwart, in: Okko Behrends/Wolfram Henckel (Hrsg.), Gesetzgebung und Dogmatik, Göttingen: Vandenhock & Ruprecht, 1989.

178. Martin Jr. , Ellio Burton, *The Virtuous Physician: A New Translation of a Pseudo-Hippocratic Text and Its Implications for the History of Moral Inquiry; or, The Significance of an Insignificant Text*, Journal of Interdisciplinary History of Ideas 1 (2012).

179. Mastronardi, Philippe, Juristisches Denken, 2. Aufl., Tübingen: Verlag Paul Haupt, 2003.

180. Mayer, Friedrich Franz, Grundsätze des verwaltungs-Rechts, Tübingen: Laupp.

181. Merkel, Adolf, Über das Verhältnis der Rechtsphilosophie zur „positiven" Rechtswissenschaft und zum allgemeinen Teil derselben (1874), in ders., Gesammelte Abhandlungen aus dem Gebiet der allgemeinen Rechtslehre und des Strafrechts, Erste Hälfte, Straßburg: De Gruyter, 1899.

182. Meyer-Cording, Ulrich, Die Rechtsnormen, Tübingen: Mohr, 1971.

183. Meyer-Cording, Ulrich, Kann der Jurist heute noch Dogmatiker sein?, J. C. B. Mohr (Paul Siebeck), 1973.

184. Minemura, Teruo, *Dogmatic Legal Science and Sociology of Law*, Archiv für Rechts-und Sozialphilosophie 56 (1970).

185. Moore, Gorge E., Principia Ethica, ed. by Thomas Baldwin, Cambridge University Press, 1993.

186. Muñoz, Juan, El Conocimiento Jurídico, Madrid: Madrid Universitdad. Complutense. Servicio de Publicaciones. Facultad de Derecho, 2005.

187. Nawiasky, Hans, Allgemeine Rechtslehre als System der rechtlichen Grundbegriffe, 2. Aufl., Einsiedeln u. a.: Verlagsanstalt Benziger & Co. AG, 1948.

188. Nettelbladt, Daniel, Sammlung kleiner juristischer Abhandlungen (Nachdr. d. Ausg. Halle 1792), Hildesheim u. a.: Olms, 1997.

189. Noll, Peter, Gesetzgebungslehre, Reinbek bei Hamburg: Rowohlt, 1973.

190. Opałek, Kazimierz, *Integration between Legal Research and Social Science*, in Aleksander Peczenick, Lars Lindahl & Bert Van Roermund eds., Theory of Legal Science, Dordrecht u. a.: D. Reidel Publishing Company, 1984.

191. Golding, Martin P. , *Discovery and Justification in Science and Law*, in Aleksander Peczenik, Lars Lindahl & Bert Van Roermund eds. , Theory of legal science, Dordrecht u. a. : D. reidel publishing company, 1984.

192. Pawlowski, Hans-Martin, Methodenlehre für Juristen, 3. Aufl. , Heidelberg: Müller, 1999.

193. Pawlowski, Hans-Martin, Einführung in die juristische Methodenlehre, 2. Aufl. , Heidelberg: C. F. Müller, 2000.

194. Pawlowski, Hans-Martin, Zur Aufgabe der Rechtsdogmatik im Staat der Glaubensfreiheit, Rechtstheorie 19 (1988).

195. Peczenik, Aleksander, On Law and Reason, Dordrecht u. a. : Kluwer Academic Publishers, 1989.

196. Peczenik, Aleksander, *Scientia Juris*: *Legal Doctrine as Knowledge of Law and as a Source of Law*, Dordrecht u. a. : Springer, 2005.

197. Peczenik, Alexander, *A Theory of Legal Doctrine*, Ratio Juris 14 (2001).

198. Perelman, Chaim/ Olbrechts-Tyteca, Lucie, Die neue Rhetorik: Eine Abhandlung über das Argumentation, übersetzt v. Freyr R. Varwig u. Josef Kopperschmidt, Stuttgart: Friedrich Frommann Verlag, 2004.

199. Petersen, Niels, How to Compare the Length of Lines to the Weight of Stones. Balancing and Resolution of Value Conflicts in Constitutional Law, German Law Journal 14 (2013).

200. Plato, Staat, hrsg. v. Thomas Szlezák und übersetzt. v. Rüdiger Rufener, Berlin: De Gruyter, 2014.

201. Podlech, Adalbert, Wertungen und Werte im Recht, Archiv des öffentlichen Rechts 95 (1970).

202. Podlech, Adalbert, Rechtstheoretische Bedingungen einer Methodenlehre

jutistischer Dogmatik, in: Hans Albert u. a. (Hrsg.), Rechtstheorie als Grundlagenwissenschaft der Rechtswissenschaft, Düsseldorf: Bertelsmann Universitätsverlag, 1972.

203. Popper, Karl, Logik der Forschung, 2. Aufl., Tübingen: Mohr, 1966.

204. Popper, Karl, Logik der Forschung, 9. Aufl., Tübingen: Mohr, 1989.

205. Posner, Richard, Legal Formalism, *Legal Realism, and the Interpretation of Statutes and the Constitution*, Case Western Reserve Law Review 37 (1986).

206. Preuß, Kalson/ Schweitzer, Doris, Disziplinäre Angrenzungsstreitigkeiten: Rechtswissenschaft und Soziologie Anfang des 20. Jahrhundert, Zeitschrift für Rechtssoziologie 41 (2021).

207. Puceiro, Enrique Zuleta, *Legal Dogmatics as a Scientific Paradigm*, in Aleksander Peczenik, Lars Lindahl & Bert Van Roermund eds., Theory of Legal Science, Dordrecht u. a.: D. Reidel Publishing Company, 1984.

208. Puchta, George, Cursus der Institutionen (Bd. 1), 5. Aufl., Leizig: Druck und Verlag Von Breitkopf und Härtel, 1856.

209. Puchta, Georg Friedrich, Cursus der Institution (Bd. 1), 8. Aufl., besorgt von Paul Krüger, Darmstadt: Breitkopf & Härtel, 1875.

210. Pütter, Johann Stephan, Neuer Versuch einer juristischen Encyklopädie und Methodologie, Göttingen: Vandenhoeck, 1767.

211. Radbruch, Gustav, Rechtsphilosophie (1932), 8. Aufl., hrsg. von Erik Wolf und Hans-Peter Schneider, Stuttgart: Koehler, 1973.

212. Radbruch, Gustav, Der Zweck des Rechts, in ders., Rechtsphilosophie Ⅲ, bearbeitet von Winfried Hassemer, Heildeberg: C. F. Müller Juristischer Verlag, 1990.

213. Radbruch, Gustav, Gesetzliches Unrecht und übergesetzliches Recht (1946), in: ders., Gesamtausgabe, Bd. 3, hrsg. v. Arthur Kaufmann, Heidel-

berg: Müller, 1990.

214. Radbruch, Gustav, Vorschule der Rechtsphilosophie, in: ders., Rechtsphilosophie Ⅲ, bearbeitet v. Winfried Hassemer, Heidelberg: C. F.: Müller Juristischer Verlag, 1990.

215. Raisch, Peter, Juristische Methodenlehre: von antiken Rom bis zur Gegenwart, Heidelberg: C. F. Müller Verlag, 1995.

216. Raiser, Ludwig, Wozu Rechtsdogmatik?, Deutsche Richterzeitung 1968.

217. Raz, Joseph, *Reasoning with Rules*, in his Between Authority and Interpretation, Oxford University Press, 2009.

218. Rehbinder, Manfred, Rechtssoziologie, 3. Aufl., Berlin/New York: Walter de Gruyter, 1993.

219. Reichenbach, Hans, *Experience and Prediction*, The University of Chicago Press, 1938.

220. Ritschl, Otto, Dogmengeschichte des Protestantismus, Bd. 1., Leipzig: Hinrichs, 1908.

221. Ritschl, Otto, Dogmaticus, 1920.

222. Röd, Wolfgang, Geometrischer Geist und Naturrecht: Methodengeschichtliche Untersuchungen zur Staatsphilosophie im 17. und 18. Jahrhundert, München: Verlag der Bayerischen Akademia der Wissenschaft, 1970.

223. Röhl, Klaus F. und Christian Röhl Hans, Allgemeine Rechtslehre: Ein Lehrbuch, Köln: Carl Heymanns Verlag, 2008.

224. Ross, Alf, On Law and Justice, trans. by Uta Binderiter, Oxford: Oxford University, 2019.

225. Rowley, Charles K., *Wealth Maximization in Normative Law and Economics: A Social Choice Analysis*, George Mason Law Review 6 (1997-1998).

226. Rückert, Joachim, Ralf Seinecke (Hrsg.), Methodik des Zivilrechts-von Savigny bis Teuber, 2. Aufl., Baden-Baden: Nomos Verlagsgesellschaft, 2012.

227. Rudolphi, Hans-Joachim, § 1, in Systematischer Kommentar zum Strafgesetzbuch, Band 1 (Allgemeiner Teil), 6. Aufl., Frankfurt a. M.: Suhrkamp, 1993.

228. Rümelin, Max, Zur Lehre von der juristischen Konstruktion, in: Günther Ellscheid/ Winfried Hassemer (Hrsg.), Darmstadt: Wissenchaftliche Buchgesellschaft, 1974.

229. Rüthers, Bernard, Rechtsordnung und Wertordnung: Zur Ethik und Ideologie im Recht, Konstanz: Universitätsverlag, 1986.

230. Rüthers, Bernd, Anleitung zum fortgesetzten methodischen Bildung, Neue Juristische Wochenschrift, 1996.

231. Rüthers, Bernd, Fischer Christian, Birk Axel, Rechtshtheorie, 8. Aufl., München: C. H. Beck Verlag, 2015.

232. Rüthers, Bernd, Die heimliche Revolution von Rechtsstaat zum Richterrecht, 2. Aufl, Tübingen: Mohr Siebeck, 2016.

233. Sahm, Philipp, Elemente der Dogmatik, Weilerswist: Velbrück Wissenschaft, 2019.

234. Savigny, Eike v., Die Jurisprudenz im Schatten des Empirismus, Jahrbuch für Rechtsphilosophie und Rechtstheorie 2 (1972).

235. Savigny, Eike v., Methodologie der Dogmatik: Wissenscha-ftstheoretische Fragen, in: Ulfrid Neumann/Joachim Rahlf/Eike von Savigny (hrsg.), Juristische Dogmatik und Wissenschaftstheorie, München: C. H. Beck'sche Verlagsbuchhandlung, 1976.

236. Savigny, Friedrich Karl v. System des heutigen Römischen Rechts, Bd. 1, Berlin: Veit, 1840.

237. Savigny, Friedrich Karl v. Juristische Methodenlehre (1802-1803): nach

der Ausarbeitung des Jakob Grimm, hrsg. v. Gerhard Wesenberg, Stuttgart: Koehler, 1951.

238. Savigny, Karl v. Vom Beruf unserer Zeit für Gesetzesgebung und Rechtswissenschaft, Heidelberg: Mohr und Zimmer, 1814.

239. Savigny, Karl v. System des heutigen Römischen Rechts, Band I, Berlin: Veit, 1840.

240. Scalia, Antonin, *The Rule of Law as a Law of Rules*, University of Cincinnati Law Review 56 (1989).

241. Schäfer, Hans-Bernd/ Ott, Claus, Lehrbuch der ökonomischen Analyse des Zivilrechts, 5. Aufl., Berlin u. Heidelberg: Springer, 2012.

242. Schauer, Frederick, *Thinking Like a Lawyer*, Harvard University Press, 2009.

243. Schauer, Frederick, Formalism, The Yale Law Journal 97 (1988).

244. Scheppele, Kim, Legal Theory and Social Theory, Annual Review of Sociology 20 (1994).

245. Schlossmann, Siegmund, Der Vertrag, Leipzig: Breitkopf & Haertel, 1876.

246. Schmidt, Jürgen, Die Neutralität der Rechtstheorie gegenüber der Rechtsphilosophie, Rechtstheorie 2 (1971).

247. Schmidt, Karsten, Zivilistische Rechtsfiguren zwischen Rechtsdogmatik und Rechtspolitik: Exemplarisches zum Programm der Ringvorlesung, in: Karsten Schmidt (Hrsg.), Rechtsdogmatik und Rechtspolitik, Berlin: Duncker & Humblot, 1990.

248. Schneider, H. Uwe, Zur Verantwortung der Rechtswissenschaft, Juristenzeitung, 1987.

249. Schneider, Hans, Rechtstheorie ohne Recht? Zur Kritik des spekulativen

Positivismus in der Jurisprudenz, in: Alexander Hollerbach (Hrsg.), Mensch und Recht: Festschrift für Erik Wolf zum 70. Geburtstag, Frankfurt a. M.: Klostermann, 1972.

250. Schröder, Jan, Wissenschaftstheorie und Lehre der praktischen Jurisprudenz auf deutschen Universitäten an der Wende zum neunzehnten Jahrhundert, Frankfurt a. M.: Klostermann, 1979.

251. Schröder, Jan, Recht als Wissenschaft: Geschichte der juristischen Methode vom Humanismus bis zur historischen Schule (1500–1850), 2. Aufl., München: Verlag C. H. Beck, 2012.

252. Schröder, Jan, Recht als Wissneschaft-Geschichte der juristischen Methodenlehre in der Neuzeit (1500 - 1933), 2. Aufl., München: Verlag C. H. Beck, 2012.

253. Schröder, Jan, Die ptivatrechtliche Methodenlehre des Usus modernus, in: Dieter Simon (Hrsg.), Akten des 26. Deutschen Rechtshistorikertages, Frankfurt a. M.: Klostermann, 1987.

254. Schröder, Jan, Das Verhältnis von Rechtsdogmatik und Gesetzgebung, in: Okko Behrends/Wolfram Henckel (Hrsg.), Gesetzgebung und Dogmatik, Göttingen: Vandenhock & Ruprecht, 1989.

255. Schwarz, Andreas Bertalan, Zur Entstehung des modernen Pandektensystems, Zeitschrift für Savigny-Stiftung für Rechtsges-chichte (Romanistische Abteilung) 42 (1921).

256. Schwintowski, Hans-Peter, Juristische Methodenlehre, Frankfurt a. M.: Verlag Recht und Wirtschaft, 2005.

257. Selmer, Peter, in: Karsten Schmidt (Hrsg.), Rechtsdogmatik und Rechtspolitik, Berlin: Duncker & Humblot, 1990.

258. Sieckmann, Jan-R. , Rechtssystem und praktische Vernunft: Zur Struktur einer normativen Theorie des Rechts, Archiv für Rechts-und Sozialphilosophie 78 (1992).

259. Sieckmann, Jan-R. , Semantischer Normbegriff und Normbegündung, Archiv für Rechts-und sozialphilosophie 80 (1994).

260. Simitis, Spiros, Die Bedeutung von System und Dogmatik-dargestellt an rechtsgeschäftlichen Problemen des Massenverkehrs, Archiv für civilistische Praxis 172 (1972).

261. Simmonds, NE, *Reflexivity and the Idea of Law*, Jurisprudence 1 (2010).

262. Solum, Lawrence, *Procedural Justice*, Southern California Law Review 78 (2004).

263. Somló, Felix, Juristische Grundlehre, Leipzig: Verlag von Felix Meiner, 1917.

264. Starck, Christian, Rechtsdogmatik und Gesetzgebung im Verwaltungsrecht, in: Okko Behrends/Wolfram Henckel (Hrsg.), Gesetzgebung und Dogmatik, Göttingen: Vandenhock & Ruprecht, 1989.

265. Stein, Alex, The New Doctrinalism: Implications for Evidence Theory, University of Pennsylvania Law Review 163 (2014-2015).

266. Stein, Lorenz v. Gegenwart und Zukunft der Rechtswissenschaft Deutschlands, Stuttgart: Koehler, 1876.

267. Stein, Peter, *Regulae Iuris: from Juristic Rules to Legal Maxims*, Edinburgh University Press, 1966.

268. Stern, Klaus, Das allgemeine Verwaltungsrehct in der neueren Bundesgesetzgebung, Juristiche Zeitung, 1962.

269. Stoll, Heinrich, Begriff und Konstruktion in der Lehre der Interessenjuris-

prudenz, in: Günther Ellscheid/ Winfried Hassemer (Hrsg.), Darmstadt: Wissenschaftliche Buchgesellschaft, 1974.

270. Strömholm, Stig, Hauptströmungen der schwedischen Rechtsphilosophie und Rechtstheorie in der Nachkriegzeit, Rechtstheorie 3 (1972).

271. Stürner, Rolf, Das Zivilrecht der Moderne und die Bedeutung der Rechtsdogmatik, Juristenzeitung, 2012.

272. Thul, Ewald Johannes, Untersuchungen zum Begriff der Rechtsdogmatik, Mainz: Dissertation der Rechts-und Wirtschaftswi-ssenschaftlichen Fakultät der Universität, 1959.

273. Tontrup, Stephan, Ökonomik in der dogmatischen Jurisprudenz, in: Christoph Engel (Hrsg.), Methodische Zugänge zu einem Recht der Gemeinschaftsgüter, Baden-Baden: Nomos Verlagsgeschaf, 1998.

274. Tushnet, Mark, Following the rules laid down: A critique of interpretivism and neutral principles, Harvard Law Review 96 (1983).

275. Uusitalo, Jyrki, *Legal Dogmatics and the Concept of a Scientific Revolution*, in Zenon Bankowski ed., Revolutions in Law and Legal Thought, Aberdeen University Press, 1991.

276. Veilleux, John, *The Scientific Method in Law*, Georgia Law Journal 75 (1980-1971).

277. Vernengo, Roberto, Systematization in Legal Dogmatics and Judicial Decisions, in: Torstein Eckhoff (hrsg.), Vernunft und Erfahrung im Rechtsdenken der Gegenwart, Berlin: Duncker & Humblot, 1986.

278. Vernengo, Roberto J., Systematisierung und Rationalisierung in Rechtsdogmatik und Richterlicher Entscheidungsfindung, in: Eugenio Bulygin/Ernesto Carzón Valdés (Hrsg.), Argentinische Rechtstheorie und Rechtsphilosophie heute,

Berlin: Duncker & Humblot, 1987.

279. Vesting, Thomas, Rechtstheorie, München: Beck, 2007.

280. Viehweg, Theodor, Topik und Jurisprudenz, 5. Aufl., München: Beck, 1974.

281. Viehweg, Theodor, Einige Bemerkungen zur Gustav Hugos Rechtsphilosophie, in: Paul Bockelmann u. a. (Hrsg.), Festschrift für Karl Engisch zum 70. Geburtstag, Frankfurt a. M.: Klostermann, 1969.

282. Viehweg, Theodor, Ideologie und Rechtsdogmatik, in: Werner Maihofer (Hrsg.), Ideologie und Recht, Frankfurt a. M.: Klostermann, 1969.

283. Virgo, Graham, *Doctrinal Legal Research*, in P. Cane, J. Conaghan eds., The New Oxford Companion to Law, Oxford University Press, 2008.

284. Vogel, Joachim, Juristische Methodik, Berlin: Walter de Gruyter, 1998.

285. Voppel, Reinhard, Der Einfluß des Naturrechts auf den Usus modernus: Eine Untersuchung anhand der Literatur zum geltenden Recht im 17. und 18. Jahrhundert, Köln u. a.: Carl Heymanns Verlag, 1996.

286. Voßkuhle, Andreas, Neue Verwaltungsrechtswissenschaft, in: Wolfgang Hoffmann-Riem/Eberhard Schmidt-Aßmann u. Andreas Voßkuhle (Hrsg.), Grundlagen des Verwaltungsrechts, Bd. 1, 2. Aufl., München: Beck, 2012.

287. Waldhoff, Christian, Kritik und Lob der Dogmatik: Rechtsdogmatik im Spannungfeld von Gesetzesbindung und Funktionsorientierung, in: Gregor Kirchhof/Stefan Magen/Karsten Schneider (Hrsg.), Was weiß Dogmatik?, Tübingen: Mohr Siebeck, 2012.

288. Waldron, Jeremy, *Is the Rule of Law an Essentially Contested Concept (in Florida)?*, Law and Philosophy 21 (2002).

289. Waldstein, Wolfgang, Konsequenz als Argument klassischer Juristen, Zeitschrift der Savigny-Stiftung für Rechtsgeschichte 92 (1975).

290. Wank, Rolf, Die Juristische Begriffsbildung, München: C. H. Beck'sche Verlagsbuchhandlung, 1985.

291. Weber, Max, Rudolf Stammlers Überwindung der materialistischen Geschichtsauffassung (1907), in: ders., Gesammelte Aufsätze zur Wissenschaftslehre, 2. Aufl., Tübingen: J. C. B. Mohr, 1951.

292. Weimar, Robert, Überlegungen zur wissenschaftstheoretischen Basis der Rechtsdogmatik und praktischen Vernunft, in: Hans Joachim Koch/Ulfrid Neumann (hrsg.), Praktische Vernunft und Rechtsanwendung, Stuttgart: Steiner, 1994.

293. Weinberger, Ota, Norm und Institution. Eine Einfürung in die Theorie des Rechts, Wien: Manz, 1988.

294. Westermann, Harry, Wesen und Grenzen der richterlichen Streitentscheidung im Zivilrecht, Münster: Aschendorff, 1955.

295. Wieacker, Franz, Privatrechtsgeschichte der Neuzeit, 2. Aufl., Göttingen: Vandenhoeck & Ruprecht, 1967.

296. Windscheid, Bernhard, Lehrbuch des Pandektenrechts, Bd. 1, 3. Aufl., Verlagshandlung von Julius Buddeus, 1870.

297. Wieacker, Franz, Zur Praktischen Leistung der Rechtsdogmatik, in: Büdiger Bubner/Konrad Cramer/Beiner Wiehl (Hrsg.), Hermeneutik und Dialektik, Tübingen: J. C. B. Mohr, 1970.

298. Windscheid, Bernhard, Lehrbuch des Pandektenrechts, 9. Aufl., Bd. Ⅰ, Frankfurt a. M.: Ruetten & Loening, 1906, S. 110.

299. Winkler, Günther, Gesetzesgebung und Verwaltungsrecht, in: Günther Winkler/Bernd Schilcher (Hrsg.), Gesetzgebung: kritische Überlegungen zur Gesetzgebungslehre und zur Gesetzgebung-stechnik, Wien [u. a.]: Springer, 1981.

300. Wolf, Erik, Griechisches Rechtsdenken, Bd. 4. 1, Frankfurt am Main:

Klostermann, 1968.

301. Wundt, Wilhelm, Allgemeine Methodenlehre. Logik der Mathematik und der Naturwissenschaften, 2. Aufl., Stuttgart: Enke, 1894.

302. Zweigert, Konrad, Rechtsvergleichung, System und Dogmatik, in: Karl August Bettermann/Albrecht Zeuner (Hrsg.), Festschrift für Eduard Bötticher zum 70. Geburtstag, Berlin: Duncker & Humblot, 1969.

二、 中文参考文献

1. [古希腊] 柏拉图:《国家篇》,载《柏拉图全集》(第2卷),王晓朝译,人民出版社2003年版。

2. [英] H. L. A. 哈特:《法律的概念》(第2版),许家馨、李冠宜译,法律出版社2011年版。

3. [英] 杰里米·边沁:《道德与立法原理导论》,时殷弘译,商务印书馆2006年版。

4. [英] 尼尔·麦考密克、[奥] 奥塔·魏因贝格尔:《制度法论》,周叶谦译,中国政法大学出版社2004年版。

5. [英] G. H. R. 帕金森主编:《文艺复兴和17世纪理性主义》,田平等译,中国人民大学出版社2009年版。

6. [英] P. S. 阿蒂亚:《法律与现代社会》,范悦等译,辽宁教育出版社、牛津大学出版社1998年版。

7. [英] 休谟:《人性论》(下),关文运译,商务印书馆1980年版。

8. [英] 约瑟夫·拉兹:《法律的权威——法律与道德论文集》,朱峰译,法律出版社2005年版。

9. [英] 约翰·菲尼斯:《自然法与自然权利》,董娇娇、杨奕、梁晓晖译,中国政法大学出版社2005年版。

10. ［美］埃里克·沃格林：《新政治科学》，段保良译，商务印书馆2018年版。

11. ［德］埃里克·希尔根多夫：《法律评注的概念和方法》，刘畅译，载舒国滢主编：《法理》2021年第1期·总第9卷，商务印书馆2021年版。

12. ［美］安德瑞·马默：《社会惯习——从语言到法律》，程朝阳译，中国政法大学出版社2013年版。

13. ［美］本杰明·卡多佐：《司法过程的性质》，苏力译，商务印书馆1998年版。

14. ［美］布雷恩·Z. 塔玛纳哈：《论法治——历史、政治和理论》，李桂林译，武汉大学出版社2010年版。

15. ［美］弗里德里克·肖尔：《像法律人那样思考：法律推理新论》，雷磊译，中国法制出版社2016年版。

16. ［美］凯斯·R. 孙斯坦：《法律推理与政治冲突》，金朝武、胡爱平、高建勋译，法律出版社2004年版。

17. ［美］克里斯蒂娜·科尔斯戈德：《规范性的来源》，杨顺利译，上海译文出版社2010年版。

18. ［美］克里斯托弗·沃尔夫：《司法能动主义——自由的保障还是安全的威胁?》，黄金荣译，中国政法大学出版社2004年版。

19. ［美］富勒：《法律的道德性》，郑戈译，商务印书馆2005年版。

20. ［美］罗杰·伯科威茨：《科学的馈赠——现代法律是如何演变为实在法的?》，田夫、徐丽丽译，法律出版社2011年版。

21. ［美］罗纳德·M. 德沃金：《没有上帝的宗教》，於兴中译，中国民主法制出版社2015年版。

22. ［美］罗斯科·庞德：《通过法律的社会控制》，沈宗灵译，商务印书馆 2008 年版。

23. ［美］庞德：《法哲学》（第 2 卷），邓正来译，中国政法大学出版社 2007 年版。

24. ［美］史蒂文·J. 伯顿：《诚信裁判》，宋晨翔译，中国人民大学出版社 2015 年版。

25. ［美］斯坦利·鲍尔森：《英译者导言：论凯尔森在法学中之地位》，载［奥］凯尔森：《纯粹法理论》，张书友译，中国法制出版社 2008 年版。

26. ［美］苏珊·哈克：《理性地捍卫科学——在科学主义与犬儒主义之间》，曾国屏、袁航等译，中国人民大学出版社 2008 年版。

27. ［美］唐纳德·帕尔玛：《为什么做个好人很难?：伦理学导论》，黄少婷译，上海社会科学院出版社 2010 年版。

28. ［美］托马斯·卡斯卡特：《电车难题》，朱沉之译，北京大学出版社 2014 年版。

29. ［美］托马斯·库恩：《科学革命的结构》，金吾伦、胡新和译，北京大学出版社 2003 年版。

30. ［美］约翰·塞尔：《心灵、语言和社会——实在世界中的哲学》，李步楼译，上海译文出版社 2006 年版。

31. ［德］阿图尔·考夫曼：《类推与“事物本质”——兼论类型理论》，吴从周译，台北，学林文化事业有限公司 1999 年版。

32. ［德］阿图尔·考夫曼：《法律获取的程序——一种理性分析》，雷磊译，中国政法大学出版社 2015 年版。

33. ［德］阿图尔·考夫曼、［德］迪特马尔·冯·普福尔滕：《法哲学的问题史》，载［德］温弗里德·哈斯默尔、［德］乌尔弗里德·诺伊曼、［德］弗兰克·萨利格主编：《当代法哲学和法律理论导论》（第 9 版），郑永流译，商务印书馆 2021 年版。

34. ［德］伯恩特·吕特斯：《法官法影响下的法教义学和法政策学》，季红明译，载李昊、明辉主编：《北航法律评论》2015 年第 1 辑，法律出版社 2016 年版。

35. ［德］迪特玛尔·冯·德尔·普佛尔滕：《法哲学导论》，雷磊译，中国政法大学出版社 2017 年版。

36. ［德］菲利普·黑克：《利益法学》，傅广宇译，载《比较法研究》2006 年第 6 期。

37. ［德］J. H. 冯·基尔希曼：《作为科学的法学的无价值性——在柏林法学会的演讲》，赵阳译，《比较法研究》2004 年第 1 期。

38. ［德］弗朗茨·维亚克尔：《近代私法史——以德意志的发展为观察重点》，陈爱娥、黄建辉译，上海三联书店 2006 年版。

39. ［德］弗朗茨·维亚克尔：《法教义学的实践功效》，王洪亮译，载田士永、王洪亮、张双根主编：《中德私法研究》第 6 卷，北京大学出版社 2010 年版。

40. ［德］格奥格·耶利内克：《主观公法权利体系》，曾韬、赵天书译，中国政法大学出版社 2012 年版。

41. ［德］格尔德·克莱因海尔、［德］扬·施罗德主编：《九百年来德意志及欧洲法学家》，许兰译，法律出版社 2005 年版。

42. ［德］汉斯·格奥尔格·加达默尔：《真理与方法——哲学诠释学的基本特征》（下卷），洪汉鼎译，上海译文出版社 1999 年版。

43. ［德］赫尔曼·康特洛维茨：《法律科学与社会学》，雷磊译，载《荆楚法学》2022 年第 1 期。

44. ［德］N. 霍恩：《法律科学与法哲学导论》，罗莉译，法律出版社 2005 年版。

45. ［德］卡尔·恩吉施：《法律思维导论》，郑永流译，法律出版社

2004 年版。

46. ［德］卡尔·拉伦茨：《法学方法论》，陈爱娥译，商务印书馆 2003 年版。

47. ［德］卡尔·拉伦茨：《法学方法论》（全本·第 6 版），黄家镇译，商务印书馆 2020 年版。

48. ［德］卡尔·拉伦茨：《论作为科学的法学的不可或缺性——1966 年 4 月 20 日在柏林法学会的演讲》，赵阳译，载《比较法研究》2005 年第 3 期。

49. ［德］克劳斯·罗克辛：《刑事政策与刑法体系》（第 2 版），蔡桂生译，中国人民大学出版社 2011 年版。

50. ［德］克里斯蒂安·布克：《法教义学：关于德国法学的发展及其思维与操作方式的思考》，吕玉赞译，载陈金钊、谢晖主编：《法律方法》第 24 卷，中国法制出版社 2018 年版。

51. ［德］克劳斯·罗克信：《刑法的任务不是法益保护吗?》，樊文译，载陈兴良主编：《刑事法评论》第 19 卷，北京大学出版社 2007 年版。

52. ［德］拉德布鲁赫：《法学导论》，米健译，商务印书馆 2013 年版。

53. ［德］拉德布鲁赫：《法哲学导引》，雷磊译，商务印书馆 2021 年版。

54. ［德］莱纳·施罗德：《世纪之交的德国方法大讨论——科学理论式的精确化努力抑或对法与司法功能变迁的回应?》，雷磊译，载舒国滢主编：《法学方法论论丛》第 1 卷，中国法制出版社 2012 年版。

55. ［德］拉尔夫·波舍（Ralf Poscher）：《裁判理论的普遍谬误：为法教义学辩护》，隋愿译，载《清华法学》2012 年第 4 期。

56. ［德］H. 李凯尔特：《文化科学和自然科学》，涂纪亮译，商务印书馆 2020 年版。

57. ［德］鲁道夫·冯·耶林著，［德］奥科·贝伦茨编注：《法学是一门科学吗?》，李君韬译，法律出版社 2010 年版。

58. ［德］鲁道夫・冯・耶林：《生活中的法学：法律问题与法律思维》，于庆生、柯伟才译，中国法制出版社 2019 年版。

59. ［德］罗伯特・阿列克西：《法概念与法效力》，王鹏翔译，台北，五南图书出版股份有限公司 2013 年版。

60. ［德］罗伯特・阿列克西：《柏林墙射手案：论法、道德与可罚性之关系》，雷磊译，载雷磊编：《拉德布鲁赫公式》，中国政法大学出版社 2015 年版。

61. ［德］罗伯特・阿列克西：《法律的双重性质》，张霁爽译，载《中外法学》2010 年第 3 期。

62. ［德］罗伯特・阿列克西：《为拉德布鲁赫公式辩护》，林海译，载雷磊编：《拉德布鲁赫公式》，中国政法大学出版社 2015 年版。

63. ［德］罗伯特・阿列克西：《法律论证理论——作为法律证立理论的理性论辩理论》，舒国滢译，商务印书馆 2019 年版。

64. ［德］罗伯特・阿列克西：《程序性法律论证理论的理念》，载［德］罗伯特・阿列克西：《法　理性　商谈：法哲学研究》，朱光、雷磊译，中国法制出版社 2011 年版。

65. ［德］罗伯特・阿列克西：《特殊情形命题》，载［德］罗伯特・阿列克西：《法：作为理性的制度化》，雷磊编译，中国法制出版社 2012 年版。

66. ［德］罗伯特・阿列克西：《法律证立、体系与融贯性》，载［德］罗伯特・阿列克西：《法：作为理性的制度化》，雷磊编译，中国法制出版社 2012 年版。

67. ［德］罗伯特・阿列克西：《法与道德：告别演讲》，雷磊译，载《华东政法大学学报》2015 年第 5 期。

68. ［德］罗尔夫・施蒂尔纳：《法教义学在进一步国际化的世纪之初的

重要性》，李云琦译，载李昊、明辉主编：《北航法律评论》2015 年第 1 辑，法律出版社 2016 年版。

69. ［德］罗尔夫·施蒂尔纳：《现代民法与法教义学的意义》，陈大创译，载李昊、明辉主编：《北航法律评论》2015 年第 1 辑，法律出版社 2016 年版。

70. ［德］马蒂亚斯·耶施泰特：《法理论有什么用?》，雷磊译，中国政法大学出版社 2017 年版。

71. ［德］尼可拉斯·鲁曼：《社会中的法》，李君韬译，台北，五南图书出版股份有限公司 2009 年版。

72. ［德］诺伯特·霍斯特：《法是什么？法哲学的基本问题》，雷磊译，中国政法大学出版社 2017 年版。

73. ［奥地利］欧根·埃利希：《法社会学原理》，舒国滢译，商务印书馆 2022 年版。

74. ［德］齐佩利乌斯：《法学方法论》，金振豹译，法律出版社 2009 年版。

75. ［德］弗里德里希·卡尔·冯·萨维尼著，［德］艾里克·沃尔夫编：《历史法学派的基本思想（1814—1840 年）》，郑永流译，法律出版社 2009 年版。

76. ［德］萨维尼：《当代罗马法体系 I——法律渊源·制定法解释·法律关系》，朱虎译，中国法制出版社 2010 年版。

77. ［德］托马斯·莱塞尔：《法社会学基本问题》，王亚飞译，法律出版社 2014 年版。

78. ［德］达维德·凯斯特勒-兰帕特尔、［德］尼尔斯·扬森、［德］莱因哈德·齐默尔曼主编：《中国民法典评注·评注研究（第 1 部）——法律评注：国际视角的比较》，刘青文等译，中国民主法制出版社 2023 年版。

79. ［德］托马斯·M. J. 默勒斯：《法学方法论》（第 4 版），杜志浩译，北京大学出版社 2022 年版。

80. ［德］托马斯·维腾贝格尔：《德国视角下的基础研究与教义学》，查云飞、张小丹译，载李昊、明辉主编：《北航法律评论》2015 年第 1 辑，法律出版社 2016 年版。

81. ［德］沃尔福冈·弗里希：《法教义学对刑法发展的意义》，赵书鸿译，载《比较法研究》2012 年第 1 期。

82. ［德］沃斯·金德豪伊泽尔：《适应与自主之间的德国刑法教义学——用教义学来控制刑事政策的边界?》，蔡桂生译，载《国家检察官学院学报》2010 年第 5 期。

83. ［德］乌尔弗里德·诺伊曼：《法律教义学在德国法文化中的意义》，郑永流译，载郑永流主编：《法哲学与法社会学论丛》第 5 辑，中国政法大学出版社 2002 年版。

84. ［德］乌尔里希·克卢格：《法律逻辑》，雷磊译，法律出版社 2016 年版。

85. ［德］乌韦·迪特里希森：《法教义学的道路》，雷磊译，载舒国滢主编：《法理》2018 年卷，商务印书馆 2018 年版。

86. ［德］扬·西克曼：《“拉德布鲁赫公式”与柏林墙射手案》，陈辉译，载雷磊编：《拉德布鲁赫公式》，中国政法大学出版社 2015 年版。

87. ［德］英格博格·普珀：《法学思维小学堂：法律人的 6 堂思维训练课》，蔡圣伟译，北京大学出版社 2011 年版。

88. ［法］笛卡尔：《谈谈方法》，王太庆译，商务印书馆 2000 年版。

89. ［奥］维特根斯坦：《哲学研究》，李步楼译，商务印书馆 1996 年版。

90. ［瑞典］托尔本·斯巴克、［瑞典］帕特里夏·明杜斯编：《剑桥法律实证主义指南》，雷磊等译，商务印书馆 2023 年版。

91. ［德］伯恩·魏德士：《法理学》，丁小春、吴越译，法律出版社 2003 年版。

92. ［德］沃尔夫冈·卡尔：《德国“新行政法学”“新”在何处》，苏苗罕、王梦菲译，载《湖湘法学评论》2023 年第 2 期。

93. ［芬］冯·赖特：《解释与理解》，张留华译，浙江大学出版社 2016 年版。

94. ［比利时］哈伊姆·佩雷尔曼、［比利时］露茜·奥尔布莱希茨-泰提卡：《新修辞学：一种论证理论》，杨贝译，商务印书馆 2021 年版。

95. ［日］大谷实：《刑法总论》，黎宏译，法律出版社 2003 年版。

96. ［日］穗积陈重：《法典论》，李求轶译，商务印书馆 2014 年版。

97. 白斌：《论法教义学：源流、特征及其功能》，载《环球法律评论》2010 年第 3 期。

98. 卜元石：《法教义学：建立司法、学术与法学教育良性互动的途径》，载田士永、王洪亮、张双根主编：《中德私法研究》第 6 卷，北京大学出版社 2010 年版。

99. 卜元石：《德国法学界的现状与发展前景》，载方小敏主编：《中德法学论坛》2015 年卷，法律出版社 2015 年版。

100. 卜元石：《法教义学的显性化与作为方法的法教义学》，载《南大法学》2020 年第 1 期。

101. 车浩：《法教义学与社会科学——以刑法学为例的展开》，载《中国法律评论》2021 年第 5 期。

102. 陈爱娥：《法体系的意义与功能——借镜德国法学理论而为说明》，载《法治研究》2019 年第 5 期。

103. 陈辉：《作为共识凝聚框架的法理论》，载《法制与社会发展》2021

年第1期。

104. 陈景辉：《裁判可接受性概念之反省》，载《法学研究》2009年第4期。

105. 陈景辉：《法理论为什么是重要的——法学的知识框架及法理学在其中的位置》，载《法学》2014年第3期。

106. 陈妙芬：《Rechtsdogmatik：法律释义学，还是法律信条论?》，载《月旦法学杂志》第58期（2000年）。

107. 陈铭洋：《法政策学》（第2版），台北，元照出版有限公司2019年版。

108. 陈瑞华：《对话陈瑞华：法学研究的第三条道路》，载陈柏峰、尤陈俊、侯猛编：《法学的11种可能：中国法学名家对话录》，中国民主法制出版社2020年版。

109. 陈兴良：《刑法疏议》，中国人民公安大学出版社1997年版。

110. 陈兴良：《刑法哲学》，中国政法大学出版社1997年版。

111. 陈兴良：《刑法哲学》（第5版），中国人民大学出版社2015年版。

112. 陈兴良：《刑法教义学方法论》，载《法学研究》2005年第2期。

113. 陈兴良：《形式解释论的再宣示》，载《中国法学》2010年第4期。

114. 陈兴良：《刑法教义学与刑事政策的关系：从李斯特鸿沟到罗克辛贯通——中国语境下的展开》，载《中外法学》2013年第5期。

115. 陈兴良：《刑法阶层理论：三阶层与四要件的对比性考察》，载《清华法学》2017年第5期。

116. 陈兴良：《刑法教义学中的价值判断》，载《清华法学》2022年第6期。

117. 陈璇：《刑法思维与案例讲习》，北京大学出版社2023年版。

118. 陈璇：《刑法鉴定式案例分析方法导论》，载李昊主编：《燕大法学教室》第1期，台北，元照出版有限公司2021年版。

119. 陈征：《〈明镜周刊〉案》，载张翔主编：《德国宪法案例选释（第2辑）：言论自由》，法律出版社2016年版。

120. 程捷：《刑事诉讼案例研习的鉴定式展开》，载李昊主编：《燕大法学教室》第2期，台北，元照出版有限公司2021年版。

121. 程啸：《论不动产登记簿公信力与动产善意取得的区分》，载《中外法学》2010年第4期。

122. 邓正来：《中国法学向何处去（上）——建构"中国法律理想图景"时代的论纲》，载《政法论坛》2005年第1期。

123. 邓子滨：《中国实质刑法观批判》，法律出版社2009年版。

124. 丁胜明：《刑法教义学研究的中国主体性》，载《法学研究》2015年第2期。

125. 杜强强：《合宪性解释在我国法院的实践》，载《法学研究》2016年第6期。

126. 冯威：《法律规范性命题在中国的际遇——以对苏联"维辛斯基法学"的五组观察为切入点》，载《中国：再认识》（第二届新法学·青年论坛论文集），2012年9月。

127. 高全喜：《政治宪法学纲要》，中央编译出版社2014年版。

128. 关永忠：《知识论——近世思潮》，台北，五南图书出版股份有限公司2004年版。

129. 郭栋：《法律的社会科学研究何以可能》，载《法学家》2021年第6期。

130. 何海波：《行政诉讼法》，法律出版社2011年版。

131. 贺剑：《认真对待案例评析：一个法教义学的立场》，载《比较法研究》2015年第2期。

132. 贺剑：《法教义学的巅峰：德国法律评注文化及其中国前景考察》，载《中外法学》2017 年第 2 期。

133. 侯猛：《社科法学的跨界格局与实证前景》，载《法学》2013 年第 4 期。

134. 侯猛：《社科法学的传统与挑战》，载《法商研究》2014 年第 5 期。

135. 胡超：《不明确刑法规范的合宪性控制——以寻衅滋事罪为例》，载江溯主编：《刑事法评论》第 45 卷，北京大学出版社 2021 年版。

136. 黄卉：《论法学通说（又名：法条主义者宣言）》，载《北大法律评论》第 12 卷第 2 辑，北京大学出版社 2011 年版。

137. 黄卉：《法律评注：法律技术抑或法律文化》，载黄卉：《法学通说与法学方法》，中国法制出版社 2015 年版。

138. 黄茂荣：《法学方法与现代民法》，法律出版社 2007 年版。

139. 黄舒芃：《什么是法释义学?：以二次战后德国宪法释义学的发展为借镜》，台北，台湾大学出版中心 2020 年版。

140. 黄维幸：《现代法学方法新论》，台北，三民书局股份有限公司 2014 年版。

141. 纪海龙：《法教义学：力量与弱点》，载《交大法学》2015 年第 2 期。

142. 季涛：《论疑难案件的界定标准》，载《浙江社会科学》2004 年第 5 期。

143. 简资修：《经济推理与法律》（第 4 版），台北，元照出版有限公司 2017 年版。

144. 简资修：《如何法律，怎样经济》，台北，新学林出版股份有限公司 2022 年版。

145. 焦宝乾：《法的发现与证立》，载《法学研究》2005 年第5 期。

146. 焦宝乾：《法教义学的观念及其演变》，载《法商研究》2006 年第

4 期。

147. 焦宝乾：《法教义学在中国：一个学术史的概览》，载《法治研究》2016 年第 3 期。

148. 焦宝乾：《我国部门法教义学研究述评》，载陈金钊、谢晖主编：《法律方法》第 19 卷，山东人民出版社 2016 年版。

149. 金晶：《请求权基础思维：案例研习的法教义学“引擎”》，载《政治与法律》2021 年第 3 期。

150. 柯华庆：《法律变革的逻辑——社科法学与教义法学的较量》，载《桂海论丛》2014 年第 4 期。

151. 雷磊：《规范、逻辑与法律论证》，中国政法大学出版社 2016 年版。

152. 雷磊、高尚、段沁：《德国判例制度研究》，法律出版社 2023 年版。

153. 雷磊：《融贯性与法律体系的建构——兼论当代中国法律体系的融贯化》，载《法学家》2012 年第 2 期。

154. 雷磊：《法律原则如何适用？——〈法律原则适用中的难题何在〉的线索及其推展》，载舒国滢主编：《法学方法论论丛》第 1 卷，中国法制出版社 2012 年版。

155. 雷磊：《论依据一般法律原则的法律修正》，载《华东政法大学学报》2014 年第 6 期。

156. 雷磊：《法教义学的基本立场》，载《中外法学》2015 年第1 期。

157. 雷磊：《再访拉德布鲁赫公式》，载《法制与社会发展》2015 年第 1 期。

158. 雷磊：《域外法学方法论论著我国大陆传播考略——以欧陆译作与我国台湾地区作品为主线》，载《东方法学》2015 年第 4 期。

159. 雷磊：《法律方法、法的安定性与法治》，载《法学家》2015 年第 4 期。

160. 雷磊:《什么是法律逻辑》, 载《政法论坛》2016 年第 1 期。

161. 雷磊:《法教义学能为立法贡献什么?》, 载《现代法学》2018 年第 2 期。

162. 雷磊:《什么是法教义学? ——基于 19 世纪以后德国学说史的简要考察》, 载《法制与社会发展》2018 年第 4 期。

163. 雷磊:《法教义学与法治: 法教义学的治理意义》, 载《法学研究》2018 年第 5 期。

164. 雷磊:《法哲学在何种意义上有助于部门法学》, 载《中外法学》2018 年第 5 期。

165. 雷磊:《法教义学观念的源流》, 载《法学评论》2019 年第2 期。

166. 雷磊:《反思司法裁判中的后果考量》, 载《法学家》2019 年第 4 期。

167. 雷磊:《作为科学的法教义学?》, 载《比较法研究》2019 年第 6 期。

168. 雷磊:《法的一般理论及其在中国的发展》, 载《中国法学》2020 年第 1 期。

169. 雷磊:《法理论: 历史形成、学科属性及其中国化》, 载《法学研究》2020 年第 2 期。

170. 雷磊:《法教义学: 关于十组问题的思考》, 载《社会科学研究》2021 年第 2 期。

171. 雷磊:《司法裁判中的价值判断与后果考量》, 载《浙江社会科学》2021 年第 2 期。

172. 雷磊:《法社会学与规范性问题的关联方式: 力量与限度》, 载《中外法学》2021 年第 6 期。

173. 雷磊:《法教义学的方法》, 载《中国法律评论》2022 年第5 期。

174. 雷磊:《法律渊源、法律论证与法治》, 载《社会科学战线》2023 年第 1 期。

175. 雷磊:《法教义学之内的社会科学：意义与限度》，载《法律科学》2023 年第 4 期。

176. 雷磊:《新时代法学基本范畴的重构——构建中国自主法学知识体系要论》，载《法治研究》2024 年第 2 期。

177. 李飞:《古希腊—罗马的辩证法对罗马法的体系化生成的影响——以 Divisio 和 Partitio 为中心》，载陈金钊、谢晖主编:《法律方法》第 15 卷，山东人民出版社 2014 年版。

178. 李拥军:《“亲亲相隐”与“大义灭亲”的博弈：亲属豁免权的中国面相》，载《中国法学》2014 年第 6 期。

179. 李拥军、陈家恩:《论亲属拒证权的双重性质与宪法保障——以〈宪法〉第 49 条第 1 款为中心》，载《吉林大学社会科学学报》2021 年第 5 期。

180. 李忠夏:《功能取向的法教义学：传统与反思》，载《环球法律评论》2020 年第 5 期。

181. 梁慧星:《民法解释学》，中国政法大学出版社 1995 年版。

182. 梁慧星:《裁判的方法》，法律出版社 2003 年版。

183. 梁慧星:《民法总论》(第 6 版)，法律出版社 2021 年版。

184. 林来梵:《从宪法规范到规范宪法》，法律出版社 2001 年版，商务印书馆 2017 年版。

185. 凌斌:《什么是法教义学：一个法哲学追问》，载《中外法学》2015 年第 1 期。

186. 刘敏:《论法教义学的体系化功能——以民法为中心》，载《西南政法大学学报》2014 年第 1 期。

187. 刘星:《怎样看待中国法学的“法条主义”》，载《现代法学》2007 年第 2 期。

188. 刘幸义：《法律概念与体系结构》，台北，翰芦图书出版有限公司2015年版。

189. 刘艳红：《实质刑法观》，中国人民大学出版社2009年版。

190. 马驰：《法律规范性的基础——以法律实证主义的演进为线索》，法律出版社2013年版。

191. 缪因知：《新兴法领域的社会科学运用：以金融法为中心》，载《思想战线》2020年第6期。

192. 泮伟江：《当代中国法治的分析与建构》，中国法制出版社2012年版。

193. 泮伟江：《中国本土化法教义学理论发展的反思与展望》，载《法商研究》2018年第6期。

194. 钱一栋：《规则至上与后果主义的价值理由及其局限——从法教义学与社科法学之争看当代中国司法哲学》，载《甘肃政法学院学报》2018年第4期。

195. 强世功：《法制与治理——国家转型中的法律》，中国政法大学出版社2003年版。

196. 强世功：《法律的现代性剧场：哈特与富勒论战》，法律出版社2009年版。

197. 任重：《法教义学在民事诉讼教学中的困境与出路》，载李昊主编：《燕大法学教室》第1期，台北，元照出版有限公司2021年版。

198. 桑本谦：《“法律人思维”是怎样形成的——一个生态竞争的视角》，载苏力主编：《法律和社会科学》第13卷（2014年第1辑），法律出版社2014年版。

199. 桑本谦：《法律教义是怎样产生的——基于后果主义视角的分析》，载《法学家》2019年第4期。

200. 舒国滢主编：《法理学导论》（第 2 版），北京大学出版社 2012 年版。

201. 舒国滢：《法学的知识谱系》，商务印书馆 2020 年版。

202. 舒国滢：《寻访法学的问题立场——兼谈“论题学法学”的思考方式》，载《法学研究》2005 年第 3 期。

203. 舒国滢：《从方法论看抽象法学理论的发展》，载舒国滢：《法哲学：立场与方法》，北京大学出版社 2010 年版。

204. 舒国滢：《决疑术：方法、渊源与盛衰》，载《中国政法大学学报》2012 年第 2 期。

205. 舒国滢：《法学是一门什么样的学问？——从古罗马时期的 Jurisprudentia 谈起》，载《清华法学》2013 年第 1 期。

206. 舒国滢：《罗马法学成长中的方法论因素》，载《比较法研究》2013 年第 1 期。

207. 舒国滢：《波伦亚注释法学派：方法与风格》，载《法律科学》2013 年第 3 期。

208. 舒国滢：《评注法学派的兴盛与危机：一种基于知识论和方法论的考察》，载《中外法学》2013 年第 5 期。

209. 舒国滢：《欧洲人文主义法学的方法论与知识谱系》，载《清华法学》2014 年第 1 期。

210. 舒国滢：《〈学说汇纂〉的再发现与近代法学教育的滥觞》，载《中国法律评论》2014 年第 2 期。

211. 舒国滢：《17、18 世纪欧洲自然法学说：方法、知识谱系与作用》，载《比较法研究》2014 年第 5 期。

212. 舒国滢：《论近代自然科学对法学的影响——以 17、18 世纪理性主义法学作为考察重点》，载《法学评论》2014 年第 5 期。

213. 舒国滢：《德国十八九世纪之交的法学历史主义转向——以哥廷根法学派为考察的重点》，载《中国政法大学学报》2015 年第 1 期。

214. 舒国滢：《19 世纪德国“学说汇纂”体系的形成与发展——基于欧陆近代法学知识谱系的考察》，载《中外法学》2016 年第1 期。

215. 舒国滢：《德国 1814 年法典编纂论战与历史法学派的形成》，载《清华法学》2016 年第 1 期。

216. 舒国滢：《格奥尔格 · 弗里德里希 · 普赫塔的法学建构：理论与方法》，载《比较法研究》2016 年第 2 期。

217. 宋旭光：《面对社科法学挑战的法教义学——西方经验与中国问题》，载《环球法律评论》2015 年第 6 期。

218. 苏力：《语境论》，载苏力：《也许正在发生：转型中国的法学——法律与社会文丛》，法律出版社 2004 年版。

219. 苏力：《也许正在发生——中国当代法学发展的一个概览》，载《比较法研究》2001 年第 3 期。

220. 苏力：《法条主义、民意与难办案件》，载《中外法学》2009 年第 1 期。

221. 苏力：《法律人思维?》，载《北大法律评论》第 14 卷第 2 辑，北京大学出版社 2013 年版。

222. 苏亦工：《中法西用：中国传统法律及习惯在香港》，社会科学文献出版社 2007 年版。

223. 苏永钦：《法学为体，社科为用：大陆法系国家需要的社科法学》，载《中国法律评论》2021 年第 4 期。

224. 孙海波：《在“规范拘束”与“个案正义”之间——论法教义学视野下的价值判断》，载《法学论坛》2014 年第 1 期。

225. 孙海波：《法教义学与社科法学之争的方法论反省——以法学与司

法的互动关系为重点》，载《东方法学》2015 年第 4 期。

226. 孙海波：《论法教义学作为法学的核心——以法教义学与社科法学之争为主线》，载《北大法律评论》第 17 卷第 1 辑，北京大学出版社 2016 年版。

227. 孙海波：《不存在疑难案件?》，载《法制与社会发展》2017 年第 4 期。

228. 孙海波：《疑难案件否定法治吗——依法裁判立场之重申》，载《政治与法律》2017 年第 5 期。

229. 孙笑侠：《法律人思维的二元论：兼与苏力商榷》，载《中外法学》2013 年第 6 期。

230. 唐应茂：《金融法中的社会科学》，载《北大法律评论》第 17 卷第 2 辑，北京大学出版社 2016 年版。

231. 王彬：《司法裁决中的“顺推法”与“逆推法”》，载《法制与社会发展》2014 年第 1 期。

232. 王方玉：《论法教义学在法律方法中的应用》，载《中国政法大学学报》2020 年第 2 期。

233. 王贵松：《中国行政法学的涅槃重生》，载《法治社会》2023 年第 6 期。

234. 王利明主编：《中国民法典评注》（7 编 12 册），人民法院出版社 2021 年版。

235. 王凌皞：《存在（理智上可辩护的）法律教义学么?——论法条主义、通说与法学的智识责任》，载《法制与社会发展》2018 年第 6 期。

236. 王鹏翔、张永健：《经济分析与法学方法》，载舒国滢主编：《法理》第 6 卷第 2 辑，商务印书馆 2020 年版。

237. 王旭：《中国法教义学的挑战与应对》，载《江苏行政学院学报》2015 年第 3 期。

238. 王轶：《民法价值判断问题的实体性论证规则——以中国民法学的学术实践为背景》，载《中国社会科学》2004 年第 6 期。

239. 王泽鉴：《民法总则》（增订新版），自刊 2014 年版。

240. 吴从周：《概念法学、利益法学与价值法学：探索一部民法方法论的演变史》，中国法制出版社 2011 年版。

241. 吴香香：《请求权基础：方法、体系与实例》，北京大学出版社 2021 年版。

242. 吴香香：《请求权基础思维及其对手》，载《南京大学学报（哲学·人文科学·社会科学）》2020 年第 2 期。

243. 武秀英、焦宝乾：《法教义学基本问题初探》，载《河北法学》2006 年第 10 期。

244. 夏昊晗：《鉴定式案例研习——德国法学教育皇冠上的明珠》，载《人民法治》2018 年第 9X 期。

245. 谢海定：《法学研究进路的分化与合作——基于社科法学与法教义学的考察》，载《法商研究》2014 年第 5 期。

246. 谢海定：《国家所有的法律表达及其解释》，载《中国法学》2016 年第 2 期。

247. 谢晖：《论法学研究的两种视角——兼评“法教义学和社科法学”逻辑之非》，载《法学评论》2022 年第 1 期。

248. 徐涤宇：《〈中华人民共和国民法典〉评注（精要版）》，中国人民大学出版社 2022 年版。

249. 徐剑锋：《犯罪构成理论：刑法谦抑精神之载体——剖解德日刑法学犯罪论体系》，载《中国刑事法杂志》2009 年第 8 期。

250. 许德风：《论法教义学与价值判断 以民法方法为重点》，载《中外法学》2008 年第 2 期。

251. 许德风：《法教义学的应用》，载《中外法学》2013 年第 5 期。

252. 颜厥安：《法与实践理性》，中国政法大学出版社 2003 年版。

253. 姚辉：《当理想照进现实：从立法论迈向解释论》，载《清华法学》2020 年第 3 期。

254. 尤陈俊：《不在场的在场：社科法学和法教义学之争的背后》，载《光明日报》2014 年 8 月 13 日，第 16 版。

255. 尤陈俊：《隔岸观法：如何看待法教义学与社科法学的发展前景》，载《北大法律评论》第 21 卷第 2 辑，北京大学出版社 2020 年版。

256. 尤陈俊：《法学继受对法学研究及法学教育的连锁影响——以德国法教义学在我国台湾地区之继受为例的反思》，载《法学评论》2022 年第 3 期。

257. 余履雪：《德国历史法学派：方法与传统》，清华大学出版社 2011 年版。

258. 张明楷：《刑法分则的解释原理》，中国人民大学出版社 2004 年版。

259. 张冬阳：《鉴定式技术在行政法案例研习中的应用及其困境》，载李昊主编：《燕大法学教室》第 2 期，台北，元照出版有限公司 2021 年版。

260. 张绍欣：《中国政治宪法学与规范宪法学之争的吊诡》，载《清华大学学报（哲学社会科学版）》2015 年第 5 期。

261. 张双根、朱芒、朱庆育、黄卉：《对话：中国法律评注的现状与未来》，载《中国应用法学》2017 年第 2 期。

262. 张文显：《法学基本范畴研究》，中国政法大学出版社 1993 年版。

263. 张文显：《二十世纪西方法哲学思潮研究》，法律出版社 2006 年版。

264. 张文显：《法理学》（第 3 版），高等教育出版社 2007 年版。

265. 张文显：《论建构中国自主法学知识体系》，载《法学家》2023 年第 2 期。

266. 张翔：《宪法释义学》，法律出版社 2013 年版。

267. 张翔：《财产权的社会义务》，载《中国社会科学》2012 年第 9 期。

268. 张翔：《宪法教义学初阶》，载《中外法学》2013 年第 5 期。

269. 张翔：《形式法治与法教义学》，载《法学研究》2012 年第6 期。

270. 张翔：《谈 Rechtsdogmatik 的翻译与含义》，载《北大法律评论》第 17 卷第 2 辑，北京大学出版社 2016 年版。

271. 张翔：《刑法体系的合宪性调控——以“李斯特鸿沟”为视角》，载《法学研究》2016 年第 4 期。

272. 张翔、田伟：《基本权利案件的审查框架（一）：概论》，载李昊主编：《燕大法学教室》第 3 期，台北，元照出版有限公司 2021 年版。

273. 张永健：《社科民法释义学》，台北，新学林出版股份有限公司 2020 年版。

274. 张永健：《法经济分析：方法论与物权法应用》，台北，元照出版有限公司 2021 年版。

275. 张永健、程金华：《法律实证研究的方法坐标》，载《中国法律评论》2018 年第 6 期。

276. 赵宏：《行政法学的主观法体系》，中国法制出版社 2021 年版。

277. 郑戈：《法学是一门社会科学吗?》，法律出版社 2022 年版。

278. 郑永流：《法哲学是什么?》，载郑永流主编：《法哲学与法社会学论丛》第 1 辑，中国政法大学出版社 1998 年版。

279. 周尚君：《法教义学的话语反思与批判》，载《国家检察官学院学报》2015 年第 5 期。

280. 朱广新：《不动产适用善意取得制度的限度》，载《法学研究》2009 年第 4 期。

281. 朱庆育：《民法总论》，北京大学出版社 2013 年版。

282. 朱庆育主编、辛正郁副主编：《合同法评注选》，北京大学出版社 2019 年版。

283. 朱庆育主编：《中国民法典评注 · 条文选注》（1~4 册），中国民主法制出版社 2021—2023 年版。

284. 朱新力、宋华琳：《现代行政法学的建构与政府规制研究的兴起》，载《法律科学》2005 年第 5 期。

285. 朱岩、高圣平、陈鑫：《中国物权法评注》，北京大学出版社 2007 年版。

286. 邹兵建：《中国刑法教义学的当代图景》，载《法律科学》2015 年第 6 期。

后　记

2014年，我因参加中南财经政法大学法学院举办的“社科法学与法教义学的对话”学术研讨会之需，草就了《法教义学的基本立场》一文。该文发表后，获得了学界较大的关注。但当时自己感觉研究仍不够深入，故而在次年赴德国海德堡大学访学后，即以“法教义学的基本问题”作为研究方向，利用该校法学院丰富的馆藏收集、整理了大量一手文献。回国后，根据拟定的整体研究框架，一边消化、吸收材料，一边就各个分论题撰写成文，不知不觉间至今已近十载。尽管带回的文献仍未能尽阅，研究结论也难谓达到了百分之百的确信，但是时候做个阶段性总结了。

对于本书形成过程中以各种形式在思想上施惠于我的各位师友（有的已在参考文献中体现，有的可能尚未顾及），在此一体表达感激之情，恕不一一列明名姓。也要特别感谢《中外法学》《法学评论》《法制与社会发展》《中国法律评论》《比较法研究》《现代法学》《法学研究》《法律科学》《法商研究》等刊物的慷慨接纳和各位责编的辛勤付出，感谢各位匿名审稿人提出的中肯意见。收录入本书时，对各章（篇）的结构、名称和相关文字进行了必要的调整。要感谢当代中国出版社高山副总编。是他尚任职于法律出版社时，邀鄙作加入“天下·法学新青年”丛书。好的作者与好的编辑是相互成就的。尤其令我心生歉意的是，本书的出版一拖再拖，直到他另赴新途时也未见到它面世。当然，接手的责编杨悦芊女士和黄倩倩女士此前也已有过合作，她们一如既往地将细致和耐心倾注于本书的编辑过程中，并在本书申报2024年度《国家哲学社会科学成果文库》的过程中协力甚多，在此深表谢忱！另外，中国政法大学2021级硕士研究生王禹帆协助整理了本书参考文献，统一了脚注格式，更新了相关条文，对此亦表谢意。

最后想要说明两点：其一，本书只是一份阶段性成果的记录。正如法教义学从18、19世纪之交正式诞生至今，经历了不同的发展阶段和形态，关于法教义学的研究也必然处于不断发展之中。本书并不意图，也没有能力穷尽法教义学之一般理论的所有主题。例如，关于法教义学与法史学的关系这一主题，虽然有不少德语资料，但本书中最终未能着墨。幸而国内最近已有青年才俊就相关主题刊文（吴训祥：《法律史研究格局的形成与“规范的”法律史——以欧陆近现代学术史为对象的反思》，载《清华法学》2024年第5期），一定程度上弥补了这一缺憾。另外，近五六年来德国学界同样涌现出不少青年一代学人的相关作品，这也将促使笔者本人持续就这一主题进行关注和跟进。其二，本书只是在为中国的法教义学研究“敲边鼓”。本书仅是“关于法教义学的研究”，而无法替代“法教义学研究”本身。对于中国法学的发展而言，更为重要的是后者。就像百多年前，概念法学的代表佐姆（Sohm）在回应利益法学新秀黑克的挑战时说的：“有关方法或艺术规则的争论价值甚微，唯有作品才具有说服力。希望‘利益法学’的代表以实际行动表明：他们才是更好的艺术家！”因此，法教义学的优点（可能也包括缺点）何在，最终唯有通过民法、刑法、宪法、行政法等学科的众多教义学作品才能得到有力证明。令人欣喜的是，近年来法律评注和（鉴定式）案例分析作品的不断出现，已经预示着这种“好的”法教义学的发展方向。

希望本书能在一定程度上改变人们对于法教义学的刻板印象。如果说法教义学训练从根本上是一种对法律人的思维教育的话，那么本书想要彰明的无非是哲学家杜威（Dewey）的这一思想而已——“思维教育的真正问题是将自然的思维能力转化为经受过检验的专业性的思维能力”（《我们如何思维》，伍中友译，新华出版社 2015 年版，第 68 页）。

雷 磊

2024 年 9 月 22 日于京郊寓所